熊铁基文集

第二卷

秦汉文化史

熊铁基／著

華中師範大學出版社

新出图证(鄂)字 10 号
图书在版编目(CIP)数据

熊铁基文集.第二卷/熊铁基著.—武汉:华中师范大学出版社,2021.6
ISBN 978-7-5622-8185-6

Ⅰ.①熊… Ⅱ.①熊… Ⅲ.①文化史—中国—秦汉时代—文集
Ⅳ.①C53 ②K232.03-53

中国版本图书馆 CIP 数据核字(2021)第 078629 号

熊铁基文集 第二卷

责任编辑:张建英 **责任校对**:肖绪旭 **封面设计**:罗明波
编辑室:学术出版中心 **电话**:027-67867792/3280
出版发行:华中师范大学出版社
社址:湖北省武汉市洪山区珞喻路 152 号 **邮编**:430079
销售电话:027-67863426
网址:http://press.ccnu.edu.cn **电子邮箱**:press@mail.ccnu.edu.cn
印刷:湖北新华印务有限公司 **督印**:刘 敏
开本:710mm×1000mm 1/16 **字数**:341 千字
版次:2021 年 12 月第 1 版 **印次**:2021 年 12 月第 1 次印刷
印张:21.5 **定价**:108.00 元
欢迎上网查询、购书

幼年与父母合影（中为作者）

初中留影

本科留影

研究生留影

与弟弟、妹妹合影
（右一为作者）

在华东师范大学

全家人合影（左一女儿、左二妻子、左四儿子）

与李雪松游长沙

与妻子李雪松游鸣沙山

与妻子李雪松手托老照片，记录时光

本科同班同学合影（二排右一为作者）

与研究生导师吴泽（中）、同学郭惠青（右）合影

研究生同学合影（前排左一为作者）

与何兹全（中）、李雪松（左）合影

与陈启云（右）合影

与安作璋（左）合影

与陈鼓应（右）合影

与李学勤（右）合影

与林甘泉（左一）、窦连荣（左二）、张美娣（左三）合影

与田昌五（右）合影

与裘锡圭（右）合影

与钟肇鹏（右）合影

教/学/经/历

与第一届研究生
赵国华（右）合影

第一届博士生论文答辩会合影
（含第二、三届的博士生，前排右三为作者）

八十华诞合影（前排右四为作者）

学／术／著／作

《秦汉文化志》

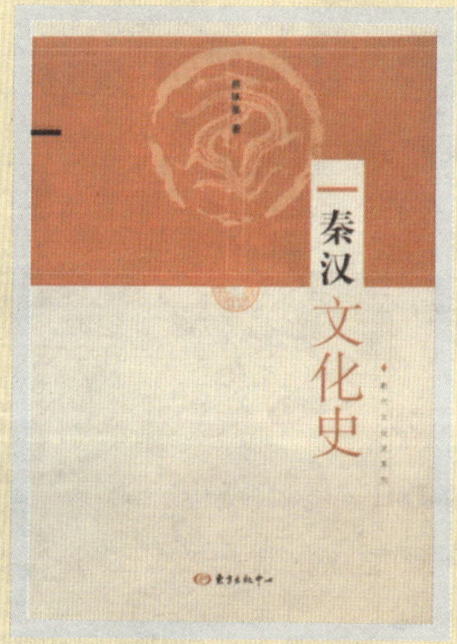

《秦汉文化史》

《汉唐文化史》

《秦汉新道家略论稿》

《秦汉军事制度史》

《熊铁基学术论著选》

《中国老学史》

《中国庄学史》

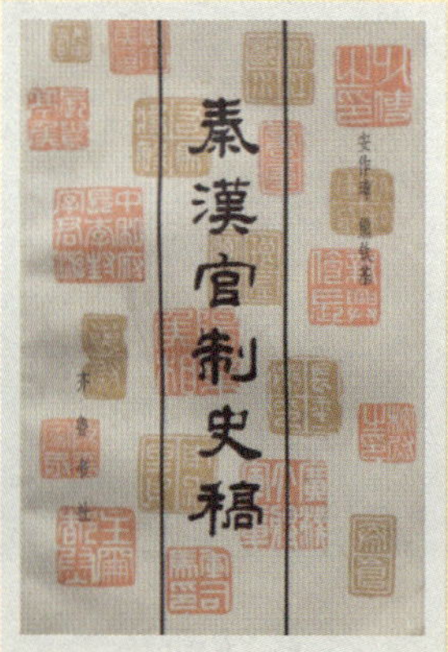

《秦汉官制史稿》

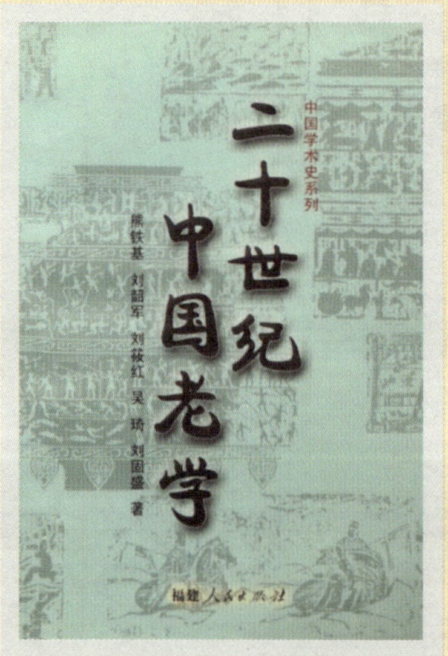

《二十世纪中国老学》

《汉代学术史论》

自　　序

有几位好学的朋友（学生）极力促成为我出一套文集，这对于一辈子读书、教书、写书的人也是一种总结，既有纪念意义，也有继续为社会做点贡献的作用。首先是它应有社会作用，这可以从内容谈起。

本文集共10卷，其中有9卷，主要是曾经出版过的专著（包括与人合作的由我撰写的部分）以及两部论文集。

我的第一本书是1984年出版的《秦汉新道家略论稿》，该书在当时是有一定影响的，引起哲学史领域的诸多学者的关注，这些我在2001年出版的《秦汉新道家》的前言中有所记述。1993年我参加大型丛书“中华文化通志”的编写，写了一本《秦汉文化志》，是有点新思考的（当时范军写了一篇有思想的书评），2007年上海东方出版中心组织一套断代文化史书系，把它以《秦汉文化史》的书名出版，除了做过一些文字校对之外，内容未做修改。没想到10年之后（2018年），北京新世界出版社又比较高调地出版了一次，书腰上写道：“一部诠释全球视野下秦汉时代文化发展脉络的重磅力作”，“一部了解秦汉时代历史文化沿革的入门经典读物”。两次重新出版，反映的是社会的某种需要。另一本书是我和安作璋先生合作的《秦汉官制史稿》，除开2007年因某些需要，齐鲁书社出了一个第2版之外，现在人民出版社又准备纳入“人民文库”出版，责任编辑翟金明告诉我：“‘人民文库’精选出一批在当时产生过重要历史作用，在当下仍具有深刻思想性、学术性以及珍贵史料价值的优秀作品。”看来该书有文化积累的意义，对当前社会文化的发展也是有意义的。前几天参加研究生的读书会，讨论制度史研究延伸和发展的问题。有学生说，即使延伸，原来的重要著作，如《秦汉官制史稿》之类的，也是基础，不可忽略（在读学生有此见解，也很难得）。以上是讲影响较大的两本书，其他如《汉唐文化史》（出版10年后，曾被纳入“学海一牛鸣”丛书再版）、《秦汉军事制度史》、《秦汉新道家》等，在小范围内也是有点影响的，读者各有所好地予以赞赏。既然如此，出版文集也不过是再多印刷一次罢了，或能满足需求者的需要。

主编和合作撰写的《中国老学史》与《中国庄学史》，我发起组织并自己动手撰写（《中国老学史》的秦汉以前部分、《中国庄学史》的隋唐以前部分）。这两本书在社会和学术上的影响都比较大，《中国老学史》出版以后，加印了四五次。《中国庄学史》先后在湖南人民出版社和福建人民出版社（增订本）两次出版。实际上可以说是开辟了老庄学史研究这样一个新的领域（紧接着我还组织出版了《二十世纪中国老学》和《二十世纪中国庄学》），后续的还有断代的和专题的老学史以及多卷本的中国老学通史出版。

另一大类是论文集，两卷。一卷是古代史，分秦汉史（秦汉史专攻了30多年）和其他关于古代史的论文两部分（包括几篇未刊稿，反映我学习和研究古代史的足迹）。另一卷是关于道家与道教研究的论文，道家研究是从读秦汉史书《吕氏春秋》开始的。开始是把它当作秦汉史的资料读，后来发现其思想研究的意义更大，写了《重评〈吕氏春秋〉》，接着是读《淮南子》，评《淮南子》，因而提出了一个“秦汉新道家”。道家与老子有关，从而研讨老学，进而研究庄学，这就有老庄学史的产生。20世纪90年代以后，道教界的学术研究风气日渐浓厚，时不时举行一些研讨会，我也常被邀请参加，因为老子是道祖，我写老子学史，那也就是道教文化的研究者。参加活动多了，自觉和不自觉地思考一些道教有关问题，陆陆续续也写了一些小文章，至今还在继续。现在我想解决的是道教何时产生的问题。

有些论文是产生过一定影响的，例如《秦始皇的最后十年》《重新认识古书辨疑》等曾为一些朋友津津乐道；有些论文如关于道教产生的问题，被作为一家之言看待；还有些虽被人称引（如李振宏的推介“汉人改造先秦典籍”并且有所发挥），我认为还未引起足够的重视，所以又写了“再论”和“三论”。“汉人改造先秦典籍”，这虽不是完全新的发现，但关系到如何依靠文献资料研究先秦史的问题，出土先秦文献越多，越说明这个问题重要，不应该把汉人的思想当作先秦人的思想。文集收集了一些散见的论文，更便于查考，这是最直接的意义。

文集收了几篇未刊稿，意在表明在某些问题上自己是思考过的，其实还有一些，就不必全收了。未公开发表的只是自己学习和研究的一个记录，从1956年当研究生开始，我可以说是笔耕不辍的，有些是作业，还有吴泽、束世澂等老师或长或短的评语；有些是自己学习过程中的心得体会，开始想学明清史，写过一些理论方面的东西，如资本主义萌芽问题之类。后来拜师唐长孺先生，认真读过《隋书》、新旧《唐书》、《资治通鉴》等相关史籍，写过几篇文章，还做过《隋书·食货志》译注（有原稿保存）。1979年转学秦汉史，开始写《秦统一六国》（也保存有原稿），汉武帝研究除已发表的之外，还有未刊的稿子。还有一些未刊稿没有产生过社会影响，也没有很特殊的见解，就不必收录了。

还有一卷，包括回忆录、序跋、杂文等，可以说这是从几个横断面看人生的足迹。我始终认为自己是一个普通人（本来也是），普通人和大众更接近，经历能得到更多人理解，有人或可从中获得点什么启发。记得何建明主持过我的一次讲座，一个较大的阶梯教室，室内走道、室外走廊满满都是人，屏声静气一个多小时。内容大概是结合个人经历讲未来。何建明说，不必太高远，可望而可即，也许这就是流行的接地气吧。我这一生，也就是读书、教书、写书，但不论什么时候，不论做什么事，都会与社会时事有关。这也是我长时间表示的一个看法，从古到今，完全脱离时势、政治的人和事是没有的（当然是就大的方面而言）。历史就是《资治通鉴》，一代一代的"资治"。人生也是如此，任何人都脱离不了时势和政治，只有自觉和不自觉、主动和被动的不同。写回忆录，我翻阅了一些旧日记、信件等材料。最近找到了两本高中一年级时的作文本（残缺不全），感慨甚多，老师逐字逐句地批改，文后还有批评或鼓励，篇头还盖有教务处的图章（教学管理如此之细），是1948年下半年和1949年上半年的（长沙解放前夕）。我当时就读于兑泽中学，学校在长沙东郊丝茅冲。我是一个很普通的学生，虽跟着参加过一些迎接解放的集会和游行，但并不认识任何地下党团或者是进步的学生。从题目看，作文与时事政治是有密切关系的。《币制改革后长沙面面观》《戡乱与救国》《徐州战争》《我所理想的学校》《暑假生活杂传》（老师改"传"为"缀"）……第二学期的题目有《寒假生活回忆》《国共和谈之我见》《更夫》《凄风苦雨话四七》（记当时南京的学生运动，老师评语：语多慷慨激昂）……好像都不是命题作文。结合回忆录的内容，可见形势、政治对一个普通学生的影响。我常说，回忆、口述是有很多不可靠的东西，包括记忆之不完整，个人的心态和主观思想等，读回忆和口述，要做一定的分析。

我写回忆录，开始于2018年暑期，当时全家人聚集在女儿嘉慧家里一个多月，我带了一本1948年下半年至1949年上半年的日记本（包括50年代前后也有一些不完整的记录）。开始写作，我发现，有许多我记得很清楚的人和事，日记上没有，日记上有些人和事我忘记了，甚至印象都没有。2019年以后，就以问题为中心陆陆续续写了。也是有日记的，不过只是一本本简单的流水账，能反映思想和具体生活的内容太少了。写出来我自己都不满意。

序、跋不多，有些事能反映我的工作态度，如1993年组织青年教师编写一本《传统文化与中国社会》，在前言中写道："总的设想是我提出的，经过大家讨论、充实，然后才分头去做。前后三四个年头了，每一篇从草拟提纲到写作完成，我都是提出了意见的（或多或少），每一篇从初稿到定稿，最少的看了两遍，有的看了三四遍，甚至更多。提出这一点是说明我对这本书的责任，如果有问题的话（缺点、错误、不足之处），我是不能辞其咎的，我等待着大家的批评。"主编《帝王宰相辞典》，协助张舜徽先生主编《中国史学名著题解》和《中国古代学者百人传》，我都是这样做的，如张先生所说，"在编写过程中，在奔走联系、组织人力方面，熊君之力尤多"，花了大量的时间和精力。

人们如何从过往的经历中认识和总结，这恐怕是值得探讨的一个问题，不是名人、大家的普通人，其人生足迹也有自己的特点，有的内容多少或可给他人一点启示。

人的一生，时间长了，有各种各样的经历，某些时候，认识错误、行为错误会有不少，但是，我没有故意为恶、害人过，善良、正直是主导面。好学勤奋是一生的努力，真正是死而后已。我经常想到：吾日三省吾身，为人谋而不忠乎？与朋友交而不信乎？传不习乎？时至今日，我还没有停息，恐怕既不是为名也不是为利了，名和利已经基本定型了。刚好翻到一篇1948年的作文《我们要过有意义的生活》，老师批语："现在社会上的人个个都是争名夺利，所以作者也只看到名利二字才是有意义的生活，可是我们想想、看看，争名夺利的结果怎样，归宿怎样，那就知道名利的害人，知道为名利是无意义的生活。（十二月四日）"感谢老师的早期教育！几十年来，名利思想恐怕是反复斗争、变化过的。写回忆录，恐怕反映不了这么多、这么复杂的发展变化。

因为我活得比较长，而写作生涯中有一个突出的现象，大多数研究成果是 60 岁前后特别是 60 岁以后出来的。我想人生不必要像坊间所说的那样：60 岁告老还乡，70 岁打打麻将，80 岁晒晒太阳，90 岁躺在床上。我的经历是 60 岁以后可以干事，可以干较多的事。但这又似乎没有普遍意义，60 岁以前成果不多，一方面有时代的客观原因，读书、做学问受到不少干扰；另一方面也是自己不行。过去和现在都有 50 岁前很有成就的人，我的经历唯一可以说的就是告诉人们，60 岁以后可以做一些事，可以做较多的事。愿与老朋友们共勉。现在我的很多学生都已经步入了老年。

我讲话、作报告有时候会有些幽默，能获得一点笑声和掌声，写文章却太缺乏文采，只能实话实说，这既是优点也是缺点。

目　录

导　言

秦汉是中国历史上的朝代名称，也是一个时间概念。文化是本书的主要内容。志者，记事也，记事的书和文章都可以叫志。本书记载秦汉时期文化方面的事，故亦曰《秦汉文化志》。

秦汉时期包括秦朝、西汉、新朝、东汉四个朝代，从公元前221年秦统一六国到公元220年汉献帝禅位曹丕，共441年的历史。这段时间的历史是令人瞩目的。本书专门谈了一下当时的世界形势，虽然很粗浅，但对于了解秦汉文化的历史地位，是有一定意义的。那时候，虽不能与当今信息时代相比，但经济文化的交流是存在的。本书列专节予以讨论，当然也有待于进一步的发掘。

至于文化所应该包含的内容，由于对文化的理解和定义不同，各有各的看法：有的主张广义的文化，物质、精神以及两者之间的东西无所不包，在某种意义上说，一般所谓的通史也可叫做文化史；有的主张狭义的文化，但又有侧重方面的不同。本书的构想：讲一个时期的文化，不能不讲当时的社会背景，故有“社会概况”一章，以介绍国家、民族、疆域、世界形势等内容，政治、经济的一些方面，如政治变迁、社会等级、经济水平等等，均有所涉及，但是极简略的、概括的。本书有两章专门讲制度，一是因为制度本身就是一种文化，二是制度、政策（包括制定政策的指导思想）对文化的发展有极为重要的作用。文化的一些主要内容，近几十年传统习惯的安排多离不开哲学、宗教、文学、史学、科学技术等等这样的模式。本书则撰写了社会思潮、学术、文献等章节以聚合以上内容，力图从新的视角来认识文化。第二章在记述政治制度的同时讲了政治思想，这是从上层讲的，社会思潮注重政治、哲学、宗教等思想的社会广泛性，这是历来有所忽视的。秦汉时期的哲学，不外是从更早传统的经学和诸子之学中去讲，而经、子两学实在是一种综合性的学术，因而即便是专门的哲学史也不得不涉及它们所包含的其他方面。用“学术”来进行概括，似乎比一般的用“哲学”来概括更为确切，至少经学和诸子之学是如此。与此同时，在学术中把自然科学也包括进来，又可说是对当时并不被重视的东西予以强调。秦汉时期佛教开始传入了，道教开始形成，但是我们没有独立成章，因为它们在当时整个文化中所占的比重还不是太大（专门道教、佛教史记述秦汉时期内容都较少，因为有不少问题是与下一个历史时期紧密相连的，所以有的秦汉思想史也不提佛教问题），上层到东汉末年还是“黄老浮屠为一家”，下层更是与自古以来的鬼神迷信杂合在一起的，并且道教的形成又首先开始于民间，所以我们把道教的问题放在“社会思潮”一章之中。衣、食、住、行独立成章，其用意也在于重视整个社会主体——大多数人的生活（虽然材料有不少是属于上层享受的东西），把与自然科学有关的工艺技术合在这一章中，用意亦在言人们的生活水平质量与科技发展程度的关系。礼仪与风俗合成一章，意在说明上层之礼与下层习俗的相互影响，所谓“上行谓之风，下习谓之俗”，礼乐制定，又靠在社会上去广泛“采风”，记述这些内容对“移风易俗”问题的认识或有补益。文学艺术是有很大独立性的，秦汉时期又有很明显的从混合到独立发展的轨迹，这种传统章节，也力求寻找新的视角，侧重其历史过程及全貌的概述。照说史学也是应该独立的，但本书把它放在一个更广泛的文献中加以记述，至于最杰出的司马迁、班固，又在好几章中论述到他们了。这样的记述也是视角有所不同。中国地大物博，自古以来就形成许多不同地区特点的文化，在秦汉统一王朝形成之后，这些地区特点虽仍然保持着，但彼此之间的交流和相互影响是大大加强了，所以又列一专章讲这方面的情况。由于古今的中外观念不相同（实际上还有些不好划分），所以地区交流与中外交流合在一节之中。本书最后一章是“文献与考古”，这既是文化的内容，又是本书全部资料的根据。

以上的结构和内容安排，是一种新的尝试，既按照全套书的基本要求，勾勒了秦汉时期文化的概貌，又力图摆脱人们长期习惯了的一些模式，不敢说十分理想，也不能说没有缺陷，但总算是作了新的努力，对今后如何更好地撰写文化史志，或有参考（包括批判）价值。谶纬问题，本书在好几章中从不同角度予以阐述，是因为它确实是秦汉时期所特有的影响很大的文化。又例如司马迁、班固，除了在文献及文学章中述及其史学、文学意义之外，主要在学术章的诸子之中予以突出记述，因为他们的著作虽为史学，实际上也是综合性的学术著作。

在说明和介绍了本书的指导思想、主要内容以及结构安排之后，下面似还应对秦汉文化作一综合性的说明：其历史地位如何？其特点怎样？

秦王朝的时间很短，汉王朝前后400多年，因此秦汉实际是一个完整的历史时期。汉人口头上力图与“暴秦”划清界限，“汉承秦制”却是一个明显的事实。这一时期在中国历史上，在中国文化思想史上，有极重要的地位，从而也奠定了其在世界文化史上的地位。这一时期内形成的经济、政治制度（包括文化教育方面的制度），是近两千年中国封建社会的各种制度发展的基础。这一时期的文化思想，长时间影响于中国社会和中国人中间。而所有一切又与当时的时代特点有关。这一时期的时代特点，主要表现为几个方面，即：国家的大一统，政策的大统一，文化思想的大融合。

关于国家的大一统。公元前221年，秦王政顺应历史潮流，完成了“吞六国而亡诸侯”的统一大业，建立了专制主义中央集权的统一国家。在这一点上，他自以为“功过五帝，地广三王”，看来并不为过。单从“地广三王”来说，他不仅统一了分裂割据的诸侯国，并且北筑长城，南平百越，巩固和发展了大一统的局面。《史记·秦始皇本纪》有如下两段记载：“地东至海暨朝鲜，西至临洮、羌中，南至北向户，北据河为塞，并阴山，至辽东。”这是司马迁的概述，而二十八年琅琊台刻石则云：“六合之内，皇帝之土。西涉流沙，南尽北户。东有东海，北过大夏。人迹所至，无不臣者。”似乎天底下都是秦的版图。“六合”包含天地，当然主要是讲领土。具体来说，东边到了海，而且是“东有东海”，在秦人看来，海外只有神人仙岛了。南边到了“北向户”，房屋的门不能再朝南方开了，南边已经无路可走。从设立南海、象郡的情况看，实际超过了今日的疆域。西边“羌中”“流沙”，自古以来有不少考证，我们不如把它看作一种泛指，即羌人所居之地和广大沙漠地区，是“人迹所至”的地方。虽然事实上当时人迹没完全到过的西部地方还大得很。北边，“北过大夏”，假如大夏指今山西境内的话，从北边设郡的情况看，是包括了今宁夏、内蒙古（大青山以南）一带的。

到了汉代，特别是武帝时期，秦代所开创的这个规模得到了进一步的巩固和发展，包括河西走廊郡县之增设与南方（包括西南）郡县之调整等等。

一个疆域辽阔的大帝国建立了，不仅是“六合之内”都成了“皇帝之土”，而且是“海内”“一统皆为郡县”。这个大一统的帝国还建立了一个专制主义中央集权、庞大的中央政府组织，一般所谓“三公九卿”制度，这一制度包含许多具体内容，前前后后也有许多具体变化，在当时实际政治中发挥了作用，保证了国家的大一统。

国家的大一统，有利于中华民族凝聚力的形成。具体来说，在当时初步形成了我国最大的汉民族。本来在秦汉以前蛮夷华夏的关系发生着急剧的变化，华夏的范围越来越大，夷夏的界限越来越小（严夷夏之防的思想可以说是客观情况变化的反面反映），大一统的国家正好是加速发展了这方面的变化，汉民族于是形成。

国家的大一统有利于社会生产的发展，有利于各地方经济文化的交流，这些是不言而喻的。同时，一个强大的统一国家在世界上有不可忽视的地位，从而中外经济文化交流在此时也得到了很大的发展，汉民族的汉文化从此远播到外域。

关于政策的大统一。战国时诸侯割据，“田畴异亩，车涂异轨，律令异法，衣冠异制，言语异声，文字异形”①。秦始皇统一六国之后，“一法度衡石丈尺。车同轨。书同文字”②，在政策上来了一个全国大统一。如秦始皇二十八年琅琊刻石所云：“维二十八年，皇帝作始。端平法度，万物之纪。……事已大毕，乃临于海。皇帝之功，勤劳本事。上农除末，黔首是富。普天之下，抟心揖志。器械一量，同书文字。日月所照，舟舆所载。皆终其命，莫不得意。应时动事，是维皇帝。匡饬异俗，陵水经地。忧恤黔首，朝夕不懈。除疑定法，咸知所辟。方伯分职，诸治经易。举错必当，莫不如画。皇帝之明，临察四方。尊卑贵贱，不逾次行。奸邪不容，皆务贞良。细大尽力，莫敢怠荒。远迩辟隐，专务肃庄。端直敦忠，事业有常。皇帝之德，存定四极。诛乱除害，兴利致福。节事以时，诸产繁殖。黔首安宁，不用兵革。六亲相保，终无寇贼。欢欣奉教，尽知法式。……”这当然是一篇歌功颂德之辞，但反映的都是经济、政治、法

---

① 许慎：《说文解字》卷十五上，中华书局1963年版，第315页。

② 司马迁：《史记》卷六，《秦始皇本纪》，中华书局1982年版，第239页。

律、文化等方面政策的大统一。

秦王朝存在的时间不长，但是它所开创的诸方面的统一政策，基本上为汉王朝所继承下来，有些甚至影响到整个中国古代社会。关于“汉承秦制”是毋庸置疑的。例如官制，《后汉书·百官志》写道：“唯班固著《百官公卿表》，记汉承秦置官本末，讫于王莽，差有条贯；然皆孝武奢广之事，又职分未悉。世祖节约之制，宜为常宪，故依其官簿，粗注职分，以为《百官志》。凡置官之本，及中兴所省，无因复见者，既在《汉书·百官表》，不复悉载。”可以看出，所谓“三公九卿”以及地方的郡县、乡、亭、里等制度，终两汉之世是没有多大的变化的。虽有武帝“多所改作”以及“世祖节约”等现象，都不过是名称、下属职分等方面一些具体的变化，基本体制没有变化，大的并省和增减不多。可以说全国统一的政治制度始终未变。

再具体一些的如舆服制度，《后汉书·舆服志》一再说明：“汉承秦制，御为乘舆，所谓孔子乘殷之路者也。”“秦以战国即天子位，灭去礼学，郊祀之服皆以袀玄。汉承秦故。”“秦乃以采组连结于璲，光明章表，转相结受，故谓之绶。汉承秦制，用而弗改。……”以上这些，虽非今日所谓关系国计民生之大事，但在古代却是真正的头等大事。

秦王朝崇法，汉王朝尊儒，表面看来，有些政策似乎并不一样。其实不然，例如，秦王朝“以法为教”“以吏为师”，汉代或可说是“以礼为教”，但“礼”与“法”是具有同等意义的，更不消说实际是所谓“外儒内法”，这都是就指导思想而言的。而“以吏为师”的制度，实际也是“汉承秦制”。汉代博士弟子员制度，为师者亦为吏。各地专掌教化的乡官——三老，属于吏的范围。汉武帝以后，下令天下郡国皆立学校，学校所设的“经师”“孝经师”“都讲”之类，也属于小吏。这一套学校、教化制度，仍可说是“以吏为师”。

政策的大统一，来源于国家的大一统。其所以有并且能付诸实施的统一政策，是因为有一套中央集权的国家机器，从中央到地方，从政治到军事，实行了强有力的统治。思想方面的统一政策也是如此。

关于思想文化的大融合。一个大统一的时代，一个大一统的国家，必然要求思想的大统一，但是这种统一，比起政治、军事来，更为复杂。在统治思想上要求统一，在客观实际的进程中则是大融合。

秦汉以前的战国“百家争鸣”，但到了战国后期，各家各派的互相吸收、互相影响，已经有了“无相非也”[①] 的求同倾向，也有了“齐万不同”[②] 的超越趋向。但秦汉时期的统治者，还没有明显的“兼容并包”的自觉意识，因而面对着各种各样的主张和献策，在选择统治思想上，虽然有时代发展的条件制约和影响着，但主观的认识局限性不小，连后来唐代的儒、道、释并重的那种气象也没有表现出来。另一方面，各派思想又在适应形势的变化，不断地改变自己，形成一种大融合的趋向。

从统治思想的选择来说，秦始皇适应大统一的形势，在秦国原有统治思想的基础上，确定以“以法为教”，实可称之为“独尊法术”，但“严而少恩”的法家思想，很快带来了秦王朝的覆灭——当然不完全是法家思想的原因。汉朝初年，适应社会和人民生活安定的需要，统治集团采用了黄老新道家思想作为统治指导思想，因而一度读黄帝、老子成风，如《史记·外戚世家》说：“窦太后好黄帝、老子言，帝（景帝）及太子（武帝）、诸窦，不得不读黄帝、老子，尊其术。”此言的真实性及其意义，今日的考古发掘可作很好的证明，那就是长沙马王堆汉墓出土的一批帛书，其中特别有被称为《经法》的黄帝书和《老子》合抄在一起。汉初在理论上和实践中尊崇黄老是毋庸置疑的事实。但是，从汉武帝之后，统治思想发生了明显的重大变化，那就是所谓“罢黜百家，独尊儒术”，一直到两汉之末（且不说以后有发展变化），似乎都是儒家的一统天下，或者说占主导地位。其实这个问题并非这么简单，这中间有一系列的问题需要进一步探讨，需要重新认识。

众所周知，战国开始，逐渐出现了一些明显的主张不同的思想流派，所谓“诸子百家”，所谓“九流十家”，主要是阴阳、儒、墨、名、法、道德各家。各家各派虽然互相水火，同时相反相成、相生相灭，互相之间的影响和吸收，这是其发展的特点之一。另一相关联的重要特点是，各种派别本身在发展中也在不断地变化，有些变化还十分明显。例如，法家，法、术、势之结合；道家，老庄、黄老之分野；儒家，礼与法之合流，再后些的吸收阴阳。不变或少变的流派，例如墨家，那就只有趋向消失。战国以来的这些变

① 《尸子·广泽篇》，诸子集成本，中华书局 1954 年版。

② 《吕氏春秋·不二篇》，诸子集成本，中华书局 1954 年版。

化，在汉代实际上都在进一步发展。不过，又仍然是在斗争中。

汉朝初年发生过一次明显的儒道之争。司马迁概括当时的情况说："世之学老子者则绌儒学，儒学亦绌老子。道不同不相为谋，岂谓是邪？"① 汉高祖刘邦溲溺儒冠，开口就大骂"竖儒"，所谓"沛公不好儒"②。什么原因？一方面因为鞍马未定，用不着儒生和《诗》《书》，所谓"乃公居马上而得之，安事《诗》《书》？"③ 另一方面也因为他周围有陈平等一批学黄老之术的人，他们实际是绌儒的。所以像陆贾《新语》那样的新道家的代表作特别受欢迎。当时儒者是难以得到任用的，所以当时没有人敢以儒生去见。以《诗经》见长的申公，在"高祖过鲁"时，"以弟子从师入见高祖于鲁南宫"④，挨骂了没有？不得而知，没有得到任用是可以肯定的。当时唯一的例外是叔孙通，他开始是"儒服"，刘邦也是"憎之"，"乃变其服，服短衣，楚制，汉王喜"。他自己捞到一个"博士，号稷嗣君"，《集解》引："徐广曰：盖言其德业足以继踪齐稷下之风流也。"然而他只在那里"帮闲"，其门下"儒生弟子百余人"不敢言进，"专言诸故群盗壮士进之"，一时间弟子们极为不满。但他算是识时务者，深知"汉王方蒙矢石争天下，诸生宁能斗乎？"他等待时机，所谓"儒者难与进取，可与守成"。五年以后，他在"定汉诸法仪"中露了头角，使刘邦感叹："吾乃今日知为皇帝之贵也。"司马迁说："叔孙通希世度务，制礼进退，与时变化，卒为汉家儒宗。'大直若诎，道固委蛇'，盖谓是乎？"⑤ 所谓"汉兴，然后诸儒始得修其经艺，讲习大射乡饮之礼"⑥，这显然是有个过程的。对于儒生，皇帝不仅不再拒而不见、开口便骂了，而且从文帝开始有所征用。不过，在汉武帝之前，是没有很多儒生得到重用的。《史记·儒林列传》虽说"孝文时，颇征用""文学之士"，总的状况却是："孝文帝本好刑名之言。及至孝景，不任儒者，而窦太后又好黄老之术，故诸博士具官待问，未有进者。"⑦

---

① 司马迁：《史记》卷六十三，《老子列传》，中华书局 1982 年版，第 2143 页。
② 司马迁：《史记》卷九十七，《郦生陆贾列传》，中华书局 1982 年版，第 2692 页。
③ 司马迁：《史记》卷九十七，《陆贾列传》，中华书局 1982 年版，第 2699 页。
④ 司马迁：《史记》卷一百二十一，《儒林列传》，中华书局 1982 年版，第 3120 页。
⑤ 司马迁：《史记》卷九十九，《叔孙通列传》，中华书局 1982 年版，第 2726 页。
⑥ 司马迁：《史记》卷一百二十一，《儒林列传》，中华书局 1982 年版，第 3117 页。
⑦ 司马迁：《史记》卷一百二十一，《儒林列传》，中华书局 1982 年版，第 3117 页。

“刑名之言”很容易被理解为法家之言，其实，司马迁在《史记·礼书》中明确地说：“孝文好道家之学，以为繁礼饰貌，无益于治。”对于“道家之学”“刑名之言”“黄老之术”这几种提法，司马迁未严加区别，如在《申不害列传》就说：“申子之学，本于黄老，而主刑名。”在《儒林列传》中，前说“本好刑名”，后说“又好黄老”，中间还有一个“不任儒者”，几种不同的提法，完全是行文的不同，以避免重复。那么“不任儒者”的景帝好什么呢？在《史记·儒林列传》的《辕固生列传》中，记载了辕固生与黄生的一次辩论，景帝是袒护了习道论的黄生的。再说，笃信黄老的窦太后也督促他非学黄老之学不可。

汉朝初年，“学老子者则绌儒学”，可说是占主导地位的倾向，这在窦太后身上表现得特别突出。在《史记·辕固生列传》里还记载说：“窦太后好《老子》书，召辕固生问《老子》书，固曰：‘此是家人言耳。’太后怒曰：‘安得司空城旦书乎？’乃使固入圈刺豕，……豕应手而倒。太后默然，无以复罪，罢之。”又，《史记·魏其武安列传》记载说：“（窦）太后好黄老之言，而魏其、武安、赵绾、王臧等，务隆推儒术，贬道家言，是以窦太后滋不说魏其等……乃罢逐赵绾、王臧等，……魏其、武安由此以侯家居。”这里不仅看到了“学老子者则绌儒学”占主导倾向的情况，同时也看到了“儒学亦绌老子”的事实。汉初，学儒者在政治上虽然没有太得势，但是他们看不起学《老子》的人，极力贬低道家之言，称之为“家人言”。似乎是一般人都知道的常识，然而恰恰又说明新道家风行一时是历史的实际。

汉武帝以后，儒家战胜了道家，几乎处于“独尊”的地位。在儒学独尊的过程中，董仲舒是个关键性的人物。儒之所以能“独尊”，在一定程度上是它适应形势的变化而有了新面貌，它吸收了各家思想，实现了一次以儒家为主体的新的思想上的大融合。董仲舒也是一个典型代表，他的思想是儒家思想与阴阳家思想在新历史条件下的合流。“构成董仲舒的思想因素是多方面的。但近世学者在追求他的思想渊源时，多从儒家或阴阳家追踪，很少从道家的角度作研究，因之对董氏的思想缺乏全面的了解。”“……而生活在这期间（汉初）的董仲舒，不能不受道家此种思想的强烈熏陶和影响，在其思想上打下深深的烙印。但董氏为学之精，却在于吸收黄老之要，以论儒学之真。从而使儒学在理论上有个新发展。”①

其实，从董仲舒本人的著述中也可看出其思想对各家学说的融合。他在《春秋繁露·离合根第十八》中说：“天高其位而下其施，藏其形而见其光。高其位，所以为尊也；下其施，所以为仁也；藏其形，所以为神；见其光，所以为明。故位尊而施仁，藏神而见光者，天之行也。故为人主者，法天之行。是故内藏深，所以为神；外博观，所以为明也。任群贤，所以为受成；乃不自劳于事，所以为尊也。泛爱群生，不以喜怒赏罚，所以为仁也。故为人主者，以无为为道，不私为宝。立无为之位，而乘备具之官。足不自动，而相者导进。口不自言，而摈者赞辞；心不自虑，而群臣效当。故莫见其为之，而功成矣。此人主所以法天之行也。”同书《保位权第二十》中又说：“为人君者，居无为之位，行不言之教，寂而无声，静而无形，执一无端，为国源泉。因国以为声，因臣以为心。以臣言为声，以臣事为形。……是以群臣分职而治，各敬而事……此自然致力之术也。圣人由之，故功出于臣，而名归于君也。”这些论述中的“自然”“无为”“虚”“静”“无声”“无形”等几乎在黄老新道家的重要代表作中都可看到，不过董仲舒所不同的是没有突出“道”，而强调的是“天”，无为之道，归结为“法天之行”。因此，“天人合一”成为其思想突出特点之一。还有其阴阳刑德之说等思想，也非来源于邹衍，而直接来源于黄老新道家。总之，仔细清理董仲舒的思想就可发现，新时期新条件下出现了新的思想大融合，这种大融合的趋势，又有不断有新的发展和变化。

以上主要就思想融合方面而言，思想之外，文化还有其他一些重要方面内容是十分丰富的。就特点而言，除了反映时代特点的继往开来性之外，也有多样性以及发展的不平衡性。有继承与创新、吸收与融合的协调发展，有相互斗争与相辅相成的矛盾统一，等等。所有这些，都是从具体事实中概括出来的，本书各章将分别通过具体叙说反映出来。

---

① 余明光：《董仲舒与“黄老”之学——〈黄帝四经〉对董仲舒的影响》，《道家文化研究》第2辑，上海古籍出版社1992年版。

第一章　社会概况

中国历史上第一个大统一的国家从秦汉王朝开始，中国历代的文化制度思想从秦汉时期开始初步定型。中国在世界上第一次崭露头角也是在秦汉时期。

第一节　统一国家的形成和发展

一、秦人和秦国

公元前221年统一的秦王朝，至前207年就灭亡了，前后不超过15年，而汉王朝西汉与东汉加在一起400多年。但是，秦王朝的历史绝不可忽视，“汉承秦制”是有深刻含意的，大一统国家的一切历史都必须从秦讲起。秦的历史影响，从外国语言之称中国可见一斑。近代薛福成在《出使日记》中说：“欧洲各国，其称中国之名：英曰采依那，法曰细纳，意曰期纳，德曰赫依纳，拉丁之名曰西奈。问其何义，则皆秦之译。”还有较常用的“震旦”之类，也是因秦而名。

秦人早期的历史，直接的材料没有，春秋以后的记载，大多是传说。根据传说考证历史，生出了种种不同的推测：有人认为“秦为戎族”①，有人认为“本是夏族的一支，即羌族的苗裔”②，也有认为“秦为东方民族”③。可靠的看法应该是秦属西方戎族④，至少商周时期秦人已经是“在西戎，保西垂”了，《史记·秦本纪》上说，文公时“初有史以纪事”，当

---

①　蒙文通：《秦为戎族考》，《禹贡》第6卷第7期，1936年。王国维：《观堂集林·秦都邑考》卷十二，中华书局1959年版，第529页。

②　翦伯赞：《秦汉史》，北京大学出版社1983年版，第1页。

③　黄文弼：《嬴秦为东方民族考》，《史学杂志》1945年创刊号。

④　参看拙作《秦人早期历史的两个问题》，《社会科学战线》1980年第2期。

"文公东猎"时，"至汧渭之会，曰：昔周邑我先秦嬴于此，后卒获为诸侯"。追述可靠的祖先历史，即在西方。当然，秦人之始建国也就在西了。

秦国的建立是比较晚的。公元前770年，周平王东迁时封秦襄公为诸侯，即为秦国的开始。但是，周平王虽"赐之岐（今陕西岐山东北）以西之地"，实际是一句空话，当时这一带布满了戎狄之人，"秦能攻逐戎，即有其地"。建国的过程是十分艰苦的，秦襄公虽有不少作为，但并无实际战果，自己都死于伐戎之役中。以后，秦人花了将近一百年的时间，到秦武公时期，整个关中的渭水流域才为秦国所控制，秦国的领地才真正得到稳固，并且从秦宣公时期（前675—前664年）以后，开始向东发展。

秦国不仅建国比较晚，它的华化也比较晚。从春秋时期到战国初年，华夏族的诸侯国（包括华化较早的）一直把秦国当戎狄看待，《史记·秦本纪》所谓"秦始小国僻远，诸夏宾之，比于戎翟"，所谓"秦僻在雍州，不与中国诸侯之会盟，夷翟遇之"。秦开国之始即"未能用周礼"①，到秦孝公时，商鞅就曾说"始秦戎翟之教"②。可见其与中原华夏文化有所不同。

秦与中原文化的关系不深，在客观上起了能比较彻底地实行变法的作用。《史记·秦本纪》中记秦穆公和由余的一段对话颇有意思，穆公问由余："中国以《诗》、《书》、礼、乐、法度为政，然尚时乱。今戎夷无此，何以为治?"由余回答说："此乃中国所以乱也。夫自上圣黄帝作为礼、乐、法度，身以先之，仅以小治。及其后世，日以骄淫。阻法度之威，以责督于下，下罢极则以仁义怨望于上，上下交争怨而相篡弑，至于灭宗，皆以此类也。夫戎夷不然，上含淳德以遇其下，下怀忠信以事其上，一国之政犹一身之治，不知所以治，此真圣人之治也。"由余是位"亡入戎，能晋言"的晋人，深知中原文化之弊，而在比较落后民族的文化中找到了新生的因子。而商鞅正是把握了这一点，适应社会发展变化，实行了比较彻底的改革。

秦国逐渐巩固、强大，文化上却走着与中原各诸侯国不完全相同的道路。一直到战国末年，荀卿谈他"入秦"的观感时说："……入境，观其

---

① 《毛诗正义·诗序》，十三经注疏本，中华书局1980年版。

② 司马迁：《史记》卷六十八，《商君列传》，中华书局1982年版，第2234页。

风俗，其百姓朴，其声乐不流污，其服不佻，甚畏有司而顺，古之民也；及都邑官府，其百吏肃然，莫不恭俭敦敬忠信而不楛，古之吏也；入其国，观其士大夫，出于其门，入于公门，出于公门，归于其家，无有私事也，不比周，不朋党，倜然莫不明通而公也，古之士大夫也；观其朝廷，其朝闲，听决百事不留，恬然如无治者，古之朝也。故四世有胜，非幸也，数也。是所见也。故曰：佚而治，约而详，不烦而功，治之至也。秦类之矣。"[①] 荀子所说的秦国这种情况，恰恰是摆脱了西周"繁文缛节""私门请托""朋党比周"等等旧的传统，这正是秦国能"四世有胜"的重要原因。

二、秦统一六国

在战国时期的诸侯各国中，秦国后来居上，不仅逐渐赶上并超过了原来强大的一些诸侯国家，而且最终吞并各国，建立了一个空前的大一统国家。

从战国中期开始，秦国先后经过了秦献公时期（前 384—前 362 年）的改革和秦孝公时期（前 361—前 338 年）的商鞅变法，被认为是封建制代替了奴隶制。秦献公一即位就宣布"止从死"，明令禁止人殉制，无疑是对于作为劳动力的人的重视。"为户籍相伍"，重视编制户籍，也是解决人的地位问题，在当时是使"野人"与"国人"处于同等地位。当然还有其他一些政治、经济方面的改革，如迁国都、推广县制、"初行为市"等等。

到商鞅变法时，就把秦献公已经开始的一些改革进一步深化、完善了。商鞅变法在政治、经济及文化思想各方面比较全面的展开，政治方面主要是"变法修刑""劝战死之赏罚"等方面，同时"并诸小乡聚集为大县"，也是集中和加强国家权力的重要措施。经济方面，"为田开阡陌""初为赋"以及"平权衡，正度量，调轻重"等，均有划时代的意义，其他还有如改革不良习俗，"令民父子兄弟同室内息者为禁"[②] 等等。和任何一次改革一样，商鞅变法不是一帆风顺的，甚至商鞅本人最后都遭到了杀

---

① 《荀子·强国》，诸子集成本，中华书局 1954 年版。

② 引文分见《商君书》及《史记·秦本纪》。

害。但变法是成功了，其结果是秦国空前强大，如后来李斯所说："孝公用商鞅之法，移风易俗，民以殷盛，国以富强，百姓乐用，诸侯亲服"①。

据《史记·商君列传》记载，商鞅不仅"居五年，秦人富强，天子致胙于孝公，诸侯毕贺"，还把眼光瞄准"帝王之业"。当变法取得显著成效之时，就与孝公谈秦魏关系，主张乘魏败于齐的机会伐魏，"魏不支秦，必东徙。东徙，秦据河山之固，东乡以制诸侯，此帝王之业也"。他亲自伐魏并取得了胜利。秦之所以"为战国霸君"，之所以"六世而并诸侯，亦皆商君之谋也"②。

但是，统一大业，自孝公以后也整整经历了一个世纪。大趋势是，秦国的领域逐渐扩大，向东挺进稳步发展，与齐、楚、燕、赵等国进行了一系列复杂的政治、外交、军事多方面的斗争，所谓合纵连横、远交近攻等等。秦国在斗争中日益强大，从惠文君称王开始，一直到秦王政时期，经历了五个国王，包括孝公，共为六世，所谓"续六世之余烈"。在这六世之中，先是称伯，后又称王，史书上的一些记载，如"楚、韩、赵、蜀人来朝""天子贺""天子致文武胙""韩、魏、齐、楚、越（一作赵）皆宾从"等等，一直到"周民东亡，其器九鼎入秦"③，都是秦国日益强大的反映。

到了秦王政时期，水到渠成，统一六国只是时间问题了。秦王政即位后，军事上继续稳步前进，连年向赵、韩、魏等国展开进攻。公元前241年，秦国打败了赵、楚、魏、韩、卫的五国联军，这也是五国的最后一次合纵，关东六国再也没有联合攻秦的可能。秦国也就开始了统一六国的进程，公元前230年灭韩，前228年灭赵，前225年灭魏、灭燕，前223年灭楚，前221年灭齐，完成了"吞二周而亡诸侯"的统一大业。

完成了统一大业的秦王政，"自以为功过五帝，地广三王，而羞与之侔"④，创造了一个影响中国历史两千年的神圣称号——皇帝。这确实是一个创造，一般人难以想象得出来的，诸大臣只能在原有尊称上兜圈子，以为"古有天皇，有地皇，有泰皇，泰皇最贵"。泰皇就是人皇，只能在天、

---

① 司马迁：《史记》卷八十七，《李斯列传》，中华书局1982年版，第2542页。

② 《史记·商君列传》集解引《新序》论曰。

③ 引文均见《史记·秦本纪》。

④ 司马迁：《史记》卷六，《秦始皇本纪》，中华书局1982年版，第276页。

地之后，秦王政却要人神兼备，因为帝是古代人想象中的最高天神（他的祖先昭襄王也称帝，但不久就放弃了）。

当然，秦始皇之伟大不仅仅在于他制定了一个至高无上、人神兼备的称号，更重要的是他在以后短短的十几年当中，有一番开天辟地的作为。他不仅统一了六国，进一步又北筑长城，南平百越，巩固和发展统一的局面；与此同时，开辟了全国的交通网，所谓“堕坏城郭，决通川防，夷去险阻”。“为驰道于天下，东穷燕齐，南极吴楚，江湖之上，濒海之观毕至”①，这是汉人的描述，足见其开辟交通网络之成绩。除此之外，秦始皇的功绩还有许多，例如创立中央集权的政治体制以及统一度量衡、统一货币、书同文字等等，本书以后各章中将分别记述。

三、西汉王朝的建立和发展

秦始皇的统一事业是轰轰烈烈的，但其统治具有明显急政暴虐的特色，从而使秦王朝二世而亡。从农民起义中冲杀出来的刘邦，经过楚汉之争战胜了项羽，被群雄拥戴，即了皇帝位，建立汉朝，这是公元前 202 年的事，史称西汉王朝，足足有 200 多年的历史。其中重大的政治事件有“吕氏之乱”“吴楚七国之乱”以及“巫蛊之乱”、内外朝之争等等，这些事件概括起来是两个方面：一方面是地方割据势力与中央集权的斗争，另一方面是争夺最高权力的斗争。关系国家命运的当然主要是前者。

和秦代一开始就是中央集权制不同，刘邦是诸侯王拥立的，西汉政权开始不得不承认那些诸侯王的地位，后来虽逐一地诛灭了异姓诸侯王，但刘邦“惩戒亡秦孤立之败，于是剖裂疆土，立二等之爵。功臣侯者，百有余邑；尊王子弟，大启九国”②。因此西汉一开始，与秦的郡县制不同，而是郡国并行制，分封的王国既多且大，所谓“诸侯比境，周帀三垂，外接胡越”，“大者夸州兼郡，连城数十”，而中央直辖地，只“有三河、东郡、颍川、南阳，自江陵以西至巴蜀，北自云中至陇西，与京师内史，凡十五郡”③，并且还有列侯公主之食邑在其中。

刘邦一番苦心，原来是为了巩固中央，维护统一国家，他刑白马而盟

① 班固：《汉书》卷五十一，《贾山传》，中华书局 1962 年版，第 2328 页。
② 班固：《汉书》卷十四，《诸侯王表》，中华书局 1962 年版，第 393 页。
③ 班固：《汉书》卷十四，《诸侯王表》，中华书局 1962 年版，第 394 页。

曰："非刘氏而王，天下共击之"①，一心希望刘家子弟维护刘家天下，但他死去不久，诸侯王国就形成了对中央集权的威胁。因此可以说，西汉前期的历史，是一部中央集权逐步战胜地方割据势力的历史，当时的政治，一切都从属于这个斗争。

首先是吕后专权、称制，既可以说是争权夺利，也与割据势力斗争有关，例如她先杀赵王如意，徙淮阳王友为赵王，后又杀赵王友，徙梁王恢为赵王，不久又杀赵王恢，废其嗣，而以吕禄为赵王。燕王建死，杀其嗣而除其国，另以吕通为燕王（当然这又是树立自己的党羽）。再如分齐为四，以削弱之。这些是与中央集权有关的。与此同时，积极修筑长安城，也是巩固京师防卫的一项重要措施。吕后注意了这个问题，但并没有最后解决，加上大封诸吕，又冲淡了这种斗争的意义。

文帝即位，割据问题非但没有解决，反而有所滋长，诸吕虽诛，中央政府衰微，这从吴王濞称病不朝反而赐以几杖、淮南王长击杀审食其而赦其无罪等事可见一斑。当时之形势正如贾谊在《治安策》中所说的："欲天下之治安，莫若众建诸侯而少其力。力少则易使以义，国小则亡邪心。令海内之势，如身之使臂，臂之使指，莫不制从。"文帝采取了一些措施，但没有多大成效。景帝时晁错又屡建削藩之议，他断言"削之亦反，不削亦反"。果然景帝三年（前 154 年）爆发了以吴王濞为首的"吴楚七国之乱"。中央集权毕竟是大势所趋，叛乱在三个月就平定了。景帝进一步采取一些措施，如损黜王国官制及其职权，降低诸侯王权力，规定诸侯王不再治民等等，中央集权走向了巩固。

到了汉武帝时期，继续镇压叛乱，采取有罪废除或绝嗣除国的办法，陆续废除一些王侯。公元前 127 年，武帝接受主父偃的建议，颁布推恩令，命令诸侯王在封国内分封子弟为王，由皇帝给名号。这是贾谊、晁错削藩之议的进一步发展，诸侯王无法反对，实际上则封地越来越小。公元前 112 年又以"酎金事件"为契机，一次就夺去"献黄金酎祭宗庙不如法"的一百零六个王侯的爵位，割据势力的问题基本解决了。

西汉政治上另一方面的斗争，是最高统治集团争权夺利的斗争，或者说中央朝廷内的权力之争，从"吕氏之乱"开始，大大小小的斗争几乎没

① 司马迁：《史记》卷九，《吕太后本纪》，中华书局 1982 年版，第 400 页。

有间断过，武帝晚年甚至演成了父子残杀的所谓“巫蛊之乱”。武帝死后，又有燕王谋反，争夺皇位，还有内外之争，大官争权夺利，然后出现霍光实际处理朝政。最后，外戚专权，一直发展到王莽篡位。

四、王莽的改朝换代

盛极而衰，这是封建王朝的必然规律。西汉的鼎盛时期是武帝时期，衰落的迹象也从他那个时候开始了。所以，又有所谓“昭宣中兴”。然而，时间也不太长，元、成、哀、平，一朝朝走下坡路，天灾、人祸也接踵而至，人民群众“有七亡而无一得”“有七死而无一生”①，除了铤而走险别无它途。

在此王朝行将崩溃之际，王莽挺身而出，站在维护统治阶级的立场上进行了一些政治改良，即所谓改制。照说这是无可非议的，但王莽在历史上的声誉很不好：一是因为他的改良没有成效，改良本身也有些问题；更重要的是，他开始想以周公自命，被晋封为安汉公，但后来忍不住皇位的诱惑，不仅没有安汉，反而自立为皇帝，成了一个篡权者。

王莽制造了一系列改朝换代的舆论，终于由假皇帝变成了真皇帝，建立了新朝。因为这个王朝短命夭亡，后来人们据以嘲笑、咒骂他，也有人如法炮制。其实王莽的一套骗局，也是统治阶级自己所制造的思想理论发展的必然结果，那就是儒家思想与谶纬之说。早在昭帝时霍光专权，就有过眭弘的禅让上书事件，这与王莽的改朝换代思想上完全是一致的。

王莽改制有时被认为是一种复古运动，这主要是因为他的政治改革，如官职、社稷、车服、刑罚等等一一依照《周礼》的名称，弄得人们眼花缭乱。例如改变州、郡、县的名称乃至区划，而且一改再改，所谓“岁复变更，一郡至五易名而还复其故”②，使“吏民不能纪”，这在当时社会上引起的混乱是不小的。

当然，王莽改革的重要内容是经济方面。例如，天下的土地，一律改称“王田”；天下的奴婢，一律改称“私属”，都不许买卖。又如，实行“五均六筦”，企图节制商人对农民的过度盘剥，打击商人，由国家专卖，

① 班固：《汉书》卷七十二，《鲍宣传》，中华书局1962年版，第3088页。
② 班固：《汉书》卷九十九中，《王莽传》，中华书局1962年版，第4137页。

从而使国家获得经济利益。应该说，这些都是针对当时时弊而采取的改革措施。西汉后期，元、成、哀、平以来，土地、奴婢问题之严重，商人势力之猖獗，朝野共知，哀帝时就有师丹限田、限奴婢的建议。专卖制度，汉武帝就实行过，成效是很大的。不过，王莽并未能解决当时的社会问题，积重难返，无回天之力，遭到统治阶级内部的强烈反对，又用人不当，用法不当，朝令夕改，造成许多混乱。加上当时匈奴入寇，频频大旱、虫蝗，风雨满楼。王莽的新朝实际上成了西汉王朝的替罪羊，给东汉王朝的建立创造了某种条件。

五、东汉王朝及其衰微

王莽的新朝被农民起义推翻。在全国性的大起义之中，西汉的贵族、官僚、土豪、流氓也乘机而起，打着“反莽复汉”的旗号，割据一方，称王称帝。东汉王朝的建立者刘秀就是其中之一。他利用农民起义爬上了皇帝的宝座，建都洛阳，史称东汉。

和西汉的统治集团起于下层的所谓“布衣将相”明显不同，不但刘秀本人是南阳地主，支持他恢复“汉室”的也是一批大地主和官僚，他们“家累千金”或“世为著姓”，有大量的宗族、宾客。这些支持者当然有他们自己的打算：“天下士大夫捐亲戚，弃土壤，从大王于矢石之间者，其计固望其攀龙鳞，附凤翼，以成其所志耳。”① 其志当然是得到一官半职，维护和扩大本阶级的利益。

东汉政权一建立，首先就调兵遣将镇压各地的农民起义。其次，除了农民起义之外，还有许多地方割据势力，东汉政权花了十年左右的时间，恢复了统一局面。

要巩固这个统一的国家，必定要解决（至少是部分解决）长期以来存在的一些社会问题。既然是“反莽复汉”，就要“解王莽之繁密，还汉世之轻法”②：首先是安抚民众，减轻赋役，表面也恢复过“三十税一”的“旧制”；同时又选用良吏，减轻刑法，提倡节俭，以及精兵简政等等，可以说是配套的措施。这都是恢复生产、安定社会秩序的必要措施，也是政

① 范晔：《后汉书》卷一上，《光武帝纪》，中华书局 1965 年版，第 21 页。

② 范晔：《后汉书》卷七十六，《循吏列传》，中华书局 1965 年版，第 2457 页。

治统一稳定的基础。针对西汉后期以来的奴婢和土地兼并两大社会问题，东汉政权也采取了重大措施。关于奴婢，刘秀多次下诏释放奴婢（主要是王莽专政后沦为奴婢的部分），同时又下诏改善奴婢待遇和提高奴婢身份，如制止屠杀，禁止炙灼，“诏除奴婢射伤人弃市律”①，这等于缩小了奴婢与平民的差别，提高了其法律地位。这一方面的措施，不论如何分析，都是有进步意义的。关于土地兼并问题，很难说刘秀有意解决，但为了政府的租税和赋税收入，建武十五年（39 年）曾下诏“度田”，对全国土地和户口进行清理、核实，这样就不仅是度农民的田地，也要度豪强地主的土地，因而遭到豪强地主的反对。土地兼并问题不但没有解决，东汉一朝愈演愈烈，乃至大地主田庄成为东汉时期经济特点之一。

既然是恢复“汉室”，因此东汉的统治机构和统治制度，都承袭西汉王朝的那些，当然也有些新变化。许多变化都与总结和吸取西汉的经验教训有关。例如对诸侯王的控制，虽然也采用西汉的郡国制，诸侯王从始封起，就无政治统治权，只有食封的经济权，明帝以后还减少食封收入，而且诸侯王、列侯的封邑都很小。又例如，“虽置三公，事归台阁”以及加强监察制度等，可以说是加强皇权经验的发展。再例如，对外戚的经济上优容，政治上防范。

东汉王朝也有将近二百年历史，但其兴旺时期并不长，和帝以后的一百多年日益走向衰落。统治阶级日益腐败，内部矛盾重重，有所谓外戚、宦官、党锢之祸，争权夺利的斗争时间很长，政治越来越昏暗，人民越来越痛苦。另一方面，豪强地主势力不断膨胀，最终导致统治集团公开分裂和农民起义的爆发，东汉王朝灭亡。

第二节　世界、疆域和民族

一、秦汉时期的世界形势

在秦汉统一国家形成、中华文化日新月异发展的时候，世界上一些文明古国都衰落下去了。秦王朝统一之时，曾经像光芒万丈的明灯一样的希

---

① 范晔：《后汉书》卷一下，《光武帝纪》，中华书局 1965 年版，第 58 页。

腊帝国却瓦解了，不过，综合了古代巴比伦、亚述和埃及文化的希腊文化还是有生命力的，至今仍被视为欧洲文化之源泉。

在西方，是罗马帝国与西汉王朝几乎相始终。到西汉中叶，罗马帝国的国境不仅拥有地中海周围所有的地区，而且横跨欧亚非三大洲。不过，经两汉之世，罗马帝国的势力并未真正达到过中亚，在中亚角逐的则是中国史书上记载的安息和大月氏，还有中亚西北的大宛、康居等国。因而罗马帝国和两汉帝国很少直接地接触。但是，随着两汉帝国与西域的发展，随着罗马帝国的战争掠夺（包括人和物的掠夺），直接和间接地会有些文化上的影响。当然，主要的还是东西方各自独立地发展自己的历史和文化。

文明古国的印度早就衰落了，两汉时主要是受月氏人的统治。当时的印度，在中国史书中称为身毒。《后汉书·西域传》记载说："身毒有别城数百，城置长，别国数十，国置王。虽各小异而俱以身毒为名。其时皆属月氏。月氏杀其王而置将，令统其人。"一个诸侯割据的印度，成为月氏人的臣属。不过，印度的佛教文化却有强大的生命力，而且借着月氏人的征服而得到更广泛的传播。

两汉时东方亚洲的其他地方，则是另一番情景。大多处于汉王朝的影响之下，并且受汉文化的影响而走向文明社会。

日本当时被称为倭，《汉书·地理志》写道："乐浪海中有倭人，分为百余国，以岁时来献见云。"《后汉书》专门列了《东夷列传》，其中就有关于倭的较详细的记载："倭在韩东南大海中，依山岛为居，凡百余国，自武帝灭朝鲜，使驿通于汉者三十许国，国皆称王，世世传统。"还有一些关于倭国物产以及倭人习俗的记载。所谓"凡百余国"，应该是以血缘为基础的百余部族，该地的发展和进步，应该说是受着汉王朝深远影响的。

朝鲜受中国的影响比日本早得多。朝鲜北部，汉武帝曾设真番、临屯、乐浪、玄菟四郡。东汉时，朝鲜半岛北部，先后兴起高句丽、百济、新罗三个国家，半岛南部有三韩——马韩、辰韩、弁韩，各统若干部落，西边的马韩最大，其月支部酋长称辰王，名义上是三韩的大君长。他们都在汉文化的影响下进步飞快。

越南和朝鲜的情况差不多，从汉武帝在其北部开始设交趾、九真、日南三郡，一直到东汉。它是按汉王朝的边郡情况而发展的。

当时南洋的情况，在汉代史书上已经有反映，《汉书·地理志》记载说："自日南障塞、徐闻、合浦，船行可五月，有都元国；又船行可四月，有邑卢没国；又船行可二十余日，有谌离国；步行可十余日，有夫甘都卢国；自夫甘都卢国船行可两月余，有黄支国，民俗略与珠崖相类……黄支之南，有已程不国，汉之译使自此还矣。"这个记载，仅仅给人们一个远近概念，而且没有船行的方向。这些是有待专门考证的问题。

二、秦汉时期的疆域

秦始皇二十六年（前 221 年）统一六国，是所谓"初并天下"。《史记·秦始皇本纪》在这一年大致记载了秦王朝的版图："分天下以为三十六郡……地东至海暨朝鲜，西至临洮、羌中，南至北向户，北据河为塞，并阴山，至辽东。"又在二十八年下记琅琊台刻石之文曰："六合之内，皇帝之土。西涉流沙，南尽北户。东有东海，北过大夏。人迹所至，无不臣者。"

东边到了海，在秦人看来，海外只有神人仙岛了。南边到了"北向户"，房门不能再朝南开了，南边已经无路可走了。当然，开始设的三十六郡，最南的蜀郡、巴郡、黔中郡、长沙郡、巫郡、会稽郡等，大体上只相当于今日的四川、湖南、江西、安徽、浙江等省，但是后来设立南海、桂林、象郡三郡，那就可以说是"北向户"了，实际超过了今日之疆域。

"西至临洮、羌中"，或者说"西涉流沙"。羌中、流沙，自古以来有不少考证，我们不如把它看作是一种泛指，即羌人所居之地、沙漠地区。

北边，"北过大夏"，假如大夏是今山西境内的话，"过大夏"句"过"了多远是泛指。从北面的云中、九原、雁门、上郡、陇西、北地等郡的设置看，相当于今内蒙古大青山以南，黄旗海、岱海地、乌审旗、甘肃洮河中游、宁夏贺兰山、青铜峡、山水河以东一线。但又有"北据河为塞，并阴山，至辽东"一句，后来还在战国北方各国旧长城的基础上修筑"起临洮，至辽东，延袤万余里"① 的长城。历史事实证明，长城绝不是疆域的界线，而是当时防止匈奴族进攻的一种措施，当时和以后很长时期都起着

① 司马迁：《史记》卷八十八，《蒙恬列传》，中华书局 1982 年版，第 2565～2566 页。

一定防御作用，防止北方游牧民族的进扰，保护中原农业地区生产和生活的稳定。

秦代的版图大体如此，从疆域上看，它开创了我们这个统一多民族国家的最初规模。

到了汉代，特别是汉武帝时期，秦代所开创的这个规模得到了进一步的巩固和发展。

匈奴虽是中华民族的早期成员之一，但是当时对中原农业地区的进扰是对秦汉不利的，万里长城之修是为了解决这一问题，但并没有完全解决。到汉武帝时仍是“中国一统，而北边未安”①，因而他经过充分准备后，采取了一系列的打击措施，几次派卫青、霍去病出击匈奴，最远追到寘颜山（今蒙古纳拉特山）的赵信城，使得匈奴“远徙北方”，大大地巩固了北边。为了更好地解决匈奴问题，又加强了西部的建设，如在河西走廊设立张掖、酒泉、敦煌等郡。在设郡的同时，还有计划地大徙民、屯田，可见其建设意义。在此基础上通西域，开拓西部边疆。

汉武帝时，对南方和西南方也有进一步的开发。

秦统一了南方，但秦亡以后，南方和东南方相继出现了几个越族政权，自立为王，割据一方，这就是东瓯、闽越和南越。汉武帝于公元前111年消灭了南越割据政权，置儋耳（治所在今海南儋州市西北）、珠崖（治所在瞫都，今海南琼山东南）、南海（治所在番禺，今广东省大部分地区）、苍梧（治所在广信，今广西梧州市），郁林（治所在布山，今广西桂平市西）、合浦（治所在合浦、今广西合浦县北）以及交趾、九真、日南（今越南境内）九郡。对东瓯、闽越，则实行对越人迁徙，与汉人杂居，与中原打成一片。

对于西南地区，武帝时先后几次派人治理，公元前111年破南越后，再次正式设郡，以且兰为牂柯郡（今贵州黄平西），邛都为越巂郡（今四川西昌东南），筰都为沈黎郡（今四川汉源北），冉駹为汶山郡（今四川茂汶北），白马为武都郡（今甘肃成县西）。公元前109年发巴蜀兵临滇，降滇王，赐印，以其地为益州郡（今云南晋宁）。今云南、贵州和四川西南部一带，加强了与内地的联系。

① 班固：《汉书》卷六，《武帝纪》，中华书局1962年版，第173页。

三、中国境内的各族

秦汉时期中国的疆域已如上述，大体上是今日中国之范围了。那么在这广阔土地上生活的中国人又是怎样呢？少数民族出身的史学家翦伯赞写道："秦汉之际，在中国黄河的腹部的确表演了几幕有声有色的历史话剧。但从当时中国史的全面运动看来，这种历史话剧，只是中原种族的历史运动。当此之时，中原以外之四周的诸种族也不是停篙住桨，专看中原种族的把戏；而皆各据其自己的历史原理，展开其自己的历史运动。"① 这里所谓"中原种族"就是后来的汉族，它是以原来华夏族为中心融化了中原诸种族而混成的一个种族。这里，主要介绍一下四周的"诸种族"，那就是南方的越人、蛮人，西方的夷人、羌人，北方的匈奴等"胡"人。这些少数民族是我们多民族国家的成员，他们居住的地区自古就是中国的土地。

首先说北方。北方主要是匈奴族。

匈奴，战国时活动于燕、赵、秦以北地区。秦汉之际已形成一个强大的种族，占领着今日内蒙古和蒙古范围内的广大草原，并且南逾阴山，渡黄河，进入河套。当时匈奴已有了比较完善的国家机构，最高首领叫单于，其下有左、右贤王，左、右谷蠡王，左、右大将，左、右大都尉，左、右大当户，左、右骨都侯等，凡二十四长，各统率万骑或数千骑，下面还有千长、百长、什长等各级军官，也有刑法、监狱等，是一个奴隶制的国家。匈奴奴隶主贵族在战争中掠夺奴隶，供其役使。

匈奴既拥有庞大的土地、奴隶和畜群，又拥有强劲的骑射部队，骑兵三十余万，战国以来，经常弯弓跃马，南向中原，秦汉王朝一直很重视对付匈奴。到了东汉，一场大旱灾之后，匈奴族发生了内乱，分成两大派。一部分在呼韩邪单于领导下投降东汉，是为南匈奴；另一部分向西北徙去，是为北匈奴。

北匈奴远徙西北（后来甚至西徙中亚），南匈奴则南徙西河美稷（今内蒙古准格尔旗一带）。于是东北方面东胡族的乌桓、鲜卑乘虚而西，渐徙于蒙古高原。

乌桓人汉初以来，活动在西拉木伦河以北的乌桓山一带，也主要是随

① 翦伯赞：《秦汉史》，北京大学出版社 1983 年版，第 119 页。

水草而居的游牧生活，男子制造兵器弋猎禽兽，女子刺绣编织，部落分散，邑落各有小帅，推举有勇健能理决斗讼者为“大人”。西汉初臣服于匈奴，西汉后期才逐渐强大，常攻击匈奴，也常骚扰汉幽州边郡。东汉以后，与汉族交往多，乃至后来完全与汉族融合。

鲜卑在乌桓之东，语言习俗、社会状况与乌桓大致相似，但更落后一些。西汉时“未常通中国焉”，东汉时成为北方一支劲敌。汉以后是北方最强的一个少数民族。

东北还有古代貊族的夫余、高句丽和肃慎的挹娄。夫余居于吉林、长春一带，高句丽在鸭绿江上游，挹娄则在长白山以北。夫余、高句丽东汉时已进入奴隶社会，归附东汉王朝，但并不稳固，离中原较远，影响不大。挹娄臣属夫余，与东汉关系以夫余为进退。

西方有一个古老的民族——羌族。秦汉时期，大部分分布在甘肃、青海一带，南抵蜀汉以西，西北接西域诸国。羌人分布有很多部落，原无统属关系，强者分别为酋豪，弱者为人附属。西汉初年，羌人臣服于匈奴，也曾与匈奴连兵为患。西汉中期征服羌人，设护羌校尉统领。西汉后期，部分羌人逐渐内徙，在金城、陇西一带与汉人杂居。王莽末年，羌人大量入居塞内，由于官吏和豪强的侵夺，羌人常常起而反抗，因而东汉王朝与羌人的斗争成为政治上一大问题，多次镇压反抗，有两次同羌人的斗争，都持续在十年以上。

今新疆乃至更远的地区，西汉以来被称作西域。当时天山南北的种族很复杂，互不统属，语言不一。天山以南，塔里木盆地南北边缘又分为“南道诸国”和“北道诸国”。大多以城郭为中心，兼营农牧，有的还能自铸兵器，有少数则逐水草而居。人口多者七八万，少者千人左右。天山以北，准噶尔盆地，是一个游牧区，先后有月氏人、乌孙人、匈奴人占领这块土地。

最后，谈一谈古代的南蛮之地。主要可分为东南和西南两大部分。

东南沿海一带被称为百越之地。百越犹言诸越，说明族属较多。秦时浙江南部出现了瓯越，福建出现了闽越，两广出现了扬越。其风俗习惯与北方少数民族截然不同，所谓“椎髻徒跣”“断发文身”之类。秦虽然曾平定北越，设立郡县，但北越秦末又叛变了。汉初又曾出现过强大的南越。直至汉武帝才最后解决问题，百越从而与汉族的经济、文化进一步融合。

西南地区，分布着许多语言、习俗不同的少数民族，秦汉时统称西南夷。从较大的范围划分，贵州有夜郎、且兰，云南滇池区域有滇，洱海地区有巂、昆明，四川西昌有邛都，雅安附近有徙、笮都，成都以北有冉駹。东汉时云南澜沧江流域及其以西，又有哀牢人。有的过着游牧生活，有的定居以农业为主，各地各族的发展很不平衡，有的处于原始社会末期阶段，有的进入阶级社会。他们分布各地辛勤劳动，创造了许多独特民族风格的文化。一些考古发掘出来的当地文物可以说明，当时工艺水平是很高的，受汉族的影响也是明显的。因为从汉武帝时期开始，内地与这些地区的往来联系就很频繁，后来虽时有阻隔，但总趋势是越来越加强的。

在今湖南、湖北、广西、四川一带，也散居着一些少数民族。秦代吞并巴、蜀，灭亡荆楚，于是川、湘、鄂的诸蛮，相率避入深山穷谷之中，在艰苦的环境中，继续其种族繁殖。在湖南境内有槃瓠诸部，以其居地被称为武陵蛮、澧中蛮、长沙蛮等等。在四川东部及湖北一带，是廪君蛮诸部，被称为巫蛮、沔中蛮、江夏蛮等，又称巴郡南郡蛮（原巴郡、南郡的辖区）。在四川北部及陕西汉中地区，居住着板楯诸部。广东、广西境内，则有更落后的乌浒人。秦汉以来，这些地区虽已设置郡县，但蛮族内部，大多还保留着部落组织，由自己的君长统率。这众多蛮族，不同时期与汉王朝保持不同程度的臣属关系。要向朝廷贡纳，如槃瓠蛮向西汉政府缴纳“賨布”，大口每岁一匹，小口三丈，廪君民户，则当出“幏布”八丈二尺，鸡羽三十根，而君长每年要出 2016 钱，三年加出义赋 1800 钱。板楯蛮经常承担军役义务，七姓君长享受不输租赋的优待，民户则每人每年要缴纳“賨钱”四十。这一类蛮族的文化类型与其他少数民族又有不同，有浓厚的地方色彩，这也是考古发掘出土文物可以证明的。

史学家翦伯赞有一个形象的比喻：“当时的中国正像一个鸡卵，中原诸族，有若卵黄，四周诸种族，有若卵白，卵黄与卵白虽各为一物，而在鸡卵之有机构造上，则是血肉相连的。当秦之时，中国的历史，正在发生一种适当的温度，来孵化这种鸡卵。所以到西汉之初，鸡雏遂破壳而出，是为汉族。”① 我们扩而大之，把汉族看作卵黄，以后的周边各族又有若卵白，在一定的条件下，中华民族也就诞生了。

---

① 翦伯赞：《秦汉史》，北京大学出版社 1983 年版，第 17 页。

第三节　社会经济

经济是文化发展的基础，经济又是广义的文化。秦汉时期社会经济的基本情况，可分述如下几点。

一、政治、经济发展的相互影响

秦之所以能统一，其客观原因是适应了社会经济发展的需求，符合了人民的愿望，当时社会经济的发展，已经是“四海之内若一家”[①]。而战国的分裂割据局面，阻碍着经济的进一步发展。并且争城夺地的战争，使得人民无法休息，无法平静地从事生产。当时的政治家们已明确看到这一点：“今周室既灭，而天子已绝，乱莫大于无天子，无天子则强者胜弱，众者暴寡，以兵相残，不得休息”[②]；“欲为天子，民之所走，不可不察”[③]。“欲为天子”，就是需要统一；“民之所走”，即人心所向，需要“休息”的人民迫切需要统一。

但是秦统一之后，在恢复和发展生产方面几乎没有采取什么措施。本也无可非议，秦有些统一措施（如令黔首自实田、统一度量衡之类）在客观上也有利于经济的发展。不过，它根本没有考虑与民休息，短短的二十几年当中，南戍五岭五十万人，北逐匈奴筑长城三四十万人，更不能容忍的是，为了营造阿房宫和骊山陵，动用了七十余万人，即便这些数字有夸大，也是动员了全国力量当兵服役了。无休止无归期的征发，所谓“力役二十倍于古”，造成一片悲惨的社会景象：“丁男被甲，丁女转输，苦不聊生，自经于道树，死者相望。”[④] 再加上统治者和地主阶级穷凶极恶的掠夺，人民的起码生活都得不到保障，所谓“男子力耕不足粮饷，女子纺绩不足衣服”[⑤]，实际上是不可能耕，不可能纺绩。因而激起了农民大起义，秦王朝的统治被推翻。

---

① 《荀子·王制》，诸子集成本，中华书局 1954 年版。
② 《吕氏春秋·谨听》，诸子集成本，中华书局 1954 年版。
③ 《吕氏春秋·功名》，诸子集成本，中华书局 1954 年版。
④ 班固：《汉书》卷六十四下，《严安传》，中华书局 1962 年版，第 2812 页。
⑤ 班固：《汉书》卷二十四上，《食货志》，中华书局 1962 年版，第 1126 页。

从农民起义爆发到楚汉之争结束，又是七八年的战乱，社会经济遭到严重的破坏。到西汉王朝建立的时候，到处是一片荒凉残破的景象，人民在战乱中死的死，逃的逃，因而汉初人口大大减少，城市人口只剩十分之二三，如一个只有三万多户的曲逆，战后只剩下五千余户。而且市场混乱，物价踊贵，米一石值万钱，马一匹价百金。许多农民为生活所迫，卖妻鬻子，或自卖为奴。在此种社会经济凋敝的情况下，统治阶级也无法搜刮，因而有这样的记载："自天子不能具钧驷，而将相或乘牛车，齐民无藏盖。"①

为汉王朝的生存，为稳定秩序，非采取"休养生息"的政策和措施不可，因而汉高祖刘邦一开始就颁发了一系列有关这方面的诏令，如：组织军人复员为民，并给予土地、免徭役等优惠；招抚流亡，"复故爵田宅"；释放奴婢，因饥饿而自卖为奴者"皆免为庶人"② 等等。以后文帝、景帝时期，继续采取"与民休息"的政策，提倡以农为本，进一步推行"轻徭薄赋""约法省禁"的政策，使生产逐渐得到恢复发展，史称"文景之治"。这样，汉初七十年，社会经济确实得到了恢复和发展。所以有记载说："汉兴七十余年之间，国家无事，非遇水旱之灾，民则人给家足；都鄙廪庾皆满，而府库余货财；京师之钱累巨万，贯朽而不可校；太仓之粟陈陈相因，充溢露积于外，至腐败不可食；众庶街巷有马，阡陌之间成群，而乘字牝者傧而不得聚会；守闾阎者食粱肉，为吏者长子孙，居官者以为姓号"③，和"民无藏盖""将相或乘牛车"形成鲜明对比，一派升平、繁荣景象。抛开溢美之词，不可否认当时经济恢复发展的事实。

这"人给家足"、府库丰满的描写，正是汉武帝时候。汉武帝正是凭借着强大的财力，施展英雄才略，开疆拓土；同时又好大喜功，赏赐动辄几十万、上百万之金。庞大的开支，"人徒之费"、"兵甲转漕之费"、赏赐之费，再加上大修离宫别馆，"外事征伐，内事兴作"，"费不可胜计"，很快就弄得"府库并虚"④，只得加紧向人民搜刮，再一次造成社会经济的危机。武帝末年，"海内虚耗，户口减半"⑤，经济的发展再次受到阻碍和破

① 司马迁：《史记》卷三十，《平准书》，中华书局 1982 年版，第 1417 页。
② 以上诏令均见《汉书·高帝纪》。
③ 司马迁：《史记》卷三十，《平准书》，中华书局 1982 年版，第 1420 页。
④ 《汉书·食货志》中有大略的记载。
⑤ 班固：《汉书》卷七，《昭帝纪》，中华书局 1962 年版，第 233 页。

坏，同时也就呈现为尖锐的社会和阶级矛盾。

在社会经济还没有达到完全崩溃的程度，政治上也可采取一定的挽救措施，西汉史上的所谓“昭宣中兴”，可以说是“与民休息”政策的再度登场。

历史就是这样曲折地发展，随着政治上腐朽的加剧，西汉末年社会危机日益加深，终于爆发农民起义。然后建立东汉王朝，又通过“轻徭薄赋”等政策，使社会经济得到恢复发展；时间稍长一点，统治阶级的贪婪腐化，一而再，再而三，弄得小民不可活，“河内人妇食夫，河南人夫食妇”①，说明简单的再生产也无法进行了。

政治的发展与经济的发展，形成这么一种奇妙的关系，政治凭着经济强大，有所作为，反过来又无情地摧毁它，根本原因何在？根本原因在于，当时的政治不能真正做到“以民为本”“以农为本”。这是古代阶级社会——奴隶制和封建制社会——不可避免的发展规律。秦汉当然不会例外。

二、文明大厦的基石——农业

农业是整个古代世界的决定性的生产部门，秦汉时期当然不会例外。秦汉社会的物质财富，主要是农业创造的，秦汉时期的一切文化创造，又都是以农业发展为基础的。

秦汉时期农业生产有很大的发展，有很高的水平，其具体表现：

首先是生产工具和耕作技术的进步。铁制农具是古代的先进工具，史书记载表明，西汉时得到了迅速的推广，当时人认为铁器是农业的主要生产工具，所谓“铁器，民之大用也”，或者说“铁器者，农夫之死士也。死士用则仇雠灭，仇雠灭则田野辟，田野辟则五谷熟”②。汉代垄断冶铁铸造，除了兵器之外，就是农器了，武帝时“徙民屯田，皆与犁牛”，文帝时南越王向汉王朝要求得到“金铁田器”③，可以反映铁农具之铸造及其推广情况。从考古发掘情况来看，不但中原地区，在今辽宁、甘肃、湖南、四川、山东等省乃至更边远的新疆、云贵都有西汉时代的铁器出土。铁制

① 范晔：《后汉书》卷八，《孝灵帝纪》，中华书局1965年版，第331页。
② 《盐铁论·水旱》《盐铁论·禁耕》，诸子集成本，中华书局1954年版。
③ 班固：《汉书》卷九十五，《西南夷两粤朝鲜传》，中华书局1962年版，第3851页。

农具包括铲、镬、锄、镰、铧等，铁犁铧的数量还不少，而且宽窄大小不一，最大的铧宽达 42 厘米。这些生产工具也是在不断创造和改良的。所谓“其耕耘下种田器，皆有便巧”[1] 就可说明。

牛耕的推广与铁农具的推广是同步的。“牛乃耕农之本，百姓所仰，为用最大，国家为之强弱”[2]，所以“徙民田皆与犁牛”“假与犁牛种食”等等记载较多。犁牛相连，就是牛耕的意思。牛耕的技术也是与铁器的改进同步的，史书记载和考古材料表明，西汉普遍使用了二牛抬杠的犁耕，由二牛三人、二牛一人乃至一牛一人，不断进步。应当指出有的地方也用马耕，在马牛不足的情况下，以人挽犁的现象也不时出现。并且，“耒耜而耕”的情况还是存在的，江南有很多地方还是火耕水耨。耕作技术的进步，从代田法和区田法实行和推广可见一斑。代田法，甽（沟）垄相间，播种于甽中，中耕锄草培土（垄上之土），甽垄培平时，作物根深坚固。甽垄位置每年调换，可以恢复土壤的肥力。此法是汉武帝时搜粟都尉赵过总结前人经验的一种耕作方法，先在长安附近试行，很快加以推广，直至边远地区。区田法主要见于东汉《氾胜之书》的记载，可以说是代田法范围的缩小，精耕细作技术的加深，依靠人力，增加肥水，加强管理，改变广种薄收而为少种多收。总之，汉代的农业耕作技术，从土地利用、土壤改良、施肥保墒到种子处理、田间管理以及灌溉等各方面，都有了较丰富的经验。

农业发展的另一重要条件就是水利灌溉，水利是农业的命脉。秦汉时期，水利灌溉事业有很大的发展，表现在：首先，治理黄河，黄河多次决口，几次改道，造成大水灾，汉政府也曾多次大规模组织治理黄河，而且都花费很大。较有成效的治理也有几次，如公元前 109 年，汉武帝因“河决于瓠子”，“发卒数万人塞瓠子决河”。值得称道的是，武帝曾亲自巡视工地，并命随从官员自将军以下负薪填河堤。此次修治，不仅堵住决口，使黄河流归故道，还使以后八十年中黄河没发生过大水灾。东汉明帝时期，公元 69 年的治河，派的是水利工程专家王景、王吴等人主持，采取了科学的方法“修渠”“筑堤”。史书记载说：“景乃商度地势（勘察设计），

① 班固：《汉书》卷二十四上，《食货志》，中华书局 1962 年版，第 1139 页。

② 吴树平：《风俗通义校释·佚文三》，天津人民出版社 1980 年版，第 400 页。

凿山阜、破砥绩，直截沟涧，防遏冲要，疏决壅积，十里立一水门，令更相洄注，无复溃漏之患，景虽简省役费，然犹以百亿计。明年夏，渠成。”① 这一综合性的治理工程，效果显著，此后八百年间，黄河没有改道，水灾大大减少。其次，兴修水渠、水库。秦汉时期开凿的新渠、兴修和修复的大型水库，数量很多，分布很广。著名的如秦代的都江堰、灵渠，汉武帝时的六辅渠、龙首渠、曹渠和白渠等等，整个秦汉，全国各地都有大大小小的“穿渠灌溉”的工程。水库则或利用天然湖泊，或因某些地势修建而成，如汝南郡鸿隙大坡、下邳蒲阳坡、会稽镜湖等等，全国各地都有“造起陂池”“修治陂池”的记载，尤其是南方，小型的陂池水塘星罗棋布，四川、云南、贵州、广东等省曾多次出土过汉代防水田、池塘的模型就可证明。此外，凿井灌溉，汉武帝时创造的井渠（“井下相通行水”）② 方法，传至西域长期沿用。水利建设对农田的好处，史书多有记载。

以上所说，铁农具、牛耕的普遍使用，水利的发达，农业技术的进步等等，这些既是农业发展的表现，也是农业生产提高的一些主要原因（虽然还有政治等方面的原因）。秦汉时期，人口不断增加，垦田面积不断增加，亩产量不断提高，在这些方面，历史上的统计资料并不一定可靠，但发展的大趋势是能够反映出来的。据西汉末年统计，当时全国有户一千二百二十多万，人口五千九百五十多万，垦田数达八百二十七万多顷，人均有十三四亩土地，这是一个可观的数字。东汉的统计数字略低，是由于东汉时期豪强地主隐匿土地和人口的问题比较严重，从零星记载情况看，农业还是略有发展的。当时的粮食产量如何？《汉书·沟洫志》中，对郑国渠灌区有“收皆亩一钟”的记载，一钟是六斛四斗，那就相当高了，一般在亩产二百斤左右③。《九章算术·哀分》记一亩产粟二斛。仲长统《昌言》中提到亩收三斛，都应当是当时实情的反映。

此外，农业的发展，虽然主要看谷物种植业，但在当时，也应包括园圃业、畜牧业、渔业乃至林业等生产部门。

园圃业即蔬菜、果物以及其他一些经济作物的栽培。自古以来，这些东西大多是种在房前屋后，田头地边，如《汉书·食货志》所说：“还庐

① 范晔：《后汉书》卷七十六，《循吏列传》，中华书局1965年版，第2465页。

② 《史记·河渠书》有“井渠之生自此始”之句。

③ 参阅宁可：《有关汉代农业生产的几个数字》，《北京师院学报》1980年第3期。

树桑，菜茹有畦，瓜瓠果蓏，殖于疆易（埸）。”秦汉帝王下诏令民种谷树艺。地方长吏也往往劝民务农桑，如《汉书·龚遂传》：“劝民务农桑，令口种一树榆、百本薤、五十本葱、一畦韭。”这主要是副业，小规模经营。不过，史书记载表明，秦汉时期也有了大规模果园和菜圃等的经营，如《史记·货殖列传》中就列举有致富可与“千户侯等”的专业经营，果木以“千树”计，蔬菜等以“千亩”“千畦”计。而果木、蔬菜品种之多，生产技术之精，都有较大的发展。有关林业发展的记载，实见于关于园圃业的记载中。值得一提的是，秦汉时期的苑囿、陵墓、官舍、庭院等处，都有林木栽植。特别还有道路两旁的植树。例如秦代“为驰道于天下……道广五十步，三丈而树，厚筑其外，隐以金椎，树以青松”①。汉代亦有“树桐樟之类列于道侧”② 的记载。

畜牧业是当时农业的另一重要组成部分。自古以来的所谓六畜，马、牛、羊、鸡、犬、豕，在秦汉时期仍然主要是家庭副业，如前引《汉书·龚遂传》“劝民务农桑”中就提出户养“二母彘、五鸡”的理想；“童恢为不其令，率民养一猪，雌鸡四头”③；许多地方官“劝农桑”，都同时有“令畜猪”、养鸡买牛的举措。但是，马、牛又有所不同，不仅是农耕、运输的需要，军事上也大量需要，所以时人认为：“马者，甲兵之本，国之大用。”④ 因而在畜牧业中，养马（也兼及牛、羊）是有较大的独立发展的，如《汉旧仪》记载（其他分散的记载也有），京师长安有“天子六厩”，各厩“马皆万匹”，边郡牧师苑“三十六所，分布北边、西边，以郎为苑监，官奴婢三万人，分养马三十万头，择取教习，给六厩。牛、羊无数，以给牺牲”。

秦汉时期和整个古代情况一样，农牧关系上有一突出特点，即从事种植业的民族与从事畜牧业的民族在地区上明显分开，牧业区以游牧为主，农业区的畜牧业则以舍饲圈养为主。也有半农半牧区，这种地区的畜牧业得到农业的支援，比游牧的“随水草而徙”要进步一些，有关畜牧的生产技术也得以发展。

① 班固：《汉书》卷五十一，《贾山传》，中华书局1962年版，第2328页。
② 范晔：《后汉书》志第二十七，《百官四》，中华书局1965年版，第3610页。
③ 缪启愉：《齐民要术校释·序》，农业出版社1982年版，第3页。
④ 范晔：《后汉书》卷二十四，《马援列传》，中华书局1965年版，第840页。

至于渔业，《史记·货殖列传》中说：“楚越之地，地广人稀，饭稻羹鱼。”说明广大南方，鱼是主要的生活必需品了（这也是靠水吃水的自然规律）。《汉书·地理志》的记载又说：“巴蜀广汉……民食鱼稻。”那就不单是江南水乡泽国以鱼为食了，沿海自不必说。《汉书·地理志》还记载，关中和中原地区的居民也“好商贾渔猎”，黄河中游盛产鲤、鲂，自古有名。渔业的发展是必然的，但秦汉统治者似乎并不重视渔业，甚至加以限制，有时下令“禁民二业”“至有田者不得渔捕”①。渔业税收是当时封建国家财源之一，统治者垄断“鱼盐之利”加重税收，对渔业的发展无疑是起限制作用的。

农业主要解决人们吃的问题（也包括给穿衣、住房提供原材料），民以食为天，这是天经地义的，农为国之本，乃“天下之大业”②，这是统治者认识到的，不过这种认识有局限性，其根本目的不是为民且不说，其种种做法与认识往往矛盾，对渔业的限制也是一例。

三、工商业与都市

（一）手工业

秦汉时期的工业是手工业，是依靠手工劳动、使用简单工具的小规模工业生产，它在整个社会生产中的比重不大（也不是很小），但具有特殊的、重要的地位，在社会生活中不可或缺。它不仅为文化的发展提供基础和条件，它的有些产品本身就是文化和艺术。

秦汉时期手工业有很大发展，表现在：生产种类多，生产技术精，生产规模大。关于生产规模，手工业生产一般是小规模，生活必需品的纺织业甚至主要还是家庭副业，但在有些行业中也有相当大的规模，为了垄断或组织管理盐铁和一些其他产品的生产，汉代在全国各地设有铁官、盐官及各种各样的工官，据《汉书·地理志》的记载统计：“产铜、铁之区，凡四十六处，产盐之区凡三十一处，产石油和石墨之区各一处，有服官和工官八处，产漆之区一处，产木之区一处，产竹之区一处，产橘之区二处，畜牧之区二处。”③

---

① 范晔：《后汉书》卷三十九，《刘般传》，中华书局 1965 年版，第 1305 页。

② 《盐铁论·水旱》，诸子集成本，中华书局 1954 年版。

③ 参阅谢国桢《两汉社会生活概述》所列之简表，陕西人民出版社 1985 年版。

当时手工业生产的种类包括：采矿、冶铁、冶铜、铸造、铸钱、铸镜、造兵器、纺织、编织、制盐、酿酒、建筑、造车、造船、制陶、漆器制造、皮革加工、雕琢玉石、制造纸张笔砚等等。现略述主要几项如下：

1. 冶金业

包括采矿、冶炼和铸造在内的冶金业，在当时是规模最大的手工业。因为它需要大量的资金、人力和众多的设备，“非编户齐民所能家作”①，故规模都较大，其中冶铁业又最突出，上已提到，全国各地设铁官很多。生产生活中需要很多铁器，生产中的犁、耙、锄、镰，生活中的炉、釜、灯、锁、剪、刀、针，车马用具如齿轮、轴承、马衔等等，这些都有实物出土。再就是大量的兵器，刀、斧、剑、矛、戟，乃至铁铠甲，也有实物出土。其次就是冶铜业，钱币是主要产品，据《汉书·食货志》记载：“自孝武元狩五年三官初铸五铢钱，至平帝元始中，成钱二百八十亿万余。”一百二十余年，平均每年铸钱两亿三千多万枚，需要铜的数量，当以千百吨计。日用器物方面虽然铁器、漆器的兴起取代了铜器的一些地位，但种类仍然很多，如乐器（铎、钲、铃、鼓等），饮食器（壶、卮、杯、盘等），水器（盂、洗、盆等），炊器（鼎、豆、釜、勺等），以及熏炉、带钩、玺印、虎符、灯、俑等等，都在考古发掘中见到实物。应该指出的是，出土铜器中最多的是铜镜这种日用必需品，例如洛阳烧沟汉墓群中，较“富的墓葬都有一两面，其中第 95 号墓葬竟有 118 面”②。铜兵器也有，以弩机为最。秦汉时期的冶金工艺技术当然有发展，无论是采矿、原料加工、冶炼、铸造，哪一方面，都比以前有改进和提高。许多矿冶遗址，出土的各种各样精美器物，是最有说服力的证明。

2. 纺织业

原始人和动物一样，首先主要的是食，文明社会则衣、食、住、行，或者说丰衣足食，衣的问题似乎是文明的一个最重要标志。秦汉时期是“天下以农桑为本”，如前所述种桑树主要是农业的副业，这当然不排斥已出现了“千亩桑麻”的大规模经营。采桑种麻，是当时纺织的主要原料生产方式，但当时新疆地区，已有了棉花和羊毛纺织品。秦汉时期的纺织生

① 班固：《汉书》卷二十四下，《食货志》，中华书局 1962 年版，第 1183 页。

② 参见《洛阳烧沟汉墓》，科学出版社 1959 年版，第 160 页。

产，主要是个体小农家庭的“女子纺绩”，乃至于王公贵族之家“夫人自纺绩”的也不少。大体上麻织品称布，丝织品称帛。《盐铁论·散不足》中说：“古者庶人耋老而后衣丝，其余则麻枲而已，故命曰布衣。及其后，则丝里枲表，直领无袆，袍合不缘。夫罗纨文绣者，人君后妃之服也。茧紬缣练者，婚姻之嘉饰也。是以文缯薄织，不粥于市。今富者缛绣罗纨，中者素绨冰锦，常民而被后妃之服，亵人而居婚姻之饰。”抛开这段话的等级观念和文饰之辞可以看到：一般平民百姓穿的是麻布衣，如粗糙不堪的八综布之类（有记载，也有实物出土），秦汉时期应该如此。但古时的庶民只有老人才可衣丝，“七十者可以衣帛矣”，或者结婚之时可以穿好一点，而秦汉时一般富有的“庶民”甚至“中者”“亵人”都穿尚好的丝织品了。这说明丝织品的数量明显增多。一些王公贵族家中，“锦绮缋縠纨素奇玩，积如丘山”①，或者“媵御数百，无不兼罗纨”②；各地汉墓出土丝绸既多且精，甚至有一些整幅的丝绸。大量的丝绸从哪里来？从民间搜刮而来，这是毫无疑问的。同时也有相当数量的规模较大的纺织工场，中央政府中设有织作和丝染的机构和官吏（如织室、平准令之类），在一些纺织业发达地区设“服官”，直接经营大规模的纺织工场，“作工各数千人，一岁费数巨万”③。各地有各地特有的传统的丝织品，所谓“齐部（郡）世刺绣，恒女无不能；襄邑俗织锦，钝妇无不巧”④，世代相传，熟能生巧，普普通通的“恒女”“钝妇”也都能织出上好的东西。然而，大规模的生产更有利于生产技术的改进和提高，能工巧匠们聚集在一起，会不断改进工具和织作技术，更不消说有文化人的巧思了，例如，“（马钧）为博士居贫，乃思绫机之变，不言而世人知其巧矣。旧绫机五十综者五十蹑，六十综者六十蹑，先生患其丧功费日，乃皆易以十二蹑”。⑤

3. 漆器制造

漆器的生产在我国有悠久的历史，到秦汉时期出现了空前繁荣的局面。考古发掘秦汉的墓葬，常见大量漆器随葬，动辄数十件，有些是百多

---

① 范晔：《后汉书》卷七十二，《董卓列传》，中华书局 1965 年版，第 2332 页。
② 范晔：《后汉书》卷七十五，《袁术传》，中华书局 1965 年版，第 2443 页。
③ 班固：《汉书》卷七十二，《贡禹传》，中华书局 1962 年版，第 3070 页。
④ 《论衡·程材》，诸子集成本，中华书局 1954 年版。
⑤ 《三国志·方伎传》裴松之注引傅玄曰。

件，长沙马王堆一、二、三号汉墓出土的漆器总数达七百件。漆器在生活上广泛运用，可以出土实物种类之多看出，如：耳杯、卮、奁、盒、盘、几、案、壶、鼎、钟、盂、钫、匕、勺、匜、匣、筒、屏风、虎子等等，还有乐器和少量髹漆的兵器。漆器生产要求较高的工艺技术，许多出土物表明，秦汉时期漆器的工艺水平很高，除木胎竹胎之外，秦汉时较流行的夹纻胎（以麻布为胎）的工艺难度就较大。髹器工艺也日益高超，高级漆器制品，有缘边镶嵌金、银、铜，称为“釦器”，还有富丽堂皇的金银平脱器（将金银薄叶缘切成图形粘于器物表面，反复打磨而成）。出土的许多漆器制品，设计巧妙，造型精致，纹饰优美，镶嵌华丽，堪称高级工艺珍品。这些精美的物品，是集众人之智慧，且非一朝一夕所能完成的，所谓“一杯棬用百人之力，一屏风就万人之功”①。

4. 其他手工业

如舟车制造、制盐、酿酒等，既有悠久的历史，又在秦汉时期都有很大的发展，生产技术和规模都超过前代。

（二）商业与都市

在农业、手工业发展的基础上，商业繁荣是很自然的，商业活动的中心又在城市。在中国古代，“市”字本身就有聚集货物，进行买卖之义②，就有贸易场所之义③，就有城镇之义，是城市的简称。城市的特点只是人口密集，是政治、经济、文化的中心。汉代也叫“都市”，晁错《论贵粟疏》中说：“商贾大者积贮倍息，小者坐列贩卖，操其奇赢，日游都市……”④，即是从经济中心来讲的。

1. 关于秦汉时期商业的发展

统一的中央集权国家是商业发展的一个重要条件，《史记·货殖列传》说：“汉兴，海内为一，开关梁，弛山泽之禁，是以富商大贾周流天下，交易之物莫不通，得其所欲。”应当说，这是整个秦汉时期商业的概述。其实，不仅建立统一国家，与商业有密切关系的统一货币、统一度量衡等

---

① 《盐铁论·散不足》，诸子集成本，中华书局 1954 年版。

② 《易·系辞下》：“日中为市，致天下之民，聚天下之货。”十三经注疏本，中华书局 1980 年版。

③ 《战国策·秦策一》：“臣闻争名者于朝，争利者于市。”

④ 班固：《汉书》卷二十四上，《食货志》，中华书局 1952 年版，第 1132 页。

措施都是从秦开始的。

当时商业之繁荣何以得见？据《史记·货殖列传》和《汉书·食货志》的记载，从秦代开始就有一些“通商贾之利”而“富至巨万”的大商贾，如蜀卓氏、程郑、宛孔氏、曹邴氏、刀间、师氏等从秦到汉初不衰，汉代也不断出现新的大商人，在一些大都会相继而起，如《汉书·食货志》所记：“程、卓既衰，至成、哀间，成都罗裒訾至巨万。”“刀间既衰，至成、哀间，临淄姓伟訾五千万。”“师史既衰，至成、哀、王莽时，洛阳张长叔、薛子仲訾亦十千万。”“自元、成讫王莽，京师富人杜陵樊嘉，茂陵挚网，平陵如氏、苴氏，长安丹王君房、豉樊少翁、王孙大卿，为天下高訾。樊嘉五千万，其余皆巨万矣。”所举这些，当然不是全部，司马迁说得好：富人“大者倾郡，中者倾县，下者倾乡里者，不可胜数”[①]。司马迁虽不仅仅讲商人，实际上，大都会、小城镇各有各的富商，这是完全可以肯定的。

再者，商业的繁荣还表现在，商业种类之多几乎无所不有，有“百贾”[②]的说法。吃的东西，粮食、肉食、水产、蔬菜、瓜果、油、盐、酒、酱，样样都有。有的大商人一年中的买卖量很大，“谷籴千钟”（每钟六斛四斗），“酤一岁千酿”[③]“屠千羊彘千皮”“果菜千钟”，各种鱼类以“千斤”“千石”“千钧”计，甚至各种酱菜调料品也以“千”计，“蘖曲盐豉千荅”（容器，或云受斗六升）。衣服原料，布帛绸缎，经营量以“千钧”“千匹”计，皮毛业“狐貂裘千皮，羔羊裘千石”。烧柴，“薪稿千车”。还有，一些重要手工业，车、船、铜、铁、竹、木、漆等，或原料或成品均有大量的买卖。买卖牲畜的量也很大。此外，“贩脂”“卖浆”之类的小业也有成大富者。

2. 关于都市

这里我们着重从经济中心的角度来谈都市，司马迁在《货殖列传》中也是从这个角度讲“通邑大都”。作为商业的城市，首先是通，在交通便利之处。其次，就是聚会，人群集聚，商贾之所至。如《盐铁论·力耕》所说：“自京师东西南北，历山川，经郡国，诸殷富大都，无非街衢五通，

---

① 司马迁：《史记》卷一百二十九，《货殖列传》，中华书局 1982 年版，第 3282 页。

② 《汉书·张敞传》：“长安偷盗尤多，百贾苦之。”

③ 《汉书·食货志》云：“一酿用粗米二斛，曲一斛，得成酒六斛六斗。”

商贾之所臻，万物之所殖者。”秦汉时期的大都会，除京师长安之外，就是郡国首府，如洛阳、邯郸、临淄、宛、成（当时合称五都）、番禺等城市，都是全国性的都会。还有一些是一方之都会，如“燕之涿、蓟……魏之温、轵，韩之荥阳……楚之宛丘，郑之阳翟，三川之二周，富冠海内，皆为天下名都”①。这里所说并非全部著名商业城市，南方有江陵、长沙、豫章、吴、寿春、合肥，西北也有姑臧等等都是比较有名的。并且“百郡千县，市邑万数”②，大的都市，小的集镇，都是不同规模的商业中心。

这些都会是名副其实的经济中心。例如说：“关中之地，于天下三分之一，而人众不过什三，然量其富，什居其六。”③ 这财富无疑又集中在长安，从武帝以后的西汉后期多次迁徙百万、三百万、五百万以上富豪于长安及其附近④。又例如说：“临淄十万户，市租千金，人众殷富，巨于长安。”⑤ 其他“天下名都”，多有“富冠海内”之称，作为经济中心，一是财富集中；二是聚散货物，起沟通经济的作用。后者如长安是“五方杂错”“郡国辐凑”；洛阳是“东贾齐鲁，南贾梁楚”；邯郸“北通燕涿，南有郑卫”；宛“西通武关，东受江淮”；成都“南御滇僰”“西近邛笮”；涿、蓟“南通齐赵，东北边胡”“东贾真番之利”；寿春、合肥“受南北潮”；平阳“西贾秦翟，北贾种代”；姑臧“通货羌胡”⑥ 等等；广州则“中国往商贾者多取富焉”⑦，真正是一派“富商大贾周流天下，交易之物莫不通”的生动景象。

最后谈谈城市的建设和生活。城市建设首先是四周的墙垣，如长安城墙总长 65 里。四面城墙各有若干城门，如长安汉城每面三个城门，共十二个。洛阳汉城亦有十二个城门。其他较小的城市，每面或一二城门，城门之上有城门楼，城垣之外一般有护城河环绕。

其次，城内的建筑，是以宫殿区为城中之城，据考古勘测，长安的未央、长乐两宫均有宫墙，面积占全城的二分之一；洛阳宫城位于大城中北

---

① 《盐铁论·通有》，诸子集成本，中华书局 1954 年版。
② 《潜夫论·浮侈》，诸子集成本，中华书局 1954 年版。
③ 司马迁：《史记》卷一百二十九，《货殖列传》，中华书局 1982 年版，第 3262 页。
④ 参阅《汉书》帝纪，武帝元朔二年、昭帝始元四年、宣帝本始元年、成帝鸿嘉二年等。
⑤ 《汉书·高五王传》引主父偃之言。
⑥ 范晔：《后汉书》卷三十一，《孔奋传》，中华书局 1965 年版，第 1098 页。
⑦ 未注引文见《史记·货殖列传》及《汉书·地理志》。

部，约占全城面积十分之一。其他各地也是以官府为中心，这些可以说明城市作为政治中心的特点。由于人口集中，城内还有许多官、民住宅，还有官署、寺庙等等建筑。有些城市面积较大，街道纵横交错，如“长安城中八街九陌”① “洛阳二十四街”② 等。

商业区称为“市”，市肆一般集中在城内特定区域，如长安城就在西北隅有夷西九市。市也有围墙，有市门，市内有列肆、廛、市隧、市楼等建筑，商肆分列成行，“商贾居之”③，列肆之间的人行道称为“隧”，“九市开场，货别隧分”④（班固：《两都赋》），贮藏货物的仓库称为“廛”⑤，市楼则是市场管理的治所，主管市场事务的官员叫市令、长，其下还有交易丞、钱府丞等属吏。“货别隧分”，说明商肆是按出售商品的种类集中排列的，如长安、洛阳之“酒肆”，以及有马、牛、羊分别买卖的肆列。这种分列一直留传到后代，至今仍多少有些遗迹，如北京之米市大街、灯市口之类。全国各地大、中、小城市均有此遗留，棉花街、打铜街、珠市巷、鸡鹅巷、绒线胡同……不一而足。

至于城市生活，人口密集，吃喝拉撒是一大问题，各个城市都有大粮仓，积蓄较丰，平常年景解决粮食需求似无问题。供水，许多城市在河流附近，可以引水入城。两汉都城附近还有一些大小湖泊水池，如长安之“昆明池”“太液池”“沧池”“唐中池”以及上林苑中十池等，洛阳附近有“鸿池”“濯龙池”等；再就是地下水，当时城市中水井分布很多，住宅庭院和市肆之中多凿水井，故有“市井”之称。《风俗通》云：“俗说市井者，言至市有所鬻卖，当于井上先濯，乃到市也。”⑥ 既要用水，也要排水，所以有沟，“沟，街衢之旁通水者也”⑦。考古发掘发现，城市遗址之内普遍发现有下水道遗迹，也有陶制的下水管道出土。人多了，卫生管理非注意不可，秦国“刑弃灰于道”⑧，可能与预防火灾有关（这也是人口集

① 《三辅黄图》卷二引《三辅旧事》。
② 《后汉书·百官志》注引蔡质《汉仪》。
③ 《太平御览》卷八二七引《三辅黄图》。
④ 《文选》，世界书局 1935 年影印版，第 3 页。
⑤ 郑玄注《礼记·王制》说“廛”即“市场邸舍”。
⑥ 《风俗通》逸文，《后汉书·刘宠传》注引。
⑦ 《汉书·刘屈氂传》颜师古注。
⑧ 司马迁：《史记》卷八十七，《李斯列传》，中华书局 1982 年版，第 2555 页。

中必要防范的），也可能与卫生管理有关。

以上是人们维持生命的生活，人也还有精神生活需要，那就是文化，我们在以后各章中再说。

第四节　阶级关系和农民起义

秦汉时期的社会是阶级社会，社会上存在着不同的阶级，这是不可否认的事实。

一、社会各阶级的状况

我国秦汉时期是封建社会，基本的阶级是彼此对立的地主阶级和农民阶级。地主阶级包括皇帝、贵族、官僚和一般地主，他们是统治阶级。农民阶级包括自耕农、佃农、雇农。手工业者的地位相当于农民，农民和手工业者是主要的被统治阶级，还有奴婢，比农民、手工业者地位更低下。商人的情况则比较复杂，大商人是统治阶级的一部分，小商贩应该属于被统治阶级。在社会的发展变革中，各个阶级的情况也是变化的，更不用说个人的升降沉浮了。

（一）地主阶级

总的来说，地主阶级掌握着政权，拥有大量土地，居于这个阶级最上层的，是以皇帝为首，包括诸侯王、列侯和大官僚的贵族地主。这部分人随着改朝换代是有变化的，秦的皇帝姓嬴，汉的皇帝姓刘，东汉的刘和西汉的刘实际上已不是一回事了。一朝天子一朝臣，西汉初所谓布衣将相的局面，说明汉初王公贵人原来地位并不高，有些可以说是被统治阶级中的人物。除皇帝之外，官僚贵族的变化也是很大的，西汉时期世代当大官的似乎不多，东汉时期特别是它的后期，四世三公之类的情况又多一些，这就与后来门阀世族的形成和发展有关，当是封建政治、经济发展的某种必然性。一般地主的变化又有所不同，他们虽然也是“三十年河东，三十年河西”，有的兴起，有的破产，但在改朝换代时，政治上他们是受到保护的，西汉和东汉开国之初，都有“复故爵田宅”之类的措施，这或可说明封建政权的性质。

封建统治阶级就是剥削阶级。皇帝是全国最大的剥削者，他不仅在全国范围内强迫农民和手工业者缴纳租赋，提供无偿劳役，用来养活官吏和军队，保障其统治地位，并且还以山川园池市肆租税之入作为“私奉养”，这就是少府官主管的财政。其数目之大甚至超过国家财政。例如西汉元帝时，百姓赋钱藏于都内（大司农属官）者四十万万，而水衡藏钱二十五万万，少府藏钱十八万万，少府、水衡钱即供皇帝私奉养者。

官僚、地主的剥削则靠拥有大量土地，并且不断掠夺兼并土地，占有劳动力，其中官僚地主更突出。土地兼并有的是直接掠夺，也有的是买卖而来，不过贱价强买者不少。大地主的土地数以千、百顷计。到了东汉时期，大地主把占有土地和占有劳动力更巧妙地结合起来，形成一种田庄的新组织形式，聚族而居的劳动者，成为“宾客”“徒附”，在剥削与被剥削的关系之上，罩上一层长幼尊卑之序的宗族、亲属关系的纱幕。

（二）农民阶级

在农民阶级中，一般来说自耕农民人数最多，秦汉时期实行户籍制度，登记姓名、年龄、籍贯、家口以及爵级财产（包括田宅、奴婢、牛马、车辆等及其所值），以便征收赋税徭役。被列入户籍的称为“编户齐民”，其中大多是自耕农民。

自耕农的状况，《汉书·食货志》中有一段较全面的描述：“今农夫五口之家，其服役者不下二人，其能耕者不过百亩，百亩之收不过百石。春耕夏耘，秋获冬藏，伐薪樵，治官府，给徭役；春不得避风尘，夏不得避暑热，秋不得避阴雨，冬不得避寒冻，四时之间亡日休息，又私自送往迎来，吊死问疾，养孤长幼在其中。勤苦如此，尚复被水旱之灾，急政暴赋，赋敛不时，朝令而暮改。当具有者，半贾而卖，亡者取倍称之息，于是有卖田宅鬻子孙以偿责者矣。”在风调雨顺、为政相对清明的情况下，终年起早摸黑的辛勤劳动，或可得到一个最起码的温饱，甚至还可以被美化为“民务稼穑，衣食滋殖”①。但自然的天灾、人祸也是经常不可避免的，日子更加艰辛难过。“急政暴赋，赋敛不时”，那就连最低生活水平和简单再生产也无法维持了，就只得“卖田宅鬻子孙”。而秦汉时期的政府，很多时候的赋税、徭役都是很重的。

秦汉时期自耕农民的破产是经常的，有时是大批的。破产到“贫无立

① 班固：《汉书》卷三，《高后纪》，中华书局 1962 年版，第 104 页。

锥之地”之后，要想生存，就只有在地主占有的土地上去劳动，这就是佃农和雇农。这两者的境遇都低于自耕农，但具体情况又各不相同，不同时期也不同。佃农在秦和西汉被称为“贫民”或者“佃客”，一般是从地主那里租来土地，以对分甚或更多的比率，向地主缴纳地租，劳动时就像自耕农一样，全家人全力以赴在租来的土地上劳动，所以史书上说豪强地主役使贫民是以家计算，如西汉宁成之“假贫民役使数千家”①。雇农在秦和西汉被称为“佣耕”或“庸作”，如陈胜之为人佣耕。《汉书·昭帝纪》始元四年诏书中有“流庸未尽还”之语，颜师古注曰：“流庸，谓去本乡，而行为人庸作。”到了东汉，佃农和雇农被称为“佃客”“徒附”，因为是聚族而居的田庄形式，有些佃、雇难分。

（三）商人

秦代和汉代是实行重农抑商的，贱视商人，早在商鞅变法时就曾规定：“事末利及怠而贫者，举以为收孥。”② 秦始皇在琅琊刻石中明确表示实行“上农除末”政策，具体表现如谪戍，“先发吏有谪及赘婿、贾人，后以尝有市籍者，又后以大父母、父母尝有市籍者，后入闾取其左”③。商人（甚至祖辈曾为商人者）与有罪人、“贱民”同列，可见商人法律地位之低。汉代继承这种贱商人的政策，《史记·平准书》中写道：“天下已平，高祖乃令贾人不得衣丝乘车，重租税以困辱之。孝惠高后时，为天下初定，复弛商贾之律，然市井之子孙，亦不得仕宦为吏。”《汉书》中此类具体记载不少，汉代七科谪中，有四科是商人，完全和秦代一样。但是，由于社会经济发展的需要，商以通有无在生产、生活中不可或缺，一方面商贾的活动从未停止过，另一方面有时也不得不一而再地松弛关于商贾的禁令。事实上许多禁令都是具文，所谓“今法律贱商人，商人已富贵矣！”《汉书·食货志》描写其富贵时写道：“其男不耕耘，女不蚕织，衣必文采，食必粱肉；亡农夫之苦，有阡伯之得。因其富厚，交通王侯，力过吏势，以利相倾；千里游敖，冠盖相望，乘坚策肥，履丝曳缟。”不得衣丝乘车的法令大约汉初很快就解除（松弛）了。“不得为吏”也许还会坚持着，但大商人已经“力过吏势”，为不为吏自然无关紧要了。而且他们

① 班固：《汉书》卷九十，《酷吏列传》，中华书局1962年版，第3650页。

② 司马迁：《史记》卷六十八，《商君列传》，中华书局1982年版，第2230页。

③ 班固：《汉书》卷四十九，《晁错传》，中华书局1962年版，第2284页。

“交通王侯”，甚至乘贵族之急而就中取利，如：“吴楚七国兵起时，长安中列侯封君行从军旅，赍贷子钱。子钱家以为侯邑国在关东，关东成败未决，莫肯与，唯无盐氏出捐千金贷，其息什之。三月吴楚平，一岁之中，则无盐氏之息什倍，用此富埒关中。”① 值得指出的是，当时大商人与地主、官僚往往是三位一体的。“以末致财”的大商人，家资千万，要“用本守之”，也就成为大地主。另外，许多官吏经营商业。

如前所述，大商人属于统治阶级，人数多的小商人则属于被统治阶级，他们小本经营，或列肆贩卖，或负货求售，或者兼为小手工业者自制自销，或者以车僦载收取运费。和大商人不同，他们由农民或城市贫民转化而来，同样受剥削压迫，受大商人的左右、控制、盘剥，受官府的剥削，缴纳不堪负荷的租税，负担沉重的徭役，无法突破抑商法令的限制，不能摆脱“谪发”的命运。

（四）奴婢、刑徒及手工业工匠

秦汉时期，社会上存在着一定数量的奴婢。秦汉史籍中奴婢的名称很多，如“奴”“婢”“僮”“隶”“苍头”“姬”“妾”“臣”“媵”“客”等等，大体上分为官奴婢和私奴婢。官奴婢来源于罪犯没于奴者、战俘为奴者，或私奴婢因募取、没收而转化为官奴者，用于宫殿、官府服役，用于苑囿养狗马禽兽，也用于官府手工业，挽河漕、筑城等劳作。私奴婢主要来自破产农民，被迫自卖或被人掠卖，或由官奴婢被赏赐转化为私奴婢，私奴婢除从事家内服役之外，也有不少被驱逐从事农业、手工业或商业活动。秦汉时期的奴婢有多少？其地位如何？在生产中的地位和作用如何？对这些问题学界是有不同看法的问题，比较概略地或可这样说：数量不少，但在人口总数中的比例不大，从“奴婢千群，徒附万计”的笼统说法来看，也是1比10。实际当然不是如此，生产的各部门都有，有时有的部分还集中较多；除少数属不劳而获的“豪奴”之外，大多数奴婢是被奴役、被压迫的，身份地位低下。但这只是奴隶制度的残余，奴婢似不应被视为一个独立的阶级（各种各样奴婢的情况不一样，从他们劳动中获利的官僚、大地主、大商人，是封建统治剥削阶级，而不是独立的奴隶主阶级）。

在汉代劳动者队伍中，除农民、奴婢外，还有刑徒、手工业工匠等

① 司马迁：《史记》卷一百二十九，《货殖列传》，中华书局1982年版，第3281页。

等。秦代刑徒很多，记载说修阿房宫、骊山陵的几十万人都是刑徒。汉代的刑徒也不少，特别在盐、铁等需要大量劳动力的生产部门中经常使用"卒徒工匠"，另外就是刑徒戍边同时从事农田耕作。

手工业工匠是从农民中分化出来的，秦汉时期的工匠，除了个体经营之外，分别集中在官府作坊和私人作坊中。当时，官府手工业工匠占绝大部分，其中有些人的身份又是刑徒或官奴婢，私人作坊中的工匠数，最少的一二人，多的也有达数千人，其中有些是奴婢，有些是自由民或破产农民。手工业工匠在生产上乃至科学技术上有独特的贡献，汉代生产的精美的工艺品、日常用具以及艺术品多出自他们之手。

秦汉时期有所谓"四民"，《汉书·食货志》上说："士农工商，四民有业：学以居位曰士，辟土殖谷曰农，作巧成器曰工，通财鬻货曰商。"这又是一种人群的划分法，这种划分法可以说是着眼于经济，当然更古的着眼于经济的划分法，士也不在其中，如《史记·货殖列传》引"《周书》曰：农不出则乏其食，工不出则乏其事，商不出则三宝绝，虞不出则财匮少，财匮少而山泽不辟矣，此四者，民所衣食之原也。"不同人群都是社会的一个整体，各有各的作用，各有各的贡献。在《汉书》中没有了"虞"，这种"出山泽之材"的人当指采取矿产、搜集山货等劳动，显然是合并到"工"中去了。四民中新增加的"士""学以居位"，"居位"也可以说居于统治地位了。

二、连绵不断的农民起义

秦汉时期大规模的农民起义就有三次，小规模的起义时有发生，各种形式反压迫反剥削的斗争几乎没有停止过。

（一）秦末农民大起义

秦统一之后，继续进行了几次大规模战争，维持着一支庞大的军队，完成了巨大的国防建设，搞了一些大型的土木建筑，还要养活一个庞大的官僚集团。这一切最后都转嫁到农民的头上，弄得"丁男被甲，丁女转输""外内骚动，百姓罢敝""男子力耕不足粮饷，女子纺绩不足衣服"①，人民无法生活，"孤寡老弱不能相养"，"道死者相望"②，生产无法进行，

① 参阅《汉书·刑法志》《汉书·食货志》。

② 班固：《汉书》卷六十四上，《主父偃传》，中华书局1962年版，第2800页。

“男子不得修农亩，妇人不得剡麻考缕”①。再加上严刑酷法，广大人民对秦的统治充满仇恨，“人与之为怨，家与之为仇”，被迫铤而走险。“逃亡山林，转为盗贼”“群盗满山”② 之类的记载，就是小股农民起义的反抗斗争。

公元前209年秋，陈胜、吴广大泽乡起义号称“首事”，是因为其影响最大。陈胜、吴广开始也不过是“群盗”之一，但是这个起义有它的典型性：它本来是一支九百人的戍卒，是军队，是统治阶级国家政权的支柱，统治者的控制也是很严格的，在军队中发动起义很不容易。陈胜、吴广一举成功，一方面说明当时阶级矛盾的发展到了“时机成熟”，另一方面也表现了起义领导者的斗争艺术。前者，从陈胜、吴广之分析“天下苦秦久矣”“今亡亦死，举大计亦死”可以说明；后者从他们具体的商议策划、行动步骤可以说明，如“鱼腹丹书”、“篝火狐鸣”、激怒秦尉等等。陈胜、吴广不愧为农民起义的杰出领袖，也在于他们有这样的斗争艺术，并有较高的思想境界，如“王侯将相，宁有种乎”③。

陈胜、吴广起义因为“时机成熟”，发展非常迅速，队伍由几千、几万、几十万人迅速增加，一度建立自己的政权，占领地盘日益扩大，直至进逼都城。但是这支起义军只英勇战斗了六个月，也许是不可避免的失败了，陈胜、吴广都惨遭杀害。但是反秦的浪潮已被激起，继续不断地冲击秦的统治，最后是刘邦、项羽领导的起义军推翻了秦王朝的统治。

以后经过了长达四年的楚汉之争，刘邦建立起西汉王朝。可以说秦末农民起义成了改朝换代的工具，但它的作用是不可磨灭的。它是第一次举起大规模农民起义的火炬，为此后千百年的农民反抗地主阶级统治的斗争照亮了道路。它更直接的作用是推翻秦王朝的残暴统治，而新统治者在政策上的种种调整，又显然是与农民起义有关的，新的政策在客观上有利于社会生产的恢复和发展。

（二）汉武帝时期的农民起义

汉武帝凭借着几代人积累起来的物质财富，开疆拓土，从东北到西南，四处经营，并且远通西域，使古老的中国文明远播海外，雄才大略的

---

① 《淮南子·人间训》，诸子集成本，中华书局1954年版。

② 《汉书·贾山传》《汉书·食货志》等。

③ 司马迁：《史记》卷四十八，《陈涉世家》，中华书局1982年版，第1952页。

汉武帝有功于中华民族。但是其辉煌成就是付出了很大代价的，弄得当时“海内虚耗，户口减半”，再加上统治阶级穷奢极欲的本性给整个社会带来灾难性的后果。汉武帝喜好声色犬马，大造离宫别馆，有些作为几乎与秦始皇一模一样，喜欢到处巡行，希望长生不老，极尽奢靡之能事，强化法律，等等。广大农民不堪封建国家、贵族、官僚、地主和富商大贾的层层盘剥，无以为生，四处流亡，据记载，关东流民就曾达二百万。四处存在的流民，像随时可爆炸的火药库。汉武帝后期，农民起义终于爆发了，遍地的“群盗”还汇聚成几支较大的起义军，如南阳一带的梅勉、日政，楚地的殷中、杜少，齐地徐勃，燕、赵等地的坚庐和范生等等；每支有数千人的队伍，均自立名号，攻掠城邑，抢官府，放囚徒，发号施令。更有一些数百人的起义队伍，活跃在乡村、田野，到处劫富济贫。这些农民起义，前后持续了五六年时间。农民起义给了封建统治严厉的打击，给了汉武帝一帖清醒剂。汉武帝悔过了：“朕即位以来，所为狂悖，使天下愁苦，不可追悔。自今事有伤害百姓，糜费天下者，悉罢之。”[①] 后来又发布“轮台诏”改变政策：“当今务在禁苛暴，止擅赋，力本农。”[②] 再后来，出现了所谓“昭宣中兴”，“与民休息”的政策再次登场。

（三）赤眉、绿林起义

西汉后期社会矛盾日益激化，土地兼并，奴婢激增，统治阶级奢侈腐化，政治腐败，赋税、徭役越来越繁重，刑罚越来越繁苛，广大人民陷于水深火热之中，“民有七亡而无一得”，“民有七死而无一生”，确实是“欲望国安，诚难”[③]。元、成、哀、平时期，小股的农民起义前仆后继，虽然都时间短，但几乎从未停止过。

在社会矛盾尖锐的情况下，出现过王莽改制，不论其主观动机如何，结果不但未解决问题，反而加深了已经激化的矛盾，加速了农民起义的爆发。

反对王莽政权的农民起义，首先发生在北方边郡地区，是因为王莽时大规模出击匈奴而造成边民不堪其苦。接着，黄河流域和长江流域相继出现一些小股农民暴动，终于形成摧毁王莽政权影响最大的两支农民军。

---

① 《资治通鉴》“汉纪”十四，武帝征和四年。

② 《资治通鉴》“汉纪”十四，武帝征和四年。

③ 班固：《汉书》卷七十二，《鲍宣传》，中华书局 1962 年版，第 3088 页。

天凤年间，荆州一带连年大荒，人们纷纷入野泽挖荸荠为食，新市人王匡、王凤乘机聚众起义。起义队伍发展很快，以绿林山（今湖北京山北）为根据地，被称为绿林军。后来走出绿林山，分为两支，西入南郡者称下江兵，北上南阳者称新市兵，后来又增添了一支平林兵。为了扩大影响，绿林军于宛城南面的淯水上拥立刘玄做皇帝，恢复汉的国号，年号更始（23年）。这支起义军不到一年的时间就攻克了洛阳和长安。

赤眉军比绿林军发动起义稍后，由琅琊人樊崇在莒县发动，后来汇集青、徐一带的起义群众，队伍很快壮大。各级首领分别称为三老、从事、卒史，彼此间以巨人相呼，没有文书、旌旗、部曲、号令，口头相约："杀人者死，伤人者偿创。"① 为了作战时与敌人相区别，他们把眉毛涂红，故被称为赤眉军。刘玄入洛阳时，赤眉军也在中原活动，并接受过刘玄的封号。后来，赤眉军又脱离更始政权，公元25年立刘盆子做皇帝，进攻长安推翻更始的统治。

早就在绿林起义军中的刘秀，羽毛丰满之后，在赤眉军迫近长安之时，就自立为皇帝。沿用汉的国号，定都洛阳，史称东汉，可以说是刘秀篡夺了农民起义的胜利果实。农民起义又一次成为改朝换代的工具。

农民起义的作用与秦末农民起义的作用大体上是相同的。

（四）黄巾大起义

东汉王朝与西汉王朝略有不同，它几乎一开始就是豪强地主的统治。因此这个王朝的统治腐朽得更快，社会阶级矛盾更大，发展也更迅速。整个东汉后期，农民起义此伏彼起，前仆后继，当时的一首歌谣说："小民发如韭，剪复生；头如鸡，割复鸣。吏不必可畏，从来（民不）必可轻。"② 农民已不像过去那样要以刘姓为皇帝了。起义首领往往自称将军、皇帝乃至太上皇帝（皇帝的老子），就是要推翻东汉的统治，有的明确自称为"平汉王"。另外，一些起义领袖还以"黄帝""黑帝""真人""天王"为号，说明他们懂得利用宗教的影响来发动起义，"汉行气尽，黄家当兴"③ 的谶语流传，也是利用宗教思想作起义的舆论准备。

黄巾大起义正是上述东汉后期农民起义发展的必然结果。这一次大起

① 范晔：《后汉书》卷十一，《刘盆子传》，中华书局1965年版，第478页。

② 《太平御览》卷九七六引崔寔《政论》。

③ 《三国志·武帝纪》注引《魏略》。

义被称为是有组织、有准备的大起义。

东汉末年，太平道在民间广泛流传，首领巨鹿人张角，自称大贤良师，为人画符治病，得民众信任。他派遣弟子赴四方传道，就是利用宗教组织农民起义，道徒迅速发展为数十万，遍布青、徐、幽、冀、荆、扬、兖、豫八州。张角部署道徒为三十六方，大方万余人，小方六七千人，各立首领，由他统一指挥，并传播“苍天已死，黄天当立，岁在甲子，天下大吉”① 的谶语，道徒们广为散布“黄天泰平”② 的口号，并在京师及各地官府门上用白土书写“甲子”两字。因为作了充分的组织准备和舆论宣传，故在原计划时间提前起义，亦能一举成功。中平元年（184 年，甲子年）二月，以黄巾为标志的农民起义军在七州二十八郡同时俱起。黄巾的主力活跃在中原地区，威胁着东汉的都城，东汉统治者调集一切力量对付各地黄巾军。

在黄巾起义的影响下，还有其他一些起义先后发生。例如，汉中爆发了五斗米道首领张修领导的起义，陇西、金城等地还有湟中义从胡（小月氏）和羌人的起义。黄河以北保据山谷，自立名号者甚多，如博陵张牛角（青牛角）、常山褚飞燕（张燕）以及黄龙、左校、郭大贤、于氐根、张白骑、左髭、丈八、平汉、太洪、司隶、缘城、罗市、雷公、浮云、白雀、杨凤、于毒、五鹿、李大目、白绕、眭固、苦蝤等等，这些名号都很有意义，他们大者二三万，小者六七千，张燕之黑山军众至百万。

黄巾大起义前仆后继斗争了二十多年，瓦解了东汉王朝，给封建统治以沉重的打击。但最后还是被统治阶级镇压了，其所以失败，有一点特别值得指出，那就是东汉后期封建割据倾向迅速发展，豪强地主拥有强大的武装力量，他们与官军联合，处处阻截和镇压农民军，使得农民军无法集中力量对付敌人的主力军，并且成功了的豪强地主得以更加强大。这一情况影响着以后很长一段时间历史的发展。

黄巾起义在历史上的影响，它的有准备、有组织，它的旗帜鲜明、特点突出等等，给后世人民反统治的斗争以宝贵的经验，历代统治者也往往引为鉴戒。

---

① 范晔：《后汉书》卷七十一，《皇甫嵩传》，中华书局 1965 年版，第 2299 页。

② 陈寿：《三国志》卷四十六，《孙坚传》，中华书局 1959 年版，第 1094 页。

第二章　政治制度和政治思想

如前所述，秦汉时期的中国，是一个统一的多民族国家。政治制度，既反映国家的性质，又包括一系列国家对社会进行管理的政权机构。政治思想，则主要讲关于国家政权的思想，包括对于国家政权的态度、理论和主张等等。

第一节　政治制度

一、秦以前政治制度的特点

中国是一个文明古国，政治制度也形成得很早，传说，黄帝“为云师而云名”，炎帝“为火师而火名”，少皞氏“为鸟师而鸟名”，似乎遥远的古代就有了“历正”“司徒”“司马”“司空”“司寇”以及“五工正”“五农正”等等一系列的官吏和机构①。中国人的思想整体观念很强，样样都求完整、求系统。所以关于政治制度也是一套一套的，如《礼记·曲礼》中有一段写道：“天子建六官，先六太，曰太宰、太宗、太史、太祝、太士、太卜，典司六典。天子之五官，曰司徒、司马、司空、司士、司寇，典司五众。天子之六府，曰司土、司木、司水、司草、司器、司货，典司六职。天子之六工，曰土工、金工、石工、木工、兽工、草工，典制六材。”或五、或六，就古代的情况，尽可能全面、系统。实际夏、商、周各代的具体情况比这里概括的还要复杂得多，有所谓“百僚、庶尹”，僚者官也，尹者正也，上百的官，众多的正；还有所谓“惟亚、惟服”，亚者次也，服者事也，同时还有许多正官之倅，以及更多的任事者（应该就

① 《左传·昭公十七年》，十三经注疏本，中华书局1980年版。

是后世之幕僚，今之办事员)[①]。总之，有一个庞大的官僚机构，分行政的、军事的以及司法、财政的许多方面。中央机构有很多，地方又有一套。更具体的情况这里就不说了。

从夏、商、周的情况看，在政治制度上它们有共同的特点，那就是在血缘关系基础上发展起来的分封制和宗法制，以及官吏的世卿世禄制。这互为表里的制度，其本意是“封建亲戚以蕃屏周”[②]，在西周的初期或者起了巩固王权、维护“天下”一统的作用，但后来的发展却走向了反面，成了分裂割据的因素，在春秋战国时期，分裂割据就公开化了，不得不寻求另外的集权制度。经过了很长的一个历史时期，到秦统一，才确立一套新的中央集权制度。不过应该强调指出，秦以后的政治制度不是凭空产生的，诸如君主集权、将相分职、郡县制等等，在战国时期的各个国家已经分别地不同程度地建立起来了，秦汉时期不过作了一番集中和改造的工作，并且统一推行于全国罢了。

二、皇帝制度及中央决策

秦王嬴政统一六国后，自以为“德高三皇，功过五帝”，首创了“皇帝”这样一个名号，以表示其至高无上的权势和地位，并且想方设法突出唯我独尊，例如“命为制，令为诏，天子自称曰朕”[③] 等等，把许多原本一般人能使用的名号文字，变为皇帝专用。而这一切又完全为汉朝乃至后代继承和发展，蔡邕在《独断》中写道：“秦承周末，为汉驱除，自以德兼三皇，功包五帝，故并以为号。汉高祖受命，功德宜之，因而不改也。”“汉天子正号曰皇帝，自称曰朕，臣民称之曰陛下，其言曰制、诏，史官记事曰上，车马衣服器械百物曰乘舆，所在曰行在所，所居曰禁中，后曰省中，印曰玺，所至曰幸，所进曰御，其命令一曰策书，二曰制书，三曰诏书，四曰戒书。”

随着皇帝名号的确立，其父母妻子也有特殊的尊号，如皇帝父曰太上

① 参阅孙星衍《尚书今古文注疏·酒诰》。
② 《左传·僖公二十四年》，十三经注疏本，中华书局 1980 年版。
③ 司马迁：《史记》卷六，《秦始皇本纪》，中华书局 1982 年版，第 236 页。

皇，母曰皇太后，祖母曰太皇太后，妻曰皇后，子曰皇太子、皇子，女曰公主，孙曰皇孙等。记载说是“汉兴，因秦之称号”①，实际上“太上皇”是刘邦所创②，还有一些称号是后来逐渐形成的，不过都是随秦所开创的皇帝制度而来就是了。

皇帝制度不仅是称号专有的问题，还有相应的后宫制度、外戚制度、宦官制度，以及一大套繁琐的礼仪制度和严格的服御制度等等，一切都是为了维护皇帝的尊严，突出皇帝的特殊地位。这样做是对统治阶级有利的，因为可以“用对压迫者的神圣性的信仰来束缚被压迫阶级”③。

皇帝生活在皇宫中，皇宫里除了皇帝一家（皇后、太子、公主）之外，还有众多的妃嫔，秦朝就已多达万人。为皇宫服务，设置了不少机构，有一大批官吏。但这些官吏不参与朝政，在政治上，不起决策作用。

在皇帝制度下，皇帝拥有最高的行政、司法、军事、财政、人事等各方面的权力，所谓“天下之事无大小皆决于上”④，这种权力不受任何限制，并且随意性很大。但是，一个大一统的国家，一个人日理万机是不可能的，不仅是处理事务要依靠百官，就是决策也离不开朝议。因此，对一些重要的军国大事，如立君、储嗣、宗庙、郊祀、典礼、封建、功赏、法制、边事、大臣罪狱等等⑤，由皇帝亲自主持或者下令由丞相召集会议，讨论、决策，最后经皇帝裁决后，以诏、制、敕、令等形式颁发，交有关机构与官员执行实施。

在决策过程中，丞相和三公能起一定的决定作用，这也是皇帝赋予的权力。但是不同时期，也有不同情况。例如汉武帝以后，三公在重大决策中所起的作用被削弱，加衔领、平、视、录尚书事的大将军、侍中、尚书等组成的“中朝”为中央的决策机构，丞相府作为“外朝”，其决策作用被削弱。东汉建立以后，“虽置三公，事归台阁”⑥，尚书台在决策中起了更大的作用。这是相权与君权发生矛盾，而皇帝为维护君权所采取的措

① 班固：《汉书》卷九十七上，《外戚传上》，中华书局1962年版，第3959页。
② 班固：《汉书》卷一下，《高帝纪下》，中华书局1962年版，第62页。
③ 列宁：《给阿·马·高尔基》，《列宁全集》第35卷，人民出版社1959年版，第111页。
④ 司马迁：《史记》卷六，《秦始皇本纪》，中华书局1982年版，第258页。
⑤ 古代的军国大事，也是围绕皇帝制度而形成的。所谓“国之大事，在祀与戎”，祀即皇帝的祭天地祭祖先。
⑥ 范晔：《后汉书》卷四十九，《仲长统传》，中华书局1965年版，第1657页。

施。皇帝不能一人而治天下，设百官以治天下，但官的废立、最后的决策权都是“余一人”的，决策中的人治主义原则使得无法可依和有法不依，决策主观随意缺乏科学论证等弊端就不可避免了。

三、中央行政体制

（一）三公与丞相制度

秦以前辅佐天子的三个最高级官吏被称为三公。“天子三公者何？天子之相也。”① 古三公是太师、太傅、太保（也有不同说法），秦汉时虽有这些官名，但已经没有了古三公的地位。不过人们习惯把中央的三个最高官吏称为三公，这样，秦和汉初的丞相、太尉、御史大夫也被称为三公，名实并不相副。除了丞相是“掌丞天子，助理万机”② 的，太尉官地位高，但并没有多少权力（有时权大一点）。御史大夫则比丞相差一个等级：丞相是金印紫绶（太尉同），御史大夫是银印青绶；丞相俸禄是万石，御史大夫不过“秩中二千石”③。《汉书·百官公卿表》明确写道：御史大夫“位上卿”，不是公而是卿。到西汉后期，才正式恢复古代的三公官，首先是“成帝绥和元年，（御史大夫）更名大司空，金印紫绶，禄比丞相”④。哀帝元寿二年“五月，正三公官分职。大司马卫将军董贤为大司马，丞相孔光为大司徒，御史大夫彭宣为大司空”⑤。东汉沿袭了这种三公制，甚至一度名义上分管九卿，不过“备员而已”，没有实权。东汉末年，董卓、曹操相继以相国、丞相身份专权，“则罢三公官”⑥。秦和汉初，实际上实行的是丞相制度。丞相之名始于秦，汉沿用之。丞相又称“相国”（原来还称“相邦”，或因避刘邦之讳而改），可简称“相”。宰相之称也出于汉代人的口中，如《史记·陈丞相世家》说：“宰相者，上佐天子理阴阳，顺四时，下育万物之宜，外镇抚四夷诸侯，内亲附百姓，使卿大夫各得任其职焉。”这段话把丞相“掌丞天子，助理万机”的职掌已经概括了。他的地位是一人之下，万人之上，他的职掌实际是无所不包了，文武百官归

① 《春秋公羊传·隐公五年》，十三经注疏本，中华书局1980年版。
② 班固：《汉书》卷十九上，《百官公卿表》，中华书局1962年版，第724页。
③ 班固：《汉书》卷十九上，《百官公卿表》，中华书局1962年版，第725页。
④ 班固：《汉书》卷十九上，《百官公卿表》，中华书局1962年版，第725页。
⑤ 班固：《汉书》卷十一，《哀帝纪》，中华书局1962年版，第344页。
⑥ 《后汉书·百官志》补注。

他统领，军国大事无一不经过他上奏下传，所以有人曾说：“汉典旧事，丞相所请，靡有不听。”① 相权大时甚至可以封驳诏书。

但是，丞相的地位和权力，在不同时期不同人的身上，有较大的差别。在秦代，以列侯任丞相之职的地位就很高，“号君侯”②，汉初亦如此。另外，在秦和汉初，丞相分左右，同时有两人。至于汉武帝以后，丞相的大权旁落，那是相权与君权矛盾的结果。不论怎么变化，总是会有那么一个人或者几个人履行丞相权力的，所以，丞相制度在政治制度中是一个极为重要的制度。

秦开始确立的丞相制度，有重要的历史意义。第一，彻底废除了“世卿世禄”制，丞相不但不能世袭，而且也不是终身制；第二，有利于中央集权，丞相权力大，为“百官之长”“无不总统”，他又听命于皇帝。这样当然是有利有弊，但对当时乃至对后世的影响是很大的。

（二）“诸卿”及其职能

旧史常以“三公九卿”概括秦汉时期的中央官制，其实是一套用古制的一种说法，秦和西汉都没有建立法定的九卿制。但是低于三公、丞相的高级官吏称卿，他们分掌中央政府的各职能部门，他们的官署称为“寺”，是实际的行政机构。卿在秦代是爵位的一个等级，后来作为官名也是同一个级别，即《汉书·百官公卿表》所说：“自太常至执金吾，秩皆中二千石。”这个级别的官员有十来个，所以称“诸卿”。现分述如下：

1. 太常

秦朝名奉常，西汉改为太常，王莽时曾按《周官》改称秩宗，东汉复称太常。《汉官解诂》说：“太常掌社稷郊畤，事重职尊，故在九卿之首。”他的主要职责是“掌宗庙礼仪”，这在古代是头等大事，这类礼仪年年有月月有，三年还有一次大合祭。太常的另一职掌是兼管文化教育，即博士弟子员的选拔、教育和补吏。太常卿之下有一个“比千石”的丞，“掌凡行礼及祭祀小事，总署曹事”③。其属官很多，《汉书·百官公卿表》概述说：“属官有太乐、太祝、太宰、太史、太卜、太医六令丞，又均官、都水两长丞，又诸庙寝园食官令长丞，有廱太宰、太祝令丞，五畤各一尉，

---

① 范晔：《后汉书》卷四十六，《郭陈列传》，中华书局 1965 年版，第 1565 页。
② 孙星衍等辑：《汉官六种·汉官旧仪》，中华书局 1990 年版，第 36 页。
③ 《后汉书·百官志》本注。

又博士及诸陵县皆属焉。”这些不过是一些主要官员，其员吏人数大得多，据刘昭注《后汉书》引王隆《汉官》约略统计，不下千五百余人。

2. 宗正

管理皇室亲族（包括外戚）的官员。秦汉时期除王莽执政一度改名且一度废止之外，一直设有此官，皇族外戚均有名籍藏于宗正府，以便享受一些特殊待遇。任职者都是宗室贵族。宗正属官有“秩千石”的丞，还有都司空令丞（东汉省）、内官长正、诸公主家令门尉等，一般都是“秩六百石”“三百石”。

3. 光禄勋

秦与西汉初称郎中令，武帝太初元年，更名光禄勋，除王莽一度改名司中之外，东汉复名光禄勋。其职掌首先是掌宫殿掖门户，凡出入宫殿掖门户者，皆须经其许可；其次是统率三署郎，为皇帝的武卫。他是皇帝的侍从官，皇帝的重大行动他都参加，如郊祀之事掌三献[①]，以至参与谋议等等。官署在宫内，实际管宫内一切事务，故号为“内卿”。光禄勋的属官多，机构庞大，且其属官秩位都比较高，主要的有如下两部分：一是掌议论的大夫，有太中大夫（秩比千石）、中大夫（武帝时更名光禄大夫，秩比二千石）、谏大夫（秩比八百石），皆无员，多至数十人；二是众多的各种以郎命名的属官，“有议郎、中郎、侍郎、郎中，皆无员，多至千人”。这中间又分为几个系统：“中郎，有五官、左、右三将，秩皆比二千石；郎中，有车、户、骑三将，秩皆比千石。”[②] “凡郎官，皆主更直，执戟宿卫诸殿门，出充车骑，唯议郎不在直中。”[③] 除议郎之外，所有的郎官都要值班宿卫，在皇帝外出时都要“充车骑”。郎官队伍很大，其下有更多的武士，号曰“期门”“羽林”。郎官队伍是皇帝的侍卫队，因而选郎是有一定要求的，有品德方面的要求，如孝廉、贤良方正、敦朴有道等等；有才能方面的要求，“通章句”“能笺奏”等等；还有年龄的要求，一般要求“年未五十”，身强力壮，有的郎又要求“限年四十以上”“年五十以上属五官”，要老成持重。郎官既是皇帝的亲近侍从，因而也是备用官员，地方长吏往往以郎出补，如董仲舒曾说：“长吏多出于郎中、中郎”[④]，东汉

---

① 范晔：《后汉书》志第二十五，《百官二》，中华书局1965年版，第3574页。

② 班固：《汉书》卷十九上，《百官公卿表上》，中华书局1962年版，第727页。

③ 《后汉书·百官志》本注。

④ 班固：《汉书》卷五十六，《董仲舒传》，中华书局1962年版，第2512页。

时也是“郎官上应列宿，出宰百里”①。事实上不仅出任地方官，汉代许多著名执政大臣如张释之、桑弘羊、霍光、张安世、王吉、何武、马宫等，都是郎官出身。由于郎官是重要的仕途，所以汉人多求为郎，以为入仕的阶梯。于是，“货赂流行，传相放效”②。东汉郎选之滥，在政治上造成极坏影响。

4. 卫尉

秦官，两汉时有两次短时改名，景帝曾一度更名中大夫令，王莽时改称太卫。其职掌是“掌宫门卫屯兵”③，主要任务是宿卫。《汉官解诂》中一段记述形象具体：“卫尉主宫阙之内，卫士于垣下为庐。各有员部。居宫中者，皆施籍于门，案其姓名。若有巫医、僦人当入者，本官长吏为封启传，审其印信，然后内之。人未定，又有籍，皆复有符。符用木，长二寸，以当所属两字为铁印，亦太卿炙符。当出入者，案籍毕，复齿符，乃引内之也。其有官位得出入者，令执御者官，传呼前后以相通。从昏至晨，分部行夜，夜有行者，辄前曰：‘谁！谁！’若此不解，终岁更始，所以重慎宿卫也。”卫尉的职掌与光禄勋之职掌有相近之处，在宫内警卫上有所分工，《汉官旧仪》说：“殿外门署属卫尉，殿内郎署属光禄勋。”与光禄勋总管宫内一切事务不同，卫尉仅仅管门卫和“宫中徼循事”，较单纯的武装警卫，因而其属官有公车司马令丞、卫士令丞、旅贲令丞，以及诸屯卫候、司马二十二官和诸宫卫士等，全是武官性质。

5. 太仆

秦官，汉因之（王莽更名为太御）。他的职责是“掌舆马”。车马是衣、食、住、行的重要内容之一，自古就有管车马的官吏，但其地位不过“下大夫”，秦列为诸卿之一，是其地位大大提高了。这是因为：第一，他负责供给皇帝的车马，“天子每出，奏驾上卤簿用；大驾，则执驭”④，即有时还亲自为皇帝驾车，常在皇帝左右，得以亲近。第二，他主管全国的马政，这从其主要属官的情况可见，据《汉书·百官公卿表》的记述，有大厩、未央、家马三令，各五丞、一尉；又车府、路軨、骑马、骏马四令

① 范晔：《后汉书》卷二，《明帝纪》，中华书局1965年版，第124页。

② 班固：《汉书》卷六十六，《杨恽传》，中华书局1962年版，第2890页。

③ 班固：《汉书》卷十九上，《百官公卿表》，中华书局1962年版，第728页。

④ 范晔：《后汉书》志第二十五，《百官二》，中华书局1965年版，第3581页。

丞；又龙马、闲驹、櫜泉、騊駼、承华五监长丞；又牧櫜、昆蹏令丞；又边郡六牧师苑令，各三丞，等等。秦、西汉和东汉具体情况有不少变化，但以上所列可见其大致规模，以上都马厩之名，或因地命名，或以马的来源命名，或以用途、马种命名，其中所谓“六牧师苑”遍及各边郡，规模大，养马多，如《汉官仪》所说：“牧师诸苑三十六所，分置西、北边，分养马三十万头。”牧师苑同时有奴婢三万人①，是汉代奴婢较集中的场所之一。

6. 廷尉

秦时设立，两汉数次改为大理（王莽改名作士）。其职责“掌刑辟”，即管理刑法和监狱，为最高司法官。廷尉应该是依法断案，是有法可循的。杜周为廷尉，“不循三尺法，专以人主意指为狱”，遭到人们的谴责。他的回答也很有意思：“三尺安出哉，前主所是著为律，后主所是疏为令，当时为是，何古之法乎!”② 他这话有一定道理，法是以统治者的意志为转移的。但是另一方面毕竟有一定的法令，并且一旦形成之后就众人皆知了，张释之说：“法者，天子所与天下公共也。”③ 张释之还可据法据理与皇帝争。廷尉是管全国的，受理地方疑难案件，也是他的重要职责之一。《汉书·刑法志》写道：高祖七年制诏御史，“狱之疑者，吏或不敢决，有罪者久而不论，无罪者久系不决。自今以来，县、道官狱疑者，各谳所属二千石官，二千石官以其罪名当报之。所不能决者，皆移廷尉，廷尉亦当报之。廷尉所不能决，谨具为奏，傅（附）所当比律令以闻”。在“决疑当谳”时，最后奏请皇帝裁决，也要把有关的律令提供参考，精神是力求“平天下狱”，讲究一个“平”字，故颜师古解释廷尉之“廷”说：“廷，平也，治狱贵平。”④ 廷尉之属官有廷尉正（相当于诸卿之丞）、廷尉左右监、左右平以及廷尉史、从史、书佐等，主要属官之名都含有公正、公平、监督之意。

7. 大鸿胪

秦名典客，西汉景帝时更名大行令，武帝时设为大鸿胪，王莽时称典

① 参阅《三辅黄图》所引《汉仪注》。
② 司马迁：《史记》卷一百二十二，《杜周列传》，中华书局1982年版，第3153页。
③ 班固：《汉书》卷五十，《张释之传》，中华书局1962年版，第2310页。
④ 班固：《汉书》卷十九上，《百官公卿表》，中华书局1962年版，第730页。

乐。其职责是："掌诸侯及四方归义蛮夷。"具体的如："其郊庙行礼，赞导，请行事，既可，以命群司。诸王入朝，当郊迎，典其礼仪。及郡国上计，匡四方来，亦属焉。皇子拜王，赞授印绶。及拜诸侯，诸侯嗣子及四方夷狄封者，台下鸿胪召拜之。王薨则使吊之，及拜王嗣。"[①] 总之是"掌宾礼。鸿，大也，胪，陈序也，欲以大礼陈序宾客也"[②]。宾客，包括诸侯王、四方蛮夷，他们入朝，迎、送、接待、朝会、封授等礼仪，全由大鸿胪负责安排。还有吊死问丧，乃至迎、劳其他高级官员（如邓骘班师回朝，使大鸿胪亲迎）。各地上计吏也由大鸿胪之属官郡邸长丞接待安排，包括组织他们"观国之光"。除郡邸长丞之外，其属官，和诸卿一样有很重要地位的丞，还有行人（有时代表大鸿胪，"事之尊重者遣大鸿胪，而轻贱者遣大行"[③]）、译官、别火，使主客（此等官当与接待蛮夷有关[④]），以及大鸿胪文学、大行治礼丞、大行卒史等等。

8. 大司农

秦名治粟内史，景帝更名大农令，武帝时更名大司农。王莽曾改称羲和、纳言，其职责是管理国家钱、谷、租税等财政收入与支出。秦代开始，把原来周代主管这项工作的太府下大夫的地位提高，位列诸卿，这是国家重视财经工作的一个重大转变。事实上大司农在汉代经济工作中起了很大作用，许多军国大事"皆仰给大农"或"取足大农"[⑤]，所管之事务多而且面广，和其他多数卿不同，秦和汉都一直设有两丞，"或谓之中丞"[⑥]。从属官的分工也可见其事务种类之多，有太仓、均输、平准、都内、籍田五令丞，斡官、铁市两长丞；郡国诸仓、农监、都水、六十五官长丞等等，还有一些临时差遣和设置的官吏。后世经济方面的许多部门，如农、林、水、工、商都是大司农所管的范围。

9. 少府

秦官，两汉皆仍旧名，王莽曾改为共工。是另一个主管财经的官吏。颜师古注《急就篇》"司农、少府国之渊"时说："司农领天下钱谷，以供

---

① 《后汉书·百官志》本注。
② 《太平御览》卷二三二引韦昭《辨释名》。
③ 颜师古注《汉书·百官公卿表》。
④ 《汉书·金日磾传》注引服虔曰：使主客，"主胡客也"。
⑤ 参阅《汉书·食货志》。
⑥ 参阅《通典》卷二六。

国之常用，少府管池泽之税及关市之资，以供天子。”这就是当时所谓“国家财政”和“帝室财政”的区别①。“少者，小也”，“小用由少府，故曰小藏”②，故又有小府之称。其实小府并不小，它的库藏比大司农多③，它的机构也比大司农庞大。少府等于是皇帝的财务（实际又是总务）方面的总管，管理的事务特别庞杂，属官之多在诸卿中居第一位（当然与旧记载记得特别详细也有关），其“属官有尚书、符节、太医、太官、汤官、导官、乐府、若卢、考工室、左弋、居室、甘泉居室、左右司空、东织、西织、东园匠十六官令丞，又胞人、都水、均官三长丞，又上林中十池监，又中书谒者、黄门、钩盾、尚方、御府、永巷、内者、宦者八官令丞。诸仆射、署长、中黄门皆属焉”④。这些是西汉的主要情况，东汉有些变化，某些属官分出去了，如原来的“山泽陂池之税”“改属司农”，“考工转属太仆，都水属郡国”⑤，财政收入方面的属官没有了。有些属官又有增加和扩大，取消了宦者令，但宦者的官更多，如中常侍（千石）、小黄门、黄门署长等等；另外增加的侍中（比二千石）、给事黄门郎、符节令、兰台令史等，还是一些助理有关国家事务的官吏，当然有一些只是名义上隶属于少府，“自侍中至御史皆以文属焉”⑥。少府的主要职掌，仍然主要是宫中的供养等事务。

10. 执金吾

秦时名中尉，武帝时改名执金吾直至东汉，其中王莽曾改名奋武。何以名官？颜师古注《汉书》引“应劭曰：吾者，御也，掌执金革，以御非常”。崔豹《古今注》云：“金吾，棒也，以铜为之，黄金涂两末。御史大夫、司隶校尉亦得执焉。御史、校尉、郡守、都尉、县长之类，皆以木为吾。”其职掌是宫殿之外（内有光禄勋和卫尉）、京城之内的警卫工作，同时在皇帝出行时充任护卫兼仪仗队。属官在汉武帝以前，“有两丞、候、司马、千人”，武帝以后增多，“属官有中垒、寺互、武库、都船四令丞。都船、武

① 加藤繁《汉代国家财政和帝室财政的区别及帝室财政的一斑》（《中国经济史考证》第1卷，商务印书馆1959年版）论之甚详。

② 孙星衍等辑：《汉官六种·汉官仪》，中华书局1990年版，第135页。

③ 桓谭《新论》有国家岁收入四十余万万，而少府有八十三万万的说法。

④ 班固：《汉书》卷十九上，《百官公卿表》，中华书局1962年版，第731页。

⑤ 《后汉书·百官志》本注。

⑥ 《后汉书·百官志》本注。

库有三丞，中垒两尉。又式道左右中候、候丞及左右京辅都尉、尉丞兵卒皆属焉。初，寺互属少府，中属主爵，后属中尉”①。这些属官都是带兵和担任警卫的。东汉时省去后来增加的属官，但保留了武库令。

11. 将作大匠

秦名将作少府，景帝时改名将作大匠。其职责是“掌治宫室”②，或者说“掌修作宗庙、路寝、宫室、陵园木土之功，并树桐梓之类列于道侧”③。好像是一个建筑工业部，特别值得一说的是，当时基建时充分考虑了绿化问题在内，“树栗椅桐梓”“治宫室并主之”④。属官，除丞之外，尚有左右中候，石库令丞，东园主章令丞，左、右、前、后、中校令丞等，这说明属官中有管理建材的（石料、木材等），有组织施工的（工徒多分校管辖）。

以上所列共十一卿，“秩皆中二千石”，实际上这个级别的官吏不止这些。东汉人刘熙有“汉置十二卿”的说法，除上述十一个之外，还有一大长秋，这是皇后宫中之官，其实后宫的高级官吏还有一些，这里就不多说了。总的看来，秦汉时的中央机构已经有比较严密的组织系统，大的分工是明确的（小的重复也不少）。一个明显的特点是，整个中央机构以皇权为中心，为皇帝服务的机构多于国家的政务机构，上面介绍的 11 个机构中，有 7 个（太常、宗正、光禄勋、卫尉、太仆、少府、将作大匠）基本上是为皇帝服务的，更不消说专为太子、皇后、皇太后服务的宫官了。这种情况可以说明，当时的中央集权的行政体制，是皇帝制度的附属。西汉中期以后，中朝决策机构的形成，东汉以后台阁之成为中枢，都是这种行政体制的发展。

四、地方行政体制

（一）郡县与王国

1. 郡县的起源和确立（国附）

郡和县都起源于春秋战国时期，诸侯国占领新的土地之后，设郡或

---

① 班固：《汉书》卷十九上，《百官公卿表》，中华书局 1962 年版，第 732 页。
② 班固：《汉书》卷十九上，《百官公卿表》，中华书局 1962 年版，第 733 页。
③ 范晔：《后汉书》志第二十七，《百官四》，中华书局 1965 年版，第 3610 页。
④ 《后汉书·百官志》刘昭补注。

者县，派官吏授以大权治理和守卫。郡的长官称守，即守土之意。县比郡还早一些，秦国比较早在全国范围内实行统一的县制，孝公十二年（前350年）就“并诸小乡聚，集为大县，县一令，四十一县”①。开始县也比郡大，有所谓“上大夫受县，下大夫受郡”，战国时郡大而县小②。以郡统县，并在全国推行，是从秦代开始的。秦始皇统一六国后，分全国为36郡，后增到40余郡。郡下设县。西汉建立，刘邦搞了一些分封，终两汉之世，实行郡国并行，但基本上还是郡县制，一方面在郡国的数目上，郡的数量占绝大多数，另一方面封国的情况后来不断变化，直至仅为“食邑”，无任何行政权力，与郡一样直接受中央控制。西汉平帝时有郡国103个，其中除三辅外，有郡80。东汉初曾省郡国10。顺帝时，又有郡国105个，其中郡79个。

郡的大小、种类是不同的，大体上分三辅郡、普通郡和边郡。三辅郡的长官可以位列“九卿”，参加中央的一些活动。一般郡守级别虽与卿同，但不能经常参加中央活动。边郡情况又不同一些，至少军事上的责任和权力更大，所以与一般郡不同，“边郡又有长史，掌兵马，秩皆六百石”③。

国的情况也有各种不同，大的有王国和侯国之分，王国与郡相当，地盘大而有连数郡者，侯国与县相当。

县也是因地制宜，有关记载还叙述得比较详细，如《汉书·百官公卿表》写道：县“万户以上为令，秩千石至六百石。减万户为长，秩五百石至三百石。……县大率方百里，其民稠则减，稀则旷……列侯所食县曰国，皇太后、皇后、公主所食曰邑，有蛮夷曰道”。这还只是一般的概括，实际上要复杂得多，当时人针对这概述指出过：“三边始孝武皇帝所开，县户数百而或为令。荆扬江南七郡，惟有临湘、南昌、吴三令尔。及南阳穰中，土沃民稠，四五万户而为长。桓帝时，以汝南阳安为女公主邑，改号为令，主薨后复其故。若此为系其本。俗说令长以水土为之，及秩高下，皆无明文。班固通儒，述一代之书，斯近其真。”④ 我们详引这一段记述，因为它对我们了解当时各种各样复杂的情况有好处，对于我们处理许

① 司马迁：《史记》卷五，《秦本纪》，中华书局1982年版，第203页。
② 参阅《通典》卷三三。
③ 班固：《汉书》卷十九上，《百官公卿表》，中华书局1962年版，第742页。
④ 孙星衍等辑：《汉官六种·汉官仪》，中华书局1990年版，第153～154页。

多不同甚至矛盾的记载也有好处。

郡国县邑的情况虽有种种不同，秦汉时期确立了长期影响后世的统一的郡县制是确定无疑的。但这里还要交代几句，汉武帝以后为了加强对地方的控制和监督，在秦设监御史的基础上，设立司隶校尉和十三州刺史，其荐、劾之权相当大，但不是一级地方组织，没有行政权力，并非“亲民”之官，仅仅负有监察责任。一州虽分辖几个郡，但州刺史仅秩六百石，地位远不及二千石的郡太守（司隶校尉比二千石，也要低半级），不过“秩卑而命之尊，官小而权之重”①，以小制大罢了。

所以说，秦汉时期的地方行政制度是郡县制。

2. 郡的长官、机构、职权及其在国家行政系统中的地位

秦设36郡时，每郡置有守、尉、监②，监又称监御史，汉代省去了。郡的主要长官是郡守，或称太守，他“掌治其郡”，拥有一切权力，郡内的一切机构、一切人、一切事都由他管理，中央在地方设的临时机构（如盐、铁、均输，乃至武库令等）均受郡守节制，郡守有任免郡内官吏的权力，有司法和治安（逐捕盗贼）的责任和权力，甚至有生杀予夺之权，可以自设“条款”，劝民农桑，办理教育文化，移风易俗等等。郡守须以时巡行郡内。因为无所不统，所以说“太守专郡”。郡守直接对中央负责，每年将郡内户口数目、垦田多少、财政收支、经济生活、治安状况、文化教育、风俗厚薄、郡吏考核等等，一切大小事情，登录于计簿之上，而上计于天子。汉宣帝说：“庶民所以安其田里而亡叹息愁恨之心者，政平讼理也。与我共此者，其唯良二千石乎！”③ 由此可见，郡和郡守在整个国家行政系统中的地位了。

郡内的第二号长官是都尉。他的级别略低于郡守，“秩比二千石”，其职责是“佐守典武职甲卒”④。一般来说他是在军事方面辅佐太守，实际上郡的军事主要是都尉负责，故有的史书就只说“典兵禁备盗贼”⑤，在军事上太守、都尉互有所制约，这是有利于中央集权的。

---

① 顾炎武：《日知录》卷九，《部刺史》，花山文艺出版社1990年版，第407页。
② 司马迁：《史记》卷六，《秦始皇本纪》，中华书局1982年版，第239页。
③ 班固：《汉书》卷八十九，《循吏传》，中华书局1962年版，第3624页。
④ 班固：《汉书》卷十九上，《百官公卿表》，中华书局1962年版，第742页。
⑤ 孙星衍等辑：《汉官六种·汉官仪》，中华书局1990年版，第151页。

郡的机构不小，佐官属吏较多，大郡之吏，往往上千人。属官中最重要的是郡丞，秩六百石，相当于一个大县令。在佐吏中地位最高，又称长吏，记载表明，有时是中央任命的。他不但辅佐郡守，有时还代郡守行事，《古今注》记载："建武六年三月，令太守、诸侯相病，丞、长史行事。"太守缺，"丞视事"或者"行事"的记载也有一些。"边郡又有长史"，相当于丞的地位。就是说既有丞，又有长史，《汉旧仪》说得明白："(边郡）置长史一人，掌兵马；丞一人，治民。当兵行，长史领。"

郡府是分曹办事（和中央之分曹大体相同），如管理民政的户曹、比曹、时曹、田曹、水曹；管理财政的仓曹、金曹；管理交通运输的集曹、漕曹、法曹；管理军事的兵曹、尉曹；管理治安和司法的贼曹、决曹、辞曹；以及管理教育的学官和管理医药卫生的医曹等等。有些与曹相当，但不以曹为名，如王官掾、督邮、门亭长、主记史等。职掌不同之诸曹，也有主决、亲疏之分，汉制以右为尊，重要属吏又称为右曹（或右职，或称豪吏，算是"郡之极位"了）。如功曹之职总内外，又称"主吏"，王官掾仅次功曹，督邮监察、巡行属县。属吏的名称很多，高级一点的称掾、史，低级属吏有书佐、循行、干、小史等等，笼统称之为"斗食"，月俸十来斛。

3. 县的长官、机构和职权

县的长官是令和长，新出土秦简中有啬夫和大啬夫的名称，王莽时曾一度改名为宰。其职权是："掌治民，显善劝义，禁奸罚恶，理讼平贼，恤民时务。秋冬集课，上计于所属郡国。"[①] 虽然受郡的监督和管理，但有一定的独立性，在县内有很大权力，兵、刑、钱、谷、文化、教育无所不管。其主要佐官有县丞和县尉。县丞在县的地位比郡丞在郡的地位似高，其"秩四百石至二百石"[②]，与县令长秩差不如郡丞与郡守的差距大，并且虽然佐令长，但不是从属身份，甚至还可独立处理一些事情，"丞署文书，典知仓、狱"[③]，有的说是"主刑狱囚徒"[④]，典和主的字义表明其职权之独立性，并且其所主为财政和司法两项最重要的也是有实际意义的事务。

① 《后汉书・百官志》本注。

② 班固：《汉书》卷十九上，《百官公卿表》，中华书局1962年版，第742页。

③ 《后汉书・百官志》本注。

④ 《史记・淮南王安列传》集解引如淳曰。

一般说来，一个县只一个丞，京师、三辅则有二丞甚至三、五丞①。县尉与县丞不同，一般“大县二人，小县一人”，都城所在县更多，西汉长安，东汉洛阳都有四尉，其职责“主盗贼”② 和役使卒徒，更为独立地行使职权，所以有独立的官廨及属卒（尉史、尉从佐）。县府的其他属吏，也是分曹置掾办事，与郡的列曹大体对口。《后汉书·百官志》：“本注曰：诸曹略为郡员，五官为廷掾，监乡部，春夏为劝农掾，秋冬为制考掾。”吏员多至数百人③。

4. 王国和侯国官制

王国官制仿照中央，随着诸侯王权力的削弱，官制也不断变化：“汉初立诸王……其官职傅为太傅，相为丞相，又有御史大夫及诸卿，皆秩二千石，百官皆如朝廷。国家唯置丞相，其御史大夫以下皆自置之。至景帝时……（灭七国之乱），遂令诸王不得治民，令内史主治民，改丞相曰相，省御史大夫、廷尉、少府、宗正、博士官。武帝改汉内史、中尉、郎中令之名，而王国如故，员职皆朝廷为署，不得自置。至成帝省内史治民，更令相治民，太傅但曰傅。”④ 由此可见，重要的是王国官制虽如中央，但由自置到“不得自置”，内史、国相如同郡守，所谓王国实同郡县。

侯国官制更简单，虽相当于县一级，但主要是衣食租税，行政长官名相，实即县令长，要受郡守尉的监督，不得“擅兴”“过律”。真正算侯国的官属被称为家臣：“其家臣，置家丞、庶子各一人。本注曰：主侍侯，使理家事。列侯旧有行人、洗马、门大夫，凡五官。中兴以来，食邑千户以上置家丞、庶子各一人，不满千户不置家丞，又悉省行人、洗马、门大夫。”⑤ 几乎没有真正的官吏。

（二）乡里制度与户籍案比制度

乡官、里吏虽不是朝廷命官，乡里百姓却“但闻啬夫（主要的乡官），不知郡县”⑥，直接管理百姓的是乡、亭、里等组织，国家的赋税、徭役、兵役以及地方的教化、狱讼、治安等事，都是由乡官、里吏直接承担办理

---

① 《后汉书·百官志》注引《汉官》。

② 《后汉书·百官志》及注引《汉官》《汉旧仪》等。

③ 《汉官》曰：“洛阳……员吏七百九十六人。”

④ 范晔：《后汉书》志第二十八，《百官五》，中华书局 1965 年版，第 3627 页。

⑤ 范晔：《后汉书》志第二十八，《百官五》，中华书局 1965 年版，第 3631 页。

⑥ 范晔：《后汉书》卷四十八，《爰延传》，中华书局 1965 年版，第 1618 页。

的。其地位和作用不言自明。

1. 以啬夫为主的乡官

县下设乡，二乡、三乡、四乡不等[①]。乡官设置情况，有简略而明确的记载，《汉书·百官公卿表》的记载是："乡有三老，有秩、啬夫、游徼。三老掌教化，啬夫职听讼、收赋税，游徼徼循、禁贼盗……皆秦制也。"《后汉书·百官志》写道："乡置有秩、三老、游徼。本注曰：有秩，郡所署，秩百石，掌一乡人；其乡小者，县置啬夫一人。皆主知民善恶，为役先后，知民贫富，为赋多少，平其差品。三老掌教化，凡有孝子顺孙，贞女义妇，让财救患，及学士为民法式者，皆扁表其门，以兴善行。游徼掌徼循，禁司奸盗。又有乡佐，属乡，主收赋税。"这中间，三老不是行政职务，亦无俸禄（但经常受赐爵赐帛的优礼），他们"非吏而得与吏比"[②]。三老之设主要是为了推行教化（故又有郡三老、国三老），所以不能算是正式的乡官。游徼职责明确，与郡、县尉相同。还有一个乡佐，近似郡县之丞，又有不同，专收赋税。因而主要乡官就是啬夫了。啬夫有"有秩"与"无秩"之分，《后汉书》说得比较清楚，这里就不多说了[③]。

2. 亭长和亭吏

亭是与乡平级的行政单位，亭下也辖里，所以是"十里一亭""十里一乡"[④]。亭主要设在城市，如西汉长安有十六个亭（下辖闾里一百六十[⑤]），东汉"洛阳二十四街，街一亭，十二城门，门一亭"[⑥]。乡村集镇也设亭，称为乡亭，主要起客舍、邮传的作用，又称邮亭。街亭是管辖里的组织，邮亭和门亭的性质有所不同，但都有人口相对集中的特点；特别是乡亭，如同今县城以外的一些小集镇[⑦]。亭的主管官员叫亭长，由县里任命和管理。其主要职责是"求捕盗贼"，维持治安。上级官员出行经过其地，他要送往迎来，一般行人也可在亭舍宿食。他有权检查过往行人，

---

① 参阅郝经《续后汉书》。

② 《史记·平准书》集解引如淳曰。

③ 参阅安作璋、熊铁基《秦汉官制史稿》的有关论述。

④ 参阅安作璋、熊铁基《秦汉官制史稿》的有关论述。

⑤ 参阅《三辅黄图》。

⑥ 孙星衍等辑：《汉官六种·汉官典职仪式选用》，中华书局1990年版，第211页。

⑦ 《史晨飨孔庙碑》："史君念孔渎、颜母井去市道远，百姓酤买，不能得香酒美肉，于昌平亭下立会市，因彼左右，咸所愿乐。"（《隶续》卷一）

执行宵禁，乃至捕系犯人等有关治安工作。街亭辖里，乡亭也有一定的范围和人口，因而亭长也有一定的理民之责，包括制科令、劝生业、励风俗、行教化等等，不过，主要是治安。亭的吏卒有亭佐、亭侯、求盗等，包括亭长本人，基本上是武职，"皆习设五兵"，故《后汉书·百官志》本注有一句："亭长，主求捕盗贼，承望都尉。"有人甚至认为亭长属于都尉的一个系统，其实不然，他只不过在"禁盗贼"方面"承望都尉"。亭是县以下，相当于乡的一级行政组织，门亭之类是级别相当，如同乡啬夫之外有其他名啬夫的官一样。

3. 里正和典老

以县统乡，以乡统里，"里有里魁，民有什伍，善恶以告"。《后汉书·百官志》本注曰："里魁掌一里百家。什主十家，伍主五家，以相检察。民有善事恶事，以告监官。"[①] 这里说一里百家，也有说五十家或八十家的，其实都是约数，不可拘泥。里魁又叫里正，联系几十户人家，总有一些公共事务，故里中又有父老、宰社、里祭酒、里监门之类。什、伍则是具体的，特别是伍，更为实在，有更为广泛的意义，古代的什伍连坐之法，军队中的最基础编制均以伍为单位，故有"士伍""卒伍""行伍"之称。《急就篇》中有两句话："变斗杀伤捕五邻"（连坐）和"戎伯总阅什伍邻"（部队编制），颜师古注"五邻"说"同伍及邻居"，注"什伍邻"则说："五人为伍，二伍为什，五家为邻。"新出土的云梦秦简中有关于四邻、士伍连坐的记载。颜师古在注《汉书》时反复作以上相同的说明，并且引用过古"军法：五人为伍，二伍为什，则共器物，古通谓生生之具为什器，亦犹今之从军作役者，十人为火，共蓄调度也。"集体共火，五人太少了一些，就十人一火。军队中的什伍编制，是因地方编制而来，并且很古就沿用下来，因为它有很大的好处："伍之人祭祀同福，死丧同恤，祸灾共之，人与人相畴，家与家相畴，世同居，少同游。故夜战声相闻，足以不乖，昼战目相见，足以相识……是故守则同固，战则同强。"[②] 秦汉时期，主十家的叫什典，主五家的称伍老[③]，云梦秦简中典、老相连之文不少。

---

① 范晔：《后汉书》志第二十八，《百官五》，中华书局1965年版，第3625页。

② 徐元诰：《国语集解·齐语第六》，中华书局2002年版，第225页。

③ 参阅安作璋、熊铁基《秦汉官制史稿》的有关论述。

4. 户籍制度

为了控制人民，并有根据地实行赋税和兵、徭役的剥削，秦汉时期有一套完整的户籍制度。据记载，战国时秦献公就采取了“户籍相伍”的办法，秦孝公商鞅变法关于此有更具体的记载，如：“四境之内，丈夫女子，皆有名于上，生者著，死者削。”① 除生死之外，登记的项目还很多：“境内仓、口之数，壮男、壮女之数，老弱之数，官、士之数，以言说取食者之数，利民之数，马、牛、刍稿之数”②，名籍上包括人口、性别、年龄、社会身份和职业以及家庭财产等等。这种名籍簿册，在秦代称为“傅籍”，汉代以后一直沿用。与“傅籍”并行的还有“市籍”，是专登记商人的。至于“官籍”“宗室籍”“弟子籍”等，与一般户籍又不相同。秦汉时期，每年都要搞一次户口调查登记，称为“算民”或“案比”。如说：“汉法，常因八月算人”③，或“仲秋之月，县、道案户比民”④。当时清点人数，是要老百姓前往县府或指定地点进行的，有具体记载可说明这一点，史载：“（江革）建武末年，与母归乡里。每至岁时，县当案比，革以母老，不欲摇动，自在辕中挽车，不用牛马。由是乡里称之曰‘江巨孝’。”⑤ 这显然走得较远，或者到县道去。也有的地方官相对变通一些：“八月算民，不烦于乡。随就虚落，存恤高年”，因而为时人树碑颂德⑥。案比之后就编造户口名籍，所谓“汉时八月案比而造籍”⑦。从《居延汉简》所记屯田吏卒的名籍看，登记内容包括籍贯、住址、爵位、职务、姓名、年龄、肤色、家庭成员及资产等等，汉代户籍之内容当可想而知了。户籍编造以后，一般到年终要逐级进行“上计”，县令、长“秋冬集课，上计于所属郡国”，郡守“岁尽遣吏上计”⑧。“上计”的内容还包括垦田数、赋税收入和社会治安等情况，“名籍”是重要内容。中央对郡，郡对县，都要根据

---

① 《商君书·境内》，诸子集成本，中华书局1954年版。
② 《商君书·去强》，诸子集成本，中华书局1954年版。
③ 范晔：《后汉书》卷十上，《皇后纪》，中华书局1965年版，第400页。
④ 范晔：《后汉书》志第五，《礼仪中》，中华书局1965年版，第3124页。
⑤ 范晔：《后汉书》卷三十九，《江革传》，中华书局1965年版，第1302页。
⑥ 《金石图说》甲上张迁谷城长。
⑦ 《周礼》贾公彦疏。
⑧ 范晔：《后汉书》志第二十八，《百官五》，中华书局1965年版，第3621页。

上计情况实行奖、惩，这样也就难免出现弄虚作假，但在中央集权力量强大时，往往采取一些检核措施。

五、选官与监察制度

在整个政治制度中，各级官吏是一个核心问题。各种机构是由众多的官吏组成的，政策、法令的制定和实施等等也是由官吏执行的。因此，官吏的选拔、任用以及监督等，又是一个极为重要的问题。现略分述如下：

（一）选官制度

春秋以前“世卿世禄”，大夫以上皆世族，士以下府史、胥、徒才由乡举里选贤能之辈①。战国时有了变化，秦国即以农战而得官爵②，到了秦始皇建立统一国家之后，“不世官，守、相、令、长以他姓相代，去世卿、大夫、士”③。“他姓”不是世族，可以是任何人，包括平民百姓（虽然劳动人民实际上不可能）。如何“相代”呢？《通典》说是“仕进之途，唯辟田与胜敌而已”。辟田可以多产粮食，有了粮食可买到爵位和官职，所谓“粟爵粟任”④。《史记·秦始皇本纪》上记载说，始皇四年，“天下大疫，百姓纳粟千石，拜爵一级”。胜敌就是军功，立了军功就拜爵，所谓军功爵制，史书有关材料甚多，有了爵就可以做官，所谓“爵一级，欲为官者，为五十石之官”，“爵二级，欲为官者，为百石之官”⑤。秦国和秦朝的各级官吏原来都有官爵，具体如何“相代”，未及细考。改朝换代以后，汉朝的情况就比较明显了，汉朝开国之初，中央和地方机构中的主要官吏，大部分由刘邦的部下充任，地方上的小官吏有相当一部分由秦的旧官吏继任。从制度上讲，主要官吏的选任，仍然是以军功而定，同样是军功爵制。官吏不是终身制，更不是世袭制，因而有不断的调整和更换。新的官吏如何产生？汉代在秦代和秦以前各种办法的基础上，建立和发展了一整套选官制度，包括察举、皇帝征召、公府与州郡辟除、大臣举荐、考试、任子、纳赀及其他多种方式，不限于一途，而且是交互使用。

---

① 参阅俞正燮《癸巳类稿》卷三《乡与贤能论》。
② 参阅《通典·选举典》。
③ 孙星衍等辑：《汉官六种·汉旧仪》，中华书局 1990 年版，第 84 页。
④ 《商君书·去强》，诸子集成本，中华书局 1954 年版。
⑤ 《韩非子·定法》，诸子集成本，中华书局 1954 年版。

（1）察举。由下而上的推举人才。从汉初开始到武帝形成一种比较完备的制度。察举的科目主要有孝廉、茂才、贤良方正、文学、明经、明法、尤异、治剧、兵法、阴阳灾异以及临时规定的其他科目。具体办法，两汉时期前前后后有不少变化，开始是很严格的，国家大吏不荐人才有罪，荐举人才不实者亦有罪①。但是到了东汉，种种弊端都出来了，推荐人“率取年少能报恩者”②，被举者成为举者门生、故吏，豪族、官吏勾结，互相推荐亲属故旧，所举非人就不可避免了，以至于“举秀才，不知书；察孝廉，父别居”③。

（2）征辟。由上而下的选任官吏，主要有皇帝征聘和公府、州郡辟除两种方式。皇帝采取特征与聘召的方式，选拔某些有名望的品学兼优的人士，或备顾问，或委任政事。辟除则是高级官员任用属吏的一种制度，途径有二：一是由三公府辟除，对象是主要公府掾属，试用之后，可出补中央官吏或州郡长官；二是由州郡辟除，对象是州郡佐吏，试用之后，亦可升任中央和地方官吏。不过被荐举之后，还须经考试后方能量才录用，考试内容，诸徒试经学，文吏试章奏。考试方法有对策、射策等。皇帝特征，也要亲自策试。

（3）任子。高级官吏保任其子弟为官，秦汉均有，东汉大盛，保任对象除了子、弟、孙以外，还扩大到“门从”、死亡官吏子弟、宦官子弟等。并且由任子弟一人扩大到二至三人。这是任人唯亲的发展，对吏治十分不利。

（4）纳赀。实际就是公开卖官，东汉末年公开标价卖官。如灵帝光和元年（178 年），“初开西邸卖官，自关内侯、虎贲、羽林，入钱各有差。私令左右卖公卿，公千万，卿五百万”④。

此外还有“上书拜官”“以材力为官”等等。

以上选官制度，特别是察举和征辟，与考试等一些较严格的法规结合，在政治清明时，无疑可以选得不少优秀人才，武帝时就人才辈出。但选官大权在皇帝与各级官吏手中，“任人唯亲”是致命的弱点，在政治腐

---

① 《史记·范雎列传》：“秦之法，任人而所任不善者，各以其罪罪之。”

② 范晔：《后汉书》卷三十二，《樊儵传》，中华书局 1965 年版，第 1122 页。

③ 《抱朴子·审举》，诸子集成本，中华书局 1954 年版。

④ 范晔：《后汉书》卷八，《灵帝纪》，中华书局 1965 年版，第 342 页。

败时，就必然导致吏治的败坏。

除开官吏的选拔之外，官吏的任用和考核，秦汉时期也有一整套的制度，比如任用方式就有多种：实授曰“直除”，试用曰“试守”，摄事称“假”，兼领曰“领”或“视”，以本官兼其他官职又称“兼”，兼领或参决总领尚书事又称“平”与“录”，暂由他官代某官曰“行”，临时派员督监曰“督”，等待皇帝诏命任用就叫“待诏”，本职以外的虚衔为加官，不治事的官员曰“散官”，等等。任用官吏时有不少严格的法规，如回避制度，地方长官不用本地人，甚至颁布“三互法”，规定“婚姻之家及两州人不得交互为官”①，有时候不准外戚“备位九卿”②，不准宦官子弟“为牧人职”③等等，但一些好制度不能始终如一地执行，在封建社会也是必然的。另有一些规定则有明显的阶级性和偏见，如把财产作为任官的重要条件之类。

还有官吏考课与相应的迁降赏罚制度。前所述上计制度即对地方官考核的重要内容。考课结果，登记在册，“考绩功课，简在两府”④，作为迁降赏罚的依据。成绩优异的，“课最”或“高第”者，有升迁，增秩、赐金、封爵等奖励，成绩差的则有被责问、降职（“左转”或“左迁”）、贬秩甚至免官等处罚。除岁末常考和三年一次大考外，平时对官吏的监督和考查有专门机构负责，如丞相府的东、西曹和郡县的功曹之类。

（二）监察制度

在庞大的行政体系中，监察，特别是对官吏的监察有很重要的意义，能够保证行政职能的正常运转，能够保证政策、法令的实施，能够保证吏治的清明。秦汉时期，建立了一套有自己特点的监察制度。在中央，御史大夫就负有监察、弹劾百官之责。其属官御史中丞就具体负责监察事宜：他“在殿中兰台，掌图籍秘书（当然包括法律文书），外督部刺史，内领侍御史员十五人，受公卿奏事，举劾按章”⑤。他能纠察所有官员，并按照皇帝的诏令，与廷尉共同审理大案要案，“杂治”犯罪的王侯将相。对于

① 《后汉书·蔡邕传》引李贤注。
② 班固：《汉书》卷七十六，《冯野王传》，中华书局 1962 年版，第 3233 页。
③ 范晔：《后汉书》卷三十八，《冯绲传》，中华书局 1965 年版，第 1284 页。
④ 班固：《汉书》卷八十三，《薛宣传》，中华书局 1962 年版，第 3391 页。
⑤ 班固：《汉书》卷十九上，《百官公卿表》，中华书局 1962 年版，第 725 页。

地方，秦时各郡设有监御史，汉初废除之后，曾由丞相府派丞相史监察地方官吏。汉武帝时，分全国为十三州（部），每州设刺史一人，刺史每年八月巡视所部郡国，“省察治状，黜陟能否，断治冤狱，以六条问事”①。六条中除一条监察强宗豪右，五条都监察郡国守相等地方官吏。州刺史直属于御史中丞。京师所在的州置司隶校尉，权力较大，可以纠察包括丞相在内的京师百官，还可以领兵督捕大奸猾。又置丞相司直，位在司隶校尉之上。武帝时监察制度的健全，与中央集权加强是一致的。郡县也有监察制度。郡设督邮，分部督察郡内各县。各部门和郡县长官对所属官吏都有监察的责任。秦汉时期监察制度的特点：首先是实行分级多层次的监察，检查督促比较细密；其次是监察官秩卑、权重、赏厚，又与行政权相对脱离，能够较独立地恪尽职守；最后是经常性的监察与定期巡视相结合，能更好地提高监察工作的效能。当然监察制度能否发挥真正的好作用，又与整个政治发展有关，与人的好坏有关。

第二节　政治思想

一、秦汉政治思想概况

战国时期，所谓“诸子百家”，汉人认为重要者，或说九家、十家（如班固《汉书·艺文志》所说），或说六家（如司马谈《论六家之要旨》）。这许多“家”的代表人物纷纷著书立说，都想实现自己的主张，各家之间似水火不相容。司马谈对于各家思想的异同曾说过这样一段话：“‘天下一致而百虑，同归而殊涂。’夫阴阳、儒、墨、名、法、道德，此务为治者也，直所从言之异路，有省不省耳。”② 他首先说的是各家之同，“务为治”，目的都是“治”，为了统治，为了政治。各家之不同，不过是如何治理的不同考虑（百虑），主张采取不同的途径（殊途）和道路（异路）。这种概括无疑是正确的，由此，我们可以说，诸子百家的思想主要是政治思想，他们的出发点、落脚点以及思想的核心内容都是政治。

---

① 《汉书·百官公卿表》注引《汉官典职仪式选用》。

② 司马迁：《史记》卷一百三十，《太史公自序》，中华书局1982年版，第3288～3289页。

秦汉时期的政治思想，在内容上也有许多共同之点，最重要的是各家都主张维护政治的统一。法家代表人物李斯对秦始皇说："古者天下散乱，莫之能一，是以诸侯并作，语皆道古以害今，饰虚言以乱实，人善其所私学，以非上之所建立。今皇帝并有天下，别黑白而定一尊。私学而相与非法教，人闻令下，则各以其学议之……禁之便。"① 因而有所谓"焚书坑儒"。儒家代表人物董仲舒对汉武帝说："春秋大一统者，天地之常经，古今之通谊也。今师异道，人异论，百家殊方，指意不同，是以上亡以持一统；法制数变，下不知所守。臣愚以为，法不在六艺之科、孔子之术者，皆绝其道，勿使并进，邪僻之说灭息，然后统纪可一，而法度可明，民知所从矣。"② 因而有所谓"罢黜百家，独尊儒术"，何其相似乃尔。一个从历史经验总结出统一的重要；一个更说统一是天经地义地不容置疑。秦汉时期的道家与先秦道家不同，其政治思想更为明确和突出，我们称之曰"新道家"（亦即黄老道家）。新道家的政治思想突出的特点是主张"清静无为"，然而它也是在维护和主张统一局面下的"清静无为"。例如，黄老道家最早最重要的代表作《吕氏春秋》，在秦统一之前就明确阐述了大一统的政治主张，反复强调："乱莫大于无天子。无天子则强者胜弱，众者暴寡，以兵相残，不得休息。""天下大乱，无有安国；一国尽乱，无有安家；一家尽乱，无有安身，此之谓也。"它也同样主张政治统一并要求思想统一，"听群众人议以治国，国危无日矣"，要"齐万不同，愚智工拙，皆尽力竭能，如出乎一穴"③。汉初黄老道家实行无为政治，其目的和结果也都是"载其清静，民以宁一"④。至于黄老道家集大成之作《淮南子》，更是在完全肯定统一的思想下讲无为而无不为的政治，不但它的立论基础——道，是"覆天载地，廓四方，柝八极"⑤，是统一的无所不包的，它"观天地之象，通古今之事"，种种议论，最终目的都是要"以统天下，理万物，应变化，通殊类"⑥。

---

① 司马迁：《史记》卷六，《秦始皇本纪》，中华书局 1982 年版，第 255 页。
② 班固：《汉书》卷五十六，《董仲舒传》，中华书局 1962 年版，第 2523 页。
③ 《吕氏春秋·不二》，诸子集成本，中华书局 1954 年版。
④ 《汉书·曹参传》所载称道萧曹政治之歌谣。
⑤ 《淮南子·原道训》，诸子集成本，中华书局 1954 年版。
⑥ 《淮南子·要略》，诸子集成本，中华书局 1954 年版。

正因为目的是相同的，有些思想内容和主张也大同小异，彼此之间又明的或暗的互相吸收，因而在政治思想方面，既有儒、法、道之间的争胜事实甚至意气用事，如辕固与黄生之争①，贤良文学与大夫之争等等，也有各派合流之发展趋势。这种合流既表现为“儒道互补”“外儒内法”“霸王道杂之”等等，更表现为内容上各家思想之互相吸取、互相利用，例如道家之“采儒墨之善，撮名法之要”②，例如“张汤决大狱欲传古义，乃请博士弟子治《尚书》《春秋》补廷尉史亭疑法”③，例如董仲舒以经义断狱，等等，许多人都兼受孔孟申商之学。

但是，儒、法、道三家政治上的地位和影响，在秦汉时期又有几个比较明显的发展阶段，那就是秦代的“以法为教”，汉初的黄老政治，武帝以后的“独尊儒术”。一直到东汉末年，至少表面上是儒家的一统天下，但儒家本身政治思想也是有许多变化的。

二、秦代“以法为教”的政治思想

秦代可以说是比较全面地实行了法家的政治思想和主张，这并不足怪。秦国自商鞅变法以来长期实行着法家的政治主张，取得了统一六国的胜利，这是客观事实。如何进一步治理这个统一的国家，又有主观因素的作用。主观因素中政治思想就是重要内容之一。如上所述，诸子百家都有统一国家的思想主张，但如何治理则有不同的考虑。战国末年，各主要学派又都有对“百家争鸣”的总结。在秦国，吕不韦及其门徒，站在黄老道家的立场上作了总结，著《吕氏春秋》，实际是治理统一国家的一个政治纲领。这纲领不能说没有道理，针对战乱破坏，经济亟待恢复和发展，人民迫切要求宁静等现实，不失为一种较好的政治主张，但没有被秦始皇所采纳。

秦始皇的思想意志对于一定政治主张的采纳和实行起着决定性的作用。《史记·老子韩非列传》中保存的一条材料很能说明秦始皇的思想：“秦王见《孤愤》《五蠹》之书曰：‘嗟呼！寡人得见此人与之游，死不恨矣！’”《孤愤》《五蠹》是法家思想集大成者韩非的代表作。为什么秦始皇

① 司马迁：《史记》卷一百二十一，《儒林列传》，中华书局 1982 年版，第 3122 页。

② 司马迁：《史记》卷一百三十，《太史公自序》，中华书局 1982 年版，第 3289 页。

③ 司马迁：《史记》卷一百二十二，《张汤列传》，中华书局 1982 年版，第 3139 页。

对其如此赞赏？因为：第一，在《孤愤》一篇中，韩非怀着愤慨之情和势孤之感论述了法家与当权重臣的矛盾和斗争，并且还切中时弊地一针见血指出："万乘之患，大臣太重；千乘之患，左右太信：此人主之所公患也。"① 这对秦始皇正中下怀，吕不韦就是刚刚过去的前车之鉴。第二，《五蠹》一篇可以说是对各家作了政治结论，"儒以文乱法，侠以武犯禁"②，实指儒、墨两家，这些人和其他一些社会上的无用之人是五种蛀虫："学者"（儒生）、"带剑者"（游侠刺客）、"言谈者"（纵横之士）、"患役者"（逃避耕战之人）、"商工之民"，这些人对社会是无用的甚至是有害的。在统一的政权之下，应该是"无书简之文，以法为教；无先王之语，以吏为师"③。这不仅仅是韩非的思想和主张，也是当时所有法家的思想和主张，生活在长期实行法家政治主张的秦国的秦始皇自然是很欣赏的。

后来韩非遭到李斯的陷害，只不过是个人利益之争。韩非的思想主张，李斯不折不扣地实现了，这就是众所周知的他关于尊君、集权、行郡县制、禁私学、行督责等一系列"师今"的言论和主张。秦代实行了"以法为教""以吏为师"。

三、汉初的黄老思想

汉初之黄老就是道家，这是毫无疑问的，黄老道家与老庄道家不同，也是很明显的。《吕氏春秋》即为此新道家的最早代表作。它虽然没有被秦始皇所采纳，但它所代表的思想是符合长期战乱后的社会政治需要的，因而在秦末再次战乱（当然是秦之暴政所引起的）之后，汉初就得以实行了。汉初讲黄老思想，实行黄老的政治主张，除了陆贾的《新语》之外，主要依据似乎只有一部《老子》书，这是可以理解的。只读《老子》，不讲《庄子》，足见其与老庄道家之区别，是直接继承战国以来"发明"黄帝、老子之"旨意"的做法。绝口不提《吕氏春秋》，因为吕不韦到底是亡秦的相国，并且名声不好，读他的书又有种种之不便。其他的人，或者没有留下系统的著作，或者是一些还在眼前的人，他们的言论（例如《新语》），还不足以作为经典性的根据。正因为如此，汉初就没有什么突出的

---

① 《韩非子·孤愤》，诸子集成本，中华书局 1954 年版。
② 《韩非子·五蠹》，诸子集成本，中华书局 1954 年版。
③ 《韩非子·五蠹》，诸子集成本，中华书局 1954 年版。

黄老道家的代表人物和代表作品。但事实上又确实有那么一批人，记载中讲得最明确的如曹参、窦太后等，并且事实上实行了黄老道家的政治主张，后来之所以出现《淮南子》这种总结性的著作，与汉初的政治实践是分不开的。

汉初的政治可以概括为无为政治，是以黄老道家思想为指导的，是黄老道家政治主张的实践。无为政治以道德为理论基础，为政必须"修其本""秉其要"，基本要求是"反于朴""达于道"，基本特点是"清静""自然"。无为政治的目的是"无为而无不为"，它既坚持"道德自然""贵因""贵柔""守雌节"等基本观念，又把仁、义、礼、法以及贤人政治等等纳入自己的思想范围。具体的政治主张，是针对历史和现实而提出的，突出的如主张君主无为，要求君主节欲反性，如"为治之本，务在宁民"①等等。

四、从董仲舒到白虎观会议

汉武帝时期，政治思想发生了较大的变化，即前述所谓"独尊儒术，罢黜百家"。儒学之成为封建社会的正宗，儒家思想——经过改造的儒家思想，之所以成为封建统治思想，一般都指当时被誉为"群儒之首"的董仲舒。其实董仲舒的"天人三策"，完全是在汉武帝的再三启发下，揣摩、迎合汉武帝的意图而发挥出来的，《汉书·董仲舒传》对其"对策"的描述可以说明这一点。另外，有记载说："董仲舒梦蛟龙入怀，乃作《春秋繁露》词。"② 这条蛟龙就是汉武帝的意旨，他是根据汉武帝的意旨，发展了春秋大一统的理论，这个理论包括君权神授论、三纲五常说、德刑并举的"德治"主张等等重要内容。

但是，要强调指出：董仲舒仅是一个代表人物，他所代表的思想是当时许多人的共同思想，也是站在儒家立场上吸收了各家思想的新儒家，其中阴阳家的思想最为突出，这是以后迷信落后思想进一步发展的重要因素。再者，他们代表的思想，在其后的汉代历史中（包括西汉后期和东汉）又不断发展变化，使得儒家的政治思想"法典化""国教化"。例如汉

① 《淮南子·泰族训》。以上未注引文均见《淮南子》。

② 葛洪：《西京杂记》卷二，《仲舒梦龙作繁露》，中华书局 1985 年版，第 13 页。

宣帝甘露三年（前51年）在石渠阁（未央殿北藏书处）“诏诸儒讲五经同异，太子太傅萧望之等平奏其议，上亲称制临决焉”①，奏议的部分内容在《汉书·艺文志》中有反映，其时并增设了一些博士官，只不过没有总结性的东西保留下来罢了。又例如，东汉光武帝中元元年（56年）宣布图谶于天下，进一步把儒家经义庸俗化，同时使之具有国教形式。明帝时就曾想“使诸儒共正经义”，至章帝建初四年（79年），“于是下太常，将、大夫、博士、议郎、郎官及诸生、诸儒会白虎观，讲议五经同异，使五官中郎将魏应承制问，侍中淳于恭奏，帝亲称制临决，如孝宣甘露石渠故事，作《白虎议奏》”②。关于这方面的记载颇多，要害是这“议奏”被称为“国宪”③，是要“永为后世则”④ 的统治思想。今存的《白虎通义》一书，其维护三纲五常的说教十分明显，问题是它把儒家经典与大量的谶纬之学结合起来，以纬书证经典，使得儒家思想神学化、迷信化，走向极端。但这难免事与愿违，使儒学失去统治权威意义。

五、异端思想及其政治主张

有统治阶级的统治思想，就有被统治阶级的反抗思想。秦汉时期几次大的农民起义中就反映了农民的反抗思想，如“伐无道，诛暴秦”“苍天已死，黄天当立”，以及一定意义上的平等⑤、平均⑥思想之类。

在统治阶级中也有正宗与异端之分，异端思想的情况是多种多样的，如司马迁的反抗思想，如桓宽《盐铁论》的暴露思想，如通贯两汉的经古文学派反今文正宗的积极传统，都有鲜明的异端色彩。从西汉末年到东汉，谶纬学说的盛行，正宗儒学的日益堕落，异端思想就尤为突出。在两汉交替之际，就有郑兴、尹敏与桓谭等“非毁俗儒”“尤好古学”的反谶纬思想，郑兴公开申言“臣不为谶”⑦，尹敏明确指出“谶书非圣人所作”⑧。桓谭“又

---

① 班固：《汉书》卷八，《宣帝纪》，中华书局1962年版，第272页。

② 范晔：《后汉书》卷三，《章帝纪》，中华书局1965年版，第138页。

③ 范晔：《后汉书》卷三十五，《曹褒传》，中华书局1965年版，第1205页。

④ 范晔：《后汉书》卷四十八，《杨终传》，中华书局1965年版，第1599页。

⑤ 《三国志·张鲁传》：五斗米道“不置长吏，皆以祭酒为治，民夷便乐之。”赤眉起义亦有此类行事，均反映平等思想。

⑥ 《太平经》中就有明显的反映。

⑦ 范晔：《后汉书》卷三十六，《郑兴传》，中华书局1965年版，第1223页。

⑧ 范晔：《后汉书》卷七十九上，《尹敏传》，中华书局1965年版，第2558页。

作《新论》，论世间事，辩照然否，虚妄之言，伪饰之辞，莫不证定”①。他自己开宗明义地说：“余为《新论》，术辨古今，亦欲兴治也。”② 这位异端思想家，目的仍然是兴东汉之治。他的政治思想和主张虽无多少创见，但在谶纬迷信猖獗的时代却有积极意义。他认为谶纬不合“仁义正道”，所以不能用以治国。他重新强调了“威德更兴”“文武迭用”（即“霸王道杂之”）的看法和主张，重新强调重用“贤才”“一其法度”，重新强调“举本业而抑末业”，都针对了当时的弊端。并且他提出“政合于时”的观点，更有积极意义，对“奉天法古”思想是有力的批判。

东汉时期一个最大的异端就是王充。这位杰出的唯物主义思想家，著《论衡》等书，对当时占统治地位的神学迷信思想作了比较系统、彻底的批判，同时也对豪强专权和官僚腐败进行了揭露和抨击。他在政治思想方面的特点是重新举起黄老思想这个理论武器，驳斥“君权神授”说，揭露“祥瑞符命”“灾异谴告”等欺骗性，阐发进步的唯物主义的思想，因而对于国家治乱兴衰的看法及其治国主张多少有些进步意义，如“治国之道，所养有二：一曰养德，二曰养力。……此所谓文武张设、德力具足者也”③。强调解决人民的安乐生活，只有丰衣足食，教化与刑罚才能起作用，“夫太平以治定为效，百姓以安乐为符。……百姓安者，太平之验也”④，在一定程度上反映了人民对物质生活有所保障的愿望和要求。

王充以后，东汉末年，还有不少有识之士，主观上都是为了东汉的统治，客观上暴露了社会矛盾，对当时的政治、法律、道德等有所批判。例如桓、灵之际的崔寔作《政论》“言当世理乱”，“指切时要，言辨而确”，对于豪强之“奢侈”，官吏之“贪饕”都痛加斥责。例如王符著《潜夫论》“指讦时短，讨谪物情”，和王充《论衡》一样，是愤世嫉俗的私人著作，当然是异端代表。政治思想方面，王符主要反对豪强贵戚之兼并，是他们的奢侈靡费造成了社会和人民的不安定，并提出“以农为本”的“富国”主张。王符激烈地抨击豪强专断、“以阀阅取士”，主张尚贤使能；并且主张加强法治，维护君权，以限制豪强势力的发展与特权。又例如灵、献之

① 《论衡·超奇》，诸子集成本，中华书局 1954 年版。
② 桓谭：《新论》卷上，《本造》，上海人民出版社 1976 年版，第 1 页。
③ 《论衡·非韩》，诸子集成本，中华书局 1954 年版。
④ 《论衡·宣汉》，诸子集成本，中华书局 1954 年版。

际的仲长统，著有《昌言》三十四篇，十余万言，似比《潜夫论》更丰富，可惜大多未保存下来，仅存的一小部分文字也可见其思想体系。他纵论古今成败得失兴亡，探讨其因果变迁关系，得出结论：国家之治乱安危，号令之能行与否，其关键全在执政者本身之存心如何，操守如何，以及行为如何。他认为为政在于“德教”，而“刑罚为之佐助焉”。他的种种思想也都是针对时弊而进行的批判和相应提出见解，有些甚至带有幻想色彩，但有进步意义。

王充、王符、仲长统被称为“后汉三贤”，范晔在《后汉书》中把他们三人合传，可见其虽为异端的代表，但影响甚大。范晔虽然不同意他们的主张，认为他们是“举端自理，滞隅则失”，又不得不承认他们的言论是“分波而共源，百虑而一致”，是“言政者”并且“大略归乎宁固根柢，革易时弊也”①，也都是“务为治者也”。因而可以说，异端思想家们无疑是对正宗儒家思想堕落的挽救，对儒家的政治思想给以不断地补充和发展。此类思想家当时还有不少，如徐幹作《中论》、荀悦作《申鉴》等等，均与以上所说各人及其著作的宗旨及内容相似。

① 《后汉书》本传之论。

第三章　文化政策与教育制度

有关文化的政策、法令和制度，与文化发展的关系至为密切是不言而喻的。有时候它们是文化发展的客观现实的要求和总结，有时候它们又促进、引导或阻碍文化的发展。

第一节　全局性文化政策的发展和变化

一、焚书坑儒的前前后后

讲秦代的文化政策，很容易提到的就是秦始皇的焚书坑儒。这件事的基本事实是两条：一是，始皇三十四年（前 213 年），丞相李斯奏曰："臣请史官，非秦记皆烧之。非博士官所职，天下敢有藏《诗》、《书》、百家语者，悉诣守、尉杂烧之。有敢偶语《诗》《书》者弃市。以古非今者族。吏见知不举者与同罪。令下三十日不烧，黥为城旦。所不去者，医药卜筮种树之书。若欲有学法令，以吏为师。"[①] 二是，"焚书"令下的第三年，因侯生、卢生"诽谤"秦始皇"贪于权势"，秦始皇于是查问"为妖言以乱黔首"的"诸生"，其结果是"乃自除犯禁者四百六十余人，皆坑之咸阳，使天下知之，以惩后"[②]。简单点说，就是下了一次禁书令，集中镇压了一批有公开反对行为的反对派。这两者都被后人夸大了、曲解了。如关于"坑儒"，《史记》注引卫宏《诏定古文尚书序》曾描述了如何填土坑杀七百人，就很难说是有什么根据的。

对于这一文化政策，要作一些具体说明：首先，焚书坑儒的时间是秦统一之后的第八年，秦始皇去世的前两年，秦末农民起义爆发的前三年。

---

① 司马迁：《史记》卷六，《秦始皇本纪》，中华书局 1982 年版，第 255 页。
② 司马迁：《史记》卷六，《秦始皇本纪》，中华书局 1982 年版，第 258 页。

禁书之令不是一开始就有的，下令之后能否在全国彻底实行也是问题。材料可以证明，禁书令后，民间明的暗的藏书都有，有记载说当时有“魏人陈余谓孔鲋曰：‘秦将灭先王之籍，而子为书籍之主，其危哉！’子鱼曰：‘吾为无用之学，知吾者惟友。秦非吾友，吾何危哉！吾将藏之以待其求；求至，无患矣。’”① 后来孔甲（即孔鲋）与“鲁诸儒”一起投奔了陈涉，并且当陈涉的博士，为其出谋划策。孔子的后代在秦没有地位，但在他的家乡不会毫无知名度，他能“藏之以待其求”，而且不仅是他一人，还有“诸儒”。这“诸儒”的情况也有迹可寻，《汉书·楚元王传》写道：楚元王刘交“少时尝与鲁穆生、白生、申公俱受《诗》于浮丘伯。伯者，孙卿门人也。及秦焚书，各别去”。这浮丘伯又名鲍丘或包丘子，是位资质德才很高的人，当时受到李斯的排挤②，不得不在民间教私学。《新语·资质》说：“鲍丘之德行，非不高于李斯、赵高也，然伏隐于蒿庐之下而不录于世，利口之臣害之也。”他的讲学在焚书令下达之时是暂时停止了，但人还在，是否私藏书籍史无明文。他和申公、楚元王刘交一直活到汉初，申公还和楚元王的儿子一起在他名下继续完成学业。再如，楚汉之争时，刘邦“举兵围鲁，鲁中诸儒，尚讲诵习《礼》《乐》，弦歌之音不绝”③，这虽是秦亡以后的事，但《诗》《书》《礼》《乐》必还保留着是毋庸置疑的。以上这些事例，可以证明，禁书令是没有来得及彻底实行的，至于博士手中和“国家图书馆”的藏书，不在禁书令之列。

其次，在焚书令之前的文化政策是什么？秦始皇自己说的话可以参考。他说：“吾前收天下书，不中用者尽去之。悉召文学方术士甚众，欲以兴太平。”④ 他曾经收“天下”之书，并且开始并不都是为了焚书，至于是否“中用”，那是选择标准的问题。他收书也好，召集士人（乃至“尊赐之甚厚”）也好，目的都是“欲以兴太平”。而对于知识分子之“优礼”（当然是为他所用，尤其是思想一致的知识分子），似乎并没有根本性的变化，最有力的证明，就是博士官的设立和一直保留着。秦设博士官参与群

---

① 《资治通鉴》卷七，始皇三十四年。

② 《盐铁论·毁学》：“昔李斯与包丘子俱事荀卿……李斯之相秦也……荀卿为之不食……包丘子饭麻蓬藜，修道白屋之下……”诸子集成本，中华书局 1954 年版。

③ 司马迁：《史记》卷一百二十一，《儒林列传》，中华书局 1982 年版，第 3117 页。

④ 司马迁：《史记》卷六，《秦始皇本纪》，中华书局 1982 年版，第 258 页。

臣议事之缘起不太清楚，或者是一仿古之制，孔子有贤人七十，齐稷下之士也有七十之数，秦曾设博士七十人（当然不全是儒生，也有如占梦博士之类），这是有明确记载的，其职责是“通古今”“辨然否”“典教职”①。在发生焚书坑儒事件之前，由于种种原因，征求博士意见少了，不听博士建议的现象多了，以至于形成所谓“备员弗用”的情况。然而，即使在焚书坑儒之后，博士员仍“备”着，有时也还“用”一用，如：始皇三十六年，“坑儒”后的第二年，有人在东郡坠石刻字咒“始皇帝死而地分”，“始皇不乐，使博士为《仙真人诗》”②。又例如：“叔孙通者……秦时以文学征，待诏博士。数岁，陈胜起山东，使者以闻。二世召博士诸儒生问……博士诸生三十余人前曰……”这一次是二世时的事，又有一部分人被“下吏”或被罢了，但叔孙通却由“待诏博士”“拜为博士”③。“博士诸儒生”一直存在，不过是时有更换罢了。

总之，在秦的文化政策方面，“以法为教”是突出的，但是它的形成有一个过程，它的实施时间不是太长，也不是很彻底。作为一种从上而下全面实施的政策，其影响当然不小，不过也不能无限大地估计。

“以法为教”的功过很难评，但有一些政策和措施是值得肯定的。其中最为突出的是统一文字之功。许慎《说文解字》序曰：“七国时……言语异声，文字异形。秦始皇帝初兼天下，丞相李斯乃奏同之，罢其不与秦文合者。斯作《仓颉篇》，中车府令赵高作《爰历篇》，太史令胡毋敬作《博学篇》，皆取史籀大篆，或颇省改，所谓小篆者也。是时……大发隶卒，兴役戍，官狱职务繁，初有隶书，以取约易，而古文由此绝矣。自尔秦书有八体：一曰大篆，二曰小篆，三曰刻符，四曰虫书，五曰摹印，六曰署书，七曰殳书，八曰隶书。汉兴有草书。……”可见，秦代确实做了统一文字的工作，对文字进行了整理，而且是向省改、简易的方向进行整理，这在文字发展史上是一个进步，并且对于整个文化的发展无疑是有意义的。

二、“独尊儒术”的前前后后

在文化政策上，秦和汉有共同相似之处，其目的都是“兴太平”，其

---

① 参阅马非百《秦集史·博士表》（中华书局 1982 年版）所集材料。

② 司马迁：《史记》卷六，《秦始皇本纪》，中华书局 1982 年版，第 259 页。

③ 司马迁：《史记》卷九十九，《叔孙通列传》，中华书局 1982 年版，第 2721 页。

精神都是维护统一，但又有根本性的区别：一个尊法，一个崇儒。在两者之间有一个过渡阶段，那就是黄老道家思想指导下的无为而治。虽然无为并非毫无作为，但毕竟以清静为主，“兴”“作”之为要少一些。在政治上强调黄老道家思想，在统治阶级中提倡“读老子书”，但并没有下令要人们如何如何，政策上是尽量“省法令妨吏民者”[①]；而另一些统治者的行为和法令措施，则有利于百家学说，特别是儒家学说的复兴。如刘邦虽然没有多少文化，但“高皇帝过鲁，以太牢祠（孔子冢）焉。诸侯卿相至，常先谒然后从政”[②]，这无疑会促进“诸儒”“讲诵习礼”之风气。又如惠帝四年（前191年）“除挟书律”以及后来吕后时实行的除“妖言令”（师古曰：过误之语以为妖言）[③] 等，客观效果就是“儒者始以其业行于民间”[④]。可以说，汉初有黄老道家思想指导下的政治，没有专属黄老道家的文化政策。相反，儒家文化的发展，在汉初就有明显的轨迹可寻。

汉高祖刘邦在建国之初（高祖十一年，前196年），下了一道重要的诏书，主要讲“省赋”和“求贤”两个问题，前者是汉初的重要经济政策之一，后者可以说是一个带根本性的文化政策。诏书谈到了“得贤”的重要，“患在人主不交”等等，其主要内容是：“贤士大夫有肯从我游者，吾能尊显之，布告天下，使明知朕意。御史大夫昌下相国，相国酂侯下诸侯王，御史中执法下郡守，其有意称明德者，必身劝，为之驾，遣诣相国府。署行、义、年。有而弗言，觉，免。年老癃病，勿遣。”[⑤] 这是以后从文帝开始举贤良方正之成为正式选举制度之滥觞。这是一种人才政策（或者说知识分子政策），直接关系到文化的发展。文帝以后，各方面推举的贤良文学之士常以百数，经过策试被任用的不少；被重用的，如文帝时的晁错及武帝时的公孙弘、董仲舒等等。一般的优崇知识分子即任为博士，这似乎是继承秦代的制度，文帝时就明显开始了，似乎也是七十余人，而且各种学派的人都有，如公孙臣就是传阴阳学的，但儒家的多一些。文帝时就有了《诗》《书》的博士，景帝时又有《春秋》博士，后来发展为武

① 班固：《汉书》卷二，《惠帝纪》，中华书局1962年版，第90页。
② 司马迁：《史记》卷四十七，《孔子世家》，中华书局1982年版，第1946页。
③ 见《汉书·惠帝纪》《汉书·吕后纪》。
④ 魏征：《隋书》卷三十二，《经籍志》，中华书局1973年版，第905页。
⑤ 班固：《汉书》卷一下，《高帝纪》，中华书局1962年版，第71页。

帝时的“五经”博士。

汉武帝时的所谓“独尊儒术，罢黜百家”，从文化政策的发展来看，要指出如下几点：

第一，汉王朝的文化政策，自武帝以后发生了很大的向儒家的倾斜，主要采取利禄引诱的手段，提倡尊孔读经，设立“五经”博士，任用儒生当大官等等。

第二，“独尊儒术”既有历史的必然，也有“儒术”本身的优势。汉初七十年休养生息，给“好大喜功”的汉武帝准备了条件，儒家的繁文缛节又能满足他的虚荣要求。虽然百家之学其“皆务为治者也”，但儒家学说的政治性更强，再加上此时的儒学虽仍然主要讲“六艺之科、孔子之术”，但实际上已吸收了不少其他学说，而尤以阴阳家、法家之说为突出，汉时的儒家已是不同于先秦的新儒家。

第三，“罢黜百家”的文化政策实际上是没有的。虽然董仲舒在“对策”时提出主张：“诸不在六艺之科、孔子之术者，皆绝其道，勿使并进。”[①] 史书上也笼统地记上了汉武帝写的一个“可”字。但实际情况如何呢？百家之学不能与儒学“并进”那倒也可以说，“绝其道”则是没有施行的，只要看关于汉武帝这方面事迹的两条记载就清楚了。《史记·龟策列传》写道：“今上即位，博开艺能之路，悉延百端之学，通一伎之士咸得自效，绝伦超奇者为右，无所阿私，数年之间，太卜大集。”《汉书·艺文志》的序中又说：“汉兴，改秦之败，大收篇籍，广开献书之路。迄孝武世，书缺简脱，礼坏乐崩，圣上喟然而称曰：‘朕甚闵焉。’于是建藏书之策，置写书之官，下及诸子传说，皆充秘府。”后来，刘向、刘歆父子校书，其所编《七略》中，《六艺略》与《诸子略》乃至《术数》《方技》等并列，而他们“讲六艺传记、诸子、诗赋、数术、方技，无所不究”[②]。均可见在所谓“独尊儒术”的同时，对诸子百家的政策是比较宽松的，绝无硬性禁止的事。

汉武帝以后，西汉后期，儒家的思想学说在社会上的影响越来越大，上上下下学儒、好儒的人越来越多，所以汉宣帝一方面不满太子“宜用儒

① 班固：《汉书》卷五十六，《董仲舒传》，中华书局1962年版，第2523页。

② 班固：《汉书》卷三十六，《楚元王传》，中华书局1962年版，第1967页。

生”之建议，批评说：“汉家自有制度，本以霸王道杂之，奈何纯任德教，用周政乎！且俗儒不达时宜，好是古非今，使人眩于名实，不知所守，何足委任!”[①] 但是另一方面，他不得不亲自主持石渠阁会议，召集儒生们讨论“五经”异同。

三、“颁图谶于天下”的前后

儒家学说得到政府的提倡，并且“劝以官禄”，于是得到广大的传播，所谓“传业者寖盛”。整个两汉时期，经学大盛，大师辈出，成千上万的人白首穷经，对于儒家经典的训诂疏证走向繁琐，一经说至百余万字。另一个极不好的发展趋向，就是儒学的谶纬化，谶纬之学的出现。

“谶”是预言，“纬”是对经而言的。谶言是秦以前就有的，秦始皇时有好几个说他将死亡的预言，令他心惊胆战。西汉前期，社会相对安定，刺激人心的谶言当然减少；西汉后期又开始出现，到西汉末年，就有了大量的图谶和纬书，两者结合起来，打着阐明、发扬儒家经典的旗号，甚至说是孔子所作[②]。重要的是最高统治者的提倡，王莽篡位利用这种学说，并大量制造，例如他派王奇等十二人颁发《符命》四十二篇于天下，宣传汉朝的火德是怎样消亡，新朝的土德是如何兴起，编造一些故事，说明皇天的符命是怎样一次一次地给予他的。这种提倡和宣传，影响自然很大，所以后汉光武帝非自承为火德不可，顺着王莽的宣传，以《赤伏符》来对付。刘秀打天下时，充分利用谶书作为自己做天子的根据，他以《赤伏符》受命，又用《西狩获麟谶》对付与他同时自立为天子的公孙述（公孙述也利用了谶书）。因而他完全相信谶纬，甚至是依赖，每当读到一句谶文，就尽可能付诸实现，如见到“孙威征狄”即任命手下叫孙威的为“平狄将军”之类。他自己用心读，读得入迷、生病，也强迫别人相信，如桓谭“不读谶”几乎被处死，如硬要尹敏等人校定图谶等等。到了他的晚年，他宣布图谶于天下，其影响之大当然是不言而喻了。

提倡谶纬之学，可以说是东汉的一项重要文化政策，虽然打的儒家招牌，实际上是变质了。西汉的儒家本来就已是不同于先秦儒家的新儒家，

---

① 班固：《汉书》卷九，《元帝纪》，中华书局 1962 年版，第 277 页。

② 《隋书・经籍志》记载了这种传说：“孔子既述‘六经’，以明天人之道，知后世不能稽同其意，故别立纬及谶，以遗来世……并云孔子所作。”

其主要特点是吸收了其他学派的思想，特别是吸收了阴阳家的思想，其中阴阳家思想的进一步发展，就形成谶纬之学，东汉作为政策来推行。政策的力量是强大的，因而东汉时期，可以日益明显地看到，整个社会上，从上到下，弥漫着宗教迷信的空气。从王充的《论衡》一书的材料中就足以见到其普遍性，如他所说："俗人险心，好信禁忌，知者亦疑，莫能实定"①，"世无愚智贤不肖，皆谓之然"②。

当时，对于谶纬之学和宗教迷信思想保持着清醒头脑，甚至进行批判的人，也有一些，如郑兴、桓谭，如张衡、王充等，但毕竟不多。大多数的人"莫能实定"，甚至"皆谓之然"。上有好者，下必甚焉。光武帝时的尹敏就是一个典型的例子，光武帝要他校定图谶，他认为"谶书非圣人所作……恐疑误后生"，但皇帝不接受，他只好在缺文上写一句"君无口，为汉辅"，"窃幸万一"③。当然，更多的是人云亦云，乃至高级知识分子也不例外，这从留传至今的《白虎通义》一书中可以看得出来。

《白虎通义》一书，是一次会议内容汇编。章帝建初四年（79 年），在宫中白虎观召集诸儒讨论"五经"的异同，后世将此会议称为白虎观会议，将讨论的结论奏上称为白虎奏议，就是现在所传的《白虎通义》。该书的内容是解释各种国家制度、礼仪等等，在引经据典的解释中把纬书和经书放到同等地位来加以引用，甚至可以说"百分之九十的内容出于谶纬"④。参加会议的人很多，从《后汉书》中可以考出几十人，今文学家和古文学家都有，很多是当时的著名人物。他们也有不少争辩，但是共同的一点都是"多引图谶，不据理体"⑤。

白虎观会议是一次制定政策的会议，《白虎通义》具有"国宪"的性质，所谓："孝章永言前王，明发兴作。专命礼臣，撰定国宪，洋洋乎盛德之事焉。"⑥ 不论同意与否，要人相信；不论愿不愿意，要人参加整理。这样大张旗鼓地提倡，在文化思想上的影响自然极大。

---

① 《论衡·难岁》，诸子集成本，中华书局 1954 年版。
② 《论衡·龙虚》，诸子集成本，中华书局 1954 年版。
③ 范晔：《后汉书》卷七十九上，《儒林列传》，中华书局 1965 年版，第 2558 页。
④ 参阅侯外庐等著：《中国思想通史》第二卷，人民出版社 1957 年版，第 229 页。
⑤ 范晔：《后汉书》卷七十九下，《儒林列传》，中华书局 1965 年版，第 2582 页。
⑥ 范晔：《后汉书》卷三十五，《曹褒传》，中华书局 1965 年版，第 1205 页。

第二节 太学与博士弟子

中国古代是有学校教育的，《学记》上说："古之教者，家有塾，党有庠，术有序，国有学。"《孟子·滕文公上》说："夏曰校，殷曰序，周曰庠，学则三代共之。"但是学校的具体情况不是太清楚，从有关"小学""大学"之类的零星记载看，其性质与内容都与后代的不同。

一、武帝立太学

秦汉时期，汉武帝时的"立太学"，可说是教育史上的一件大事。武帝建元元年（前140年），董仲舒在"对策"时说："夫不素养士而欲求贤，譬犹不琢玉而求文采也。故养士之大者，莫大乎太学。太学者，贤士之所关也，教化之本原也，今以一郡一国之众，对亡应书者，是王道往往而绝也。臣愿陛下兴太学，置明师，以养天下之士，数考问以尽其材，则英俊宜可得矣。"[①] 这只是建议，并未立即执行。直至元朔五年（前124年）才下诏丞相公孙弘与太常、博士等一起商议，如何解决培养人才的问题。公孙弘等人初步研究了一个"请因旧官而兴焉"的过渡办法，那就是："为博士官置弟子五十人，复其身。太常择民年十八以上仪状端正者，补博士弟子，郡国县官有好文学、敬长上、肃政教、顺乡里、出入不悖，所闻，令、相、长、丞上属所二千石，二千石谨察可者，常与计偕，诣太常，得受业如弟子。"[②] 元人马端临在《文献通考》中解释"因旧官而兴焉"这句话说："旧官为博士。旧，授徒之黉舍也。至是，官置弟子员，来者既众，故因旧黉舍而兴修之。"[③] 武帝时是否兴修了学舍，而且是否早就有博士授徒之学舍，还无更充分的具体材料说明。但可以说，汉代最早的太学制度就是从正式设立博士弟子员开始的，博士的职责是通古今以备顾问，虽有弟子跟随，但无正规的教育任务，到武帝时对博士弟子的人数、资格、待遇等等才有具体的条例。

---

① 班固：《汉书》卷五十六，《董仲舒传》，中华书局1962年版，第2512页。
② 班固：《汉书》卷八十八，《儒林传》，中华书局1962年版，第3594页。
③ 马端临：《文献通考》卷四十，《学校一》，中华书局1986年版，第382页。

二、博士弟子员的人数

太学的教师是博士，学生就是弟子。博士弟子的数量，一般以为武帝时只有 50 人，这数量并不多，何以《汉书·武帝纪》上又说“学员益广”？与叔孙通手下 100 多人相比，那是减少①。似应每位博士置弟子员 50 人。武帝时五经博士有 7 人，不过 350 人，也不是太多。宣帝黄龙元年（前 49 年）稍增员 12 人②，增加的是博士官员（或说有 14 博士），再加上昭帝时的“增博士弟子员满百人”，那就是 1200 人。如果还有“宣帝末增倍之”③ 一句“之”是指 1200 人的话，那就宣帝末期是 2400 人，这也是可能的。《汉书·儒林传》接下去又写道：“元帝好儒，能通一经者皆复。数年以用度不足，更为设员千人。”“成帝末，或言：孔子布衣养徒三千人，今天子太学弟子少，于是增弟子员三千人，岁余复如故。”元帝时又有“博士弟子毋置员以广学者”④ 的记载。大体说来，西汉的博士弟子（也就是太学生），由几百人发展到几千人。

东汉时期太学学生就正式被称为“太学生”或简称“诸生”，数量也大大增加，乃至东汉末年有“诸生三万余人”⑤ 的说法，具体数字不一定可靠，但比西汉时多是可以肯定的。西汉末年王莽当政开始，博士弟子人员没有限制。到东汉，顺帝时公卿子弟可以做太学生，质帝时自大将军以下至六百石的官员都可以遣子弟入学⑥。有的人一辈子在太学当学生，所谓“结童入学，白首空归”，新的老的加在一起，自然是越来越多。

三、教学活动与有关制度

既然是学校，就有教师和学生的教学活动，就有教学以及生活的场所，就有一些必要的制度。这些方面，史料中没有完整的记载，但大体情况也还可以说出一些来。

---

① 顾颉刚《汉代学术史略》就如此说。
② 班固：《汉书》卷十九上，《百官公卿表》，中华书局 1962 年版，第 726 页。
③ 班固：《汉书》卷八十八，《儒林传》，中华书局 1962 年版，第 3596 页。
④ 班固：《汉书》卷九，《元帝纪》，中华书局 1962 年版，第 285 页。
⑤ 范晔：《后汉书》卷六十七，《党锢列传》，中华书局 1965 年版，第 2186 页。
⑥ 参阅《文献通考》卷四〇，《学校一》。

（一）教学内容

太学既然是从博士置弟子员开始，而且是在只有儒家经典才立博士的时代，教学内容当然主要是儒家的经典。博士是以某一种经而立的，弟子从博士学习，也就学那一种经，如从某人受某经之记载甚多。但是，博士并不局限于一经，往往通其他经，甚至“通诸家之书”，越是后来越是贯通者多。因而弟子员的学习也是既以某一家之经为主，又必须学习其他经，故在考试时，有“通一艺以上”的说法。而《论语》《孝经》更是必读，有似于今之公共必修课。

（二）教学形式和学习方法

经学博士按照自己的所谓“师法”和“家法”传授给弟子采取的方法，一个是口头传授（书写较难），而且往往是“大班”上课，一个博士带几十人甚至几百人，自然采取这种形式，当时有较宽敞的讲堂就可说明这一点，陆机《洛阳记》记道：“太学在洛阳城南开阳门外，去宫八里。讲堂长十丈，广三丈，堂前石经四部。”这样的讲堂足以容纳数百人。解决传授众学生的另一个办法是弟子相传，也就是高年级教低年级，高才生教低才生的方法，例如董仲舒，“孝景时为博士，下帷讲诵，弟子传以久次相授业，或莫见其面”①。这虽是太学建立之前的例子，在太学中“因旧”而实行也是必然的②。此外还有一种教学形式，那就是集会辩难。两汉期间不少次大规模地召集公卿、博士、名儒讨论经义，互相诘难。这种集会有时是在其他地方举行，如石渠阁会议、白虎观会议，有时是在太学举行的，如建武十九年，“车驾幸太学，会诸博士论难于前，（桓）荣被服儒衣，温恭有蕴藉，辩明经义，每以礼让相厌，不以辞长胜人，儒者莫之及，特加赏赐。又诏诸生雅吹击磬，尽日乃罢”③。集会辩论时博士弟子（或称诸生）必定参加④，因而也是一种教学活动和学习方式。太学以外的集会也有可能旁听，汉初叔孙通带着弟子见汉高祖已开先例。刘向似乎就是以博士弟子的身份参加石渠阁会议，“会初立《穀梁春秋》，征更生受《穀

① 班固：《汉书》卷五十六，《董仲舒传》，中华书局1962年版，第2495页。

② 东汉时弟子相传之风相当普遍，详后。

③ 范晔：《后汉书》卷三十七，《桓荣传》，中华书局1965年版，第1250页。

④ 《后汉书·儒林传》记明帝“飨射礼毕，帝正坐自讲，诸儒执经问难于前，冠带缙绅之人，圜桥门而观听者盖亿万计”，可以旁证。

梁》，讲论五经于石渠”①。

当时学生的学习也是比较自由的。有的人不会学，一辈子也难得“通一艺”。有的人会学，“不守章句”而且能“博通百家之言”。后者正是学习上自由的反映，如王充受业太学时，“好博览而不守章句，家贫无书，常游洛阳市肆，阅所卖书，一见辄能诵忆，遂博通众流百家之言”②。

（三）考试

太学之设，本为培养贤才，因而考试制度直接与仕途挂钩。所以一开始的规定就是：“一岁皆辄课，能通一艺以上，补文学掌故缺；其高第可以为郎中，太常籍奏。即有秀才异等，辄以名闻。其不事学若下材，及不能通一艺，辄罢之，而请诸能称者。”③ 这种制度以后虽有不少具体变化，最后也曾改为两年一次，但始终是坚持了的。

考试的具体方法叫做“设科射策”，《汉书·萧望之传》的注写道：“射策者，谓为难问疑义书之于策，量其大小署为甲乙之科，列而置之，不使彰显。有欲射者，随其所得而释之，以知优劣。射之，言投射也。”这有些类似抽签考试。但具体的例子不多，只有一些“射策甲科为郎”的记载。“量其大小”是否疑难程度的大小？如何“释”？如何判断优劣？或优劣的标准是什么？都是具体问题，从东汉时徐防一次上疏所言又可看出一点消息，他说：“伏见太学试博士弟子，皆以意说，不修家法，私相容隐，开生奸路。每有策试，辄兴诤讼，论议纷错，互相是非……臣以为：博士及甲乙策试，宜从其家章句，开五十难以试之。解释多者为上第，引文明者为高说；若不依先师，义有相伐，皆正以为非。”④ 这虽然是主张遵守师法和家法，但涉及评定优劣的标准问题。

另一种考试方法就是对策，这多半是用于荐举时的一种特殊考试：“对策者，显问以政事经义，令各对之，而观其文辞定高下也。”⑤

考试时要能背诵经传，似乎是用于入学考试，如“唐生、褚生应博

---

① 班固：《汉书》卷三十六，《刘向传》，中华书局 1962 年版，第 1929 页。
② 范晔：《后汉书》卷四十九，《王充传》，中华书局 1965 年版，第 1629 页。
③ 班固：《汉书》卷八十八，《儒林传》，中华书局 1962 年版，第 3594 页。
④ 范晔：《后汉书》卷四十四，《徐防传》，中华书局 1965 年版，第 1500～1501 页。
⑤ 《汉书·萧望之传》颜师古注。

士弟子选，诣博士，抠衣登堂，颂《礼》甚严，试诵说，有法，疑者丘盖不言”①，又如：张驯“少游太学，能诵《春秋左氏传》”②。

学生多，每次考试合格的人数有规定，王莽时最多也未超过100人。《汉书·儒林传》写道：“岁课，甲科四十人为郎中，乙科二十人为太子舍人，丙科四十人补文学掌故。”这样每年没有被录取为官的很多，有的被淘汰（“辄罢之”），有的继续留在太学，第二年、第三年再考，以至有少年入学“白首空归”的。有时候不得不采取特殊办法来解决老学生的问题，如灵帝熹平五年（176年），“试太学生年六十以上百余人，除郎中、太子舍人至王家郎、郡国文学吏”③。又：献帝初平四年（193年），“九月甲午，试儒生四十余人，上第赐位郎中，次太子舍人，下第者罢之”。看来，这也是一个特殊措施，与此同时所下之“诏曰：今耆儒年逾六十，去离本土，营求粮资，不得专业。结童入学，白首空归，长委农野，永绝荣望，朕甚愍焉。其依科罢者，听为太子舍人”④。

四、太学生活点滴

一般情况，太学生住在太学的宿舍里面，故史书上有“更修黉宇”的记载，如东汉顺帝时的一次更修，“凡所造构，二百四十房，千八百五十室”⑤。这些房室显然与讲堂不同，是起居用的，是一人一室还是数人共室，可能性都有，房室看来还比较宽，可以“寄客盈室”，如《后汉书·仇览传》记载：“览入太学。时诸生同郡符融有高名，与览比宇，寄客盈室。览常自守，不与融言。融观其容止，心独奇之，乃谓曰：‘与先生同郡壤，邻房牖。今京师英雄四集，志士交结之秋，虽务经学，守之何固?’览乃正色曰：‘天子修设太学，岂但使人游谈其中!’高揖而去，不复与言。后融以告郭林宗，林宗因与融赍刺就房谒之，遂请留宿。林宗嗟叹，下床为拜。”另外，甚至有偕家室同住太学的情况，如鲁恭“十五，与母及丕俱居太学，习《鲁诗》，闭户讲诵，绝人间事，兄弟俱为诸儒所称，学

① 班固：《汉书》卷八十八，《儒林传》，中华书局1962年版，第3610页。
② 范晔：《后汉书》卷七十九上，《儒林列传》，中华书局1965年版，第2558页。
③ 范晔：《后汉书》卷八，《灵帝纪》，中华书局1965年版，第338页。
④ 范晔：《后汉书》卷九，《献帝纪》，中华书局1965年版，第374页。
⑤ 范晔：《后汉书》卷七十九上，《儒林列传》，中华书局1965年版，第2547页。

士争归之"[①]。

太学生的生活是比较清苦的。如汉献帝把一批六十岁以上的老学生"补郎"之后，"时长安中为之谣曰：头白皓然，食不充粮。裹衣褰裳，当还故乡。圣主愍念，悉用补郎。舍是布衣，被服玄黄"[②]。粗茶淡饭布衣裳过半辈子，因而有些人不得不"半工半读"，如兒宽"以郡国选诣博士，受业孔安国，贫无资用，尝为弟子都养（注云：供诸弟子烹炊也）。时行赁作，带经而鉏，休息辄读诵，其精如此"[③]。如匡衡"从博士受《诗》，家贫，衡佣作以给食饮"[④]。又如吴祐举孝廉，"时公沙穆来游太学，无资粮，乃变服客佣，为祐赁舂。祐与语大惊，遂共定交于杵臼之间"[⑤]。一面"游学"，一面"为诸生佣"的事例还有不少。

一般太学生是比较穷苦的，因而皇帝往往在幸太学时也给一点小的赏赐，如建武五年（29 年）十月，"初起太学，车驾还宫幸太学，赐博士弟子各有差"。和帝永元十二年（100 年），"赐博士员弟子在太学者布，人三匹"。献帝初平四年（193 年）"冬十月，太学行礼，车驾幸永福城门，临观其仪，赐博士以下各有差"[⑥] 等等。三匹布打发太学生，物质方面也就只能这样了！

太学的生活是清苦的、单调的，但也如《学记》中所说，是"藏焉，修焉，息焉，游焉"，除开吃饭、睡觉、读书之外，多少也还会有些其他活动，如建武十九年（43 年）"车驾幸太学"时，除了"会诸博士论难于前"之外，"又诏诸生雅吹击磬，尽日乃罢"[⑦]。在学习当中，礼仪的演习也是太学生的活动之一。

太学生的生活是比较自由的，否则王充就不可能"常游洛阳市肆，阅所卖书"[⑧] 了。甚至政治活动也比较自由，例如西汉哀帝时，为救鲍宣，"博士弟子济南王咸举幡太学下，曰：'欲救鲍司隶者会此下。'诸生会者

---

① 范晔：《后汉书》卷二十五，《鲁恭传》，中华书局 1965 年版，第 873 页。
② 《后汉书·献帝纪》注引刘艾《献帝纪》。
③ 班固：《汉书》卷五十八，《兒宽传》，中华书局 1962 年版，第 2628 页。
④ 《史记·张苍列传》褚先生补丞相匡衡。
⑤ 范晔：《后汉书》卷六十四，《吴祐传》，中华书局 1965 年版，第 2100 页。
⑥ 见《后汉书》各帝纪。
⑦ 范晔：《后汉书》卷三十七，《桓荣传》，中华书局 1965 年版，第 1250 页。
⑧ 范晔：《后汉书》卷四十九，《王充传》，中华书局 1965 年版，第 1629 页。

千余人。朝日，遮丞相孔光自言，丞相车不得行，又守阙上书。上遂抵宣罪减死一等，髡钳”①。东汉时期特别是末年，太学生的政治活动更多了，一开始集会、请愿等也还是比较自由的，后来才大捕党人。

第三节　宫邸学与鸿都门学

东汉时期，中央官办的具有一定组织形式和内容的学校，除了太学之外，又出现了两种特殊的学校：宫邸之学与鸿都门学。

一、宫邸学

“宫邸学”是宋人徐天麟编《东汉会要》时使用的一个条目，大约因为这种学校设在宫内或专开邸第而设立。实际上可以说是一种贵族学校。皇室、贵族在教育上也是享有特权的，皇帝可以有“侍讲”，皇后也可以从人受经书，皇子可以有师傅。稍有条件的贵族子弟在家或由父教，或有家庭教师，如和帝之邓皇后，祖父是太傅邓禹，从小在家受教育，“六岁能《史书》，十二通《诗》《论语》，诸兄每读经传，辄下意难问。志在典籍，不问居家之事。母常非之，曰：‘汝不习女工以供衣服，乃更务学，宁当举博士邪?’后重违母言，昼修妇业，暮诵经典，家人号曰‘诸生’”②。至于家里没有条件的，也会得到受教育的便利条件，如上所述，从西汉末年开始，贵族官僚子弟就得到了无条件“入学”“受业”的优待。东汉时，又正式专门为贵族子弟设立学校，其大致情况有如下一些记载：

首先是永平九年（66年）的所谓“四姓小侯学”。《后汉书·明帝纪》写道：“是岁，大有年。为四姓小侯开立学校，置五经师。”注又引“袁宏《汉纪》曰：永平中崇尚儒学，自皇太子、诸王侯及功臣子弟，莫不受经。又为外戚樊氏、郭氏、阴氏、马氏诸子弟立学，号四姓小侯，置五经师。以非列侯，故曰小侯”。就是说，贵族子弟本来已“莫不受经”，那当然是太学之类，现又特别立此四姓小侯学③。值得一提的是《后汉书·儒林传》序的另一记述：在明帝即位以后，“建初中”之前，“其后复为功臣子孙、

① 班固：《汉书》卷七十二，《鲍宣传》，中华书局1962年版，第3093～3094页。

② 范晔：《后汉书》卷十上，《邓皇后传》，中华书局1965年版，第418页。

③ 《后汉书·张酺传》：“永平九年，显宗为四姓小侯开学于南宫……”

四姓末属别立校舍，搜选高能以受其业，自期门羽林之士，悉令通《孝经》章句，匈奴亦遣子入学。济济乎，洋洋乎，盛于永平矣!”这是指永平九年之事，还是讲九年以后扩大范围呢？不很明确，因为这中间增加了“功臣子孙”乃至匈奴贵族之子入学。

其次是安帝元初六年（119年）按邓太后旨意设立的贵族学校，《后汉书·皇后纪》写道：“太后诏征和帝弟济北、河间王子男女年五岁以上四十余人，又邓氏近亲子孙三十余人，并为开邸第，教学经书，躬自监试。尚幼者，使置师保，朝夕入宫，抚循诏导，恩爱甚渥。乃诏从兄河南尹豹、越骑校尉康等曰：吾所以引纳群子，置之学官者，实以方今承百王之敝，时俗浅薄，巧伪滋生，五经衰缺，不有化导，将遂陵迟，故欲褒崇圣道，以匡失俗。传不云乎：饱食终日，无所用心，难矣哉。今末世贵戚食禄之家，温衣美饭，乘坚驱良，而面墙术学，不识臧否，斯故祸败所从来也。永平中，四姓小侯皆令入学，所以矫俗厉薄，反之忠孝。先公既以武功书之竹帛，兼以文德教化子孙，故能束脩，不触罗网。诚令儿曹上述祖考休烈，下念诏书本意，则足矣。其勉之哉!”这可说是邓太后别开另一贵族学校的原因，这些话是比较明确的。应该说邓太后不失为一位有远见卓识的女政治家，是一位“修妇业”与“诵经典”并重[①]的皇后和太后，她所开学校，男女都有，而且从小教起，都是很值得注意的。同时，对宫内男女也注重教育，“又诏中官近臣于东观受读经传，以教授宫人，左右习诵，朝夕济济”[②]。

以上是关于宫邸学的主要记载：虽为贵族学校和教育，但在教育史上也应有一定意义，如以上涉及的一些问题；另外，上面引用到的“自期门羽林之士，悉令通《孝经》章句”，虽是讲的侍卫人员，但可以反映许多问题，如普及教育特别是思想教育，如《孝经》在当时之地位等等。

二、鸿都门学

另一特殊学校是设立在洛阳鸿都门的鸿都门学，被认为是一种专门研究文学艺术的学校。其大致情形，《后汉书》中有比较集中的记载。

---

① 《后汉书·皇后纪》记载了邓太后许多“仁德”事迹，对欲害她的阴皇后能“竭诚尽心”并“请救”其被废。另一方面“自入宫掖，从曹大家受经书，兼天文筭数”等等。

② 范晔：《后汉书》卷十上，《邓皇后传》，中华书局1965年版，第424页。

如《蔡邕传》："初，（灵）帝好学，自造《皇羲篇》五十章，因引诸生能为文赋者。本颇以经学相招，后诸为尺牍及工书鸟篆者，皆加引召，遂至数十人。侍中祭酒乐松、贾护，多引无行趣势之徒，并待制鸿都门下，憙陈方俗闾里小事，帝甚悦之，待以不次之位。""光和元年，遂置鸿都门学，画孔子及七十二弟子像。其诸生皆敕州郡三公举用辟召，或出为刺史、太守，入为尚书、侍中，乃有封侯赐爵者，士君子皆耻与为列焉。"

此学的建立，前前后后遭到不少人的反对，从上书反对的言论中也可反映一些情况，如《杨赐传》云："鸿都门下，招会辟小，造作赋说，以虫篆小技见宠于时……旬月之间，并各拔擢，乐松处常柏，任芝居纳言，郄俭、梁鹄俱以便辟之性，佞辩之心，各受丰爵不次之宠，而令搢绅之徒委伏畎亩……从小人之邪意，顺无知之私欲……"又如《阳球传》云："拜尚书令，奏罢鸿都文学，曰：'伏承有诏敕中尚方为鸿都文学乐松、江览等三十二人图像立赞，以劝学者。'……案松、览等皆出于微蔑，斗筲小人，依凭世戚，附托权豪，俛眉承睫，微进明时。或献赋一篇，或鸟篆盈简，而位升郎中，形图丹青，亦有笔不点牍，辞不辩心，假手请字，妖伪百品，莫不被蒙殊恩……是以有识掩口，天下嗟叹。……今太学、东观足以宣明圣化。愿罢鸿都之选，以消天下之谤。"

从以上记载，可以看到如下几点：首先是正式设立学校，专门搜罗和培养"书画辞赋"的人才。和太学一样，它的"诸生"来源"皆敕州郡之公举用辟召"；"诸生"的出路也是当官，而且当大官，以至"封侯赐爵"。其次，这种学校的设立有一个酝酿、发展过程，开始不过让一些文学艺术人才"待制鸿都门下"，这倒不是灵帝的首创，以往就有，如元人马端临所说："灵帝之鸿都门学即西都孝武时待诏舍马门之比也。然武帝时虽文学如司马迁、相如、枚皋、东方朔辈，亦俱以俳优畜之，固未尝任以要职。"① 这里说到了是否"任以要职"的不同，发展了不再只是读经才能做大官，有文学艺术之长也可以做大官，打破了一种垄断局面。另外在内容范围上也有发展，文学不仅是能"为文赋者"，还包括"连偶俗语，有类俳优"的人才；又特别增加了艺术，主要是书法和绘画，所谓"尺牍及工书鸟篆者"，所谓"形图丹青"。而绘画教学登堂入室，应该是现实生活发

① 马端临：《文献通考》卷四十，《学校一》，中华书局1986年版，第387页。

展的需要。在中国绘画史上，汉代以来是一个大的发展，当时宫廷、官府、公共场所、私人住宅（王公贵人乃至庶民百姓家中），很多地方都有绘画，或歌功颂德，或表达其他什么意思（如表贞烈、学行、祛邪、警勉等等，也有纯装饰、欣赏性质，甚至还有春画之类）①。反对者主要认为这些是雕虫小技（这是儒家自视甚高的偏见），不应该大加提倡。再就是其中有些心术不正、品行不好甚至弄虚作假的人，并没有说与儒学如何对立，相反，开始置鸿都门学，还“画孔子及七十二弟子像”，文学之“高者”还“颇引经训风喻之言”。该学校的具体教学内容、形式等等没有留下多少材料（比太学少得多），但是一所“书画辞赋”的专门学校是完全可以肯定的，它既是唯一的也是最高的，可以说是一所文艺大学。它也是世界上最早的文艺大学。

第四节　郡国学校

班固《东都赋》云：“四海之内，学校如林，庠序盈门；献酬交错，俎豆莘莘，下舞上歌，蹈德咏仁。”这当然是溢美之词，但汉朝作为一个统一王朝，除了立太学之外，确有令天下郡国立学校之举，这是不应忽视的，而过去史书对此注意不够，因而有关材料比较分散。应当给予一定的勾画。

一、文翁蜀地立学及其意义

西汉景帝末年，蜀郡守文翁，“仁爱好教化”，为了改变“蜀地辟陋有蛮夷风”的局面，他一方面，“选郡县小吏开敏有材者张叔等十余人亲自饬厉，遣诣京师，受业博士，或学律令”。另一方面，“又修起学官（注：学之官舍也）于成都市中，招下县子弟以为学官弟子，为除更徭，高者以补郡县吏，次为孝弟力田，常选学官僮子，使在便坐（注：别坐）受事。每出行县，益从学官诸生明经饬行者与俱，使传教令，出入闺阁（注：内中小门也）。县邑吏见而荣之，数年，争欲为学官弟子，富人至出钱以求之”②。由此可

---

① 《汉书・广川惠王传》：“海阳嗣，十五年，坐画屋，为男女赢交接，置酒请诸父姊妹饮，令仰视画。”

② 引文均见《汉书・文翁传》。

见，他完全是学习太学的办法，办学为地方培养人才，并且有所创造，着重实践的培养（便坐受事，行县时使传教令等）。

文翁在成都办学的影响和意义是两个方面，《汉书·文翁传》中也写得很明白：一方面是巴蜀的进一步开化，所谓“巴蜀好文雅，文翁之化也”。表现之一是“由是大化，蜀地学于京师者比齐、鲁焉”，人才辈出，后来相继出了一批“文章冠天下”的人才，如司马相如、王褒、尹遵、扬雄，“由文翁倡其教，相如为之师”①。另一方面就是他的办学成了当时全国的典型、模范，汉武帝时“令天下郡国皆立学官，自文翁为之始云”。其影响之大，是很显然的，不但当时“文翁终于蜀，吏民为立祠堂，当时祭祀不绝”。其所立学堂一直到唐代还保留着，颜师古注《汉书》时写道：“文翁学堂于今犹在益州城内。”这本身就能说明其影响和意义。

二、郡国学校之发展与全国学校系统的形成

西汉很长一段时间，关于郡国学校官的情况，也只有一些零星记载，有些地方似乎有“郡文学”之设，如《汉书·韩延寿传》记载，韩延寿“少为郡文学”，为颍川太守时，“令文学校官诸生皮弁执俎豆为吏民行丧嫁娶礼”。不仅韩延寿为郡文学，还有隽不疑“治《春秋》，为郡文学”，盖宽饶“明经为郡文学”② 等记载。又昭帝始元五年（公元前 82 年）诏，“令三辅、太常举贤良各二人，郡国文学高第各一人”③。由此可见，“文学”和“贤良方正”一样是察举的科目之一。所谓“郡文学”是一郡之内文学最突出之一，可能不止一个，而且一开始，文学的范围较宽，或“治《春秋》”或“明经”皆称为文学（也许后来又有明经、明法等科目之细分）。郡文学与郡学校有无关系？很可能郡国学校的教师是请专精某一方面的“方学”担任的（也有太守亲自教授的，如东汉之寇恂、优荣等），这从韩延寿“令文学、校官诸生”（假如如此断句的话）共同行礼可见。因此，“郡文学”不完全能说明郡国学校，但多少有些关系④。西汉时各地

---

① 《三国志·秦宓传》云：“蜀本无学士，文翁遣相如东受七经，还教吏民，于是蜀学比于齐鲁。”

② 均见《汉书》本传。

③ 班固：《汉书》卷七，《昭帝纪》，中华书局 1962 年版，第 223 页。

④ 东汉时有“郡文学掾”（如杨伦）乃郡县佐吏，与上述西汉之“郡文学”不同。

学校情况有待进一步搜集，除了四川成都之外，一些文化比较发达的地区肯定是有的，如韩延寿，不仅在颍川，他任淮阳太守、东郡太守期间，都是有“修治学官”之举的。

以上是昭、宣时的散见情况。《汉书·儒林传》有一句重要的话“郡国置五经百石卒史”，《汉书补注》引“沈钦韩曰：此乡学教官之始”。这当然是一个全局性的措施，也可见郡国学校之普遍，既有此教官之设，没有学舍的也会兴建起来，自不待言。

另一重要材料就是平帝元始三年（公元3年）之立学官，“郡国曰学，县、道、邑、侯国曰校。校、学置经师一人。乡曰庠，聚曰序，序、庠置《孝经》师一人”[①]。这件事就更有普遍意义了。《汉书补注》又引“沈钦韩曰：《隶释》溧阳长潘乾《校官碑》云：‘构修学宫，宗懿昭德。’是县学名校也”。这是一个县修学宫（即建校舍）的具体事例。平帝时的这件事显然是王莽的“功德”之一。至于施行的程度如何无法考证，值得注意的是王莽有“朝令夕改”的问题，此事虽未闻修改——也不必改，甚至是既有事实的总结，但王莽末年，再一次天下大乱，其实施程度是大有问题的。此后王莽又有“郡国置宗师”[②] 之类的措施，亦大体如此。

东汉在西汉武帝以后上述一系列政策措施的基础上，地方学校比较普遍（详下）。东汉时也有一些自上而下的全国性的政策和措施，如：“明帝永平二年（59年）三月，上始帅群臣躬养三老、五更于辟雍。行大射之礼。郡、县、道行乡饮酒于学校，皆祀圣师周公、孔子，牲以犬。于是七郊礼乐三雍之义备矣。”[③] 关于乡饮酒礼，“郑玄注《乡饮酒礼》曰：今郡国十月行乡饮酒礼，党正每岁邦索鬼神而祭祀，则以礼属民而饮酒于序，以正齿位之礼。凡乡党饮酒，必于民聚之时，欲其见化知尚贤尊长也”[④]。郑玄“今郡国”云云，是全国施行的证明，也不是明帝时才有，他不过重申了一次。值得注意的是令郡、县、道的学校“皆祀圣师周公、孔子”，也许这是首创。

总之，汉代全国学校系统的形成，与各个时期的提倡、重申和不断完

① 班固：《汉书》卷十二，《平帝纪》，中华书局1962年版，第355页。
② 《汉书·平帝纪》元始五年。
③ 范晔：《后汉书》志第四，《礼仪上》，中华书局1965年版，第3108页。
④ 《后汉书·礼仪志上》刘昭注补引。

善补充有关诏令是分不开的，不过是没有系统记录罢了。一直到汉末，都可见到这样的诏令，如：建安八年（203 年）“秋七月，令曰：丧乱已来，十有五年，后生者不见仁义礼让之风，吾甚伤之，其令郡国各修文学。县满五百户置校官，选其乡之俊造而教学之，庶几先王之道不废，而有以益于天下”①。这虽是曹操的事迹，但也可说明政策的连续性。事实上，郡国学校也是时兴时废，所以才会反复出现“修文学”“置校官（舍）”的诏令。

三、郡国学校发展之事例

地方学校系统的成立是在西汉时期，但真正的普遍发展还是在东汉时期，因而东汉时期有关地方学校的记载也比较多，可略举以下一些事例：

（一）边远地区学校的发展

西汉时文翁兴学于蜀，也可以说是边远僻陋之地，但东汉时就更多，而且从建国之初开始就有许多地方官兴起学校的事实（这也可说明是西汉后期以来长期的影响）。如《后汉书·李忠传》：李忠“（建武）六年迁丹阳太守。……忠以丹阳越俗不好学，嫁娶礼仪，衰于中国，乃为起学校，习礼容，春秋乡饮，选用明经，郡中向慕之”。如卫飒守桂阳时“修庠序之教”② 以及“锡光为交址，任延守九真”，“建立学校，导之礼义”③ 的事迹，都是东汉初年的事。锡光更是从西汉平帝时开始就为交址太守，长期在该地“教导民夷，渐以礼义”④。

以后各朝各边远地均有地方官立学校的记载，如宗均长辰阳，应奉守武陵等等⑤。“桓帝时（牂柯）郡人尹珍自以生于荒裔，不知礼义，乃从汝南许慎，应奉受经书图纬，学成，还乡里教授，于是南域始有学焉。”⑥ 尹珍不会是私人教授。资料表明，南方偏远地区的开发（办学校）要多一些，这种现象与后来经济、文化重心之逐渐南移或多少有些内在联系。但是北方偏远地区立学校的事实也不是没有，如陈禅为辽东太守时，“……单于

① 陈寿：《三国志》卷一，《魏武帝纪》，中华书局 1959 年版，第 24 页。
② 范晔：《后汉书》卷七十六，《循吏列传》，中华书局 1965 年版，第 2459 页。
③ 范晔：《后汉书》卷八十六，《南蛮西南夷列传》，中华书局 1965 年版，第 2836 页。
④ 范晔：《后汉书》卷七十六，《循吏列传》，中华书局 1965 年版，第 2462 页。
⑤ 均见《后汉书》本传。
⑥ 范晔：《后汉书》卷八十六，《南蛮西南夷列传》，中华书局 1965 年版，第 2845 页。

随使还郡。禅于学行礼，为说道义以感化之”[①]，足见其于辽东立学。任延在出守九真之后再拜武威太守，“又造立校官，自掾史子孙，皆令诣学受业，复其徭役。章句既通，悉显拔荣进之。郡遂有儒雅之士”[②]。又安定人李恂曾为武威太守，也有办学迹象，他“坐事免”之后，仍“与诸生织席自给”，他“教授诸生常数百人”[③]，恐非全为私人办学。再如东汉末年，徐邈刺凉州，牵招守雁门（《三国志·徐邈传》《三国志·牵招传》），亦均有兴学校的事迹。

偏远地区唯其僻陋，故而学校更是时兴时废（内地亦如此），例如桂阳一地，如前所说，光武时有卫飒“修庠序之教”“南阳茨充代飒守桂阳，亦善其政”；和帝时又有许荆对该地“风俗脆薄，不识学义”采取了措施[④]。再以后，顺帝时栾巴“四迁桂阳太守。以郡处南垂，不闲典训，为吏人定婚姻丧纪之礼，兴立学校，以奖进之。虽干吏卑末，皆课令习读，程试殿最，随能升授”[⑤]。就此一地，兴学的良太守恐不只以上几个，可见偏远地的开化，是多少代人不断努力的结果。

（二）地方学校的规模

不少地方学校规模较大，县令、郡守往往亲自讲学。如桓帝时的刘梁，“除北新城长，告县人曰：‘昔文翁在蜀，道著巴汉……吾虽小宰，犹有社稷，苟赴期会，理文墨，岂本志乎！’乃更大作讲舍，延聚生徒数百人，朝夕自往劝诫，身执经卷，试策殿最，儒化大行。此邑至后犹称其教焉”[⑥]。这材料比较详细清楚，够典型了，其中“文翁在蜀”云云，亦可见文翁事的影响和意义。又如，东汉末管辂之父“为琅邪即丘长。时年十五，来至官舍读书……于时黉上，有远方及国内（注：谓琅邪国内）诸生四百余人，皆服其才也”[⑦]。这也是一个县，而且不是大县（大县曰令，小县曰长），同时有诸生400余人，这在当时应该是可观的了。这条材料又透露出，人们在外地求学除了上京师太学之外，也可诣郡、县读书，有的还

① 范晔：《后汉书》卷五十一，《陈禅传》，中华书局1965年版，第1685页。
② 范晔：《后汉书》卷七十六，《循吏列传》，中华书局1965年版，第2463页。
③ 范晔：《后汉书》卷五十一，《李恂传》，中华书局1965年版，第1683页。
④ 范晔：《后汉书》卷七十六，《循吏列传》，中华书局1965年版，第2472页。
⑤ 范晔：《后汉书》卷五十七，《栾巴传》，中华书局1965年版，第1841页。
⑥ 范晔：《后汉书》卷八十下，《文苑列传》，中华书局1965年版，第2639页。
⑦ 《三国志·管辂传》引《辂别传》。

是郡县长官资助派遣的。总之好的地方长吏总是注重学校教育的，甚至在不十分太平的时候也能坚持。如东汉末年，贾洪“历守三县令，所在辄开除厩舍，亲授诸生”①。杜畿为河东太守，“是天下郡县皆残破，河东最先定”，“畿乃曰：‘民富矣，不可不教也。’于是冬月修戎讲武，又开学宫，亲自执经教授，郡中化之”②。《魏略》曰：“博士乐详，由畿而升。至今河东多儒者，则畿之由矣。”这又可证明，一个地方学术文化的发展，与办学校是分不开的。

（三）教学活动及有关情况

（1）教学内容，当然也主要是经学，前引西汉平帝时令“校、学置经师一人”可知。但具体情况可能是一个地方只授一二种经，而且因人因地而设。如寇恂为汝南太守，“恂素好学，乃修乡校，教生徒，聘能为《左氏春秋》者，亲受学焉”③，这是学《春秋》。伏恭“迁常山太守。敦修学校，教授不辍，由是北州多为‘伏氏学’”④，这是学《诗经》（其父黯“明《齐诗》”）。张酺为东郡太守则亲自讲《尚书》（《后汉书·张酺传》）。

（2）地方学校也是重教化、礼仪。因此，礼仪的举行和演习，也可说是主要的教学活动内容，如前所述之“乡饮酒礼”，《后汉书·李忠传》“习礼容，春秋乡饮”，郑玄注曰：“春秋以礼会民于州序也。”又如《后汉书·明帝纪》记载，永平十年（67年）幸南阳时，“召校官弟子作雅乐，奏《鹿鸣》，帝自御埙篪和之，以娱嘉宾”。关于“春秋乡射”“行礼奏乐”之类的记载不少。

另一种情况，就是一些临时性的教学活动，如刘宽曾“典历三郡”，他“每行县止息亭传，辄引学官祭酒及处士诸生执经对讲”⑤。

（3）学校主讲者或称“都讲”，如《后汉书·侯霸传》云：“（霸）笃志好学，师事九江太守房元，治《穀梁春秋》，为元都讲。”又，同书《丁鸿传》：“鸿年十三，从桓荣受《欧阳尚书》，三年而明章句，善论难，为都讲。”前者很可能是在郡学之内，后者又像是在私学之内主讲，因为他

① 《三国志·王肃传》注引《魏略》。
② 陈寿：《三国志》卷十六，《杜畿传》，中华书局1959年版，第496页。
③ 范晔：《后汉书》卷十六，《寇恂传》，中华书局1965年版，第624页。
④ 范晔：《后汉书》卷七十九下，《儒林列传》，中华书局1965年版，第2571页。
⑤ 范晔：《后汉书》卷二十五，《刘宽传》，中华书局1965年版，第887页。

是西汉末桓荣在九江“教授”“徒众”时从师的。

（4）不少地方学校是比较宽敞的，因为“就学者常百余人”，甚至“正取生徒数百人”。教学活动就需要较大的房屋，而且学生也可能是居住在学舍之内的，如仇览为蒲亭长时，“农事既毕，乃令子弟群居，还就黉学”①。乡里之学尚且“群居”，郡县之学之“诣学受业”有时还要“朝夕亲自劝诫”，也自然是住在学舍之中的。再有一例亦可见校舍之宽敞，章帝时，鲁丕“拜赵相”，“赵王商尝欲避疾，便时移住学官”，“丕奏曰：……学官传五帝之道，修先王礼乐教化之处，王欲废塞以广游宴，事不可听”，“诏从丕言”②。王来居住必不是十人八人，可以“游晏”，其规模也可想而知。

（5）在校学生可以享受免除徭役的优待，如前引文翁在成都“招下县子弟以为学官弟子，为除更徭”；任延在武威，对“诣学受业”者“复其徭役”；又如颜斐为京兆太守时“起文学，听吏民欲读书者，复其小徭”③。这后者虽系三国初年之事，但并非始创。

四、关于乡里之学

地方学校虽有统一的诏令，但实行的情况是不可以理想化的。有些地方能贯彻执行，大部分地方是不可能实行的，有些地方时兴时废，少数的地方因长吏很重视实行得好，而且在荒乱的情况下也有能坚持办学的，规模程度等等更是千差万别。另外，也有不同地方的不同基础和不同传统，这个差别很大，影响也很大，甚至影响后世，因而形成有的地方文化发达，有的地方落后。帝都所在地，齐、鲁等地，是一贯文化发达的地区，成都等地文化发展则明显是两汉办学的影响，南方的不断开化，也与办学有很大关系。

乡里之学的大体情况亦是如此，不过具体资料更少，如上引仇览为亭长时的记载就很少。前引西汉平帝时的统一命令：“乡曰庠，聚曰序。序、庠置《孝经》师一人。”尚未具体考证出一个乡学的《孝经》师来。但是“乡有三老”“三老掌教化”则是一个普遍的事实，具体材料也不

① 范晔：《后汉书》卷七十六《循吏列传》，中华书局1965年版，第2479～2480页。
② 范晔：《后汉书》卷二十五，《鲁丕传》，中华书局1965年版，第884页。
③ 《三国志·仓慈传》注引《魏略》。

少。教化的内容，《后汉书·百官志》写道："凡有孝子顺孙，贞女义妇，让财救患，及学士为民法式者，皆扁表其门，以兴善行。"学校、选官考试的科目，孝悌力田、贤良方正及贤良文学等等，莫不是从乡里一层层选举出来的，至少"学士"（应该包括文学、明经、明法等等）这一项是与学校直接有关的。乡学的主要任务是"教化""兴善行"，因而与《孝经》有关的内容是主要的，不能讲《孝经》，也会讲一些与孝悌有关的东西，也不会排斥一些最基本的东西，包括识字、生产和生活的常识等等。像仇览任亭长时那样，秋收之后"群居"子弟来学一下也是完全可能的。

第五节 私学

关于学校教育，秦汉时期，从中央到地方初步形成了体系，草创了一些有关制度（教育制度），对后世有很大影响。但总的来看仍属初创阶段，相比之下，这一时期私学的发展更大，无论人数、规模及其影响都更大。

一、秦代及秦汉之际的私人教学

早在春秋、战国时期，私学就已经兴起，并且相当发达，孔丘、墨翟就是最突出的代表，所谓"孔墨之弟子徒属，充满天下"[①]，这类事例甚多，众所周知，不必多述。到了秦代，此事不会也没有中断。当然，在所谓"焚书坑儒"之时，是有禁私学的意向的，但时间很短，根本来不及实行秦就灭亡了。从秦汉之际的情况看，私人教学是在继续的。例如齐鲁这个地方就一直很发达，陈涉起义时，"鲁诸儒持孔氏之礼器而归陈王"，其中还包括孔子八世孙孔甲[②]。经过几年战乱，"高皇帝诛项籍，引兵围鲁，鲁中诸儒尚讲诵习礼，弦歌之音不绝"[③]。具体的如"申公以弟子从师入见于鲁南宫。……归鲁退居家教，终身不出门。……弟子自远方至受业者千余人，申公独以《诗经》为训故以教"[④]。汉初的许多著名学者，都有类似私人教

① 《吕氏春秋·有度》，诸子集成本，中华书局1954年版。
② 司马迁：《史记》卷一百二十一，《儒林列传》，中华书局1982年版，第3116页。
③ 班固：《汉书》卷八十八，《儒林传》，中华书局1962年版，第3592页。
④ 班固：《汉书》卷八十八，《儒林传》，中华书局1962年版，第3608页。

学的事迹，包括在秦为博士官的伏生等人，待诏博士叔孙通降汉时就有“从儒生弟子百余人”①。而汉初一些人物青少年时期的“读书”“游学”当然也是在秦代和秦汉之际，如陈平之兄“伯常耕田，纵平使游学”②。

二、西汉之私人教学

西汉时期，私人教学已很普遍，无论儒家经典，或是百家之学，都有人传授。儒家的《诗》《书》《礼》《易》《春秋》，传授者不止一家，如《史记·儒林列传》所说：“言《诗》于鲁则申培公，于齐则辕固生，于燕则韩太傅，言《尚书》自济南伏生，言《礼》自鲁高堂生，言《易》自菑川田生，言《春秋》于齐、鲁自胡毋生，于赵自董仲舒。”这是汉初的情况，一种经就有好几家的师法传授，以后则分得更多，例如“言《易》者本之田何”，以后又有“施、孟、梁丘之学”，再传“施家又有张彭之学”，“孟家有白翟之学”③，“梁丘有士孙邓衡之学”，孟喜弟子焦延寿传至京房，形成易学之“异党”，“由是《易》有京氏之学”④。其他各经亦是如此，不必一一列举了。百家之学也有人传授，如司马谈“学天官于唐都，受《易》于杨何，习道论于黄子”⑤。晁错“学申商刑名于轵张恢生所，与洛阳宋孟及刘带同师”⑥。韩安国“尝受《韩子》、杂说邹田生所”⑦。卜卦算命先生司马季主也有“弟子三四人侍”⑧。还有一些“学律令”“学长短纵横术”的人和事，是否有师授没有载明，但有些人如黄霸、王禁等是“少学律令”⑨，“少学法律长安”⑩，应该是有师授的。

汉武帝以前，经学等的传授以私学为主是可以肯定的，武帝以后也占很大的分量，不少人非博士，也无一官半职，而有些为博士或当官的人，在为官前后乃至为官之时，也从事私人教学。前面列举《史记·儒林列

① 司马迁：《史记》卷九十九，《叔孙通列传》，中华书局1982年版，第2721页。
② 班固：《汉书》卷四十，《陈平传》，中华书局1962年版，第2038页。
③ 原为“有翟孟白之学”，依钱大昕意改。
④ 以上均见《汉书·儒林传》。
⑤ 司马迁：《史记》卷一百三十，《太史公自序》，中华书局1982年版，第3288页。
⑥ 班固：《汉书》卷四十九，《晁错传》，中华书局1962年版，第2276页。
⑦ 班固：《汉书》卷五十二，《韩安国传》，中华书局1962年版，第2394页。
⑧ 司马迁：《史记》卷一百二十七，《日者列传》，中华书局1982年版，第3116页。
⑨ 班固：《汉书》卷八十九，《循吏传》，中华书局1962年版，第3627页。
⑩ 班固：《汉书》卷九十八，《元后传》，中华书局1962年版，第4014页。

传》序中的那些“大家”都是如此。如申公活了八十多岁，除了一度为楚王太子傅之外，一生大部分从事私人教学，“弟子自远方至受业者百余人”（也许只是一个时期的弟子数[①]）。一生培养了不少人才，“弟子为博士者十余人”，不少人当了大官，如王臧、赵绾、孔安国、周霸等，二千石的官吏也有十来个，“大夫、郎中、掌故以百数”[②]。

三、东汉私学盛况

“独尊儒术”以后，经学大盛。一所太学，少数郡国之学，不能满足求学者的需要；另一方面，学成的多，仕途有限（也有不愿做官的），以自己一技之长，再去传授弟子。因而东汉私学更为发达，表现在许多名士开门授徒，从学者动辄数以千百计，多者上万人。仅录一些典型材料说明如下：

《后汉书·儒林传》最后的“论曰”可说是一个概述：“自光武中年以后，干戈稍戢，专事经学，自是其风世笃焉。其服儒衣，称先王，游庠序，聚横塾者，盖布之于邦域矣。若乃经生所处，不远万里之路，精庐暂建，赢粮动有千百，其耆名高义开门受徒者，编牒不下万人，皆专相传祖，莫或讹杂。”

具体事例颇多，如《儒林传》中的记载：包咸在西汉末农民起义时，在东海“立精舍讲授。光武即位，乃归乡里。太守黄谠署户曹史，欲召咸入授其子。咸曰：‘礼有来学，而无往教。’谠遂遣子师之”。“（丁）恭学义精明，教授常数百人，州郡请召不应。”周泽“隐居教授，门徒常百人”。李育“常避地教授，门徒数百”。颍容“初平中，避乱荆州，聚徒千余人”。写明弟子数百、千人、千余人的经师很有一些，“著录”几千、上万的人也有不少，如楼望“诸生著录九千余人”，张兴“声称著闻，弟子自远至者，著录且万人”等[③]。当然，有些人是一边为官一边教学的，如牟长，曾“拜博士”“迁河内太守”，后又免官，“长自为博士及在河内，诸生讲学者常有千余人，著录前后万人”。他也可能教于太学和郡学，也可能有私授在内。他的儿子纡“又以隐居教授，门生千人”。由牟长之记

① “百余人”，《汉书》作“千余人”。
② 司马迁：《史记》卷一百二十一，《儒林列传》，中华书局1982年版，第3122页。
③ 除《儒林传》之外，《文苑》《逸民》以及其他一些列传中亦多有数千弟子的记载。

载可见，万人、千人乃至数百人恐怕都有一个前后累计的问题。“常百余人”“常千余人”则应该是大体同时的。

虽然经学“传业者寖盛”，“盖禄利之途然也”，但事情一经发展之后，也很难说都是为了利禄。向学之风气一旦形成，自然也就有不考虑利禄之人了（至少不考虑眼前利禄），有的甚至成为一种精神追求。如张玄虽为“弘农文学”“陈仓县丞”等小官，但他“清静无欲，专心经书，方其讲问，乃不食终日”，乃至于“玄初为县丞，尝以职事对府，不知官曹处”，不知府衙门往何处开！有不少人学成之后“还家教授”，虽学儒家入世之学，但“清静少欲”（如甄宇）。这些人因为“笃学”而“未尝视家事”（如甄承），那是很自然的。

再者，与私学发达有关，那就是不少人“子孙传学不绝”，如甄宇“习《严氏春秋》”，“传业子普，普传子承。……诸儒以承三世传业，莫不归服之。……子孙传学不绝”。又如章帝时的孔僖“自安国以下，世传《古文尚书》《毛诗》”。而传一二世的事例甚多，不一一列举①。

四、私学情况点滴

（一）私学规模

汉代比较正规、比较大、程度较高的私立学校，被称为“精庐”，如前引《后汉书·儒林传论》所云：“精庐暂建，赢粮动有千百。”或者被称为“精舍”，如前包咸“因住东海，立精舍讲授”，又如“（刘）淑少学明五经，遂隐居，立精舍讲授，诸生常数百人”②。私立学校规模也有很大的，更不消说马融那样常有诸生千数的经学大师，“常坐高堂，施绛纱帐，前授生徒，后列女乐，弟子以次相传，鲜有入其室者”③。

私立学校的设立是以师为转移的，哪里有师就哪里立精舍，师到哪里，学生也就跟到哪里，所以景鸾“少随师学经，涉七州之地”；孙期“牧豕于大泽中”，“远人从其学者，皆执经垄畔以追之”；杨伦“讲授于大泽中，弟子至千余人”④ 等等现象都出现了。

① 参阅《后汉书·儒林传》以及其他传。
② 范晔：《后汉书》卷六十七，《党锢列传》，中华书局1965年版，第2190页。
③ 范晔：《后汉书》卷六十上，《马融列传》，中华书局1965年版，第1972页。
④ 范晔：《后汉书》卷七十九上，《儒林列传》，中华书局1965年版，第2564页。

（二）教学内容和方法

学校是以师为转移的，内容当然也是因师之专长而定。大多数私学的内容当然是儒家经典，也有学百家之学的，这在上述西汉私学情况时已经提到，在经学十分发达的东汉仍有不少传授经学以外的私学，例如杨厚，祖父“善图谶学”，父学“《河洛书》及天文推步之术”，“厚少学父业”，后来又“修黄老，教授门生，上名录者三千余人”①。从杨厚“学图谶”的董扶，“还家教授，弟子自远而至”②，他是专教图谶的。樊英“少受业三辅，习《京氏易》，兼明五经，又善风角、星筭，《河》《洛》七纬，推步灾异。隐于壶山之阳，受业者四方而至”。“初，英著《易章句》，世名樊氏学，以图纬教授”③。此类专教谶纬之学的人，也有多至数千人的。此外，也有教天文、历算的，有教法律的，如郭躬“少传父业”（习《小杜律》），“讲授徒众常数百人”④；钟皓“世善刑律”，“以诗律教授门徒千余人”⑤。

教学方法，应该是以经师讲授为主（百家之学也一样），山东诸城的汉墓画像石中有一讲学图⑥比较生动形象：在四面回廊的建筑中，靠北面有一长方形高堂，上坐一长者，抬手作讲学状，对面坐一人双手捧牍，堂下还有十三人捧牍环坐，侧耳倾听教诲。大约无论太学或私学，都是这种讲授形式了。虽然以讲为主，但也是讲问结合的。这方面比较具体的记述也有，如张玄“专心经书，方其讲问，乃不食终日。及有难者，辄为张数家之说，令择从所安。诸儒皆服其多通，著录千余人”。“右扶风琅邪徐业，亦大儒也，闻玄诸生，试引见之，与语，大惊曰：‘今日相遭，真解蒙矣！’遂请上堂，难问极日。”⑦ 除经师教授之外的另一值得提出的方法，就是使高足弟子以次相传。如董仲舒使“弟子传以久次相受业，或莫见其面”⑧。那些有几百、几千乃至上万弟子的大师尤其如此，如“（马）融门徒四百余人，升堂进者五十余生。融素骄贵，（郑）玄在门下，三年不得见，乃使高业弟

① 范晔：《后汉书》卷三十上，《杨厚传》，中华书局 1965 年版，第 1050 页。
② 范晔：《后汉书》卷八十二下，《董扶传》，中华书局 1965 年版，第 2734 页。
③ 范晔：《后汉书》卷八十二上，《樊英传》，中华书局 1965 年版，第 2724 页。
④ 范晔：《后汉书》卷四十六，《郭躬传》，中华书局 1965 年版，第 1543 页。
⑤ 范晔：《后汉书》卷六十二，《钟皓传》，中华书局 1965 年版，第 2064 页。
⑥ 任自新：《山东诸城汉墓画像石》，《文物》1981 年第 10 期。
⑦ 范晔：《后汉书》卷七十九下，《张玄传》，中华书局 1965 年版，第 2581 页。
⑧ 班固：《汉书》卷五十六，《董仲舒传》，中华书局 1962 年版，第 2495 页。

子传授于玄。玄日夜寻诵，未尝怠倦。会融集诸生考论图纬，闻玄善筭，乃召见于楼上，玄因从质诸疑义，问毕辞归。融喟然谓门人曰：'郑生今去，吾道东矣！'"① 这段记述反映的教学活动也是比较具体的。

（三）教学相长

办私学者多半是大师，而且是通儒（东汉比西汉更明显），前引诸材料中已经表明，无论专哪一门的学者，都兼通许多学问，教学时也能用数家之说来比较说明，并且在教学中不断吸取新的东西，如马融就因"闻玄善筭"而接见他，郑玄也趁机"质诸疑义"，并且"问毕辞归"。因而许多人都是一边教书，一边著书立说，有很多著作可以说就是教学过程中形成的，甚至是讲授的教材。马融、郑玄这些大师的著作多就不必说了，其他学者的事例也随处可见，如"世传《孟氏易》"教授徒众的洼丹，就作《易通论》七篇，世号《洼君通》。"丹学义研深，易家崇之，称为大儒。"②"少习《欧阳尚书》"的牟长，"著《尚书章句》，皆本之欧阳氏，俗号为《牟氏章句》"③。杜抚"受业于薛汉，定《韩诗章句》。后归乡里教授……弟子千余人……其所作《诗题约义通》，学者传之，曰《杜君法》云"④。这些是教什么著什么之例。谢该"善明《春秋左氏》……门徒数百千人。建安中，河东人乐详条《左氏》疑滞数十事以问，该皆为通解之，名为《谢氏释》，行于世"⑤。这可说是讲稿变为教材。也有的著作，是与自己所教相关的，如李育本是习《公羊春秋》的，但"颇涉猎古学。尝读《左氏传》，虽乐文采，然谓不得圣人深意，以为前世陈元、范升之徒更相非折，而多引图谶，不据理体，于是作《难左氏义》四十一事"⑥。又如习《严氏春秋》的程曾，"著书百余篇，皆五经通难，又作《孟子章句》"⑦，范围更宽一些。更不消说王充著《论衡》那样的著作了，可以说是超出了章句之学的更高层次的著作，也是"屏居教授""闭门潜思"⑧ 的结果。

---

① 范晔：《后汉书》卷三十五，《郑玄传》，中华书局 1965 年版，第 1207 页。
② 范晔：《后汉书》卷七十九上，《儒林列传》，中华书局 1965 年版，第 2551 页。
③ 范晔：《后汉书》卷七十九上，《儒林列传》，中华书局 1965 年版，第 2557 页。
④ 范晔：《后汉书》卷七十九下，《儒林列传》，中华书局 1965 年版，第 2573 页。
⑤ 范晔：《后汉书》卷七十九下，《儒林列传》，中华书局 1965 年版，第 2584 页。
⑥ 范晔：《后汉书》卷七十九下，《儒林列传》，中华书局 1965 年版，第 2582 页。
⑦ 范晔：《后汉书》卷七十九下，《儒林列传》，中华书局 1965 年版，第 2581 页。
⑧ 范晔：《后汉书》卷四十九，《王充传》，中华书局 1965 年版，第 1629 页。

（四）弟子和师生关系

有的大师弟子数以千、万计，实际上是除了亲身教授的“及门弟子”之外，还有“著录弟子”，不必亲自来受业的，不过是像后代的“拜门”，在学术上讲究一个师承关系，即所谓“专相传祖，莫或讹杂”。尽管事实上不可能严格遵守，在道理上应该是如此的。

虽没有明说“一日为师，终身为父”，但师长殁后，门徒“自表师丧”，远道赴丧之事例甚多。如：李固、李膺“师崇”荀淑，淑卒，“李膺时为尚书，自表师丧”①；戴封师事申君，“申君卒，送丧到东海”②；楼望、郑玄卒时，“门生会葬者数千人”③ 等等。也有一些事例表明，老师下狱，学生上书诉冤以至求为代死，都说明师生感情之深厚。

平日生活上互相关怀更不必说，有的得赏赐，“分与诸生之贫者”④；有的“结草为庐，独与诸生织席自给”⑤，等等。更有具体生动之事例，如：“边韶字孝先……以文章知名，教授数百人。韶口辩，曾昼日假卧，弟子私嘲之曰：‘边孝先，腹便便，懒读书，但欲眠。’韶潜闻之，应时对曰：‘边为姓，孝为字。腹便便，五经笥。但欲眠，思经事。寐与周公通梦，静与孔子同意。师而可嘲，出何典记？’嘲者大惭。”⑥ 这师生关系也够活泼的了。

五、关于蒙学

古代帝王、贵族上学有小学、大学之分，至于一般平民，如上所述，汉代又有了大学程度的学校（包括公立的和私立的），那么民间有无初学之所呢？虽然具体材料不多，但也有材料可以说明一点大致情况。《汉书·艺文志》中有一句话：“汉兴，闾里书师合《仓颉》《爰历》《博学》三篇，断六十字以为一章，凡五十五章，并为《仓颉篇》。”这闾里书师就是蒙学教师，学的内容就是《仓颉篇》，以识字为主。

这开初发蒙之所，在当时称为“小学”或“书馆”，《四民月令》：“正

---

① 范晔：《后汉书》卷六十二，《荀淑传》，中华书局1965年版，第2049页。
② 范晔：《后汉书》卷八十一，《独行列传》，中华书局1965年版，第2683页。
③ 范晔：《后汉书》卷七十九下，《儒林列传》，中华书局1965年版，第2580～2581页。
④ 范晔：《后汉书》卷二十七，《赵典传》，中华书局1965年版，第948页。
⑤ 范晔：《后汉书》卷五十一，《李恂传》，中华书局1965年版，第1684页。
⑥ 范晔：《后汉书》卷七十九，《边韶传》，中华书局1965年版，第2623页。

月……令幼童入小学，学习篇章。”光武帝刘秀九岁时，曾“随其叔父在萧，入小学”。王充小学阶段的情况是一个很好的事例：他“八岁出于书馆，书馆小僮百人以上，皆以过失袒谪，或以书丑得鞭。充书日进，又无过失。手书既成，辞师，受《论语》《尚书》；日讽千字。经明德就，谢师而专门，援笔而众奇”①。这段记载可以说明：第一，浙江上虞这个地方，蒙学书馆已有小童百人以上，规模可观；第二，从“书丑得鞭”和“手书既成”看，书馆主要内容是学写字（也就是识字），和皇室、贵族一样，后者的记载颇多，如有些皇后“年六岁能书”或“六岁能史书”之类；第三，王充受《论语》和《尚书》是离开了原来学字书馆的，后来“经明德就”又“谢师”，显然是转了一个学校。

一般来说，少年儿童学完认字、书写之后，即转入学《论语》《孝经》等更高一等的阶段，不过仍然属于小学阶段。如东汉顺帝年幼时，“始入小学，诵《孝经》章句”②。大体上，比较聪明的儿童，在十岁左右就完成了识字、书写阶段而受《论语》《孝经》，也有学《尚书》《春秋》乃至《诗》《易》的。如范升“九岁通《论语》《孝经》，及长，习《梁丘易》《老子》”。马严之子续，“七岁能通《论语》，十三明《尚书》，十六治《诗》”③。荀爽“年十二，能通《春秋》《论语》”④ 等等。《孝经》是从西汉昭帝时起就开始被重视，昭帝诏曰：“（朕）修古帝王之事，通保傅，传《孝经》《论语》《尚书》。”⑤ 西汉以后则对《孝经》越来越重视，可说是高等小学的必修课，前引平帝时要求乡聚之庠序“置《孝经》师一人”亦可证明。

另外，小学中亦有学算术的内容，《汉书·律历志》曰：“数者，一、十、百、千、万也，所以算数事物，顺性命之理也。……其法在算术。宣于天下，小学是则……”可见小学有习通算法的内容。

---

① 《论衡·自任》，诸子集成本，中华书局1954年版。

② 刘珍：《东观汉记》卷三，《顺帝纪》，齐鲁书社2000年版，第28页。

③ 范晔：《后汉书》卷二十四，《马援传》，中华书局1965年版，第862页。

④ 范晔：《后汉书》卷六十二，《荀爽传》，中华书局1965年版，第2050页。

⑤ 班固：《汉书》卷七，《昭帝纪》，中华书局1962年版，第223页。

第四章　社会思潮的发展

本章的内容是一般所谓哲学和宗教问题。因为社会思潮是社会心理的集中反映，而且是一定理论化的集中反映，理论就是哲学和宗教（宗教有自己的理论），而从社会思潮的角度研讨，主要是注意其普遍性，注意其社会的广泛影响，同时也能更好地了解其发展过程及特点等等，把代表人物、代表阶级放在整个社会发展中去认识，其代表性也就更有意义。如梁启超所说："凡思非皆能成潮，能成潮者，则其思必有相当之价值，而又适于其时代之要求者也。"①

第一节　秦代的社会思潮

秦代时间很短，但从社会思潮来看，有些问题也是值得一叙的。

一、"以法为教"的问题

从秦国的历史看，"尚法"的思想是有深远传统的，众所周知的"商鞅变法"是公元前四世纪的事，当时就曾使得秦国的"妇人婴儿皆言商君之法"②。后来商鞅虽被处死，但"秦法未败"③。秦国正是在法制的基础上飞跃发展，以至于强大到能够统一六国。法家思想无疑在秦人中有深远的影响。但统一六国之后秦朝就不一样了，其他六国之中，除开法家思想之外，诸子百家的思想都很活跃，并且战国中后期开始，一方面百家不相水火，另一方面又在互相影响、互相吸收。六国虽灭，六国的各家各派还在。在此基础上，非秦国出身而又身为秦国相父的吕不韦，"集智略之士"，编了一部《吕氏春秋》，试图作为统一王朝的治国纲领。这部书是新

---

① 梁启超：《中国近三百年学术史》，中国书店 1985 年版，第 11 页。

② 刘向：《战国策》卷三，《秦策一》，上海古籍出版社 1985 年版，第 77 页。

③ 《韩非子·定法》，诸子集成本，中华书局 1954 年版。

道家的代表作，它“采儒墨之善，撮名法之要”[①]。照说这一设计蓝图是符合时代潮流的，但是没有被秦始皇采纳，也许他是要继承其祖先的法制传统，所谓“续六世之余烈，振长策而御宇内”[②]。他欣赏韩非的思想主张，启用李斯实行法制。但法制推行曾遭到社会乃至朝廷内的非议，这从秦始皇三十四年咸阳宫的一场争论中可以看出。李斯上言更是概述了当时的情况，他说：“……今诸生不师今而学古，以非当世，惑乱黔首……今皇帝并有天下，别黑白而定一尊，私学而相与非法教，人闻令下则各以其学议之，入则心非，出则巷议，夸主以为名，异取以为高，率群下以造谤……”[③] 社会思潮的多种多样，并且妨碍了当时政令的推行，因而就采取了所谓禁“《诗》、《书》、百家语”及“以吏为师”等措施。以上就是秦代“以法为教”的历史和现实的原因。可以说法家思想在秦代被定为统治的指导思想，因而形成了秦朝的严刑酷法。但在整个社会思潮中，它并未形成一统地位。

二、焚书坑儒前后

所谓“焚书”，就是以上争论中李斯提出的：“臣请：史官非秦记皆烧之。非博士官所职，天下敢有藏《诗》、《书》、百家语者，悉诣守、尉杂烧之。有敢偶语《诗》《书》者弃市，以古非今者族。吏见知不举者，与同罪。令下三十日不烧，黥为城旦。”秦始皇认可了这种建议，当然也就实行了。所谓“坑儒”，那是秦始皇三十五年的事，因卢生等人诽谤秦始皇案的牵连，结果被坑杀了“诸生”四百六十余人。虽然扶苏说“诸生皆诵法孔子”[④]，但不见得都是儒家人士。

经过焚书坑儒、“焚《诗》、《书》、百家语”，似乎在秦代流行的社会思潮，仍然和秦国历史上一样，只有妇孺皆知的法家思潮，其实不然：首先，此令颁行的时间并不长，两年以后就天下大乱了。其次，就是在此令以后仍允许儒家及其他各家的存在，并且利用其思想，因为焚书令本身就明确了“博士所职”的《诗》、《书》、百家语不在其焚烧之列。而博士官

---

① 司马迁：《史记》卷一百三十，《太史公自序》，中华书局 1982 年版，第 3289 页。
② 司马迁：《史记》卷六，《秦始皇本纪》，中华书局 1982 年版，第 280 页。
③ 司马迁：《史记》卷六，《秦始皇本纪》，中华书局 1982 年版，第 255 页。
④ 司马迁：《史记》卷六，《秦始皇本纪》，中华书局 1982 年版，第 258 页。

是各家都有，未见废除，且继续参与政议，为汉初制定礼仪的叔孙通还是“二世时拜为博士”的[1]，博士伏胜等人都安然活到汉初。民间同样也有不少儒生活动的记载，孔子八世孙孔鲋，“始皇时，召为鲁国文通君”[2]，得以“隐居嵩阳，授弟子常百余人”[3]。陈涉起义时，又有“鲁诸儒持孔氏之礼器，往归陈王。于是鲋为陈涉博士，卒与涉俱死”。楚汉战争中，刘邦“举兵围鲁。鲁中诸儒，尚讲诵，习礼乐，弦歌之音不绝”[4] 等等。据上所说，儒家思潮在整个秦代都是有很大影响的。

三、影响很大的道家思潮

道家思想在战国后期有很大的发展，形成了老庄和黄老两大派别，汉初所说的道家，主要是黄老道家（新道家），是以《吕氏春秋》的出现为形成标志的，虽然秦始皇没有采纳吕不韦所制定的这一政治纲领，吕不韦也下台了，但是“不韦迁蜀，世传《吕览》”[5]，秦始皇并没有株连吕不韦的宾客，得罪之初“岁余，诸侯宾客使者相望于道，请文信侯”[6]，后来一个也未杀。宾客中有道家思想的人大量分散在各地，继续著书立说，或者授徒传学。

整个秦代，道家学者的活动有迹可循，汉初许多“善为黄、老言”的老人，都是从秦代过来的。例如《史记·乐毅列传》所记那个曹相国之师盖公、乐臣公，以及其他记载中提到的王生、黄生、司马季主等人，都是在秦时传学授徒的。秦的博士官中有无道家人士，似乎也可以肯定回答，当时具有道家思想的卢生就是博士之一（高诱注《淮南子·人间训》就说“秦博士卢生使入海”），汉初“四皓”也是秦博士[7]，这几个人或与方士、仙人有关，但是当时与道家思潮是有密切关系的。秦始皇周围各种思想、各家学说的人都有，不会没有道家，再说博十官职掌的“百家语”中，也不会独缺道家这一影响甚大的书籍，例如《老子》《庄子》以及黄帝书

① 司马迁：《史记》卷九十九，《叔孙通列传》，中华书局 1982 年版，第 2720 页。
② 孔元措：《孔氏祖庭广记》卷一，《世次》，商务印书馆 1936 年版，第 5 页。
③ 《河南通志》六九《流寓》。
④ 司马迁：《史记》卷一百二十一，《儒林列传》，中华书局 1982 年版，第 3117 页。
⑤ 司马迁：《史记》卷一百三十，《太史公自序》，中华书局 1982 年版，第 3300 页。
⑥ 司马迁：《史记》卷八十五，《吕不韦列传》，中华书局 1982 年版，第 2513 页。
⑦ 参阅马非百：《秦集史·博士表》，中华书局 1982 年版。

等等。

其次，《史记·秦始皇本纪》所记刻石文字，明显地反映了道家思潮的影响。刻石文字中反映道家思想的文字有："秦圣""体道行德""太平""无极"等等。"道""德"两字本来各家都有，但是以道为体、德为用则是道家思想的突出特点，这一点在《韩非子·解老》中解释得很清楚，有"体道""德者道之功""德泽于人民"等等的解说，而刻石中"行德""德惠"等等正是这样来的，这与儒家学者以"道德"为修养标准绝不相同。刻石中"圣"字不少，歌颂秦始皇的"圣德""圣治""圣烈""圣志"，不仅有"大圣""大圣作治"的泛称，而且使用了"秦圣"（"秦圣临国"）这样的专称。这"圣人""圣治"的思想，几乎是直接从《老子》中来的："是以圣人抱一为天下式"（二十二章），"一"就是"道"，这句话与《老子》三十九章中"侯王得一以为天下正"是同样的意思。虽然秦始皇并未按照《老子》"圣人无为""圣人去甚、去奢、去泰"等要求去做，但称"秦圣"却是按"为天下式"的"圣人"来理解的，是作为一个最高统治者，所以他的"圣德广密，六合之中，被泽无疆"，只有《老子》中把"圣人"当最高统治者（《庄子·天道》有"帝王圣人"和"帝王天子"提法）。

所以可以肯定，"秦圣"的称号，是受道家思想影响的。儒家的"圣人"则主要是指有最高道德的人，而不专指最高统治者。"太平""无极"更是道家思想。这些思想在整个秦始皇时期，看来没有大的变化，"体道行德"在秦始皇二十八年（公元前219年），"秦圣临国""嘉保太平""常治无极"等在秦始皇三十七年（公元前210年）。

再次，可以从秦始皇的求仙活动看秦代的道家思潮。秦始皇企求长生不老，对当时已广为流行的仙人、仙药发生浓厚的兴趣，秦始皇二十八年遣徐市入海求仙人，以后多次派人寻找仙人、仙药，三十一年以其"寻仙之志，因改腊曰嘉平"[①]（《史记·秦始皇本纪》集解引《太原真人茅盈内纪》），三十五年"自谓真人"，等等，真是到了迷信的程度。投其所好，"则方士言之不可胜数"[②]。言仙人、仙药的方士不可胜数，正是一股强大社会思潮的反映。不能说这些人都是属于道家学派的，但可以说与道家同

---

① 参阅马非百：《秦集史·博士表》，中华书局1982年版。

② 司马迁：《史记》卷二十八，《封禅书》，中华书局1982年版，第1370页。

源异流，《史记·封禅书》中还出现了“方仙道”这样的名称，而卢生说始皇对“真人”的描述，与《庄子·大宗师》的语言几乎完全一样。

神仙思想与道家思想开始合流，成为秦代社会思潮中不可忽视的一个内容。

第二节 从“儒道互绌”到“独尊儒术”

一、儒道互绌

汉朝初年，鉴于亡秦的教训，采取休养生息政策，其指导思想是黄老思想，或者叫道家思想，我们称之为“黄老新道家”。但同时又是允许各家各派学说存在和发展的，在几大学派中，儒、道两家最为突出，因而出现了一个儒道互绌的局面，所谓“世之学《老子》者则绌儒学，儒学亦绌《老子》”[①]。

关于汉初的儒道互绌，最典型的事例还是《史记·辕固生列传》所记的两次争论。一次，“（辕固生）以治《诗》，孝景时为博士。与黄生争论景帝前，黄生曰：‘汤武非受命，乃弑也。’辕固生曰：‘不然，夫桀纣荒乱，天下之心皆归汤武……汤武不得已而立，非受命为何?’黄生曰：‘冠虽敝必加于首，履虽新必关于足，何者? 上下之分也。今桀纣虽失道，然君上也，汤武虽圣，臣下也。夫主有失行，臣下不能正言匡过以尊天子，反因过而诛之，代立践南面，非弑而何也?’辕固生曰：‘必若所云，是高帝代秦即天子位，非邪?’于是景帝曰：‘食肉不食马肝，不为不知味。言学者无言汤武受命不为愚。’遂罢，是后学者莫敢明受命放杀者”。这一段记述颇有意思，能说明一些问题：第一，黄生应该是道家代表，即司马谈“习道论于黄子”的那个人，文景之时，道家人物是比较受重视的，而儒家的辕固生当时也是博士。两人平等争论于景帝前；第二，争论虽然是黄生主动出击，对儒的“受命”之说挑战，其实他并非想提出什么主张；第三，提出的问题可说是政治敏感问题，直接关系到“高帝代秦”，但景帝只是停止讨论，没有采取什么责罚行动，言论是比较自由的。

① 司马迁：《史记》卷六十三，《老子韩非列传》，中华书局 1982 年版，第 2143 页。

紧接着的另一段记述说："窦太后好《老子》书，召辕固生问《老子》书。固曰：'此是家人言耳！'太后怒曰：'安得司空城旦书乎！'乃使固入圈刺豕。景帝知太后怒，而固直言无罪，乃假固利兵，下圈刺豕，正中其心一刺，豕应手而倒。太后默然，无以复罪，罢之。"这一段也能说明一些问题：第一，这明显是儒家绌《老子》，学《老子》者绌儒学；第二，《老子》显然得到窦太后的信奉，这与汉初以道家思想为政治指导思想（详下）分不开，窦太后不仅发怒，而且是责之以罪；第三，景帝与窦太后对儒道互绌的态度不同，不是偏袒哪一派，他认为"固直言无罪"，帮助了辕固生免于一死，而前面对黄生挑起"争论"的政治敏感问题也不加罪。景帝的态度是开明的，当时各家争论的环境也是相对自由的。

二、"黄帝老子之学"作为"家人言"广为流行

说《老子》书是"家人言"，这是什么意思？最早的解释是《索隐》所引服虔的说法："如家人言也。案：老子《道德篇》虽微妙难通，然近而观之，理国、理身而已，故言此家人之言也。"这后面的解释是正确的。但仍未讲清楚"家人言"是什么意思，从辕固生的口气看，是贬义，颜师古注云："家人言僮隶之属"，"家人"其他书上也有，也有注为一般平民百姓的意思，用现在的话说，可说是大众化的东西，虽然有些难懂，但大家都读它，这也不是不可能的。再说，汉末农民起义也以《老子》为纲领，均可说明大众化是可能的。

实际上，《老子》书在汉初当时是黄老思想的主要代表，司马迁《史记》中经常有"黄帝、老子言""黄老道德之术"的表述方法，基本上都是一个意思。

《老子》书，或者"黄帝、老子之言"，之所以成为"家人言"，之所以具备普遍意义，广为流传，成为一股强大的社会思潮，这是与汉初的政治指导思想分不开的，同时也是当时社会现实需要的反映。

汉初以《老子》为理论基础产生的黄老新道家，有纲领口号，有理论体系，并且被作为当时政治的指导思想①。大家都承认它是当时社会现实需要的反映，但人们多半注意的是政治上和经济上的需要，忽略了它同时

① 参看拙作《秦汉新道家略论稿》，上海人民出版社 1984 年版。

也是当时一股强大社会思潮的反映。

战国以来，人民饱受了长期战乱之苦，渴望统一安定，秦因而得以统一，但举措暴众，人民终不得安宁，激起反抗，推翻了秦朝，争夺天下又是好几年的战乱。长时间中，一个最普遍的社会心理，那就是需要安定。当时的这种社会心理，直接的记录是不易找到的，但当时头脑比较清醒的政治家、思想家都看到了这种普遍的心理，则确定无疑。《汉书·曹参传》的记载颇能说明问题："天下初定……参尽召长老诸先生，问所以安集百姓。而齐故诸儒以百数，言人人殊，参未知所定。闻胶西有盖公……盖公为言治道贵清静而民自定，推此类具言之。……其治要用黄老术，故相齐九年，齐国安集"；曹参继萧何为相国三年，"百姓歌之曰：'萧何为法，讲若画一，曹参代之，守而勿失，载其清静，民以宁一'"。平民百姓希望安宁、清静的社会心理跃然纸上。稍有政治头脑的人都知道要注意这种民心，如：匈奴"单于尝为曼吕太后"时，樊哙请发十万众攻打匈奴，季布以为樊哙该杀头，他说："秦以事胡，陈胜等起，今疮痍未瘳，哙又面谀，欲摇动天下。"[1] 这提得很高，也说得很准，"摇动天下"包括摇动天下人心，国家人民不得安宁，这是千万使不得的。

政治家们在面对当时经济和政治现实的同时，考虑普遍要求安宁的社会心理，并且对这种社会心理进行了理论的解释和说明，加以总结提高，进而成为政治指导思想，因此形成一股强大的社会思潮。陆贾在《新语·慎微》中说："故设道者易见晓，所以通凡人之心。"设什么道呢？他又说："夫道莫大于无为。""秦始皇帝设为车裂之诛，以敛奸邪；筑长城于戎境，以备胡越。征大吞小，威震天下，将帅横行，以服外国。蒙恬讨乱于外，李斯治法于内，事逾烦天下逾乱，法逾滋而奸逾炽，兵马益设而敌人逾多。秦非不欲为治，然失之者，乃举措暴众而用刑太极故也。"[2] 可见，无为政治是因通"凡人"求宁静之心而产生的。

要求安宁的社会心理，如何在理论上表述呢？可以提出什么口号呢？先秦典籍中有一部《老子》，其中讲的就是"天清""地宁""清静为天下正""我无为而民自化，我好静而民自正"[3] 等等，文字不多，简明扼要，

---

① 班固：《汉书》卷三十七，《季布传》，中华书局 1962 年版，第 1977 页。

② 《新语·无为》，诸子集成本，中华书局 1954 年版。

③ 《老子》第三十九章、四十五章、五十七章，诸子集成本，中华书局 1954 年版。

同时又有解释发挥的余地。当时上上下下都读《老子》，《史记·外戚世家》记载："窦太后好黄帝、老子言，帝及太子、诸窦，不得不读《黄帝》《老子》，尊其术。"皇亲国戚都得读《黄帝》《老子》书，长沙马王堆出土帛书中有《老子》（也有《黄帝四经》）即是一个物证。前引《史记·辕固生列传》所说《老子》书"是家人言耳"，"家人"就是平民百姓①。平民百姓读《老子》的具体记载不多，但也有材料可以从不同角度说明。如："（陈平）少时家贫，好读书，治黄帝、老子之术。"②"（田叔）学黄老术于乐钜公。"③ 可见从秦开始，民间即已较广泛地流行读《黄》《老》的风气。另外，从《汉书·艺文志》和《隋书·经籍志》的记载看，注《老子》和传老子之学的书有不少：前者记有邻氏、傅氏、徐氏之经传、经说及刘向的《说老子》等等；后者《老子道德经》注云："汉文帝时河上公注，梁有战国时河上丈人注《老子经》二卷，汉长陵三老毋丘望之注《老子》二卷，汉隐士严遵注《老子》二卷。"可惜这些书和人的事迹失传，唯严遵（君平）还有几句话的记载："君平卜筮于成都市……日阅数人，得百钱足自养，则闭肆下帘而授《老子》，博览亡不通。依老子、严周之指，著书十余万言。"④ 不过这是西汉后期的事了。

除《老子》书外，还有一部《黄帝》书。上面已提到马王堆汉墓出土《老子》书同时有《经法》等四篇，就是《黄帝》书⑤。在《汉书·艺文志》中关于黄帝的书主要和《老子》书一起放在道家一类，有《黄帝四经》、《黄帝铭》、《黄帝君臣》、《杂黄帝》、《力牧》（黄帝相）等等，也许都是战国时的作品，但是汉人把它们抬出来，与《老子》相配，是因为"与《老子》相似也"。《隋书·经籍志》说："汉时诸子，道书之流有三十七家，大旨皆去健羡，处冲虚而已，无上天官符录之事。其《黄帝》四篇，《老子》二篇，最得深旨。"《黄帝》书和《老子》书一样，主要特点

① 司马贞《索隐》曰："服虔云：如家人言也。案：老子《道德篇》虽微妙难通，然近而观之，理国、理身而已，故言此家人之言也。"意思并不清楚。颜师古注《汉书》，在《辕固生传》说是"僮隶之属"，在《栾布传》说"家人，犹言编户之人也"，在《董贤传》说"犹言庶人也"，在《郊祀志》又说"谓庶人之家也"。据此，理解"家人"为平民百姓不会错。

② 班固：《汉书》卷四十，《陈平传》，中华书局 1962 年版，第 2038 页。

③ 班固：《汉书》卷三十七，《田叔传》，中华书局 1962 年版，第 1981 页。

④ 班固：《汉书》卷七十二，《王贡两龚鲍传》，中华书局 1962 年版，第 3056 页。

⑤ 参阅拙作《秦汉新道家略论稿》，上海人民出版社 1984 年版。

是谨守雌道，节制情欲，专一而以虚无为尚。这比较准确地说明了汉初人的思想。汉初的政治家和思想家要提倡清静无为的理论，抬出一个老子来似嫌单薄，再配上一个黄帝，以加强其理论的权威性，因而黄老新道家就流行起来了。

这股思潮主要盛行于西汉，特别是汉武帝之前，但它的影响所及是整个两汉时期。武帝之后它在政治上不再占主导地位了，但思潮影响仍然存在，最能说明问题的当然是东汉王充自己所说“合黄老之义”了。一直到汉末，受这种思潮影响，还有一个比较突出的代表人物，那就是诸葛亮，诸葛亮在《诫子书》中说：“非淡泊无以明志，非宁静无以致远。”看来，黄老新道家思想是这位杰出历史人物的政治指导思想①，可以说这也是汉初黄老新道家思想在政治上的一个回光返照。

三、所谓“独尊儒术”

汉代儒家的地位，一开始就不弱，这从《汉书·儒林传》的论述（基本上是抄《史记》的原文）可以看出，“汉兴”之后“诸儒始得修其经学，讲习大射乡饮之礼。叔孙通作‘汉礼仪’，因为奉常，诸弟子共定者，咸为选首，然后喟然兴于学。然尚有干戈，平定四海，亦未皇庠序之事也。孝惠、高后时，公卿皆武力功臣。孝文时颇登用，然孝文本好刑名之言。及至孝景，不任儒，窦太后又好黄老术，故诸儒博士具官待问，未有进者。汉兴，言《易》自淄川田生；言《书》自济南伏生；言《诗》，于鲁则申培公，于齐则辕固生，燕则韩太傅；言《礼》则鲁高堂生；言《春秋》，于齐则胡毋生，于赵则董仲舒。及窦太后崩，武安君田蚡为丞相，黜黄老刑名百家之言，延文学儒者以百数……”这个记述既简明扼要，又比较全面，把儒学在汉初的地位讲得比较准确。即汉兴开始就恢复了儒学，虽有一段时间在政治上未占主导地位，只是处于“待问”的地位，但毕竟是兴起来了，儒者也能安插为官了。后来取黄老新道家而代之，逐渐在政治上据统治地位，这是有个过程的。

如果说汉初的黄老思想反映了汉初人们比较普遍的求安静的社会心

① 参阅拙作《秦汉新道家之“殿军”诸葛亮》，《道家文化研究》第五辑，上海古籍出版社1994年版。

理，那么儒家思想其所以取代黄老，也是有其社会心理方面的原因的。

西汉初年的历史，尽管从贾谊到董仲舒都说过没有达到“善治”的境地，但也不可否认几十年的“休养生息”，带来了经济的恢复和发展，社会相对安定，以及国家的强盛。如《汉书·食货志》的记述：“至武帝之初七十年间，国家亡事，非遇水旱，则民人给家足，都鄙廪庾尽满，而府库余财。京师之钱累百巨万，贯朽而不可校。太仓之粟陈陈相因，充溢露积于外，腐败不可食。众庶街巷有马，阡陌之间成群。……人人自爱而重犯法，先行谊而黜愧辱焉。”虽有溢美之词，也在一定意义上基本符合事实。人们解决了温饱问题，满足了最低层次的需要之后，自然产生较高层次的需要，“自爱而重犯法”“行谊而黜愧辱”。如何实现这种社会心理？如何满足人们的欲望呢？这就需要从理论上来回答问题。此时如果再谈什么“无为自化”“清静自正”，显然是不合时宜的，可以用得上老子自己的一句话：“子所言者，其人与骨皆已朽矣，独其言在耳！”① 人们已经生活在相对安定的社会环境下了，和在战乱中，在饥寒交迫中渴望清静、温饱时不完全一样，在“人给家足”之后，还要另有所为才好。一般平民百姓，在起早贪黑劳动，解决起码的温饱之后，首先是希望家庭的和睦、幸福，这就要讲孝、悌，然后还要注意邻里、乡人②的关系。这就要讲仁、义、忠、信之类了。满足这些心理要求，需要教化，所有这些，恰恰是儒家所能回答的问题，是儒家思想的根本内容。《孝经》《论语》这些普及性读物之流行③，除了统治者的提倡，也有人们的社会需要。

儒家传业浸盛，儒家思想成为强大社会思潮的另一重要原因，当是知识分子心理的反映。知识分子因为有知识，作为时代的先锋，比一般人有更明确的更高层次的需要，即所谓：“自我实现”的需要。知识分子被称为“士”，在汉人心目中，“士者事也，任事之称也”④。士又作“仕”，简单地说就是入仕，“学而优则仕”⑤，读书做官是知识分子自我实现的重要

---

① 司马迁：《史记》卷六十三，《老庄申韩列传》，中华书局 1982 年版，第 2140 页。

② 《论语·子路》：“（子曰：）不如乡人之善者好之，其不善恶之。”诸子集成本，中华书局 1954 年版。

③ 《汉书·艺文志》记载：“凡《论语》十二家”，“《孝经》十一家”，解说这两部分的家数仅次于《易》《礼》的十三家，高于《书》九家和《诗》与《乐》的六家，传授的人多，从学的人亦多，这是人们的需要。

④ 陈立：《白虎通疏证》卷一，《爵》，中华书局 1994 年版，第 18 页。

⑤ 《论语·子张》，诸子集成本，中华书局 1954 年版。

的——在当时几乎是唯一的途径。儒家的书讲修身、齐家、治国、平天下，要做官当然最重要的是读儒家的书，汉初开始设经博士，到武帝时立五经博士，可以说是儒家垄断了仕途，知识分子要自我实现，就只能纷纷争走一条路，真是趋之若鹜。班固在《汉书·儒林传》最后赞曰："自武帝立五经博士，开弟子员，设科射策，劝以官禄，讫于元始，百有余年，传业者浸盛，支叶蕃滋，一经说至百余万言，大师众至千余人，盖禄利之路然也。"真是一语破的，儒家影响之日益加强，这是很重要的原因。

东汉是儒学发展的极盛时期，《后汉书·儒林传序》记述可略见其大概："光武中兴，爱好经术，未及下车，而先访儒雅，采求阙文，补缀漏逸。先是四方学士多怀挟图书，遁逃林薮，自是莫不抱负坟策，云会京师。……建武五年，乃修起太学，……中元元年，初建三雍。明帝即位，亲行其礼。天子始冠通天，衣日月，备法物之驾，盛清道之仪，坐明堂而朝群后，登灵台以望云物。袒割辟雍之上，尊养三老五更。飨射礼毕，帝正坐自讲，诸儒执经问难于前。冠带缙绅之人，圜桥门而观听者盖亿万计。其后复为功臣子孙、四姓末属别立校舍，搜选高能以受其业，自期门羽林之士，悉令通《孝经》章句，匈奴亦遣子入学。济济乎，洋洋乎，盛于永平矣！建初中，大会诸儒于白虎观，考详同异，连月乃罢。肃宗亲临称制……顾命史臣，著为《通义》。"阐发儒家思想的《白虎通义》或称为封建社会的法典①，儒家之成为儒教是在东汉时期，儒教之成为国教也是在东汉时期。

第三节 从阴阳之术到谶纬流行

在西汉时期，先后有黄老新道家和新儒家被统治者所提倡，形成两股强大的社会思潮，但是往往是有意无意地忽视了同时还有另一股影响很大而且流行很广的社会思潮，那就是阴阳之术。司马谈《论六家之要旨》把阴阳家列于六家之首，并且说："尝窃观阴阳之大祥，而众忌讳，使人拘而多所畏。然其序四时之大顺，不可失也。""大祥"《汉书》作"大详"，是指大大地清楚呢？还是指吉凶？也许作前一种解释更合适些（"祥"本

① 参阅侯外庐等：《中国思想通史》第二卷第七章第一节，人民出版社1957年版。

可与“详”通），意思是他对这阴阳之术比较清楚了解。实际上当时了解乃至信仰的人比较多。但是，又为什么没有像儒家、道家那样成为一个独立学派流传呢？这有两方面的原因：

一方面是它为别的派别所吸收。如道家与阴阳家结合形成黄老新道家，儒家与阴阳家结合形成新儒家。此外，法家也完全能接受阴阳之术，秦始皇之相信符应和图谶就是最明显的例子，如相信五德终始之说，搞封禅，乃至求仙真奇药等等。另一方面，也是更重要的一方面，阴阳之术本身非常驳杂，《史记》集解引“李奇曰：‘月令星官是其枝叶也。’”在《汉书·艺文志》七略中，除“诸子略”中有阴阳家之外，“数术略”的天文家、历谱家、五行家、蓍龟家、杂占家、刑法家，“方技略”的医经家、经方家、房中家、神仙家等等，都属于阴阳之术的范围。此外“兵书略”中也有兵阴阳家，还有“诸子略”中的各家（名家、墨家、纵横家、杂家乃至小说家），也都有阴阳术数的东西。《后汉书·方术列传》概述说：“若夫阴阳推步之学，往往见于坟记矣。然神经怪牒，玉策金绳，关扃于明灵之府，封縢于瑶坛之上者，靡得而窥也。至乃《河》《洛》之文，龟龙之图，箕子之术，师旷之书，纬侯之部，钤决之符，皆所以探抽冥赜，参验人区，时有可闻者焉。其流又有风角、遁甲、七政、元气、六日七分，逢占、日者、挺专、须臾、孤虚之术，及望云省气，推处祥妖，时亦有效于事也。而斯道隐远，玄奥难原”，其流变者更多。

由此可见，几乎各家各派中都不同程度地存在着阴阳之学，一切谈神说怪的东西都属于阴阳之术，很难说哪一“说”，哪一“术”是阴阳家的主体，也很难说阴阳家是一个独立的学派。

据上所述，可以这样说，阴阳之术包括了最迷信的东西，也包括了当时最科学的东西，司马谈比较客观地概括指出了这两个方面：“夫阴阳四时八位，十二度二十四节，各有教令，顺之者昌，逆之者不死则亡，未必然也。故曰；使人拘而多畏。夫春生、夏长、秋收、冬藏，此天道之大经也，弗顺，则无以为天下纲纪，故曰：四时之大顺不可失也。”司马谈的头脑是比较清楚的，他认为属于迷信的东西“未必然也”，属于科学的东西“不可失也”。不过，这只能说是少数人的冷静思考，大多数的人则是迷信、盲从，甚至出于各种不同动机推波助澜，使各种各样的阴阳之术风靡一时而且大为发展的又恰恰是迷信方面的东西居多。

统治者需要它。例如特别相信其符命之说，实质就是假借天意来维护自己的统治，这一点董仲舒说得很明白：“臣闻天之所大奉使之王者，必有非人力所能致而自至者，此受命之符也。天下之人同心归之，若归父母，故天瑞应诚而至。《书》曰：‘白鱼入于王舟，有火复于王屋，流为乌。’此盖受命之符也。”① 所以秦汉时期的统治者，都相信这种学说，只不过由于社会和政治条件不同罢了。而与此密切相关的灾异说，以及其他阴阳之术（如蓍龟、杂占、房中、神仙等等），都受到不同程度的重视。

上有好者，下必甚焉。秦汉时期，出现了大量讲阴阳术数之人，叫做方士或方术士（名目还很多，如术士、术人、术客、术家、道士、道术士，以及方伎家、工伎家、伎数之人、术数之人等等）。范晔在《后汉书·方术列传》中写道：“汉自武帝颇好方术，天下怀协道艺之士，莫不负策抵掌，顺风而届焉。后王莽矫用符命，及光武尤信谶言，士之赴趣时宜者，皆骋驰穿凿，争谈之也。故王梁、孙咸名应图录，越登槐鼎之任，郑兴、贾逵以附同称显，桓谭、尹敏以乖忤沦败，自是习为内学，尚奇文，贵异数，不乏于时矣。”这是一个概述，而且是说东汉情况为主，实际上“顺风”“争谈”的事实要多得多，并且整个秦汉都是如此。如从秦始皇开始，就曾“悉召文学方术士甚众，欲以兴太平”②；如西汉：“成帝末年颇好鬼神，亦以无继嗣故，多上书言祭祀方术者，皆得待诏，祠祭上林苑中长安城旁，费用甚多”；“哀帝即位，寝疾，博征方术士，京师诸县皆有待祠使者，尽复前世所常兴诸神祠官，凡七百余所，一岁三万七千祠云”③。这是几次明显的大批的征召方术之士，与上述东汉情况衔接起来，就是整个秦汉时的情况。

当时既有大量阿谀苟合、故行诈伪的各种各样的方士，又有一些虽非方士但也有意无意推波助澜的人，特别是硕儒名士影响更大，如上所述“以附同称显”的郑兴、贾逵就是如此，郑兴“不为谶”，但不敢“非之”；贾逵则“附会文致”以求人主嘉纳④。这种情况，不仅出现在谶纬流行的东汉，西汉就开始了。《汉书·五行志上》写道：“景、武之世，董仲舒治

① 班固：《汉书》卷五十六，《董仲舒传》，中华书局1962年版，第2500页。
② 司马迁：《史记》卷六，《秦始皇本纪》，中华书局1982年版，第258页。
③ 班固：《汉书》卷二十五下，《郊祀志》，中华书局1962年版，第1264页。
④ 事均见《后汉书》本传。

《公羊春秋》，始推阴阳，为儒者宗。宣、元之后，刘向治《穀梁春秋》，数其祸福，传以《洪范》，与仲舒错。至向子歆治《左氏传》，其《春秋》意亦已乖矣；言《五行传》，又颇不同。是以揽仲舒，别向、歆，传载眭孟、夏侯胜、京房、谷永、李寻之徒所陈行事。”这些人如何具体地推波助澜“行事”就不一一列举了，董仲舒之推明阴阳，则是人所共知的。

从西汉末年开始到东汉盛行的谶纬，与董仲舒等人之讲阴阳五行，既不相同，又有密切的关系。谶和纬原也不是一回事，谶记和纬书本是两种书，谶是“诡为隐语，预决吉凶”的预言，纬是对经而言的，是用神学来解释经义。两者的起源及其时间都不是一回事，谶语这种迷信开始得很早，纬书则是在儒家经典神圣化之后才有的，比谶要晚得多，但是后来两者合流了，纬书中编造大量的预言来神化自己，谶也只有依傍经义才能收到更好的宣传效果。

阴阳五行，谶纬迷信作为一种社会思潮，其流传的广度和深度恐怕要大于其他任何一种社会思潮，可说是家喻户晓，深入人心的，最突出的事例，如陈胜、吴广起义时所用“鱼腹丹书”“篝火狐鸣”，其意义决不下于王莽篡位、刘秀登基使用的符命，它是在最下层贫苦百姓中流行的阴阳之术。他们当时所找的“卜者”，就是方士的一种，“卜之鬼”就是迷信，戍者们见到鱼腹中有丹书“固以为怪”，听到狐鸣，看到篝火“皆夜惊恐”，司马迁在《史记·陈涉世家》中生动地描写了陈胜、吴广和戍卒们的心态。这可以看出当时的迷信的社会心理。

能够反映平民百姓社会心理的直接材料是不多的，但也绝不是没有。后汉王充《论衡》一书可以给我们提供一些信息，他自己说是“又伤伪书俗文多不实诚，故为《论衡》之书”①。他是一个愤世嫉俗的人，他所嫉俗情，一方面是“俗人之寡恩”，即“充升擢在位之时，众人蚁附；废退穷居，旧故叛去”（人情冷暖!），这方面他作《讥俗》之书，而其所“伤”之“伪书俗文”，当即图谶、纬书之类，包括受其影响流行于民间的种种迷信。《论衡》中批判的对象，常常列举“儒者”“儒书”“传书”“传言”之说，除了《问孔》《刺孟》等篇直指儒家的老祖宗之外，大部分是谶纬迷信，有的笼统说是“世儒学者”，有的具体指明是“论灾异者”、“变复

① 《论衡·自纪》，诸子集成本，中华书局1954年版。

之家”、“说岁月之家”、《移徙法》、《图宅书》、《葬历》、《沐书》等等，乃至“裁衣有书”，人们的衣食住行，一举一动，无不受迷信的限制。

他在《四讳》中不仅列举和批判了世俗四大讳，并且有一段概述：“夫忌讳非一，必托之神怪，若设以死亡，然后世人信用畏避。忌讳之语，四方不同，略举通语，令世观览。若夫曲俗微小之讳，众多非一，咸劝人为善，使人重慎，无鬼神之害、凶恶之祸。讳厉刀井上，恐刀堕井中也；或说以为‘刑’之字，井与刀也，厉刀井上，井刀相见，恐被刑也。毋承屋檐而坐，恐瓦堕击人首也。毋反悬冠，为似死人服；或说恶其反而承尘溜也。毋偃寝，为其象尸也。毋以箸相授，为其不固也。毋相代扫，为修冢之人冀人来代己也。诸言毋者，教人重慎，勉人为善。《礼》曰：‘毋抟饭，毋流啜。’礼义之禁，未必吉凶之言也。”这段话涉及“礼义之禁”的问题，涉及有些禁忌是为了劝人“重慎”和“为善”，别有一些道理在。但从这段话反映的情况看，可以指出如下两点：第一，“忌讳之语”迷信居多；第二，即便是劝人“重慎”和“为善”之言，也迷信化了。当时的忌讳确实很多，《论衡》中有十来篇文章专批当时流行的各种迷信忌讳。同时，也如王充所说：“曲俗微小之讳，众多非一。”曲者，乡曲也。各地习俗不同，忌讳也不一样，如：“江北乳子，不出房室，知其无恶也。至于犬乳，置之宅外，此复惑也。江北讳犬不讳人，江南讳人不讳犬，谣俗防恶，各不同也。”① 这里又涉及风俗问题。但此类迷信影响之深广是两千年、全中国！从汉代开始，就“讳妇人乳子，以为不吉”。乳即生育，试想想，一直到近现代（全国解放以前），旧社会对妇女生育的许多禁忌迷信，是多么愚昧可悲可怕！“俗人险心，好信禁忌，知者亦疑，莫能实定。是以儒雅服从，工伎得胜。吉凶之书，伐经典之义；工伎之说，凌儒雅之论。”② 迷信不仅成为一般俗人的社会心理，“知者”“儒雅”也疑惑不定，甚至服从。所以，对于许多迷信，“世无愚智贤不肖，皆谓之然”③。迷信忌讳成为一种群体性的社会心理，在传播过程中，又形成一些连锁反应，日益增大，亦如王充所说：“世俗所患，患言事增其实，……何则？俗人好奇，不奇，言不用也。……蜚流之言，百传之语，出小人之口，驰巷间

① 《论衡·四讳》，诸子集成本，中华书局 1954 年版。
② 《论衡·难岁》，诸子集成本，中华书局 1954 年版。
③ 《论衡·龙虚》，诸子集成本，中华书局 1954 年版。

之间，其犹是也。”① 就这样“世俗增其言也，儒书增其文也”②，添枝加叶，越增越多。所以，不仅所有的经典都有纬书（如《诗》《书》《易》《礼》《乐》《春秋》及《孝经》皆有纬书，称为“七纬”），还有许多图谶书（如《论语谶》），以及种种名目的迷信书（王充在《论衡》中就列举了不少）。

谶纬迷信流行的原因是什么？除显而易见的政治原因，那就是人们心理方面的原因。在自然科学不发达、人们愚昧无知的情况下，天灾人祸面前的不安和忧虑，特别容易传播，所以谶纬之学恰恰是在西汉末年社会危机的状态下大大发展起来的。

谶纬作为一种社会思潮，大体上盛行于两汉时期，主要又是西汉后期和东汉前期，至隋唐开始衰落。《隋书·经籍志》写道：“起王莽好符命，光武以图谶兴，遂盛行于世。……至宋大明中，始禁图谶。梁天监以后，又重其制。及高祖受禅，禁之逾切。炀帝即位，乃发使四出，搜天下书籍与谶纬相涉者，皆焚之，为吏所纠者至死。自是无复其学。秘府之内，亦多散亡。”这是谶纬以后发展的大概。

第四节 道教的产生和形成

道教是中国土生土长的一种宗教。它与中国传统文化的关系复杂。道教的产生既是秦汉以来某些社会思潮发展的自然结果，又是一种新的社会思潮。

道教与迷信、巫术、神仙、方术以及阴阳五行思想等等有密切关系，与黄老新道家与新儒家的思想及其发展也有关系，在其形成过程中与外来的佛教又互相影响，以至有人说“汉代浮屠黄老为一家”③。如前所述，阴阳五行等等迷信思想秦汉以来弥漫于整个社会，它影响儒学，以致形成谶纬；它与黄老结合，又产生了道教。

道教之名的出现，道和教两字相连，颇有一番意味。教可以作为一种学术派别，先秦时代各学派可以称为教，如唐人封演所说：“其后学道学

---

① 《论衡·艺增》，诸子集成本，中华书局 1954 年版。

② 《论衡·儒增》，诸子集成本，中华书局 1954 年版。

③ 宋翔凤：《过庭录》卷十二，中华书局 1986 年版，第 200 页。

儒学墨诸家，分明各为一教。”① 先秦诸子对“道”字又有各种各样的解释。道与教相连，最早当是《易经》中的一句话：“圣人以神道设教而天下服。”② 神道，主要是神圣之道，这里的神也许不是宗教之神③，但也多少带有神秘的意思，《中庸》引孔子的一段话可以证明：“鬼神之为德，其盛矣乎，视之而弗见，听之而弗闻，体物而不可遗。使天下之人齐明盛服以承祭祀，洋洋乎如在其上，如在其左右。”神和鬼一样，不可捉摸，非常神秘。不过，儒家并未向祭祀鬼神这方面发展，而着重讲道德教化的问题，所以《中庸》开宗明义就说：“天命之谓性，率性之谓道，修道之为教。”所谓“道”和“教”，都主要讲人伦之道。而道家所讲之“道”，着重是所谓形而上的东西，又更加神秘化一些。如前所述，汉代曾一度黄老大行，人人读《老子》。《老子》一书只有数千文字，“道”字可说是它的核心。于是，在汉代的造神运动中，以这个“道”为名，造出了一个土生土长的中国宗教——道教。道教的形成，或可以说是中国有正式宗教信仰的开始。

在道教开始之初，名目不一，有黄老道、鬼道、太平道、五斗米道等等这些原始的道教（或称早期的道教）。正式作为宗教的“道教”一词出现在魏晋南北朝时期，《老子想尔注》④ 中就写道：“真道藏，邪文出，世间常伪称道教，皆为大伪不可用。”北魏寇谦之自称太上老君对他说：“汝宣吾新科，清整道教。”⑤ 又南齐顾欢《夷夏论》中有“佛教文而博，道教质而精”的明确教名。不过，道教起源比这名称的确定要早得多，这一点是可以肯定的。

有人说道教首先起源于民间，有人说道教首先是从上层统治阶级中开始的。其实，作为一种社会思潮，应该是上下相互影响而逐渐形成的。从上层统治阶级来说，是否一开始就有明确的思想“以神道设教”而创立道教，这还没有明显的证据；但上层统治阶级长期以来的神仙迷信、方术、阴阳五行，以及信奉黄老，都是不可否认的事实，秦始皇、汉武帝信神仙

---

① 封演撰、赵贞信校注：《封氏闻见记校注》，中华书局 2005 年版，第 1 页。
② 《易上经 · 观》，十三经注疏本，中华书局 1980 年版。
③ 参阅金景芳、吕绍纲：《周易全解》，吉林大学出版社 1989 年版。
④ 作者说法不一，唐已失传，但敦煌石窟有六朝抄本残卷。
⑤ 魏收：《魏书》卷一百一十四，《释老志》，中华书局 1974 年版，第 3051 页。

方术的事情很多，人所共知。从整个汉代的情况看，宗教性的祭祀诸神的活动，汉代一开始就很重视。据《汉书·郊祀志》记载，汉初高祖就曾下诏曰："吾甚重祠而敬祭。今上帝之祭，及山川诸神当祠者，各以其时礼祠之如故。"陆续在长安"置祠祀官、女巫"，令各地郡国县增立诸神祭，等等。文帝、景帝时一般是"祠官各以岁时祠如故"[①]，到了"武帝初即位，尤敬鬼神之祀"，敬鬼神的活动就大大发展起来了："元鼎、元封之际，燕齐之间方士瞋目扼掔，言有神仙祭祀致福之术者以万数。"宣帝时又"修武帝故事"，而且"五岳四渎皆有常礼"。整个西汉时期，对于各种各样的祠祀，"或罢或复""不定"，但始终未断，而且总的趋势是越发展越多。成帝也是"颇好鬼神"，其时有"长安厨官县官给祠郡国候神方士使者所祠，凡六百八十三所"，"本雍旧祠二百三所"。还有高祖、文帝、宣帝时所立诸祠，以及分布于各地的诸祠，恐怕无法统计。哀帝时，"尽复前世所常兴诸神祠官，凡七百余所，一岁三万七千祠云。"平帝时王莽大力提倡，"于是长安旁诸庙兆畤甚盛矣"。王莽篡位后，"自天地六宗以下至诸小鬼神，凡千七百所，用三牲鸟兽三千余种。后不能备，乃以鸡当鹜雁，犬当麋鹿。数下诏自以当仙"。终西汉之世大致情况如此，刘向还说"家人尚不欲绝种祠"[②]，可见祭祀鬼神在社会上之普遍程度。

东汉的情况，《后汉书·祭祀志》也有大概的记载，朝廷祭祀的种类和规模，虽不一定盛于西汉，但是它制度化了，往往是"修复旧祀""继祖宗之道"，有时学汉武帝做法，更多的是"采元始中故事"，大约因为西汉末年时间近，典籍、传闻均可寻。除开"修复"和遵循"故事"之外，也有新增加的，如："章帝即位，元和二年正月，诏曰：'山川百神，应祀者未尽。其议增修群祀宜享祀者。'"在这《祭祀志》中特别列了"老子"，所举事实不多，只简单记了延熹八年、九年两件事，也许这是"增祀"的内容之一。祭祀老子就与道教有直接关系了，唐人封演在述道教缘起时，把桓帝梦见老子、立庙于苦县作为一个重要转折提出来[③]。其实在上层中祭祀老子，更早的记载还是东汉初年的楚王英。《后汉书·楚王英传》中说：楚王英"晚节更喜黄老，学为浮屠斋戒祭祀"，同时还记明帝的诏书

① 《汉书·郊祀志》，以下西汉诸帝情况均见此志。

② 班固：《汉书》卷二十五下，《郊祀志》，中华书局1962年版，第1258页。

③ 参见封演：《封氏闻见记》。

说："楚王诵黄老之微言，尚浮屠之仁祠。"一般均未深究：黄老与浮屠究竟是什么关系？实际上这是反映佛教初入和道教初建时的情况，以至于人们会看到"浮屠黄老为一家"。外来的佛教要在中国立足，必须从中国实际出发，中国当时的实际是儒、道两家思想影响最大，道家与神仙迷信结合正在形成道教，于是就成了佛教要比较、要吸收的对象。"道有九十六种，至于尊大，莫尚佛道也"①，佛教也叫"佛道"，甚至因为"浮屠所载，与中国《老子经》相出入，佛经未入中土之前，学浮屠者皆诵黄老之言"②。另一方面，道教平地起家，从零开始，不论鬼道、太平道或黄老道，本无任何成熟的宗教形式，因此学一学浮屠的"斋戒祭祀"是很方便的，也是很自然的。后世道士、和尚在活动形式上也有共同和相似之处，当是长期相互影响的结果。

总之，为黄帝、老子立祠庙，作为神来崇拜，这是宗教必备的条件之一，所以桓帝时祭祀老子，史书上予以特别记上一笔。据《后汉书·桓帝本纪》记载，延熹八年正月"遣中常侍左悺之苦县，祠老子"，十一月又"使中常侍管霸之苦县，祠老子"。实际上或不止这两次，别的记载还有八月遣使祠的说法③。九年七月，桓帝又"祠黄、老于濯龙宫"④，这是皇帝亲自祭拜了。《后汉书·襄楷传》也说："闻宫中立黄老、浮屠之祠。"桓帝的这些举动，应该是在早已流行的基础上进行的，当然，经他这样一提倡，必然助长风气，所以《后汉书·西域传》写道："后桓帝好神，数祀浮图、老子，百姓稍有奉者，后遂转盛。"祠或者祀老子（或黄老）在东汉后期已成风气，可以看作道教产生的一种具体表现。实际上可以说，桓帝所信奉的就是"黄老道"，《后汉书·王涣传》写道："延熹中，桓帝事黄老道。"道教在民间流行，有一些比较具体的材料，如《后汉书·皇甫嵩传》记载："初，巨鹿张角自称'大贤良师'，奉事黄老道，畜养弟子，跪拜首过，符水咒说以疗病，病者颇愈，百姓信向之。角因遣弟子八人使于四方，以善道教化天下，转相诳惑。十余年间，众徒数十万，连结郡国，自青、徐、幽、冀、荆、扬、兖、豫八州之人，莫不毕应。"此虽记

① 释僧祐：《弘明集》卷一，《牟子理惑论》，上海古籍出版社1991年版，第6页。
② 《三国志·乌桓传》裴注引《浮屠经》。
③ 参见《后汉书集解》。
④ 《太平御览》卷二〇二引《续汉书》作"祀老子"。

农民起义前之准备情况，但可说明黄老道在当时影响之大。又如《三国志·张鲁传》注引《典略》曰："熹平中，妖贼大起，三辅有骆曜；光和中，东方有张角，汉中有张修。骆曜教民缅匿法，角为太平道，修为五斗米道。太平道者，师持九节杖为符祝，教病人叩头思过，因以符水饮之，得病或日浅而愈者，则云此人信道，其或不愈则为不信道。修法略与角同，加施静室，使病者处其中思过，又使人为奸令祭酒，祭酒主以老子五千文使都习，号（为）奸令为鬼吏，主为病者请祷。请祷之法，书病人姓名，说服罪之意，作三通，其一上之天著山上，其一埋之地，其一沉之水，谓之三官手书，使病者家出米五斗以为常，故号曰五斗米师。实无益于治病，但为淫妄，然小人昏愚，竞共事之。"裴松之以为张修乃张鲁之父张衡之误，清人钱大昕、惠栋等人考证张修、张衡皆为五斗米道。关于五斗米道，《三国志·张鲁传》又另有记载："（鲁）祖父陵，客蜀，学道鹄鸣山中，造作道书，以惑百姓，从受道者出五斗米，故世号米贼。陵死，子衡行其道，衡死，鲁复行之。……鲁遂据汉中以鬼道教民，自号师君。其来学道者，初皆名鬼卒，受本道，已信，号祭酒，各领部众，多者为治头大祭酒。皆教以诚信不欺诈，有病自首其过，大都与黄巾相似。诸祭酒皆作义舍，如今之亭传。又置义米肉悬于义舍，行路者量腹取足，若过多鬼道辄病之，犯法者三原然后乃行刑。不置长吏，皆以祭酒为治，民夷便乐之。雄据巴汉垂三十年。"张角置三十六方，范围有八州之多；张鲁建二十八治遍布巴蜀，影响远及洛阳。太平道、五斗米道都是庞大的道教集团。由以上几段材料可以看出，道教在开始时存在着一些大同小异的教派，分散传播，但又相互影响。此外，还可以看到，道教在民间的传播，几乎一开始就与农民起义结合，黄巾起义和张鲁据汉中都是政教合一的政权。当时及其后形成了一种传统，如晋代许多被称为"妖贼"的起义，多与五斗米道、太平道等等有关系。东晋末年，著名的孙恩"长生人"暴动最为突出。孙恩"世奉五斗米道"，叔父泰"以道术眩惑士庶"，见天下兵起，"乃扇动百姓，私集徒众"起事，泰死"皆谓蝉蜕登仙"，孙恩继之，聚众数十万，"号其党曰长生人"①，宗教性质十分明显。道教与农民起义结合这一传统，当与以上道教产生时的情况有关，对后世也有

① 房玄龄：《晋书》卷一百，《孙恩传》，中华书局 1974 年版，第 2632 页。

影响。

在上层与下层之间，最活跃的当然是一大批方士或道士，他们在道教的形成和传播中起了很大的作用。道教的理论是他们“创造”的，道教起源的一些传说也是他们“创造”的，但从历史研究看，有关道教起源的传说以及某些“经典”，几乎都是不可信的，看一看有关道教著作产生情况的记载，就可以了解其大概。前面《张鲁传》引文中说，张陵“学道鹄鸣山中，造作道书”，《后汉书·刘焉传》的记载略同，但作“学道鹤鸣山中，造作符书”。“造作”二字清清楚楚，和谶纬学家编造图谶和纬书一样，“道书”或者“符书”也是时人“造作”出来的。被认为是最早的道教经典的《太平清领书》，实际上也是于吉或者其他人编造出来的。《后汉书·襄楷传》写道：“初，顺帝时，琅邪宫崇诣阙，上其师于吉于曲阳泉水上所得神书百七十卷，皆缥白素、朱介青首朱目，号《太平清领书》，其言以阴阳五行为家，而多巫觋杂语。有司奏崇所上妖妄不经，乃收藏之。后张角颇有其书焉。”于吉其人有些记载，但不详细，关键是如何“得神书”一句笼统得很，后人怎么编造都可以，或谓“天仙”所授①，或云“老君”所传②等等，我们只能认为是于吉或者其他什么人“造作”的。在道教发展史上，一些重要人物都“造作”过道教经典，不过有些写明了是“造”或者“作”，有些则假借神仙传授，实际上也是造作，如《抱朴子·金丹》说：“昔左元放（左慈）于天柱山中精思，而神人授之《金丹仙经》。会汉末乱，不遑合作，而避地来渡江东，志欲投名山以修斯道，余从祖仙公，又从元放受之。凡受《太清丹经》三卷及《九鼎丹经》一卷、《金液丹经》一卷。”这些“仙经”或“丹经”当即左慈所“造作”。一些重要的道教人物，如陶弘景、寇谦之等等，都有进山修道的情节，以增加神秘色彩，加强他们“造作”经典的神秘性和神圣性。

道教在流行过程中，图书日益增多，道士数量也不少。“抱朴子曰：余考览养性（生）③ 之书，鸠集久视之方，曾所披涉篇卷，以千计矣，莫

① 葛洪：《神仙传》：“汉元帝时，崇随吉于曲阳泉上，遇天仙，授青缣朱字《太平经》，吉行之得道，以付崇。”

② 《老君说一百八十戒序》：“老君至琅邪，授道与于君……又传《太平》一百七十卷甲乙十部。”

③ 《太平御览》卷九八五引作“生”。

不皆以还丹金液为大要者焉。然则此二事，盖仙道之极也。……余周旋徐、豫、荆、襄、江、广数州之间，阅见流移俗道士数百人矣。或有数闻其名，乃在云日之表者，然率相似如一，其所知见深浅有无，不足以相倾也。虽各有数十卷书，亦未能悉解之也，为写蓄之耳。时有知行气及断谷服诸草木药法，所有方书略为同文，无一人不有《道机经》，唯以此为至秘，乃云是尹喜所撰。余告之曰：此是魏世军督王图所撰耳，非古人也。图了不知大药正欲以行气，入室求仙，作此《道机》，谓道毕于此。此复是误人之甚者也。……其夸诞自誉及欺人，云已久寿，及言曾与仙人共游者将太半矣，足以与尽微者甚鲜矣。"① 说明欺世盗名者多，伪造的东西甚多。但是，道教作为一种社会思潮流行，正是反映了一些普遍的社会心理，人们要求去病免灾，进而要求长生久视，加上种种的神仙迷信，道士们——特别是有学问的道士们，利用这种社会心理，加以总结，给予理论提高，使之成为一种独具特色的社会思潮，反过来又影响人们的心理。大量流俗的道士则推波助澜，有的以讹传讹，以至于"误人之甚"。

第五节 反传统的异端思想

一般作为反传统的异端，不会有很大的势力和影响，但是，一方面不可否认它们本身即是一种有特殊意义的思潮，另一方面还可以从不同的侧面来说明某一时期的整个社会思潮及其发展。

什么是异端呢?《论语·为政》有"攻乎异端，斯害也已"一句，汉以后的人解释基本一致，宋代朱熹注说得最明确："异端，非圣人之道，而别为一端，如杨、墨是也。"这是站在儒家立场上说的，儒家称儒家以外的学说、学派为异端。秦汉时期的异端主要也是就此种意义而言的。《宋史·道学传》有段概述的话颇有意义："两汉以下，儒者之论大道，察焉而弗详，异端学说起而乘之，几至大坏，千有余载至宋中叶。""凡《诗》《书》六艺之文，与夫孔孟之遗言，颠错于秦火，支离于汉儒，幽沉于魏晋六朝者，至是焕然而大明，秩然而各得其所。"《宋史》列《道学传》，而"道学之名古无是也"，只是因为宋儒以直接继承孔孟道统自居，

---

① 《抱朴子·金丹》，诸子集成本，中华书局 1954 年版。

修《宋史》的元代人才“作《道学传》”的，实际反映的是宋儒的看法，所以他们又写道：“此宋儒之学所以度越诸子，而上接孟氏者欤?”是否如此，本也是一个问号，宋儒完全否定汉唐儒学显然是偏颇的，但秦火以后，儒学发展中确也存在着一些问题，如上述“支离”“幽沉”等等，“异端学说起而乘之”也是事实。

究竟异端如何乘机而起？有哪些突出的代表？如何看待他们呢？下面不妨看一看这一时期异端的大致情况。

异端与正统相对，正统与政治、统治相连，异端的表现不是在思想方面反对传统思想和统治思想，就是在政治方面反对统治者的政治和统治。汉初有儒道之争，黄老新道家一度在政治上占优势，儒和道很难说谁是异端（在后来宋儒眼中，儒当然始终是正统），但是从政治上看，以道家思想为理论武器反对或者批判当时政治的就是异端了。这样，汉初的贾谊、司马迁、桓宽、贡禹等人，都可以说有异端思想，至少是有异端倾向了。贾谊写《过秦论》实际上写的是“过汉论”；说司马迁的《史记》是“谤书”，也是就其批评当时政治而言，他的《史记》“不与圣人同，是非颇谬于经”[①]，又是反传统的；桓宽的《盐铁论》记录了武帝、昭帝时的社会阶级矛盾，怀疑了儒学的世界观，也有反传统的意味；贡禹多次奏议，数言得失，对当时的现实政治和道德教条进行了无情的揭露和批判；此等人均身为统治阶级中一员，但有异端色彩。

汉武帝“独尊儒术”（这是一般的说法），董仲舒、公孙弘等人以儒术进，尤其是公孙弘为宰相，每每以儒术来缘饰一切制度，董仲舒以《春秋》决狱，以后儒学与政治统治日益紧密结合。再后来，经过西汉宣帝时的石渠阁会议，东汉章帝时的白虎观会议，儒学日益神圣化，甚至宗教化。与此同时，儒学也越来越神秘化、庸俗化，特别是天人感应以及谶纬迷信的发展，乌烟瘴气，引起了有识之士的反抗和批判，从西汉末年开始，出现了一些杰出的异端代表人物。如：

扬雄（前53—18年）。在西汉后期谶纬流行、神学迷信泛滥的情况下，能保持清醒的头脑，试图寻求新的理论，其《太玄》《法言》等作，就是一种探索。他认为“玄”——元气是物质世界的根本，这是属于唯物主义

① 班固：《汉书》卷八十七下，《扬雄传》，中华书局1962年版，第3580页。

范畴的思想。虽然局限性很大，但毕竟是反对正统的一种异端，“于时，人皆忽之”，而异端思想家桓谭却“以为绝伦”①。

桓谭（约前24—56年）。他公开反对刘秀提倡图谶，被指为“非法无圣”。他所著《新论》一书虽已亡佚，但却是一部反潮流的新作，从《谴非》《启寤》《祛蔽》《正经》《辨惑》等篇名看②，其书具有批判的性质是显而易见的。王充说：“（桓君山）作《新论》，论世间事，辨昭然否，虚妄之言，伪饰之辞，莫不证定。”③ 无论从当时政治上或思想上看桓谭都是异端。王充认为“说论之徒，君山为甲”。

王充（27—97年?）。王充留下了一部至今还能看到的《论衡》，说该书是中国古代一部战斗的唯物主义的著作，一点也不为过。这部书，从篇名到内容，处处表现出批判、战斗精神。《问孔》《刺孟》是对儒家老祖宗的批判，《书虚》《道虚》《语增》《儒增》等是对当时流行伪书的批判，《寒温》《谴告》是对俗儒天人感应说的批判。其他对祥瑞思想（《讲瑞》《指瑞》等），对一般社会迷信（《死伪》《纪妖》《订鬼》《四讳》等等）展开了全面的批判；对于正统思想的方方面面（主要是儒家思想及其末流）④，“订其真伪，辨其虚实”，揭发其“是反为非，虚转为实”的欺骗本质。王充《论衡》是反正统、反潮流的“异端邪说”。值得特别一提的是，这部书具体记载和反映了当时社会思潮的许多方面，能够形象生动地说明当时的社会及当时人的思想观念，很有史料价值。

王符（生卒年不详，或生于和帝前后）。《后汉书·王符传》写道：“自和安之后，世务游宦，当涂者更相荐引，而符独耿介不同于俗，以此遂不得升进。志意蕴愤，乃隐居著书三十余篇，以讥当时失得，不欲章显其名，故号曰《潜夫论》。其指讦时短，讨谪物情，足以观见当时风政。”他指攻“时短”，讨责“物情”，不仅批判当时流行的种种封建迷信，并且批判封建的法律道德，有些议论相当尖锐，如：“其官益大者罪益重，位益高者罪益深尔。”⑤ “世主欲无功之人而强富之，则是与天斗也。使无德

① 班固：《汉书》卷八十七下，《扬雄传》，中华书局1962年版，第3583页。

② 《后汉书·桓谭传》注中记载了其书篇目。

③ 《论衡·超奇》，诸子集成本，中华书局1954年版。

④ 王充同时对古代以来其他思想流派也大都有所批判，如《非韩》等篇之批判法家，《案书》中之批判名家公孙龙，《案书》《谈天》中批判阴阳家等等。

⑤ 《潜夫论·本政》，诸子集成本，中华书局1954年版。

况之人与皇天斗，而欲久立，自古以来，未之尝有也。”① 无论从思想上看，或从政治上看，他都属于异端人物。

仲长统（179—220年）。《后汉书·仲长统传》说：“统性俶傥，敢直言，不矜小节，默语无常，时人或谓之狂生。每州郡命召，辄称疾不就。”“每论说古今及时俗行事，恒发愤叹息，因著论名曰《昌言》，凡三十四篇，十余万言。”当时人“多异之”“奇之”。这简单的记述，即可见其为当时“奇士”（实“异端”）。开始他“欲卜居清旷，以乐其志”，学习“至人能变，达世拔俗”②，后来他不做“潜夫”，而写《昌言》，昌者当也，昌言无忌，直言而无所隐讳，他在书中主张“人事为本，天道为末”③，反对和批判西汉以来的神学传统思想。政治方面暴露当时社会的黑暗现实，如：“徭役并起，农桑失业”“田无常主，民无常居”“权移外戚之家，宠被近习之竖，亲其党类，用其私人，内充京师，外布列郡，颠倒贤愚，贸易选举，疲驽守境，贪残牧民，挠扰百姓，忿怒四夷，招致乖叛，乱离斯瘼。怨气并作，阴阳失和，三光亏缺，怪异数至，虫螟食稼，水旱为灾，此皆戚宦之臣所致然也”④。直指当权的外戚宦官，真是毫无隐讳的直言了。

以上虽只列举两汉时期的几个异端代表人物，但这些人并不是孤立的，他们的思想也是一种思潮，与他们同时或者前后的，还有不少共鸣和相呼应者，如扬雄曾“从游学”的严君平，与严君平同时的郑子真，这些未仕的“逸民”，“其风声足以激贪厉俗”⑤。扬雄本人，虽“人皆忽之”，但“刘歆及范逡敬焉，而桓谭以为绝伦”。还有，和桓谭一样反谶纬神学的郑兴、尹敏等人。古代杰出的自然科学家张衡也可以说是反神学反谶纬的异端，在“儒者争学图纬，兼复以妖言”之潮流中，“衡以图纬虚妄，非圣人之法”，上疏主张“宜收藏图谶，一禁绝之”⑥，公开反对皇帝所好。此外，太学生（也包括郡国学生）的“浮华”“交会”，可以说脱离了经学的正统；汉末的“清议”，也有异端色彩。汉末的批判思潮中，远不止上

① 《潜夫论·思贤》，诸子集成本，中华书局1954年版。
② 统所作明志之诗，见《后汉书》本传。
③ “唯人事之尽耳，无天道之学焉！”（《群书治要》节录）。
④ 《损益篇》《法诫篇》，均见《后汉书》本传。
⑤ 班固：《汉书》卷七十二，《王贡两龚鲍传》，中华书局1962年版，第3058页。
⑥ 范晔：《后汉书》卷五十九，《张衡传》，中华书局1965年版，第1912页。

述王符、仲长统两人，左雄、崔寔都有对宗教道德法律的批判思想，影响所及，遍至朝野。再者，异端代表人物之间也有关系，同时的人彼此多有交流，先后的人则多有思想上的继承和影响，如桓谭肯定扬雄，王充受桓谭的影响甚大（《论衡》书中八次称赞桓谭的《新论》）。王充赞扬司马迁、桓宽等人，也歌颂扬雄、桓谭等人："近世刘子政父子、扬子云、桓君山，其犹文武周公并出一时也。"① 范晔作《后汉书》，把王充、王符、仲长统合为一传，并且说："数子之言当世失得皆究矣，然多谬通方之训，好申隅之说。"他们是"举端自理，滞隅则失"。这当然是正统眼光的评价，但由此可以看出异端思想发展的渊源关系。

还有一点必须指出，所有异端人物，他们反正统、反神学、反潮流，几乎都是从老、庄那里找出思想武器，以自然之道作为他们的理论基础。如扬雄说："观大《易》之损益兮，览老氏之倚优。"（扬雄：《太玄赋》）他的理论"玄"实际上就是老子的"道"。如仲长统说："思老子之玄虚"，"求至人之仿佛"②。他用自然规律的"天之道"反对神学的"天道"，"所贵乎用天之道者，则指星辰以授民事，顺四时而兴功业"③。这里，和王充自谓其学"合黄老之义"④ 一样，"览老氏""思老氏"都是他们自己说的，非旁人或后人所加。总之，所有异端学者都不同程度地接受了老、庄和大《易》的影响，自觉和不自觉地谈论和利用了老、庄的自然主义⑤。这又与后来出现的玄学的形成有某种联系，由此可见思潮之间相辅相成的关系。

① 《论衡·超奇》，诸子集成本，中华书局1954年版。
② 仲长统自论其志（见《后汉书》本传）。
③ 魏征：《群书治要》卷四十五，《昌言》，世界书局2011年版，第1202页。
④ 《论衡·自然》，诸子集成本，中华书局1954年版。
⑤ 前述各代表人物均有这方面的材料，不一一引述。

第五章　综合性的学术

秦汉时期的学术，首先当推被称为“汉学”的经学，它是一种综合性的学术，包含着多种学问；其次，一些相对独立的思想、主张、看法等等，大体上以人为单位，也自成体系，可称之为诸子；此外，经学派生出来的“内学”（谶纬之学），不仅有独立性，而且有一定的学术价值；还有自然科学的思想和成就也不可忽视。本章就这几个主要方面，作简略概述。

第一节　经学的产生和发展

什么是经学？最简洁地说，它是解释和阐明儒家经典的学问，是研究儒家经典之学。

经学是中国封建社会特有的文化，它影响很大、很深。它与封建社会的政治有密切关系，但又有其本身的发展规律。经学的产生和发展，主要是在汉唐时期。狭义地理解，汉以前可以说有经而无经学。唐以后研究儒家经典与汉唐经学又颇不一样。这里主要讲汉代经学的发展。

一、经学的产生

“经”作为一般书籍的通称，开始于战国时期，《庄子·天下》中有《墨经》，《荀子·解蔽》中有《道经》，《庄子·天运》又有“《诗》《书》《礼》《乐》《易》《春秋》六经”，等等。《荀子·劝学》中说：“学恶乎始？恶乎终？其数，则始乎诵经，终乎读《礼》。”这里“礼”与“经”对言，似乎不是“经”，这是因为荀子特别重视“礼”才这样说的，他认为“礼者法之大分，类之纲纪也”。其所以始诵经、终读《礼》，是因为“其义则始乎为士，终乎为圣人”，他认为“不道礼宪，以《诗》《书》为之，譬之犹以指测河也”，在篇中反复以《诗》《书》以及《春秋》与《礼》对言，可见《诗》《书》等即其所诵之“经”。这些经书已具有了“经典”的意义，因为他开始曾说道："不闻先王之遗言，不知学问之道也。"通观《劝学》全篇，《诗》《书》之类即为"先王遗言"，即为"经典"，而《礼》则为荀子特别强调。《庄子·天运》写道："孔子谓老聃曰：丘治《诗》《书》《礼》《乐》《易》《春秋》六经，自以为久矣。……老子曰：夫六经，先王之陈迹也。……"其《天道》也写道："（孔子）往见老聃不许，于是十二经①以说。"孔子见老聃，也许是庄子的寓言，即便如此，这个记载也可表明，《庄子》书中已经肯定《诗》《书》《礼》《乐》《易》《春秋》乃儒家之六经，是"先王之陈迹"，和荀子所说的"先王之遗言"意义相同。不过《庄子》一方面认为《诗》《书》等为儒家经典，另一方面又说这些书为"百家"所称道，在《天下》中说："其在于《诗》《书》《礼》《乐》者，邹鲁之士，缙绅先生，多能明之。……其数散于天下而设于中国者，百家之学时或称而道之。"邹鲁之士、缙绅先生皆指儒家（蒋锡昌：《庄子哲学》），他们"多能明之"，是他们奉为经典。"百家之学时或称而道之"，则均可称引，成为百家争鸣的学术源泉。事实正是如此，所谓诸子百家，很少有绝不引用《诗》《书》等古籍经典的。

总之，战国时期，经一方面泛指《诗》《书》之类的书籍，另一方面已有了经典的意义，但与汉以后的儒家经典还是有所不同，不同主要在于它不是法定的。经作为由封建统治者法定的，以孔子为代表的儒家所编著书籍的通称，是汉以后的事。

在汉代的史籍中，可以看到"经学""经术""经典"这些词。"经典"已作解释，就是现在常说的"引经据典"的经典，或所谓"经典著作"。《汉书·孙宝传》写道："周公上圣，召公大贤，尚犹有不相说，著于经典，两不相损。""著于经典"即著录于《书经》之中②。"经术"，看来是经学的另一种说法，如《汉书·宣帝纪》诏云："故掖庭令张贺辅导朕躬，修文学经术。""文学经术"似为文字上的对应，术与学没有明显的区别。又《汉书·循吏传》中说："三人（董仲舒、公孙弘、兒宽）皆儒者，通于世务，明习文法，以经术润饰吏事。"而"经学"一词最早就见于这三人之一的《兒宽传》中："以宽为掾，举侍御史。见上，语经学。上说之，

① 陈鼓应《庄子今注今译》（中华书局1983年版）据严灵峰说，改"十二经"为"六经"。旧注之解"十二经"似乎有些牵强。

② 《尚书·君奭》："召公为保，周公为师，相成王为左右，召公不说，周公作《君奭》。"

从问《尚书》一篇。”“经术”与“经学”在《兒宽传》的记载中说明是通用的。但仔细说起来，“经术”也有一定的特殊含意，那就是“术”字可解释为“艺”，简而言之，它包括一定的思考和技术，与活动、行为有联系，所以说是“以经术润饰吏事”。《汉书·东平思王传》所记诏书之言更为清楚：“自今以来，非五经之正术，取以游猎非礼道王者，辄以名闻。……今闻王改行自新，尊修经术，亲近仁人，非法之求，不以奸吏，朕甚嘉焉。”“经术”“五经之正术”，即为五经中所规定的行为准则、活动规范，特别是读了五经之后的实践。

通过以上解释，可以看出，首先是有“经典”，然后才有“经术”和“经学”，“经术”和“经学”既可通用，又各有其特定的含意。但是，后来“经术”一词不常用了，“经学”一词则一直沿用下来。那么，经学究竟是何时产生？如何产生的呢？它产生于汉代是可以肯定的，以上所举的材料，最早也是武帝以后的。在武帝以后人们的口中才有“经学”这样的名词，《汉书·儒林传》序中写道：“（高皇帝）引兵围鲁，鲁中诸儒尚讲诵习礼，弦歌之音不绝，岂非圣人遗化好学之国哉？于是诸儒始得修其经学，讲习大射乡饮之礼。”这是班固的记述，并不能直接说明汉初人已有“经学”一词。

广义的经学，即解释经义的学问，被称为“传”或“记”，那是汉以前就有了的，所以讲“经学”的历史，可以从“孔门之经学”讲起①，这是后人把经学的范围扩大了。今有人认为：“经学特指西汉以后，作为封建主义的理论基础和行为准则的学说。”② 这种概括，作为经学的定义似尚可补充修订，关于时间的确定是比较合适的，确切地说，应该是从西汉中期开始，有一个逐渐形成的过程。如有些学者已经指出的，这种经学的产生，有其深远的历史必然性，有其深刻的社会背景。什么原因和背景呢？一言以蔽之，封建统治的需要，封建统治者的重视和提倡。如有人所概括的：“‘经学’，实质上是适应于封建中央集权的需要，中国思想家在秦王朝灭亡后对各种思想体系的选择，把儒家思想作为封建社会意识形态的精髓、核心的‘经典’之学。”③ 和上述概括一样，是就其实质而言的，不包

① 参阅皮锡瑞《经学历史》、马宗霍《中国经学史》。

② 朱维铮：《中国经学与中国文化》，《复旦学报》1986 年第 2 期。

③ 孙长江：《经学与中国文化》，见《中国传统文化的再估计》，上海人民出版社 1987 年版。

括经学内容、特点等的概括。关于思想体系的选择，《秦汉时期的统治思想和思想统治》一文已作阐述①，这里还想从选定儒家之“经典”以及“经学”地位的确立作些具体说明：

首先，与“五经博士”的设立有关。经的法定地位是如何确定的？整个汉唐时期，不少律令诏书中都有对儒家经典的尊崇和提倡，但最早也是最具体的法定措施应该就是设立“五经博士”。

一般认为，博士一官战国就有了，但具体材料并不多②。但从秦朝的情况看，肯定是设了博士官的，并且一是数量不少，二是多半以通晓儒家《诗》《书》的人为博士，不过秦“以法为教”，不会把《诗》《书》当作经典。汉承秦制设博士官，其特殊之处是：从设经博士开始，到完全由经学家垄断博士官。

关于汉代设经博士的情况，虽有人作过考证③，但眉目始终不是很清楚。东汉章帝建初四年的诏书中说：“汉承暴秦，褒显儒术，建立五经，为置博士。”④ 但具体从何时开始呢？一般认为从文帝开始，《后汉书·翟酺传》具体概括地说：“孝文皇帝始置一经博士，武帝大合天下之书。而孝宣论六经于石渠，学者滋盛，弟子数万。”这大体上符合西汉的实际。根据有关记载⑤，文帝之前称博士的，高帝时有叔孙通，惠帝时有孔襄，可以说是对他们原来任秦博士官的承认，只有文帝时设经博士才是正式开始。但有的版本“一经”作“五经”，曾引起后来不少考证，其实不必拘泥，只要能说明已立博士官掌管《诗》《书》等儒家经典传授就行了，说是“一经”，可解释成每一种经立一个博士，说是“五经”，则为东汉人的一种习惯说法。从翟酺的话前后联系起来看，说是“五经”也未尝不可，其“六经”恰好与“五经”对言，《汉书·宣帝纪》中“召诸儒讲‘五经’异同”，与翟酺讲的“论六经”是一回事，“五经”与“六经”即儒家经典的统称。实际情况是，从文帝开始设经博士，在武帝以前，既不是仅只“一经”，也不是“五经”同时齐备，可以考见的，如：“文帝时，闻申公

① 熊铁基：《秦汉时期的统治思想和思想统治》，《华中师范大学学报》（人文社会科学版）1987 年第 2 期。

② 参看《七国考·齐官职》。

③ 如清人胡秉虔《汉西京博士考》、张金吾《两汉五经博士考》等。

④ 范晔：《后汉书》卷三，《章帝纪》，中华书局 1965 年版，第 137 页。

⑤ 参看胡秉虔《汉西京博士考》。

为《诗》最精，以为博士。”[1] “韩婴，燕人也，孝文时为博士。”[2] “孝文时，天下亡治《尚书》者，独闻齐有伏生，故秦博士治《尚书》……太常遣错受《尚书》伏生所还，因上书称说，诏以为太子舍人门大夫，迁博士。”[3] 则《诗》《书》二经文帝时已有博士，而且《诗》有两家。又，贾谊、公孙臣也是文帝时“召以为博士”，只是未言何经博士罢了。公孙臣“拜为博士，与诸生申明土德，草改历服色事”[4]，或与《礼经》有关，但贾谊“颇通诸家之书”[5]，就很难说是哪一经了。又东汉赵岐《孟子题辞》说：“孝文皇帝欲广游学之路，《论语》《孝经》《孟子》《尔雅》皆置博士。后罢传记博士，独立五经而已。”这一说法是否可靠有人怀疑，但不能说毫无根据。或者，文帝在置经博士之前，还曾立一般有各种学问的人为博士官，后来才专立经博士或“五经”博士。如赵岐说成立，翟酺所言为“文帝始置五经博士”也是一致的，不必拘泥一个“五”字，即便汉武帝建元五年之“置五经博士”也是如此，不仅博士人数不限于五，有一经数个博士，也有的经（如《礼经》）当时无博士名可考。有的人能兼数经，也有的人“一人不能独尽其经”，如刘歆所说：“天下众书往往颇出，皆诸子传说，犹广立于学官，为置博士。在汉朝之儒，唯贾生而已。至孝武皇帝，然后邹、鲁、梁、赵颇有《诗》《礼》《春秋》先师……当此之时，一人不能独尽其经，或为《雅》，或为《颂》，相合而成。《泰誓》后得，博士集而读之。”[6] 这些都说明“五经博士”不应机械地理解。

但是，武帝“置五经博士”是有重要意义的，因为它与所谓“罢黜百家，独尊儒术”密切相关。《史记·儒林列传》无“置五经博士”一语，但记述了其具体内容：“及窦太后崩，武安侯田蚡为丞相，绌黄老、刑名百家之言，延文学儒者数百人。而公孙弘以《春秋》白衣为天子三公，封以平津侯。天下之学士靡然乡风矣。公孙弘为学官，悼道之郁滞，乃请……为博士官置弟子五十人，复其身。太常择民年十八已上，仪状端正者，补博士弟子。郡国县道邑，有好文学、敬长上、肃政教、顺乡里（者）……诣太常得

① 班固：《汉书》卷三十六，《楚元王传》，中华书局 1962 年版，第 1922 页。
② 班固：《汉书》卷八十八，《儒林传》，中华书局 1962 年版，第 3613 页。
③ 班固：《汉书》卷四十九，《晁错传》，中华书局 1962 年版，第 2277 页。
④ 班固：《汉书》卷二十五上，《郊祀志》，中华书局 1962 年版，第 121 页。
⑤ 班固：《汉书》卷四十八，《贾谊传》，中华书局 1962 年版，第 2221 页。
⑥ 《汉书·刘歆传》载其《移太常博士书》。

受业如弟子。一岁皆辄试，能通一艺以上，补文学掌故缺；其高第可以为郎中者，太常籍奏。即有秀才异等，辄以名闻。”这实际上即后世之以“明经”取士。从此，博士官为经学家所垄断，儒家的“独尊”之势开始形成，儒家经典“五经”或“六艺”也因此而“法定”，前述特定意义的“经学”就这样产生了，武帝以后“经学”之兴盛就是这样开始的。

当然，经学的产生也还有它本身的原因。有经书之后就有对经书的解释和研究，就有传经之学，这就是“传”“记”或“说”，所谓：“夫儒者以六艺为法，六艺经传以千万数，累世不能通其学，当年不能究其礼。”①这是司马谈在武帝初年所说，以千万数的“六艺经传”，当包括汉初以及汉以前的传记。在汉人心目中，《易经》的《系辞》是传②，《论语》《孝经》《尔雅》《孟子》也都是传或者记③，其他传《诗》《书》《礼》《春秋》者甚多，《史记·儒林列传》记汉初的大概情形说：“及今上即位，赵绾、王臧之属明儒学，而上亦乡之，于是招方正贤良文学之士。自是之后，言《诗》于鲁则申培公，于齐则辕固生，于燕则韩太傅。言《尚书》自济南伏生。言《礼》自鲁高堂生。言《易》自菑川田生。言《春秋》于齐、鲁自胡毋生，于赵自董仲舒。”在各人列传中，又具体记述了他们的弟子和经说，或弟子“以百数”（如申公），或为“内外传数万言”（如韩婴）。总之，传记之学大盛，这就是经学，随着五经法定地位的确立，经学成为官方学问，经学也就有更优越的客观条件得以充分发展。

二、两汉经学的发展

经学的发展，首先是统治者对经学的尊崇、提倡，除上面所说置五经博士之外，还可以从其他方面来说明，如《史记·封禅书》记载说：“（文帝）使博士诸生刺六经中作王制。”索隐曰：“刘向《七录》云：文帝所造书有《本制》《兵制》《服制》篇。”可见，文帝时不仅设了经博士，而且以《诗》《书》《礼》《乐》等书为经典，造作了直接服务于统治的书籍（实际等于政策、法规）。又，记载还表明，武帝时不仅设立五经博士，立学校官，且曾亲自主持关于经学的讨论，《汉书·王褒传》说：“宣帝时，

---

① 司马迁：《史记》卷一百三十，《太史公自序》，中华书局1982年版，第3290页。

② 司马谈说《易大传》。

③ 见赵岐《孟子题辞》。

修武帝故事，讲论六艺群书。”“修武帝故事”，即仿效武帝的做法。武帝讲论之事待考，宣帝之讲论有多次，如本始四年（公元前 70 年）四月曾“博问经学之士”①，甘露元年（公元前 53 年）于殿中讲论《公羊》《穀梁》异同（《汉书·瑕丘江公传》），等等。甘露三年（公元前 51 年）的一次规模最大，《汉书·宣帝纪》说：“诏诸儒讲五经同异，太子太傅萧望之等平奏其议，上亲称制临决焉。”这就是有名的石渠阁会议，《汉书·儒林传》说是：“甘露中，与五经诸儒杂论同异于石渠阁。”注曰：“《三辅故事》云：石渠阁在未央殿北，以藏秘书也。”钱大昭考证：“时与议石渠”，“其可考者凡二十三人”②，实际恐怕不止。据《汉书·艺文志》记载，《书》有《议奏》十八篇，班固自注称这些为《石渠论》，并注明亡佚，但《通典》中引《石渠议奏》不少③。

在两汉皇帝亲自主持经学讨论的事例中，另一次著名的会议是东汉章帝时的白虎观会议，《后汉书·章帝纪》建初四年（79 年）十一月：“下太常，将、大夫、博士、议郎、郎官及诸生、诸儒会白虎观，讲议五经同异……帝亲称制临决，如孝宣甘露石渠故事，作《白虎议奏》。”④ 又《后汉书·儒林传》序：“建初中，大会诸儒于白虎观，考详同异，连月乃罢。肃宗亲临称制，如石渠故事。顾命史臣，著为《通义》。”⑤《白虎通义》为班固编纂，或者称《白虎通》，或名曰《白虎通德论》，今有书存在。

此外，还可以举出一些事例，如皇帝在诏书中称引经文随处可见，以及皇帝亲访儒雅、亲幸太学、亲试太学生等等，都可以说明封建统治者对经学的重视和提倡。所有这些，自然促使经学日益发展。

两汉时期，可以说是经学的极盛时期。其大概，《汉书》和《后汉书》的《儒林传》有记载：“自武帝立五经博士，开弟子员，设科射策，劝以官禄，讫于元始，百有余年，传业者浸盛，支叶蕃滋，一经说至百余万言，大师众至千余人，盖禄利之路然也。初，《书》唯有欧阳，《礼》后，《易》杨，《春秋》公羊而已。至孝宣世，复立大、小夏侯《尚书》，大、

---

① 班固：《汉书》卷八，《宣帝纪》，中华书局 1962 年版，第 245 页。

② 钱大昭：《汉书辨疑》卷二，商务印书馆 1936 年版，第 23 页。

③ 见《礼》第三三、三七、四一、四三、四九、五〇、五二、五六、五九、六三各卷。

④ 注云：“今《白虎通》。”

⑤ 注云：“即《白虎通义》是。”

小戴《礼》，施、孟、梁丘《易》，穀梁《春秋》。至元帝世，复立京氏《易》。平帝时，又立左氏《春秋》，毛《诗》，逸《礼》，古文《尚书》，所以网罗遗失，兼而存之，是在其中矣。”① “及光武中兴，爱好经术，未及下车，而先访儒雅，采求阙文，补缀漏逸。先是四方学士多怀协图书，遁逃林薮。自是莫不抱负坟策，云会京师，范升、陈元、郑兴、杜林、卫宏、刘昆、桓荣之徒，继踵而集。于是立五经博士，各以家法教授，《易》有施、孟、梁丘、京氏，《尚书》欧阳、大小夏侯，《诗》齐、鲁、韩，《礼》大小戴，《春秋》严、颜，凡十四博士，太常差次总领焉。”“建武五年，乃修起太学……中元元年，初建三雍。明帝即位，亲行其礼。……乡射礼毕，帝正坐自讲，诸儒执经问难于前。冠带缙绅之人，圜桥门而观听者盖亿万计。其后复为功臣子孙、四姓末属别立校舍，搜选高能以受其业，自期门羽林之士，悉令通《孝经》章句，匈奴亦遣子入学。济济乎，洋洋乎，盛于永平矣！建初中，大会诸儒于白虎观……顺帝……更修横宇，凡所造构二百四十房，千八百五十室。试明经下第补弟子，增甲乙之科员各十人，除郡国耆儒皆补郎、舍人。……游学增盛，至三万余生。……熹平四年，灵帝乃诏诸儒正定五经，刊于石碑，为古文、篆、隶三体书法以相参检，树之学门，使天下咸取则焉。”② 以上《后汉书》引文，删节了几朝不重儒讲经的文字，主要通过一些概述看一看这一时期经学发展的盛况。归结起来，不外以下几点：

第一，经师可以居相位，西汉如公孙弘、韦贤、韦玄成父子、匡衡、张禹、翟方进、贡禹、薛广德、孔光、马宫、平当及子晏等等。东汉以明经修行取士，明经而能行经义者为高官的很多，如袁安、杨震、李固、陈蕃等等。这些人守正不阿，“谈仁义、传圣法”，有移风易俗的作用③，这是某些积极作用。而有些人因经术而累世通显，如桓荣祖孙三人为五朝皇帝授经，杨震家学相传三代为公，使人人羡慕。利禄使然，学者风从，乃至于人们认为“遗子黄金满籝，不如一经”④，这样，世世代代传经、学经的人就越来越多了。

① 班固：《汉书》卷八十八，《儒林传》，中华书局 1962 年版，第 3621 页。
② 范晔：《后汉书》卷七十九上，《儒林传》，中华书局 1965 年版，第 2547 页。
③ 参阅《日知录》卷一三《两汉风俗》。
④ 范晔：《后汉书》卷七十三，《韦贤传》，中华书局 1962 年版，第 3107 页。

第二，兴学校，培养经学人才，从置博士弟子五十人开始，以后百人、千人、数千人，直至东汉末年太学诸生三万人。再加上各地方学校以及私学的培养，明经、通经者人数更多，这既是经学兴盛的表现，也是经学兴盛的原因。

第三，经学影响政事。所谓仪礼、制度、考文皆以经义为本，甚至说治一经得一经之益①，如：以《禹贡》治河，以《洪范》察变，以《春秋》决狱，以《诗经》当谏书等等。

第四，经学本身发展的诸种表现。如，经师多，生员多，班固说："大师众至千余人。"当然弟子不少。但东汉经师和生员更多，许多经师有弟子动辄数千人乃至万余人，张兴、牟长、蔡玄等人著录弟子皆在万人以上②。经师多，派别也多，经今古文之争，师法、家法之发展，因之而起，这些下面也要专题讨论。又如，说经之书多，所谓"一经说至百余万言"，《汉书·艺文志》又有"说五字之文，至于二三万言"，颜师古注曰："桓谭《新论》云：'秦近君能说《尧典》，篇目两字之说，至十余万言，但说'曰若稽古'三万言。"《汉书·儒林传》又说："秦恭延君师出小夏侯，增师法至百万言。"大约汉初经师作传记不过数万言，如韩婴"推诗人之意，而作《内外传》数万言"③。后来才越增越多④，其弊病如《汉书·艺文志》所说："古之学者耕且养，三年而通一艺，存其大体，玩经文而已，是故用日少而畜德多，三十而五经立也。后世经传既已乖离，博学者又不思多闻阙疑之义，而务碎义逃难，便辞巧说，破坏形体。说五字之文，至于二三万言。后进弥以驰逐，故幼童而守一艺，白首而后能言。安其所习，毁所不见，终以自蔽。此学者之大患也。"此类评论在当时和后世很多，经学发展成繁琐考证，变成无用之学也是盛极而衰了。

三、经学发展中的几个问题

（一）为政治服务的问题

经学之为政治服务，旧的说法叫"通经致用"，有时候非常明显，甚

---

① 见皮锡瑞《经学历史》。

② 均见《后汉书·儒林传》。

③ 《汉书·儒林传》。又后仓说《礼》亦数万言。

④ 《后汉书·儒林传》记载，周防撰《尚书杂记》三十二篇，四十万言；景鸾关于《诗》《礼》的著述五十余万言。

至是自觉的，有时候则不十分明显。

两汉时期，无论是政治理论或政治措施，都可以说是经学家们从经书中找出来的，如《汉书·儒林传》序中所说："六学者[①]，王教之典籍，先圣所以明天道，正人伦，致至治之成法也。"所以，政治上的重大典礼，乃至一般的举止言行，都要符合经书的规范。经学家们，或者是当皇帝的顾问（如博士官），或者是因通经学而被任命为宰相大臣，如《汉书·儒林传》记载："叔孙通作汉礼仪，因为奉常"；"公孙弘以治《春秋》为丞相封侯"；"（易学田何弟子）淄川杨何，字叔元，元光中征为太中大夫。齐即墨成，至城阳相。广川孟旦，为太子门大夫。鲁周霸、莒衡胡、临淄主父偃，皆以《易》至大官。"前面的论述也曾列举过一些以经学进位卿相的例子。再例如，在皇帝的重大诏书中，多半要称引经书原文，似乎只要经书上说过的就是天经地义的，什么时候，什么场合，引用什么样的经文，那当然是靠经学家了，或者那些诏书大都出自经学家之手。还可举出一个突出的事例，那就是董仲舒的《春秋决狱》，这部书已经亡佚，现在只能从其他书中找到一些条文，如："时有疑狱曰：'甲无子，拾道旁弃儿乙养之以为子，及乙长，有罪杀人，以状语甲，甲藏匿乙，甲当何论?'仲舒断曰：'甲无子，振活养乙，虽非所生，谁与易之。《诗》云：'螟蛉有子，蜾蠃负之。'《春秋》之义，父为子隐。甲宜匿乙，诏不当坐。'"[②]董仲舒决断疑案，引经据典，在这一条材料中既引了《春秋》，也还引了《诗经》（并非完全根据《春秋》一经断狱，也未引经典原文，那就是他说了算），这即是经学为政治服务的明证。

（二）各派别之争的问题

学术思想领域中，任何时候也不会停止争论，即便是"罢黜百家，独尊儒术"之后，也是如此，而且儒学内部的争论又显得突出起来。在汉代，儒学就是经学。几乎从经学一开始，就有派别之争，时间很长，有时候表现得很激烈。就其大者而言，如两汉有所谓今学和古学之争，魏晋有郑王之争，南北朝有南学和北学的对立，唐代《五经正义》是一派，而且是钦定的，但始终有反对派的存在。同一大派之中又有不少派别，如所谓

① "六学"或作"六艺"，师古曰："六艺谓《易》《礼》《乐》《诗》《书》《春秋》。"

② 沈家本：《历代刑法考》卷二十二，《汉律摭遗·春秋断狱》，中华书局1985年版，第1770页。

鲁学、齐学、晋学、楚学之类。由经学派生的还有所谓“内学”（谶纬之学），等等。

如何看待这些争论呢？

首先，所有的争论，都可以说是为了争政治地位和争学术地位。以经今古文之争来说，所谓“今”和“古”不过因字体不同，以及记载中有些内容的不同（其实今文经师传授当中也因字音等不同，而有齐、鲁等地区差异），因此而引起争论不过是一种借口，实际上今文经学家杂采古文经不少，如伏生《大传》内多佚《礼》之文，贾谊《新书》中也有《左传》《国语》之说，等等。汉初许多经师本来在秦时也就诵习古文，而古文经学家所特别推重的《周礼》《左传》又并非孔壁中所出古文，从几次大的争论看，争的就是古文经是否立博士官的问题。不仅经今古文之争是如此，同属今文的齐、鲁之学，不也曾争过立博士的过程吗？如文帝时立《鲁诗》《韩诗》博士，景帝时增立《齐诗》博士，武帝时立《书》欧阳氏博士，宣帝时添立大、小夏侯，如此等等，皆争立博士也。由于后来出了一批大破古今之界的通人，如贾逵、马融、许慎、郑玄等人①，遍注诸经，列举各派之异同，经今古文之争实际上汉末已经结束了。

东汉末年，融合今古文的郑玄，“门人相与撰玄答诸弟子问五经，依《论语》作《郑志》八篇。凡玄所注《周易》《尚书》《毛诗》《仪礼》《礼记》《论语》《孝经》《尚书大传》《中候》《乾象历》，又著《天文七政论》《鲁礼禘祫义》《六艺论》《毛诗谱》《驳许慎五经异义》《答临孝存周礼难》，凡百余万言”。范晔在传后论曰：“郑玄括囊大典，网罗众家，删裁繁诬，刊改漏失，自是学者略知所归。王父豫章君②每考先儒经训，而长于玄，常以为仲尼之门不能过也。及传授生徒，并专以郑氏家法云。”其影响可见一斑。当然不同意见也还是有的，后来出了个王肃，专与郑玄作对，处处立异，引起了王学与郑学之争，如《三国志·王肃传》写道：“初，肃善贾、马之学，而不好郑氏。采会同异，为《尚书》《诗》《论语》《三礼》《左氏》解，及撰定父朗所作《易传》，皆列于学官。其所论驳朝廷典制、郊祀、宗庙、丧纪、轻重凡百余篇。时乐安孙叔然，受学郑玄之

① 诸人《后汉书》均有传。

② 注云：“范晔祖父范宁，晋武帝时为豫章太守。”

门人，称东州大儒……肃集《圣证论》以讥短玄，叔然驳而释之。”又《三国志·王基传》：“散骑常侍王肃，著诸经传解及论定朝仪，改易郑玄旧说，而基据持玄义，常与抗衡。”当时申王驳郑（如孔晁、孔毓）、主郑攻王（如孙炎、马昭）的都有①，争论两家之是非，形成王学与郑学之争。王肃因晋武帝为其外孙，其著作皆列于学官，甚至由诏令规定推行。这是争学术地位和政治地位完全搅和在一起了。

其次，虽说经学派别之争，主要是争政治和学术地位，但各种派别的争论也有些具体内容，而且各有长短。争论的问题，有一些时过境迁，争过了就完了，对以后没有什么影响。但对那些影响后世乃至现今的争论，却不能不注意和研究。以经今古文之争为例，如孔子为什么作六经？是否托古改制？六经中有无“微言大义”？这类问题长期对后世有影响，从文化传统角度看，至今也还值得研讨。至于今文学家斥古文经传是刘歆之伪作，古文学家斥今文经传是秦火残缺之余，两方面的意见，都应该予以注意。

此外，在长期的各种派别的斗争中，各自发挥自己的长处，形成了不同的学风，对后世也是很有影响的。一种是着重“解故”或“训故”，发展为“遵章句注疏”，“守训故而不凿”②；一种是“说义”或“以事义解经”发展为排斥经师旧说，“独析义理”。现在看来，这两方面各有各的可取之处，前者于弄清古义不可缺少，后者对分析传说人的思想乃至时代思潮很有意义。后者与宋以后的新经学（或称宋学）关系密切，前者则为后来清代重考据的经学所发展了。

（三）师法和家法问题

“师法”一词见于《荀子》，但似乎又师是师、法是法，《荀子·儒效》有“有师法者人之大宝也，无师法者人之大殃也”的说法，但前面又是说的“无师无法”“有师无法”，师和法没有联起来。在《修身》中，法似乎指礼而言：“礼者所以正身也，师者所以正礼也。无礼何以正身，无师吾安知礼之为是也。……故非礼，是无法也，非师，是无师也。不是师法而好自用，譬之是犹以盲辨色……故学也者，礼法也，夫师，以身为正仪而

① 参阅皮锡瑞《经学历史》及周予同注。

② 王应麟：《困学纪闻》卷八，《经说》，四库全书荟要本，第40页。

贵自安者也。”杨倞注云：“效师之礼法以为正仪如性之所安斯为贵也。”即便师、法分别有所指，效师之礼法，也有师所传授的意思，这就与汉代以老师传授的学问和技能为师法的意思是一致的。

从汉代开始，经学传授中的师法和家法问题就逐渐突出起来。《后汉书・章帝纪》建初四年的诏书中曾说：“汉承暴秦，褒显儒术，建立五经，为置博士。其后学者精进，虽曰承师，亦别名家。”这就涉及传经之师以及师与家的关系问题。和帝时鲁丕上疏所云更加明确：“臣闻说经者，传先师之言，非从己出，不得相让；相让则道不明，若规矩权衡之不可枉也。……法异者，各令自说师法，博观其义。”①《论衡・效力》也有：“诸生能传百万言，不能览古今，守信师法，虽辞说多，终不为博。”这都明确说是传经中有师法问题。家法是由师法而产生的，上引诏文：“虽曰师承一师之业，其后触类而长，更为章名，则别为一家之学。”任何一个经学家都有自己的师承，都有师法，学业精进，稍有点自己的东西之后，就独立成家，就有了自己的家法，所以皮锡瑞在《经学历史》中说：“先有师法，而后能成一家之言。师法者，溯其源；家法者，衍其流。”这等于是师法和家法的定义，大体上是不错的。

两汉时期非常重视师法和家法，学者以守师法传授为荣，不守师法则受到非难。他们在皇帝面前往往以师法对问，从而受到嘉奖，如翼奉上封事，开口就是“臣闻之于师”②，以师法为自己的立论根据。学通师法还可受到荐举，如萧望之荐举张禹：“奏禹经学业有习，有师法，可试事。”③反之，不守师法者就不被任用，如宣帝时博士缺人，“众人荐（孟）喜，上闻喜改师法，遂不用喜”④。东汉以后重家法也是如此，察孝廉、举明经、试博士皆重家法，如《后汉书・左雄传》记载：“雄又上言：‘郡国孝廉，古之贡士，出则宰民，宣协风教。……请自今孝廉年不满四十，不得察举，皆先诣公府，诸生试家法，文吏课笺奏……’帝从之，于是班下郡国。”又如同书《徐防传》记载：“（防上疏曰：）‘伏见太学试博士弟子，皆以意说，不修家法，私相容隐，开生奸路。……今不依章句，妄生穿

① 范晔：《后汉书》卷二十五，《鲁丕传》，中华书局1965年版，第884页。
② 班固：《汉书》卷七十五，《翼奉传》，中华书局1962年版，第3167页。
③ 班固：《汉书》卷八十一，《张禹传》，中华书局1962年版，第3347页。
④ 班固：《汉书》卷八十八，《儒林传》，中华书局1962年版，第3599页。

凿，以遵师为非义，意说为得理，轻侮道术，浸以成俗，诚非诏书实选本意。……若不依先师，义有相伐，皆正以为非……’诏书下公卿，皆从防言。”从以上引证和其他材料看，皮锡瑞在《经学历史》中说“前汉重师法，后汉重家法”是有一定道理和根据的。但是，如上所说，师法和家法又不是截然分开的，有时根本不能分。以上徐防所说“不修家法”和“不依先师”，就既是家法又是师法。

皮锡瑞在《经学历史》中具体举例说明了师法与家法如何分，说明师法产生在前，家法出现在后，家法从师法中分出，师法的派别大，家法的派别小，等等。但是没有说明家法怎样才能形成，为什么会出现家法。《后汉书》一些注文中有关于家法的解释，如《质帝纪》注：“儒生为《诗》者谓之诗家，《礼》者谓之礼家，故言各随家法也。”《徐防传》注：“诸经为业，各自名家。”《左雄传》注：“儒有一家之学，故称家法。”这些解释的意思基本相同，家法与师法似无区别。本来，师上有师，家后有家，是一个师承不断的系统。例如《易经》的施、孟、梁丘之学是所谓师法，但他们同祖丁宽，故丁宽被称为“祖师”[①]，实际上丁宽之前还有老师田何，《汉书·儒林传》说：“成帝时刘向校书，考《易》说，以为诸《易》家家皆祖田何，杨叔、丁将军，大谊略同。”则祖师当为田何，称丁宽为“祖师”，也许是就西汉师法而言，这是师上有师。又如施雠授张禹、琅琊鲁伯，张禹又授淮阳彭宣等人，由是施家有张、彭之学。同样，孟有翟、白之学，梁丘有士孙、邓衡之学。不仅《易经》如此，其他各经莫不皆然，所谓“经有数家，家有数说”，“枝叶蕃滋”，发展就是如此。

然而，家法之所以从师法中分出，除了先后，大小之不同外，还有更重要的因素，并非有多少弟子就分多少家，而是如前引章帝诏所说，是“学者精进”的结果，才“虽曰师承，亦别名家”，别为一家之学。要独立成家，看来至少要两个条件：一是精通师法，二是有自己的独立见解。范晔在《后汉书·儒林传》后论曰：“其耆名高义开门受徒者，编牒不下万人，皆专相传祖，莫或讹杂。至有分争王庭，树朋私里，繁其章条，穿术崖穴，以合一家之说。”这就是一方面“专相传祖”，继承和精通师法；另一方面又要能“繁其章条，穿术崖穴”，有一定本领，才能另立一家之说，

① 《汉书·外戚传》：“定陶丁姬……《易》祖师丁将军之玄孙。”

徒弟以万数，不可能人人各自成家。通常说的精通师法，在史书上又叫做“究极师法”，如《后汉书·卓茂传》：“茂，元帝时学于长安，事博士江生，习《诗》《礼》及历算，究极师法，称为通儒。”又同书《刘宽传》注引《谢承书》曰：“宽少学欧阳《尚书》、京氏《易》，尤明《韩诗外传》。星官、风角、筭历，皆究极师法，称为通儒。”“究极师法”这四字大有讲究：一方面不能不遵师法，否则不但会受到非难，同门也要攻击，已如前述，而实际上任何人也不可能无师自通（至少广义地说“师承”）。另一方面，固守师说，也会有不少弊病，就会如王充所言：“儒者说五经，多失其实。前儒不见本末，空生虚说。后儒信前师之言，随旧述故，滑习辞语。苟名一师之学，趋为师教授，及时蚤仕，汲汲竞进，不暇留精用心，考实根核。故虚说传而不绝，实事没而不见，五经并失其实。”① 所以范晔论曰：“夫书理无二，义归有宗，而硕学之徒，莫之或徙，故通人鄙其固焉。”② 真正作为一个“通儒”或者“通人”很不容易，但只有这样的人才能立“家法”。他必须在“究极”——研究透师法的基础上，又提出自己的见解来，才能独立成家。而且，从以上所引和其他许多“通儒”“通人”的材料看，没有一个是只专治一经的，差不多都兼通数经，甚至博采百家之学，如班固，如王充，如著名的经学大师贾、马、许、郑等等，莫不如此。

师法、家法存在于经学的极盛时期，有时候门户特别森严，这是因为有些人“分争王庭，树朋私里”（前引范晔语）。但它本身的发展，却在事实上不断地打破门户之见，所以，以后越来越多地出现一批越来越大的“通儒”。一直到唐代以后，有了兼存各家的《五经正义》，师法、家法的问题就不存在了。但并非以后的学者没有老师，也并非以后老师对学生就没有影响，《宋元学案》《明儒学案》《清学案小识》等等，也都讲了师承乃至派别关系，只不过不像汉代那样讲师法和家法罢了。

师法和家法是一种历史文化现象，它在历史上是起了一定作用的，特别是对经学的传授起了很大作用，使得经学一度极盛，对于后世乃至现在研究儒家经典也起了作用。

---

① 《论衡·正说》，诸子集成本，中华书局 1954 年版。
② 范晔：《后汉书》卷六十九下，《儒林列传》，中华书局 1965 年版，第 2589 页。

第二节 秦汉时期的诸子思想

秦汉时期有不少至今值得研究的思想家，他们的思想涉及政治、经济、哲学、历史、文学以及伦理学、教育学等等许多方面的学问。这一时期的思想家们有一个共同点，那就是更为明显地呈现出一种混合趋向和特点，战国时期的所谓诸子百家，有的不相水火，到战国后期开始出现一种由分化到混合的趋势，儒、墨、道、法诸家彼此间相互吸收和渗透。因而秦汉时期虽如司马谈所说有阴阳、儒、墨、名、法、道德六家之别，但混合却是一个大的趋势，无论哪一家都有些杂而不纯。秦汉时期许多思想家的派别有的就很难分辨，而《吕氏春秋》和《淮南子》之类被称为“杂家”的著作，更明显是学术上的综合。现择要介绍一些如下：

一、《吕氏春秋》

这是一部依靠集体力量，按照预定计划而写成的书。全书组织结构整齐划一，有一个比较完整的体系，在内容方面，能够以客观的态度对待所有先秦文化，公开地申明要兼采各家之长，把各家学说中在它看来有价值的东西组织到一起。没有门户之见，但有自己的主见，大体上是：以黄老思想的理论原则为自己的指导思想，构造自己的观点。从自然到社会，从天地到人间，从论天、治国到做人、养生，从政治、经济、军事到哲学、历史、道德、音乐，各方面的内容都涉及了，是一部综合性的学术理论著作，也是一部施政纲领。进行学术综合构造自己的理论、观点，是该书的特点，尽管其统一各家学说有不协调、不紧凑等不足之处，但综合（或者说融合亦可）各家学说反映了时代发展的必然。《吕氏春秋》出自众人之手，书的综合性特点，也部分地可以反映学者们的综合趋向。

《吕氏春秋》的内容是丰富的，多方面的，主要方面：有宇宙观和天人关系论，虽然限于科学知识摆脱不了当时天人感应之类的唯心主义思想，但确有唯物主义的主要倾向，书中对天地的认识确实是指苍天和大地，是山川泽谷、日月星辰、风雨寒暑，没有意志和感情色彩。有历史观和社会政治理想，能够以发展文化的观点看待社会政治历史，有不少符合时代潮流的进步的政治主张，以统一集权而又限制君主专制之类最为突出；在认识论方面新意迭出，阐述了不少启人智慧的问题，教人们如何求知、察物、审人、原事，都是想寻找事物发展的规律性，力求避免错误；还有在人性论、生死观和养生之道等问题上，都有不同寻常的见解，如主张合理的情欲，认为生死是自然规律，可以通过休息调养的方法“及其天年”等等；此外，书中还有一些宝贵的军事思想和音乐理论。总之，这部综合性的学术著作有很高的学术价值。

二、李斯

在短短的秦代历史中，学术思想上值得一提的人物是李斯。他是荀子的学生，韩非的同学，曾做过吕不韦的门客。他的思想，在某种意义上说是代表着我国历史上第一个大一统帝国——秦王朝的思想。李斯的思想，可以从其关于“焚书”之议中体现出来，该议篇幅虽不大，但反映出的思想比较集中，主要内容是：适应大一统政治的要求，主张变法，理由是“五帝不相复，三代不相袭，各以治，非其相反，时变异也”①；主张“法令出一”“别黑白而定一尊”；反对“道古以害今，饰虚言以乱实”，等等。在以上原则的基础上，提出了一些具体措施，如烧毁民间《诗》《书》，“有敢偶语《诗》《书》者弃市；以古非今者族；吏见知不举者，与同罪”；“欲有学法令，以吏为师”等等，明显地有着法家思想精神，但结合当时的实际情况看，也不是纯粹的法家，主要不过是为了统一学术，有些思想与其他各家是相通的，如关于大一统、尊君抑臣之类，相信灾祥也不是原法家的思想，设置博士官更是一种兼容，其中儒家的东西尤为突出，或者与师承综合学术的荀子有关。

三、陆贾与贾谊

这是汉初的两个政治理论家，他们的思想都是为了解决当时的政治问题，当时是又一次大的时移世异，汉王朝建立了，该如何建立自己的统治？陆、贾两人都是回答这个问题。陆贾有《新语》十二篇，当时他“每奏一篇，高帝未尝不称善，左右呼万岁”②，足见其适乎时代之潮流，合乎

① 《史记·秦始皇本纪》，本段引文均同。
② 司马迁：《史记》卷九十七，《郦生陆贾列传》，中华书局1982年版，第2699页。

人群之需要。贾谊是一位站在时代前面的政治思想家。贾谊的主张没有陆贾的那种轰动效应，但他所作的《新书》也是有时代意义的，他忧国忧民，发现和揭露了当时社会现实的一些问题（有些问题甚至还是萌芽状态），为汉王朝献“长治久安”之策，虽受到汉文帝的赏识和重视，但其主张未能付诸实现，这也许是时间未到，条件还不成熟。

陆、贾两人的政治主张和思想有很大的共同点，即都主张行仁义，只不过条件有所不同罢了：陆贾建言“行仁义，法先圣”①，是直接从反对不法先王的暴秦而提出的；贾谊写《过秦论》是作了更深入的理论探讨，历数秦朝的种种失策，归结到一点，就是“仁义不施”，同时，贾谊还面临着汉初的种种不好苗头。还有相同的是，两人虽都主张行仁义，但都不否定法令刑罚或权势法制的作用。

由于时间、条件以及面临的具体问题，两人的具体主张以及出发点和论述都有所不同，因而在哲学思想上表现出更明显的不同。从哲学派别看，陆贾该列入黄老新道家，在陆贾心目中，行仁义的表现就是实行“无为”政治，他的思想是以老子的“道”为基础的，“夫道莫大于无为”，故他的《新语》中，以《道基》《无为》等为篇名，十分突出。贾谊主要讲的是“有为”，他强调“礼”，而且是如荀子一样与“法”的意义相等的“礼”，他又应用了法家的“势”这个概念，并有所发展。所以，司马迁说“贾生明申、商”②。有人把贾谊当成汉初新法家的代表，是有一定道理的。

陆贾、贾谊的政治思想、哲学思想还有许多具体的内容，特别是贾谊的思想更丰富。

四、《淮南子》

和《吕氏春秋》一样，《淮南子》也是一部集体创作的理论巨著，体系更大更完整，内容更丰富，堪称博大精深，综合性更强。这一点它自己说得很明白：“若刘氏之书，观天地之象，通古今之论，权事而立制，度形而施宜。……非循一迹之路，守一隅之旨，拘系牵连于物而不与世推移也。”它对于各家学说和思想能客观、平等地对待，能够兼采，能够吸收

---

① 《新语·道基》，诸子集成本，中华书局 1954 年版。

② 司马迁：《史记》卷一百三十，《太史公自序》，中华书局 1982 年版，第 3319 页。

融合。但是，又有它自己一贯的主旨，它是“纪纲道德，经纬人事，上考之天，下揆之地，中通诸理”。“故著书二十篇，则天地之理究矣，人间之事接矣，帝王之道备矣。”[①] 高诱作《叙目》说：“其义也著，其文也富，物事之类，无所不载，然其大较归之于道。”无论思想理论，或是思想资料，该书的综合性特点都是很明显的，然“其旨近老子”“其大较归之于道”，也是十分明显的，是一部总结性学术著作，因而在当时，“学者不论《淮南》，则不知大道之深也。是以先贤通儒述作之士，莫不援采以验经传”[②]。

《淮南子》一书的内容丰富。其中的“道”论，应该说是当时最全面的了，虽然它不可能讲得很透彻，但已经方方面面、反反复复地进行了说明，表述的思想还是比较清楚的。和《吕氏春秋》一样，《淮南子》具体内容涉及的方面很多：既有宇宙观、认识论，也有社会政治、历史观；既有抽象的形神观、人性论，也有具体的养生法。书中不仅有政治、历史、哲学等社会科学，也有天文、地理、生物等自然科学，还有美学、音律学等等，故而带有百科全书的性质。从该书中，可以了解秦汉以前的各方面知识，也可以从中见到当时的新见解和新知识。

五、董仲舒

董仲舒在汉武帝时是一个风云人物，在和汉武帝对策时名列榜首，但他在当时并没有得到多高的政治地位，他的地位和影响是在学术上。刘向说他“有王佐之材，虽伊、吕亡以加，管、晏之属，伯者之佐，殆不及也”[③]，抬得如此之高。刘歆则认为他连子游、子夏都不如。这样相反的评价，除了刘歆属古文经学派有门户之见外，也因为他在当时并没有引起很大的影响，但董仲舒的思想和学术是适合了封建统治的需要，因而受到历代帝王的重视。

董仲舒在学术思想上的主要贡献，是建立了天人感应的神学体系，包括天为万物之本，天为最高之神，天人相类，王者为天所命，祥瑞为受命之符，王者以天为法而奉戴天意，以天人感应，道本于天，天不变道亦不

---

① 以上均见《淮南子·要略》。

② 高诱：《淮南子·叙目》，诸子集成本，中华书局 1954 年版。

③ 班固：《汉书》卷五十六，《董仲舒传》，中华书局 1962 年版，第 2526 页。

变，等等许多具体内容。一个相当严密的理论体系，给封建统治罩上了神圣的光环，尽管现在看来是荒谬的，但在封建社会很长一个时间里，它却是神圣的、严肃认真的。当然这毕竟是虚的，实实在在的则在于他用阴阳五行之类的神学论证了儒家的仁义、道德、纲常名教，因而实际发挥影响的是他的政治历史观、伦理道德观。

正因为如此，加上他也确实提出过把儒家定为一尊的主张，他被后世奉为正统的儒家。但是，这位大儒并不真正的“醇”，他把三纲五常放到绝对权威的地位，这当然是孔子以来邹鲁文化的传统；但他的思想学说还明显地吸收了其他的文化传统，例如阴阳五行、神仙方术，这是燕齐文化的传统，天人感应甚至是以此为基础的；另外他也有明显的三晋文化刑名家的思想，乃至黄老思想等等。这些事实说明什么？同样说明汉代学术的综合趋向。汉代的儒家也是新儒家。

六、司马迁

司马迁在汉代学术史上的地位是很重要的，有人说他是两汉首屈一指的学者。他的贡献，主要是留下了一部《史记》。这部书在中国古代史学史上别开一新的局面，以后的所谓二十四史、二十五史，莫不沿用其体系，因而又有人说他是中国史学之祖。但是《史记》一书，绝不仅仅是一部史学著作，而是又一集前此学术之大成的百科全书式的学术著作。梁启超在《中国学术思想变迁之大势》一文中写道：“《史记》千古之绝作也……其寄意深远，其托义皆有所独见，而不徇于流俗。本纪之托始尧、舜（五帝）也，世家之托始泰伯也，列传之托始伯夷也，皆贵其让国让天下，以诛夫民贼之视国土为一姓产业者也。陈涉而列诸世家也，项羽而列诸本纪也，尊革命之首功，不以成败论人也。孔子而列诸世家也，仲尼弟子而为传也，尊教统也。《孟荀列传》而包含余子也，著两大师以明群学末流之离合也。老子、韩非同传，明道法二家之关系也。游侠有传，刺客有传，厉尚武之精神也。龟策有传，日者有传，破宗教之迷信也。货殖有传，明生计学之切于人道也。”这虽然反映了梁启超个人的一些看法，但其综合学术却是事实，因为书的内容已涉及当时学术的各主要方面。

七、刘向、刘歆

刘氏父子在学术史上的地位，是校理旧籍，其校书情况，《汉书·艺文志》有记载。先是成帝时命刘向等人校书，刘向“校经传诸子、诗赋”，所校之书最多，并且是总理其事，每校一书之后，刘向还写一篇介绍和提要性的叙录，后集为《别录》。他的儿子刘歆最后完成父业：“总群书而奏其七略，故有《辑略》，有《六艺略》，有《诸子略》，有《诗赋略》《兵书略》，有《术数略》《方技略》。”就是说，他们校理图书，把中国古代的学术理出一个系统，“提要钩玄，洞明流变”。这当然是一重大贡献。在中国古代学术史上，此工作涉及目录学、版本学、校勘学等多种学问，均有开创性。图书经整理之后，就便利了更广泛的流传。章炳麟说：“书布天下，功由仲尼；其后独有刘歆而已。”他在历述了西汉时期“得书之难”以后，继续写道：“向、歆理校雠之事，书既杀青，复可移写，而书贾亦赁鬻焉。故后汉之初，王充游洛阳，书肆已见有卖书者。其后邠卿章句之儒，而见《周官》；康成草莱之氓，而窥《史记》；是则书之传者广矣。”①

此外，刘向本身的著述也较多，撰有《尚书·洪范五行传》《三统历谱》《五经要义》《世说》《列女传》《列仙传》《新序》《说苑》等百余卷。这些也是有一定学术价值的著作。刘歆的著述有：《尔雅注》《三统历谱》《汉书》及《集》等。

八、王充

王充字仲任，会稽上虞人，东汉初期人，建武三年生，享年七十余岁，经历光武、明帝、章帝、和帝四朝，出身“细族孤门”，好读书也特别聪明，“一见辄能诵忆，遂博通众流百家之言”。他刻苦自学，勤于著述，先后写过《讥俗节义》《政务》《论衡》《养性》四部书。费时最久的是《论衡》一书，今存的也只有这部书，全书八十五篇，实存八十四篇。该书突出的特点是对神学和迷信的批判，因而有人称王充是“廓清两汉迷信之说的战士”，有人说他是“战斗的唯物主义者”。他的思想和学说是“综合儒道，博通百家”。但是，他主要是继承了西汉以来的黄老思想，批判儒家神学目的论以及世俗迷信等的主要理论武器是“元气自然论”。这部后来被称为“异书”“奇书”的著作，是王充死后若干年才得到流传的。它为中国思想史增添了光彩。因为东汉后期神学经学日趋荒诞、烦琐，失

① 章炳麟：《检论·订孔上》，《章太炎全集》三，上海人民出版社1984年版，第425页。

掉了生命力。《论衡》的流传，给东汉末的思想界吹了一股清新之风，引发了学术界离经叛道的倾向，蔡邕等人“秘玩以为谈助”，王朗得其书，“时人称其才进”①。可见当时人们之厌弃神学经学，对标新立异的思想发生浓厚兴趣。从而可以说，《论衡》为魏晋玄学的兴起开辟了道路，并为玄学直接提供了某些思想资料。例如他用道家思想解说《周易》《论语》，就是玄学家为老庄解儒经的先声；他的《问孔》《刺孟》，自然导致嵇康“轻贱唐虞而笑大禹”，“非汤武而薄周孔”；他的元气自然论对魏晋哲学有积极影响；他的评论人才自然影响汉末魏初的人物品评和才性之辨；等等。

九、班固

班固的重要贡献是一部《汉书》。班固是史学家，同时又是一位文学家，他的学术成就，与他的博学多才是分不开的。《后汉书》本传上说：“年九岁，能属文诵诗赋，及长，遂博贯载籍，九流百家之言，无不穷究。所学无常师，不为章句，举大义而已。”但他是有家学渊源的，父亲班彪，也是一位“通儒上才”。班固所作《汉书》与《史记》齐名，在体例上有所发展，特别是它的“十志”在中国古代史学上贡献和影响最大，该书资料丰富，而且经过了认真的审核和选择。《汉书》在文学史上也很有地位，班固可以说是一个杰出的传记文学作家，《汉书》成为后代文学家学习的楷模，唐代柳宗元、宋代黄庭坚等人都对《汉书》作了很高评价，黄庭坚甚至说，久不读《汉书》，便觉俗气逼人。从思想史的角度看，班固是有思想的，《汉书》也是有思想的，不过其思想不足称道，它把儒家天人合一的谶纬神学奉为正宗，维护封建正统。班固参加“白虎观会议”，并奉命撰《白虎通义》，这虽属于记录整理工作，但是反映了他的思想，这思想与《汉书》的指导思想也是一致的。

东汉时期，经学家特多，所以说是儒家诸子。著名的马融、贾逵、郑玄、许慎，为人们所知；其他有名的也不少，郑兴、郑应父子，卫宏、赵岐、卢植、服虔、李育、何休、范升等等；另外还有如崔寔、王符、仲长统、丁鸿、左雄、荀悦以及应劭等人，不仅是经学家，在政治和哲学等思

① 《后汉书·王充传》注引《袁山松书》。

想方面均有一定的贡献。其中对后世影响最大、最深的，一个是郑玄的遍注群经，另一个是许慎作《说文解字》，郑玄之学被称为“郑学”，许慎之学被称为“许学”。

第三节　内学的学术地位

前面提到的谶纬在作为迷信思潮流行的同时，逐渐出现了一些著作，因为有图有书，所以也叫“图书”“图纬”“图谶”。谶又叫做“符命”“谶记”，也叫做“经谶”。纬采用谶书的占星术（望候星气与灾祥），故又叫“纬候”。图书越来越多，越来越受重视，所谓“五经六纬，尊术显士”①，终于形成与经学相对应的“内学”，《后汉书·方术传》云：“后王莽矫用符命，及光武尤信谶言，……自是习为内容，尚奇文，贵异数，不王于时矣。”内学即谶纬之学，名声虽不太好，其学术地位不可忽视。

“谶”，是“诡为隐语，预决吉凶”的预言；“纬”是对经而言的，是用神学来解释经义。两者的起源及其时间都不是一回事，谶语这种迷信开始得很早，纬书则是在儒家经典神圣化之后才有的，比谶要晚得多，所谓“五经六纬，尊术显士”②，至少是西汉成帝以后的事了。但是后来两者合流了，纬书中编造大量预言来神化帝王，谶也只有依傍经义才能收到更好的宣传效果。因而现有的材料是，纬中有谶，谶中有纬。关于谶纬的著作，有许多不同的名称。

谶纬的内容极为广泛，包括自然、社会、人事各个方面。纬是对经而言的，因而纬书对于六艺经典均有所解说，例如《易·乾凿度》《尚书·璇玑钤》《诗纬·含神雾》《礼纬·含文嘉》《乐纬·动声仪》《春秋·说题辞》《孝经·钩命决》等等，纬书中既有文字的解说，也有古代典礼制度的记述。自然科学方面，保存着很多古代天文学知识，还有不少关于历法和气象的资料；关于灾异的记述，也是自然科学史的资料。此外，纬书中关于古史及神话传说的记述，也是很有研究价值的。至于符瑞（或称符命）方面的内容是大量的，历代帝王都信奉和承袭受命于天的神圣欺骗，

① 班固：《汉书》卷七十五，《李寻传》，中华书局1962年版，第3179页。
② 班固：《汉书》卷七十五，《李寻传》，中华书局1962年版，第3179页。

影响深远。“天降符瑞以命之”，故又称瑞应、符应、瑞命等等。这方面的内容或许对理解某一时期的政治斗争有一定帮助。

谶纬的内容无所不包，但讲灾异和符命的最多。人们概括其主导思想，是以阴阳五行为骨架的天人感应神学目的论。这种思想不是谶纬的发明，其始作俑者还应该是董仲舒。其许多具体内容，则多采自今文经学之说，如《春秋纬》为公羊家说，《诗纬》为齐诗说，《易纬》推演孟、京易说，都是很明显的。谶纬采《春秋繁露》、今文《尚书》之文也不少，反过来，《白虎通义》一书又大量援据谶纬。《白虎通义》不仅是运用谶纬之说，所谓“稽合图谶”，明显称引的也不少，不言明而引用的更多，如《天地篇》之解释天地，用纬书之文：“天之为字镇也，居高理下，为人镇也。”与《春秋·说题辞》所云“天之为字镇也，居高理下，为人经纬”①略同。“地者易也，万物怀任，交易变化。”与《春秋·元命苞》所云“地者易也，万物怀任，交易变化，含吐应节”② 相同。这类情况极为普遍，所以有人说：《白虎通义》“百分之九十的内容出于谶纬”③。《白虎通义》之引证经典，在有经有纬的同时，往往先引谶纬，后引经书。这或可以说明谶纬在当时的重要地位，亦可见其在学术上的地位。

谶纬的学术地位如此重要，当然与东汉的政治有密切关系。东汉王朝的受命依靠了谶纬，所谓“谶记曰：‘刘秀发兵捕不道，卯金修德为天子’”④。东汉王朝的制礼作乐也是以谶纬为依据，章帝时命曹褒“依准旧典，杂以五经谶记之文”⑤，编撰从天子到庶人的冠昏吉凶礼仪制度为一百五十篇。另一方面，谶纬在政治上有时也能发挥一点积极作用，有时候也可以有灾异之类谴告来警告甚至适当地约束一下统治者。更不消说，有些农民起义也可以利用谶语来动员群众，组织起义了。

正因为谶纬曾风行一时，成为一种社会思潮，内容又十分广泛，所以它与文化学术各方面都有关系，因而它的学术地位也是十分重要的。

例如，从哲学的角度看，谶纬特别是《易纬》，是富于哲学思想的。

---

① 《尔雅·释天》疏引。

② 欧阳询：《艺文类聚》卷六，《地》，上海古籍出版社 1965 年版，第 99 页。

③ 侯外庐等：《中国思想通史》第二卷，人民出版社 1957 年版，第 229 页。

④ 范晔：《后汉书》卷一上，《光武帝纪》，中华书局 1965 年版，第 22 页。

⑤ 范晔：《后汉书》卷三十五，《曹褒传》，中华书局 1965 年版，第 1203 页。

其哲学思想无疑是唯心主义，但它是一个相当完整的唯心主义的体系。例如所谓“卦气”，《易纬·通卦验》卷下说：“凡《易》八卦之气，验应各如其法度，则阴阳和，六律调，风雨时，五谷成熟，人民取（聚）昌，此圣帝明王所以致太平法。故设卦观象，以知有无。夫八卦缪乱，则纲纪坏败，日月星辰失其行，阴阳不和，四时易政。八卦气不效，则灾异臻。”总的意思是说卦爻的变化代表阴阳二气的消长。由于阴阳二气是万化之源，体现了神意，支配着所有的天象和人事，决定了各种各样的吉凶祸福，所以为了进行预测，必须仔细观察卦爻的变化。具体内容很多，极其烦琐，但是愈烦琐愈容易附会天人感应，可以随意加以解释。但作为历史的存在，作为一种哲学思想史是值得研究的。例如，它的体系相当庞大，形式也相当完整，有人认为这是古代的系统论，或系统论思想的萌芽，这未尝没有道理。又例如，讲阴阳，讲变化，其中或多或少有些辩证法的思想，等等。

谶纬与宗教特别是道教，有很自然的联系。谶纬综合了古代祖先崇拜，天子诸侯的祭祀和民间世俗信仰的诸神，构成一个错综复杂的神系，有最高之神——天帝，有社稷之神，天上的风伯雨师及诸星辰，地上的五岳四渎河海山川，都有神，还有各种各样的杂神，如司命、司过、司中、司禄等等，随时都在暗地里监视人的一举一行，为善则可以福禄寿考，为恶则会受到减寿夭折的惩罚，这多少有些“劝善惩恶”的作用。中国古代的神仙方术也为谶纬所吸收。而谶纬中的一些内容，又为后来的道教所吸取，道教有戒律，也是劝善惩恶的；扶乩降神仪式也有所继承；许多道经的来龙去脉及一些内容都可看出谶纬与道教的密切关系。谶纬的存在及其影响，外来的佛教也不得不注意，记载表明，三国时西域来的康僧会是通天文图纬的[①]。

最后还有一点应该指出，在古代，科学与神学往往是杂糅在一起的，谶纬中保存着不少自然科学知识，也是宝贵的资料。谶纬中的自然科学知识，首先大量的是天文、历法、物候气象方面的知识，也有物理、生理、药物学等各方面的科学知识。

---

① 参阅《出三藏记》卷一三《康僧会传》。

第四节 自然科学

在中国古代，和人文科学相比，自然科学相形见绌，并且由于科学材料往往和神学迷信混在一起，自然科学理论又受天人感应说的制约，显得古代自然科学无甚可言。但是，人们的生产和生活，事实上无法离开科学，因而自然科学的知识和理论必然会产生。中国是文明古国，农业生产发达得很早、很先进，因而以农业生产为中心发展起来的自然科学，除了农学本身之外，有天文、历法、数学等等，许多方面都有显著成就。另一方面，古人进步之后，为了对付不可避免的疾病，积累了医药卫生方面的知识，建立和发展起了中国独特的医药学，以及与之相关的化学、动植物学等等。

更重要的一点是，汉代为我国古代自然科学奠定了理论基础，后代的发展在理论体系上未能越出汉代的框架，特别是在农学和医学这两方面，许多基本原则都已在汉代确定，汉代以后无有超过者。现就几个方面择要记述如下：

一、农学

战国诸子百家中有一个农家，但它可能是一个哲学团体，而不是科学团体。农学的著作，主要是对农业生产经验的总结，《汉书·艺文志》就著录“农九家，百一十四篇”，其中两篇注明为“六国时”作品，有三篇明确为西汉之作，另外至少还有两篇是西汉之新作，可惜这些书后来都散失了，唯《氾胜之书》今存辑佚本。此外，《吕氏春秋》中的《任地》《审时》等四篇，被认为是农家之著作，记录了“天时”“土宜”之类的常识。

《氾胜之书》中，具体指出了各种农作物的耕作原则和耕作方法，还具体地介绍了掌握耕作时机的测量技术。它把农业生产的原则概括为“趣时、和土、务粪泽、早锄早获”。这些原则不仅在“天时”“土宜”之外还看到了农作物生长和其他因素的关系，更重要的是，这里不只是讲到了客观自然条件对农作物生长的影响和制约，也讲到了人对自然条件的掌握、运用和改造，从常识上升为科学技术理论。中国古代其他的著名农学著作，对以上原则只有继承没有新的发展。作为原则，在今天的农业生产中可以说仍有重要的指导作用。

二、天文、历法

在农业生产中，为了掌握时令，一是要观测天象，二是要利用“物候”知识，这就促进了天文、历法学问的发展。

古代的天文学是和占星术一道发展起来的科学。到了汉代，天人感应思想又给予天文科学以重大影响，乃至于统治者把它看作政治服务的工具，农业生产的要求反而退居次位。但是，汉代的天文科学毕竟有了长足的进步，形成了我国古代天文科学的基本骨架。

汉代的天文学建立起了一套宇宙理论，包括天地生成论和天体结构，无非是从直接观察中得出的结论，当时有浑天说、盖天说、宣夜说等，并且展开过不少讨论。总的看来都不过是人们感官感受到一些天文现象所作的朴素解释，尽管有些观察很细致，思考也较深，但不可避免的是，都只抓住一个方面、一个局部来建立自己的理论，再加上为星占服务的政治干扰，中国古代的关于宇宙结构的学说就很难再向前发展。

浑天说的代表人物是张衡（78—139 年），他是东汉时期一位杰出的科学家，是一位既有理论又有实践的科学家，发明有浑天仪、地动仪，进行过日、月的实测，并绘制地形图，等等。他的理论著作《灵宪》，系统总结了前人关于宇宙生成与演化的思想，他在《浑天仪图注》中指出：“浑天如鸡子，天体圆如弹丸，地如鸡中黄，孤居于内，天大而地小，天表里有水，天之包地，犹壳之裹黄。天地各乘气而立，载水而浮。”这是一种以地球为中心的宇宙理论，比当时其他两说要进步，对后世影响也较大。

当时不少人对于天文的观测是认真、细致的，因而得到不少值得骄傲的成绩。例如东汉末年，见于陈卓星图的恒星就有 283 组 1464 颗。又例如对于异常天象的观测和记录，对于彗星、陨石、客星（新星）、日月食的观测更加仔细，全世界此类记载以我国最早、最详细，特别是关于太阳黑子的记录，例如《汉书·五行志》记载说：“河平元年……三月乙未日出黄，有黑气大如钱，居日中央。”这段文字记录的是发生在公元前 28 年三月十八日的太阳黑子活动情况，把黑子的大小、位置、时间都记述得很清楚，这是现今世界公认的最早的黑子记录，早于西方近千年，而西方是在公元 1610 年才由伽利略首次观察并记录太阳黑子。《史记·天官书》《汉书·天文志》及《汉书·五行志》中，保存了许多这方面的材料，可以说是我国天文学的骄傲。

还应该指出的是，人们对天文的观测，已经发明了观测的仪器，如浑仪、浑象等，且比较完备。这也是汉代天文学取得重要成就的原因之一。

古代天文学要求之一是制定历法。汉初沿用秦的《颛顼历》，以十月为岁首。1972 年山东临沂银雀山汉墓中发现元光元年（前 134 年）的历谱（这是被发现的最早的完整历谱），与秦的历法相同，证明汉武帝以前采用《颛顼历》。那种历不精确，汉武帝令司马迁、落下闳、邓平等改作《太初历》，以正月为岁首，采用有利于农时的二十四节气，在无中气的月份，插入闰月，调整了太阳周天与阴历纪月不相合的矛盾，使朔望晦弦较为准确，是我国历法上一个划时代的进步。随着天文学的不断发展，人们在历法上也日求精密。成帝时，刘歆又依据《太初历》作《三统历》，规定一年是 365385/1539 日，一月是 2943/81 日，十九年有七个闰月，历法之精密由此可见。

附带可以指出一点，司马迁是史学家，刘歆是文献学家，两人参与并主持修订历法工作，可见当时学术的综合性，学者知识的渊博，自然科学与社会科学之间的关系也是十分密切的。这些是当时的事实，也是特点。

三、数学

因为农学、天文学等的推动，实际测算的需要，推动数学的发展，汉代数学的成就也是突出的，出现了一批数学书籍和一批数学家。约在公元前一世纪成书的《周髀算经》是我国现存的最早数学著作。《九章算术》是西汉以来许多数学家研究的结晶。西汉前期的著名数学家张苍、耿寿昌等人曾对它进行增删。

《九章算术》共分九章：（1）方田，即土地测量；（2）粟米，计算粟、米、饭的比例等等；（3）衰分，各种比例计算，内容主要是劳役、租税、产品等如何按比例分配；（4）少广，是面积计算；（5）商功，体积算法；（6）均输，讨论如何公平征税；（7）盈不足；（8）方程，都是关于实际生活中各种方程的算法；（9）勾股。这部书没有提出一般的数学原则，只有 246 个应用问题及其解法分属于以上九章。其中记载了当时世界上最先进的分数四则和比例算法，还有各种面积、体积的算法和利用勾股定理进行测量的问题，以及开平方、开立方的方法，特别是在世界数学史上第一次记载了负数概念和正负数的加减法运算法则。这部书对中国古代数学的发展所产生的影响，正像古希腊欧几里得《几何原本》对西方数学产生的影响一样，是很大的。英国学者李约瑟在《中国科学技术史》一书中写道："《九章算术》是数学知识的光辉集成，它支配着中国计算人员一千多年的实践。"该书不仅在中国数学史上占有重要地位，而且影响朝鲜、日本，被译成许多种文字出版。

四、医学

汉代的自然科学中，另一最重要最著名的门类就是医学，有不少为时人造福、为后世景仰的名医，有奠定我国中医学理论基础的医学著作，有高超的医疗技术等等，都是值得大书特书的。

当时主要是用阴阳五行来解释人的生理和病理现象，并用这种理论进行辨证治疗。西汉名医淳于意，"为人治病，决死生多验"，"意治病人，必先切其脉，乃治之"[①]，可说明当时脉学之发展，医疗技术已很高。我国所有的独特疗法——针灸疗法，在汉代的发展，可以从出土文物中得到证明，1962 年发现的河北满城汉墓中出土有"医工"专用的铜盆、铜药匙等医疗专用器械，有保存完好的四根金针和五根银针。特别是这时期还出现了《黄帝明堂经》这样比较有系统的针灸学专著。而长沙马王堆女尸和湖北江陵男尸，在地下保存两千多年，尸体基本完好，雄辩地表明了当时防腐技术的巨大成就。

早已开始形成体系的医学，秦汉时期得到充实和提高，变得更为完整。战国以来，既有许多"医经"，也有不少"药论"，如西汉初名医淳于意传公乘阳庆之《药论》，如马王堆汉墓出土之《五十二病方》，可见药物学流传之一斑。社会上有一些专门从事医药职业的人，是他们在传授、实践、总结、充实和提高。如《汉书·游侠传》记载："楼护……父世医也。护少随父为医长安，出入贵戚家，护诵《医经》、《本草》、方术数十万言。"到西汉末年，已是水到渠成，故平帝时有诏奉天下知方术、本草等专门人才的记载。现存的我国第一部医学著作《黄帝内经》，包括《素问》

① 司马迁：《史记》卷一百五，《扁鹊仓公列传》，中华书局 1982 年版，第 2817 页。

与《灵枢》（或称《针经》）两部分；第一部药物学著作《神农本草》，都是在汉代最后成书的。

到了东汉出现了张仲景、华佗两位当时病理、医术造诣最高的代表。张仲景被后世称为医圣，他为当时人救死扶伤，并博采众方，撰《伤寒杂病论》，后人整理成《伤寒论》和《金匮要略》二书，前者是专门论述外感病治疗规律的著作，分析病理，提出疗法，确定药方；后者则是杂病（内、外科、妇科等）的病症、病方汇集。他的著作一直是后世医家的重要经典。

中医理论的显著特点，一是整体观念，二是辨证论治。中医理论认为，人的身体是一个有机的整体，人和自然也是一个有机的整体。随之而来的是对疾病起因的认识，分成内、外两个方面。《内经》讲外部因素，例如风，说它是“百病之源”，但强调内部因素，内在的“虚”或“不足”，包括饮食不节、起居无常、房事过度、大喜大怒等等。《伤寒杂病论》则主要强调外因，主要是寒暑燥湿一类气候条件。但是，不论内外原因，中医都注重辨证论治，在实践中总结了许多辨证的原则和方法，例如“八纲辨证”（阴阳、表里、虚实、寒热）、“气血津液辨证”、“脏腑辨证”、“卫气营血辨证”等等。可以说中医的理论基础是在汉代奠定的。

中医理论的发展，始终与阴阳五行说糅在一起，但它毕竟是实证科学，是建立在长期反复实践的基础之上的。经络学说、针灸穴位等等，不可能凭空乱造，进行过人体解剖之类的实践才可得到准确的认识，而人体解剖是有记载证明的，《灵枢·经水》就记有八尺之士“死可解剖”的话。中医理论无疑是有很大科学性的，但有待进一步论证和发展。

中医中药是同时发展的，关于中药的学问叫本草学。《山海经》一书中就记载了大约130种药物，动物药占半数，矿物药只有三种。而汉代出现的《神农本草》，载药物365种，动物药的比例减少了，矿物药显著增加了，丹砂、云母被列为上品之首，认为它们可以“轻身益气，不老延年”。当然这不科学，后来受到了李时珍的批判。《神农本草》对矿物药的重视，它的三品分类法，都曾很长时间发生过影响。

汉代中医的发展水平相当高，必有许多名医，只是因为政治上没有地位，不被重视，因而很少留下姓名和事迹。有几个被记下来的人物，大多与帝王有关，而且列在“方术”一类，例如《后汉书·方术列传》之记郭玉、华佗。被后世称为医圣的张仲景也在正史中无一席之地。《汉书·艺文志》中有“《医经》七十四卷”，作者是谁，无一可考。被淹没的人实在太多了。《后汉书·郭玉传》记载说：“初，有老父不知何出，常渔钓于涪水，因号涪翁。乞食人间，见有疾者，时下针石，辄应时而效，乃著《针经》《针脉法》传于世。弟子程高寻求积年，翁乃授之。高亦隐迹不仕。玉少师事高，学方诊六微之技，阴阳隐侧之术。和帝时，为太医丞，多有效应。”郭玉因为成为太医丞，并且医术高超，才得以立传。而他的师父、师祖因而得以扬名。看来其师祖“涪翁”是一位高明的针灸医生。

《后汉书》另一立传者即华佗，显然是因为曹操杀了他而留名的。极简略的一点记述，已可见其医术之精湛，因而民间关于华佗有许多脍炙人口的传说。《华佗传》又附带记了从他学医的吴普和樊阿，《后汉书》作者还在《华佗传》后写道：“汉世异术之士甚众，虽云不经，而亦有不可诬，故简其美者列于传末”，附有与华佗同时的冷寿光、唐虞、鲁女生三人。可见，未被记录的医药学家是无法统计的。

中医是我国最优秀的传统文化之一。

五、地理学

秦汉时期，地理学也有很大发展。在《史记》《后汉书》中详细记载了汉代的山川地理、都市等情况。《汉书·地理志》是我国第一部用“地理”命名的地学著作，可以说是研究地理情况的总结。人们为什么要研究地理，《淮南子·泰族训》写道：“俯视地理，以制度量，察陵陆、水泽、肥墩、高下之宜，立事生财，以除饥寒之患。”这里说明了研究大地陵陆、水泽等情况，以便因地制宜从事生产，以解决吃饭穿衣问题，因而我国地理学的发展也是很早的。《山经》《禹贡》等著作，都描述了一定地区的山川、物产等分布情况，实际是古老的地理著作。

《汉书·地理志》一方面转录了前人作品的一些内容，另一方面又开创了一种新的体制，即疆域地理志。这是班固的创作，他根据汉平帝元始二年（公元2年）的建置，以疆域政区为纲，依次叙述了103个郡（王国）及所辖1587个县（道、邑、侯国）的建置沿革；在郡国项下，都记有户口，部分的还附记某些重要的自然和经济情况；在县邑项下，则根据地区特点，分别选择有关山川、水利、特产、官营工矿、著名关塞、祠庙、古迹等情况，简要记载。全志记录了周秦以来许多宝贵的地理资料。《汉书·地理志》开阔了沿革地理研究的领域，影响很大，以后所谓正史中的地理志、郡国志均以它为典范。唐以后的一些地理总志与地方志等无不受其影响，形成了有传统特色的中国古代地理学体系。它的主要缺点是忽视了对山川本身的地貌形态与发展规律的探索，这是不可苛求古人的。

此外，这一时期，人们关于经济地理和边远地区以及域外的地理知识，也都有较大的进步。

当时作为表达和传播地理知识的手段——地图，测绘的水平很高。长沙马王堆三号汉墓中出土的三幅地图就是很好的说明。三幅绘在帛上的地形图、驻军图、城邑图，是世界上现存最早的以实测为基础的地图。地形图绘有山脉、河流、居民点和道路等，对于峰峦起伏的九嶷山和南北走向的都庞岭以及整个区域，都表现得十分出色，大部分已接近现在该地区地形图的水平。这些地图已有统一的图例：地形图的居民点采用两种符号，县治有方框，乡、里用圆框；水道用上游细、下游粗的曲线，道路用细直线；对于九嶷山的表示更有独创之处，除用比较粗的闭合曲线勾出山体外，又用细线画成鱼鳞状层层重叠，表示峰峦起伏的特征，很像现在等高线的画法。这充分表明了二千一百多年前地图科学和地理学以及测绘技术的高度水平。

以上是几项比较突出的自然科学情况，其实还有一些方面也有突出成就，例如化学、物理学之类。化学的发展主要与医学的发展有关，炼丹术是主要内容，而冶铁、炼钢、纺织的科学技术也与化学有关。另外，与农业、天文、历法等有关的音律学之类，都有值得称述的内容。总之，汉代的学术中，自然科学也是应有一席之地的。并且自然科学方面的许多成就，都可称之为在当时处于世界领先地位。张衡的地动仪比欧洲发明地震仪要早一千七百余年。炼丹术之影响科学的化学发展，为世所公认。《韩诗外传》中“雪花独六出”，指出了雪花呈六角状态这个物理现象，而欧洲直到公元1611年才被发现。《淮南子》中有“悬羽与炭和燥湿之气”，这是天平、温湿度计发明的原理，而欧洲到公元15世纪才用这种办法测量空气湿度。还有不少记载，反映当时人们关于物质的知识，对力、声、光、电、磁等的认识，都达到相当高的水平。

第六章 文学与艺术

如果对文化作最狭义的理解，文化是以文艺为主的；比较广义的理解，文学、艺术在文化上的地位也是突出的。文学、艺术、文艺学都是专门的科学（人文科学），都有自己的研究范围和体系，内容十分丰富。本章仅就秦汉时期有关文学艺术的主要情况，作些简要的介绍。

第一节 释文学、艺术

一、秦汉以前文学艺术的混合性

文学和艺术的起源都很早，几乎可以说从有人开始就有。不过，有一个从原始社会意识混合体发展到初具形式的文学、音乐、舞蹈、绘画、雕刻等等的过程。中国以文化悠久著称于世，中国古代的文学和音乐、舞蹈、绘画、雕刻等艺术，都可以追溯到三四千年以前，甚至更早一些，有大量的文字和实物材料流传到现在。

但是，在早期阶段，文学和艺术的混合性特征是十分明显的，例如，最早发生的文学应该是诗歌，诗和歌紧密相连，是唱出来的，歌唱自然有韵律，《礼记·乐记》上说："诗言其志也，歌咏其声也。"这个表述也可见文学与音乐的关系，诗的起源即与音乐同一的，如明人徐师曾《文体明辨》所说："因情以发气，因气以成声，因声而绘词，因词而定韵，此诗之源也。"我们从诗、歌、咏、韵、音乐等文字的关系，即可看出文学与音乐的关系。我们且看一看这些字的一些重要的原始意义：诗歌是表达人的思想感情的，是人发出来的声音，音又几乎一开始就与乐相连[①]，《正字

① 诗字从言，言为心声，言的本义与音乐也有关系。甲骨文中的言字像舌从口中伸出形(舌)，郭沫若认为像以口吹箫，并考证说："《尔雅》云：'大箫谓之言。'按：此当为言之本义。"(《甲骨文字研究》) 不论郭沫若的说法是否确切，《尔雅》的解释当有一定意义。

通·音部》就直接说："音即乐也。"《说文》对这两个字的解释又有一番意义："音，声也。生于心有节于外谓之音。宫、商、角、徵、羽声也；丝、竹、金、石、匏、土、革、木音也。从言，含一。""乐，五声八音[①]总名。"所有的声音都可称为乐，这至少可以说反映了一个主要的特征：无论是自然界风吹草动、水波鼓浪发出的响声，或是生物界的鸟语蛙鸣，都有一定的韵律，这是人们很早就发现了的[②]。所以有人描述说："听花间莺语，水中蛙鸣，可知生物无有不歌者。"[③] 客观事物和现象，本有各种自然的联系，文艺上的混合性在人类开始阶段就出现了，美国马肯齐（Mackenzie）教授说："原始人的音乐、舞蹈、诗歌，都是同一的，由这韵律的力量，引起同族的感情，使其结合更为强固。"[④] 一是讲的混合（同一），二是讲的统一于韵律。

中国古代文艺的混合性又有自己的特点，那就是以"礼"为中心的混合。在先秦时期，文学泛指文章博学，如《论语·先进》的"文学子游、子夏"，这里虽包含有文辞之义，但主要是讲他们对于"礼"的博学和解释[⑤]；"文章"两字也泛指礼乐法度，《论语·泰伯》云："巍巍乎其有成功也，焕乎其有文章。"同时，文学又泛指文献经典。所以，文学、文章皆未脱离礼而独立[⑥]。乐与礼的混合更为明显，常常是"礼乐"相连，到汉代，虽然司马迁写《史记》分别写了《礼书》和《乐书》，班固的《汉书》则合并为《礼乐志》。总而言之，先秦时期（夏、商、周），文学艺术是以礼为中心的混合，几乎没有单独的文学或者艺术。一些本来是生活现实中自然而然以及抒发人们思想感情的东西，几乎全部纳入了"礼"的范围，文学艺术不过是细枝末节，如《礼记·乐记》所说："乐者，非谓黄钟、大吕、弦歌、干杨也，乐之末节也。故童者舞之，铺筵席、陈尊俎、列笾豆，以升降为礼者，礼之末节也。"在"德成而上，艺成而下"[⑦] 的思想垄

① 五声，指宫、商、角、徵、羽，这是中国古代的基础音阶。八音，指金、石、丝、竹、匏、土、革、木八种材料的乐器。每一种又有多种乐器，详见下文。

② 泽田总清《中国韵文史》绪论中提到希腊安那克西曼德（Anaximander）创立此说。

③ 转引自泽田总清：《中国韵文史》上册，王鹤仪编译，商务印书馆 1937 年版，第 5 页。

④ 转引自泽田总清：《中国韵文史》上册，王鹤仪编译，商务印书馆 1937 年版，第 5 页。

⑤ 参阅杨树达《论语疏证》，上海古籍出版社 1986 年版。

⑥ 《荀子·大略》："人之于文学也，犹玉之于琢磨也。诗曰：'如切如磋，如琢如磨。'谓学问也。……子赣、季路故鄙人也，被文学，服礼义，为天下列士。"

⑦ 《礼记·乐记》，十三经注疏本，中华书局 1980 年版。

断之下，文学艺术很难得到独立的发展，不仅文学、乐、舞如此，绘画、雕塑乃至后世所谓工艺美术也莫不如此。例如，可称为中国工艺美术史上明珠的青铜器，可以说是因礼的需要而产生的，至今传世的青铜器几乎全部是礼器（包括明器）和乐器就是明证。

以上说明文学艺术的混合特点，没有独立的文学或者艺术。但是，先秦时期的这种情况，从汉代开始发生了变化。这是文化史上的大事，有十分重要的意义。

二、文学之开始独立

先秦时期当然有文学，但很难说有文学家，如上述孔门四科中的“文学子游、子夏”，显然不是文学家。战国诸子，《昭明文选》说他们“不以能文为本”，故不选老、庄、管、孟的作品。也许可以说，到了战国后期，文学的独立性才开始出现，如《楚辞》《荀子·成相》之类，所谓：“古诗之体，今则全取赋名，荀、宋表之于前……又有楚人屈原……骚人之文，自兹而作。”①《文选》中所集作品，时间最早的是屈原、宋玉，他们或可算作文学家。这种独立的发展，在两汉时期才逐渐形成与学术分开的文学。司马迁《史记》有《儒林列传》，其中所讲的文学，仍然和先秦一样，是能文章通学术的意思，而且同样是以礼为中心的文章学术，这从该传的序言中看得很清楚，从“汉兴，然后诸儒始得修其经艺”讲起，或称“文学儒者”，或称“贤良文学之士”，最后说武帝时“则公卿大夫士吏，斌斌多文学之士矣”。文学即儒学。没有纯文学家的地位。屈原是文学史上的大文学家，但屈原与贾谊合传，主要不是记文学家。司马相如有一个专传，突出的是以文章见长，《梁书·文学传》说：“昔司马迁、班固书，并为《司马相如传》，相如不预汉廷大事，盖取其文章尤著也。”但司马迁的本意似乎并非如此，对他的文章评价并不高，仅只取其讽谏之意：“相如虽多虚辞滥说，然其要归引之节俭，此与《诗》之风谏何异！……余采其语可论者，著于篇。”②

《汉书》中的《儒林传》与《史记》的意义完全相同，但值得注意的

① 萧统：《文选·序》，世界书局1935年版，第1页。
② 司马迁：《史记》卷一百一十七，《司马相如列传》，中华书局1982年版，第3073页。

是《儒林传》之前有一个大辞赋家《扬雄传》，也有一个《司马相如传》放在大儒董仲舒之后。并且这两个传都有上、下卷，这在《汉书》中是很少的几例。班固的用意或者可以说是“取其文章尤著”，在《扬雄传》赞中就注意到了他是“意欲求文章成名于后世”。《梁书·文学传》中还说：“固又为贾邹枚路传，亦取其能文传焉”，显然是为文学家立传了。文学独立性的发展，在图书分类中更有突出的反映，刘歆的《七略》中就有《诗赋略》，《汉书·艺文志》中记“诗赋百六家，千三百一十八篇”。《诸子略》中又有“小说十五家，千三百八十篇”，亦属文学性质。班固没有摆脱传统观念的影响，但毕竟承认了纯文学的事实：“大儒孙卿及楚臣屈原，离谗忧国，皆作赋以风，咸有恻隐古诗之义。其后宋玉、唐勒，汉兴枚乘、司马相如，下及扬子云，竞为侈丽闳衍之词，没其风谕之义，是以扬子悔之曰：‘诗人之赋丽以则，辞人之赋丽以淫。’”① 专为文辞的诗人、辞人已脱离儒学、学术了。

直到《后汉书》出现《文苑列传》紧随《儒林列传》之后，这种独立性就明朗化了。只可惜《文苑列传》没有序言，未说明其列传之宗旨，但后有赞曰：“情志既动，篇辞为贵。抽心呈貌，非雕非蔚。殊状共体，同声异气。言观丽则，永监淫费。”主要是讲文辞问题。其所记诸人，皆为“能文章”“能属文”“善为文”，或者“少以文章显”，或者“以善文记”“以文才”“以文章知名”的“文学之士”，或称“诸文人”。他们所作主要是诗、文、赋、颂、赞、论、铭、诔、碑、书、策、记以及连珠、杂文等等各种体裁的文学作品。王先谦在作《后汉书集解》时指出：“范史创立《文苑传》，例以文雅知名当时未裨世用者入之……然所传者，大率恃才傲物、浅中小夫，未闻君子之大道，异乎游、夏文学之科焉。”人们对于独立的文学有越来越明确的认识。这种认识来源于对已经形成的客观事实的总结。《后汉书》之列《文苑传》，先有了“文”“儒”之分的事实，然后才有这种形式的总结。

三、艺术之名与实

“艺术”这个词和“文学”不同，在中国古代长期没有现代所说的

---

① 班固：《汉书》卷三十，《艺文志》，中华书局1962年版，第1756页。

“艺术”的意义，和审美意识联系很少。汉代史书中可以见到这个词，如《后汉书·伏湛传》：“永和元年，诏无忌与议郎黄景校定中书五经、诸子百家、艺术。”李贤注云：“艺谓书、数、射、御，术谓医、方、卜、筮。”在这里，艺和技一样，都是指才能或者技能而言。秦汉时期没有作为审美意识的艺术的概念，但并不等于没有艺术。艺术的独立发展和专门研究，甚至比文学还要早。汉代的艺术在中国艺术史上也是一个新阶段，其表现就是：许多种艺术在这一时期均有新的独立的发展，除诗歌之外，音乐、舞蹈、绘画、雕刻以及其他一些工艺美术，都是如此。

（一）音乐

中国古代音乐起源很早，伏羲发明乐器，黄帝作乐律《五声十二律》，虞舜作曲（韶乐曲），虽是传说，但至少可说开始于商周之前。到了商，特别是西周的时候，音乐相当发达，五声八音齐全，有大量的文献记载可以证明。如：《尚书·禹贡》中有“泗滨浮磬”、“厥篚檿丝”（注云：山桑之丝，中琴瑟弦）之类。《诗经》记得更明确：“鼓钟钦钦，鼓瑟鼓琴，笙磬同音。以雅以南，以籥不僭”①，多种乐器在合奏；“琴瑟击鼓，以御田祖，以祈甘雨，以介我稷黍，以谷我士女”②，“百堵皆兴，鼛鼓弗胜”③。祭祀、求雨、劳动都用了音乐。当然，如前所述，“礼乐”相连，乐是紧紧附在礼后的。但由于音乐的发达，音乐的独立性（脱离混合性）也很早、很突出。在战国后期就已经有了许多专门论乐的著作，如《礼记·乐记》《荀子·乐论》《吕氏春秋》中有多篇关于音乐的论述④。所以《史记》中在《礼书》之外，另立《乐书》讲音乐的起源、发展，特别是讲音乐的功能（这与“礼乐”相连有关）；还有一篇《律书》讲音律的问题，八书中占了两篇。《史记·滑稽列传》也多少与艺术有些关系，其中不仅有“乐人”或“倡”（歌舞艺人），而且主要是记一种使用语言艺术的人，所谓“俳谐”，即“言辩捷之人”⑤（这有些像今日“相声”之类的艺术）。

《史记》以后的《汉书》，反而是“礼”与“乐”合在一起成了《礼乐志》，“律”和“历”合在一起成了《律历志》，这或者是因汉代大力推崇

① 《小雅·谷风之什·鼓钟》，十三经注疏本，中华书局1980年版。
② 《小雅·甫田之什·甫田》，十三经注疏本，中华书局1980年版。
③ 《大雅·文王之什·绵》，十三经注疏本，中华书局1980年版。
④ 如《大乐》《侈乐》《适音》《古乐》《音律》《制乐》《音初》等篇。
⑤ 司马迁：《史记》卷一百二十六，《滑稽列传》，中华书局1982年版，第3197页。

儒家思想的影响，但并不说明音乐的研究没有再继续发展，相反是更深入更专门。汉代开始，《乐》提到了“六经”之一的地位，关于音乐的理论，用注经的方式来记述和阐发了，同时也有专门著作，《汉书·艺文志》记载：“凡乐六家，百六十五篇。”（后来都亡佚了）《后汉书》中音乐似乎没有什么地位，《礼乐志》改为《礼仪志》，不讲“乐”了，《律历志》也只几笔带过。但东汉时不单社会生活中的音乐从未停止，音乐的研究也在发展，和西汉一样，有乐府这样的官署专司掌其事。乐府是汉代掌管音乐的官署，乐府之名起于汉代①，据《汉书·礼乐志》记载，汉惠帝二年即有乐府令之名②。一般说是汉武帝“立乐府”③，看来不一定确切，乐府令即为一官署之长，惠帝时就有了。不过，武帝时乐府机构扩大了，地位提高了，是很明显的，如：“至武帝……乃立乐府……以李延年为协律都尉。”④主管者为都尉，比令的地位高多了。至于规模有多大，哀帝时的人数可作参考，总数为829人，分工甚细（详后）。哀帝时曾一度罢乐府官，乐事暂属他官。但东汉是恢复了的，《后汉书·明帝纪》：永平三年秋八月“改大乐为大予乐”，注引“《汉官仪》曰：‘大予乐令一人，秩六百石。’”而且人员也越来越多，有时还提出减员⑤。

（二）舞蹈

舞与乐关系密切。中国古代，乐和舞始终紧密相连⑥，《礼记·乐记》中有一句话很典型：“故钟鼓管磬、羽籥、干戚，乐之器也；屈伸俯仰、缀兆舒疾，乐之文也。”这里虽无“舞”字，但描写的是舞的姿态，所谓“舞，动其容也”⑦，舞是乐的“文彩节奏”⑧。舞与乐这种不可分的混合性

---

① 汉以前掌音乐的官，殷为瞽宗，周为大司乐、乐师，秦为太乐令、丞。

② “使乐府令夏侯宽备其箫管”。

③ 《汉书》的《礼乐志》《艺文志》皆如此说，班固在《两都赋序》中写得更具体：“大汉初定，日不暇给，至武、宣之世，乃崇礼官、考文章，内设金马、石渠之署，外兴乐府协律之事。”

④ 班固：《汉书》卷二十二，《礼乐志》，中华书局1962年版，第1045页。

⑤ 《后汉书·安帝纪》：永初元年九月，诏“灭黄门鼓吹以补羽林士”，注引《汉官仪》曰：“黄门鼓吹，百四十五人。”

⑥ 有时也歌舞并举，《书经·伊训》：“恒舞于宫，酣歌于室。”

⑦ 《礼记·乐记》孔疏曰：“舞动其容，则《诗序》云：咏歌之不足，则不知手之舞之足之蹈之是也。”

⑧ 《礼记·乐记》：“文彩节奏，声之饰也”，“三步以见方”。郑注：“文彩，乐之威仪也。”“将舞必先三举足，以见其舞之渐也。”

更为突出，史书中关于舞的记载，都在《礼乐志》《乐志》或《音乐志》中，有的志中有不少篇幅专门讨论舞的问题。先秦两汉虽有“手之舞之足之蹈之”的说法，但“舞蹈”一词，似乎是魏晋南北朝时期出现的，如《宋书·良吏传》序云：“凡百户之乡，有市之邑，歌谣舞蹈，触处成群。”这个名词的出现，亦可见舞蹈发展之一斑。

（三）绘画

这门艺术起源也很早，几千年以前的彩陶上的纹饰就是留存至今的最古的绘画作品。夏商周时期，有少量的文献记载，实物则有青铜器上的纹饰。从战国开始，绘画史的内容就日益丰富起来：战国时有壁画，可以从屈原的《天问》得到证明；宋国有“画史”，见于《庄子》的记载①；近几十年来出土的文物中就有战国的帛画②。到了汉代，无论文献记载或出土实物，都比战国多。汉代的记载表明，宫廷有画工，并且有专管画工的机构③；民间也有画工④，还有一些文人善画⑤，出土的实物日益增多，帛画、木版画、漆画、画像石、画像砖刻，样样都有，一般绘画史及考古、文物资料均有记载，不烦赘引。总之，两汉时期绘画的发展和以前的面貌大异，为以后绘画的发展奠定了坚实的基础。

与绘画艺术紧密相连的，是中国独具特色的书法艺术。书法从秦汉开始是一个新阶段。首先是秦统一文字（针对战国时期的“文字异形”），当然这个统一也是相对而言，秦书仍有八体：“一曰大篆，二曰小篆，三曰刻符，四曰虫书，五曰摹印，六曰署书，七曰殳书，八曰隶书。”⑥ 不过这八体从形体上看主要是大篆、小篆、隶书三体，其他只是因为刻在符、印、兵器上的变化。汉代则隶书大盛，这是书法史上的重大变革。与此同时，草书、行书、楷书皆应运而生。一些著名的书法家也同时出现。如工

① 《庄子·田子方》：“宋元君将画图，众史皆至，受揖而立，舐笔和墨，在外者半；有一史后至者，儃儃然不趋，受揖不立，因之舍。公使人视之，则解衣盘礴，裸。君曰：‘可矣，是真画者也。’”

② 如1949年湖南长沙陈家大山的楚墓中出土的《龙凤人物图》；1973年清理长沙子弹库楚墓中得到的《御龙图》等等。

③ 《后汉书·百官志》少府属官中有“画室署长”，其他列传中有“黄门画者”“尚方画工”。

④ 许多墓室中的壁画，以及记载中说的殿堂、衙署、驿站中都有壁画，当即无名氏画工之作品。

⑤ 如张衡、蔡邕、刘褒、赵岐等人均有“善画”之称。

⑥ 许慎：《说文解字》卷十五上，中华书局1963年版，第315页。

篆隶的曹喜、长行书的刘德升、善八分的蔡邕，等等。

（四）戏剧

有关研究证明，戏剧这种艺术正式起源在汉代，完全独立是在唐代①。汉代有“倡优”“俳优”或者“倡俳”，就是表演歌舞杂技的艺人，《汉书·广川惠王越传》有：“令倡俳（裸）戏坐中以为乐。”注云：“倡，乐人也。俳，杂戏者也。”《汉书·礼乐志》中有所谓“常从倡”，“常从象人”之类。当时表演的主要内容有角抵、傀儡、滑稽戏等名目。角抵，本来只是一种类似今摔跤的技艺表演，《汉书·武帝纪》：“（元封）三年春，作角抵戏，三百里内皆观。”注引文颖曰：“名此乐为角抵者，两两相当角力，角技艺射御，故名角抵，盖杂技乐也。”这起源于战国的表演，发展到汉代，又称百戏，包括扛鼎、寻橦、爬竿、走索、种树、履火，以及兴云起雾、吞刀吐火等等节目，其中有的是武技，有的是杂要、幻术。张衡《西京赋》中描写说：“临望之广场，程角抵之妙戏。”许多记载表明，秦汉时的百戏是相当兴盛的。傀儡，或作“魁”，是由古代一种驱魔逐鬼的舞蹈发展而来的，古叫做“傩”（今少数民族地区仍有某些遗风），到汉代变成了娱乐节目，以致“时京师宾婚嘉会，皆作魁”②。至于滑稽戏剧，《史记·滑稽列传》记有“秦倡”优旃，也是戏剧性的表演。在秦汉时期已有了戏剧，这是毋庸置疑的。

（五）工艺美术和建筑艺术

中国工艺美术历史悠久，诸如原始社会的彩陶、黑陶，奴隶社会的青铜工艺，都是令全世界羡慕的。在汉代，工艺美术的发展，也是划时代的，包括首创、成熟或鼎盛等表现。例如，汉代就是我国陶瓷工艺史上从陶到瓷的孕育成熟阶段，青瓷在汉代已经出现，并有实物出土。又如，传统的漆工艺，到了汉代，无论从生产上或从艺术上说都是一个高峰时期，大量出土的精美漆器就是最好的证明。此外，传统的织绣工艺、编织工艺、石刻、彩塑，以及建筑装饰、建筑绘画等，在汉代都有新的发展。

---

① 周贻白《中国戏曲发展史纲要》（上海古籍出版社 1979 年版）考证甚精，可以参考。

② 《风俗通》佚文。

第二节　文学成就和关于文学的思想

本节主要叙述秦汉时期的文学思想和实践。

一、文学成就概说

（一）秦代的文学

秦代的时间很短，从公元前221年统一算起，不过十多年，留下的资料也很少，文学情况不太清楚。《汉书·艺文志》载有秦时杂赋九篇。《文心雕龙·诠赋》中也说："秦世不文，颇有杂赋。"可是，现在这些杂赋也见不到了。清人严可均辑《全秦文》只存一卷，虽列了16人的名字，但正如鲁迅在《汉文学史纲要》中所说："由现存者而言，秦之文章，李斯一人而已。"《全秦文》中收录的作品，也主要是《史记》中所载的。李斯的作品主要有《谏逐客书》、《言督责之术书》（上书对二世）、《言赵高之短书》、《狱中上书》① 以及《废封建》、《烧诗书百家语》等议②。其中《谏逐客书》写得最好，可为代表。为了说服秦王嬴政，他像战国游说之士一样，大量使用了铺陈修辞手法，并且句法上不断变化，例如："夜光之璧不饰朝廷，犀象之器不为玩好"，"江南金锡不为用，西蜀丹青不为采"，"饰后宫，充下陈，娱心意，悦耳目"，"非秦者去，为客者逐"，"弃黔首以资敌国，却宾客以业诸侯"，"物不产于秦，可宝者多；士不产于秦，而愿忠者众"，等等。排比对仗交互使用，中间还以"向使""则是""然则""今乃"等词语以打破平衡，全文音韵和谐流畅，升降起伏，错落有致。秦代的文还是不少的，留下来的一些刻辞文字，有的当是李斯所作，也是好文章，所谓"秦皇铭岱，文自李斯。法家辞气，体乏泓润，然疏而能壮，亦彼时之绝彩也"③。

（二）西汉的文学

西汉的时间长，记载也多，《全汉文》辑有六十三卷，涉及334人。不过，在文学史上有一定地位的人数也不是太多，主要是贾谊、晁错、司马

① 以上均见《史记·李斯列传》。

② 见《史记·秦始皇本纪》。

③ 范文澜：《文心雕龙注》卷五，《封禅书》，人民文学出版社1962年版，第394页。

迁、司马相如、董仲舒、刘向、扬雄等人。

从人数来说，以上诸人，大多可说是散文作家，他们的作品，多半是评论当时的政治的奏议，可说是政论文，有许多又是历史和哲学的结合。著名的代表作品，如贾谊的《过秦论》《陈政事疏》，晁错的《论贵粟疏》等，都是上乘之作。再如桓宽的《盐铁论》，用对话的体裁表达不同意见，比喻生动，语言流畅，也是重要的政论文。而司马迁的《史记》，更是杰出的代表。《史记》不仅是一部开创性的史学著作，在文学史上也是有很高地位的。它在文学方面的成就，主要表现是：第一，有丰富的思想内容。《史记》有积极的思想内容是众所周知的，甚至被称为“人民性”，而一部好的文学作品，必定是思想内容很丰富的。第二，有很高的语言艺术。书中引用大量的古代资料，都经过提炼加工，用当时明白流畅的语言表述，并且吸取了许多民间口语、谚语和歌谣，这是文学创作中的一个优良传统。第三，对于人物描写的高度技巧，成为传记文学的典范。它是以人物为中心的纪传体，而其所描写的人物一个个个性分明、栩栩如生、神情毕露、形象生动，对于涉及的事件，能简明扼要地叙述，既条理分明，又透彻精辟，这些只要一读《史记》原文，即可领略出来。因此，《史记》在文学史上是很有影响的，后代许多散文作家都继承它的精神，学习它的文法，作为传记文学，对后世小说、戏曲都有广泛的影响，许多作品就直接取材于《史记》。

西汉文学的另一重要实践内容，即汉赋的流行。赋不是汉代产生的，但作为一种正式文体的形成，可以说是汉代的事。西汉时期许多文人作赋，作品数量相当多。到汉成帝的时候，就曾搜集一千多篇①，可说是盛极一时，出现一大批写赋的高手，著名的如司马相如、吾丘寿王、东方朔、枚皋、王褒、刘向、扬雄等人，这些人都是班固《两都赋序》中提到的，说他们“朝夕论思，日月献纳”。还有一些公卿大夫，如兒宽、孔臧、董仲舒、刘德、萧望之等人，也“时时间作，或以抒下情而通讽喻，或以宣上德而尽忠孝”。其实不是赋家而作赋的人，前前后后还有不少。汉代最早的作赋者当是贾谊和枚乘。贾谊的《吊屈原赋》与《鹏鸟赋》是很有名的，不过有人认为它们是抒写感慨的骚体诗。而枚乘的《七发》，或认

① 班固《两都赋序》：“故孝成之世，论而录之，盖奏御者千有余篇。”

为是有韵的散文，或被称为散体赋，不过它是从形式到内容给汉大赋奠定了基础的。

汉大赋体裁的形成，主要当以司马相如和扬雄为代表。司马相如的《子虚赋》和《上林赋》，扬雄的《羽猎赋》和《长杨赋》，是代表作品。大赋的特点是大，篇幅比较大，取材范围比较大，这就难免具有堆砌、晦涩、浮丽等毛病。多数的作品，夸奇斗艳，极尽铺排，表现为歌功颂德，即便作赋者欲以为讽谏和劝说，当权者却陶醉在另一方面了。例如，“武帝好神仙，相如上《大人赋》，欲以风（讽），帝反缥缥有陵云之志”①。大赋为当权的统治者所喜爱和提倡，故成为当时的正统文学。如汉武帝还亲自作赋，汉宣帝公开宣称：“辞赋大者与古诗同义，小者辩丽可喜”②。他们爱好，必然风靡一时。

西汉的文学主要是散文和辞赋，后者也应包括诗歌。关于诗歌，我们将在音乐部分涉及，这里就不重复了。再者，散文家也有作赋的，如贾谊等人。辞赋家也有散文名篇，如司马相如的《谕巴蜀檄》《难蜀父》，东方朔的《答客难》，扬雄的《解嘲》，等等。

此外，除开散文和辞赋，还有小说性的作品。《汉书·艺文志》列有“小说家十五家，千三百八十篇”，其中有不少是汉代的，有一些虽未列入小说家，实际是小说性的作品，例如韩婴的《韩诗外传》、刘向的《说苑》和《新序》、扬雄的《蜀王本纪》等书，可说是故事汇编，把许多历史性、寓言性、神话性的故事进行了艺术加工。这显然也是当时的一种文学实践。

（三）东汉的文学

东汉的文学是沿着西汉的文学发展而发展的，作家和作品的数量都更多，例如《全后汉文》收录 469 人的一〇六卷，就比《全汉文》多。东汉作家中值得特别提出的是班固、王充、张衡等人。

班固的主要著作是《汉书》，这是与《史记》齐名的历史散文著作，虽然在刻画人物及描叙情节上不及《史记》，但它文辞富赡，记事详细，所谓“赡而不秽，详而有体，使读之者亹亹而不厌”③；也成功地创造了一

① 班固：《汉书》卷八十七下，《扬雄传》，中华书局 1962 年版，第 3575 页。
② 班固：《汉书》卷六十四下，《王褒传》，中华书局 1962 年版，第 2829 页。
③ 范晔：《后汉书》卷四十下，《班固传》，中华书局 1965 年版，第 1386 页。

些形象的历史人物，如《苏建传》中的苏武、《霍光传》中的霍光等等。苏武大义凛然、威武不屈的事迹在后世广为流传，可说明作为历史散文的成功。班固同时也写诗赋，他的《两都赋》就很著名，他和西汉的司马相如、扬雄以及东汉的张衡，被称为汉赋中的四杰。

张衡是一位科学家、思想家，同时也是一位辞赋作家，他的《西都赋》也是汉大赋中的重要作品。但他在辞赋方面的贡献更在于一些篇幅较小的《思玄》《归田》等短赋，用平浅清明的字句，叙写个人的胸怀情趣，描写自然的生趣，一扫铺采、堆积、模拟等恶习，例如《归田赋》云："游都邑以永久，无明路以佐时。徒临川以羡鱼，俟河清乎未期。……趋埃尘以遐逝，与世事乎长辞。于是仲春令月，时和气清，原隰郁茂，百草滋荣。王雎鼓翼，鸧鹒哀鸣，交颈颉颃，关关嘤嘤，于焉逍遥，聊以娱情。……苟纵心于域外，安知荣辱之所如。"无拘束的叙怀，表露出置荣辱于度外的内心感情；描写早春时节的田园景象，生机勃勃。语言清新，能够推陈出新，有所创造，例如《淮南子·说林》中有"临流而羡鱼，不如归家织网"，周逸诗中有"俟河之清，人寿几何"的句子，他组成"徒临川以羡鱼，俟河清乎未期"的新句，而且是别有一番意味的新句！他"感老氏之遗诫，将回驾乎蓬庐"，以道家的清静自由为人生的最后理想，实开魏晋文学玄风之先河。

王充是一位进步的思想家，今人或者说他是替人民说话的思想家，或者称他为战斗的唯物主义者。他的主要著作是现存八十五篇的《论衡》，他的进步思想反映在这部著作中。同时这部著作也是散文著作，其特点是语言自然，结构紧严，说服力很强，这些也是他的文学主张的实践，他反对"华伪之文"，主张"欲其易晓而难为，不贵难知而易造"，更重要的是他强调文章的"作用"，他认为"为世用者百篇无害，不为用者一章无补"①，如此鲜明的主张，在东汉文坛上独树一帜，是有特殊地位的。

以上所说虽为最突出的代表，但并不能概括整个东汉的文学，无论从作家、作品的情况看，都还有许多重要的内容。例如，和王充一样以议论见长的作家和作品，还有王符的《潜夫论》、崔寔的《政论》、仲长统的《昌言》等等。又例如，许多辞赋家、散文家也兼写诗歌，张衡有《怨篇》

---

① 《论衡·自纪》，诸子集成本，中华书局1954年版。

（四言）、《同声歌》（五言）、《四愁诗》（七言）；蔡邕有答元式、卜元嗣的四言诗，有五言的《翠鸟》等篇。现在人们考证认为，著名的《古诗十九首》以及长篇叙事诗《孔雀东南飞》等作品，都应该是东汉末年的作品，东汉是五言诗的成熟期。

文学成就，东汉比西汉更丰富。

二、关于文学的思想

汉代是经学发展的时代，由于儒家思想的影响，人们继承了孔孟儒家文学观，即注重文学的思想、情感和作用（伦理道德、礼乐教化），不注重（主观上）文学本身的构造、技巧（并不等于客观上没有发展）。例如，对于《诗》的看法和批评，作为“六经”之一的《诗》，汉代有不少人评说，有《诗序》《诗谱》，但都主要是按儒家思想来解说的，根本不从纯文学的观点来说。又例如，对可称之为空前绝后的辞赋，人们强调的是要有益于人的思想行为（儒家要求的），主张的是“作赋以讽”，在辞赋家本人也都是这样做和这样说的，如枚乘作《七发》、司马相如上《大人赋》，就是这样做的；“雄以为赋者将以风也”①，就是这样认为的。至于技巧等等，则被认为是雕虫小技。可见文学观是儒家传统的。

但在文学发展的实践中，对传统思想又有所突破，因为“必推类而言，极丽靡之辞，闳侈巨衍，竞于使人不能加也”②。文学的技巧在实践中是大大发展了的，汉大赋本身在艺术上的成就即是证明，辞赋家本身也是要精雕细刻的，《西京杂记》记载：“司马相如为《上林》《子虚》赋，意思萧散，不复与外事相关。控引天地，错综古今，忽然如睡，焕然而兴，几百日而后成。”他自己说：“合綦组以成文，开锦绣而为质，一经一纬，一宫一商，此赋之迹也。赋家之心，包括宇宙，总揽人物。斯乃得之于内，不可得而传览。”“扬子云曰：‘长卿赋不似从人间来，其神化所至耶！’”③ 这里有天才、有灵性，也有艰苦的脑力劳动（“几百日而后成”），亦如扬雄所云：“读千百首赋，乃能为之。”④ 必要刻苦学习！扬雄本人可以

① 班固：《汉书》卷八十七下，《扬雄传》，中华书局1962年版，第3575页。
② 班固：《汉书》卷八十七下，《扬雄传》，中华书局1962年版，第3575页。
③ 葛洪：《西京杂记》卷三，《长卿赋有天才》，中华书局1985年版，第21页。
④ 葛洪：《西京杂记》卷二，《扬雄论为赋》，中华书局1985年版，第13页。

说一生以文学为业，“雄实好古乐道，其意欲求文章成名于后世”[①]。这是把“立言”作为人生的追求了，当然也可以说是建立了文章不朽观，这在实际上又背离了把“立言”作为“立功”“立德”之附庸的儒家思想。

此后发展这种文章不朽观思想的有桓谭、王充。桓谭与扬雄同时而稍晚，两人有时在一起讲论，桓谭佩服扬雄，“以为绝伦”[②]。王充对两人都敬佩：“玩扬子云之篇，乐于居千石之官；挟桓君山之书，富于积猗顿之财。”[③] 称赞欣赏他们两人的作品，比当高官还要快乐，比大富翁还要富有。把纯文学和地位提得很高：“文人之休，国之符也……鸿文在国，圣世之验也。”[④] 甚至说：“论发胸臆，文成手中，非说经艺之人所能为也。”[⑤] 他把说经者称为“世儒”，把创作文学的人（“著作者”）称为“文儒”，他说：“世儒业易为，故世人学之多，文儒之业，卓绝不循人，寡其书，业虽不讲，门虽无人，书文奇伟，世人亦传。”[⑥] 这一褒一贬，不仅体现了他的离经叛道精神，同时表明了他对文学的看法，肯定了纯文学的地位，这是文学已经独立、已经充分发展的客观反映。

汉代文学思想的发展，以儒家思想为主要精神，表现在许多具体方面：例如，文学思想的变迁与儒家经学的盛衰有密切关系，这可以举诗学为例。《诗》在汉代最先尊为经，居“五经”之首，诗学又可以说是汉代文学思想的标本。汉初有齐、鲁、韩三家之说，后又有《毛诗》，说法虽不同，但都是讲微言大义，讲美刺与致用。《关雎》为三百篇之首，诗学家们的解题说：“周道缺，诗人本之衽席，《关雎》作。”（鲁说）“孔子论《诗》，以《关雎》为始。言太上者民之父母，后夫人之行不侔乎天地，则无以奉神君之统而理万物之宜，故《诗》曰：‘窈窕淑女，君子好逑。’言能致其贞淑，不贰其操，情欲之感无介乎容仪，宴私之意不形乎动静，夫然后可以配至尊而为宗庙主。”（齐说）“诗人言雎鸠贞洁慎匹，以声相求，隐蔽于无人之处，故君退朝入于私宫，后妃御见有度，应门击柝，鼓人上

---

① 班固：《汉书》卷八十七下，《扬雄传》，中华书局1962年版，第3583页。

② 班固：《汉书》卷八十七下，《扬雄传》，中华书局1962年版，第3583页。

③ 《论衡·佚文》，诸子集成本，中华书局1954年版。

④ 《论衡·佚文》，诸子集成本，中华书局1954年版。

⑤ 《论衡·佚文》，诸子集成本，中华书局1954年版。

⑥ 《论衡·书解》，诸子集成本，中华书局1954年版。还有“人无文则为朴人”之类的议论，简直把文学当成人生的必要条件了。

堂，退反宴处，体安志明。今时大人内倾于色，贤人见其萌，故咏《关雎》，说淑女，正容仪以刺时。”（韩说）“后妃之德也，风之始也，所以风天下而正夫妇也。故用之乡人焉，用之邦国焉。”（毛说）虽各取己意，但讲美刺、教化之旨相同。诗学的这些思想精神，也就是汉代文学的主要思想精神。概括地说，它是以儒家的仁义道德为本寻求文学的性情；以儒家的礼乐制度规定文学的审美范围；以美刺功用来提倡文学的致用精神。

虽然，汉人思想中“儒经—文学”的理论模式占主导地位，且有相对的稳定性，但也绝非是一成不变的。在经学的鼎盛时期，它有包容性；在经学的衰落时期，它又有转化性。无论是包容，或是转化，另一个强大的有影响的思想，就是道家的思想，道家关于文学的思想和审美意识等等。

道家的文学思想，在汉代不仅是存在的，有时也是很有影响的、很起作用的。例如汉初，黄老思想是起主导作用的，因而在文学方面也形成一股崇尚自然、简朴守真的文章风格。汉初陆贾、贾谊、晁错等人的散文（政论文），都情真文朴，自不待说。汉初的诗赋创作中也体现有主真朴、任自然的思想。如汉初辞赋代表作，贾谊的《鹏鸟赋》、严忌的《哀时命》等作品，被后人称为“本道家之言”。《鹏鸟赋》中明显地表露出一种崇尚自然大道的心态。如“愚士系俗，若囚拘。至人遗物，独与道息”等等，甚至有《老子》的原话：“祸兮福所倚，福兮祸所伏。”更重要的是《淮南子》一书，可以说对汉初文学思想进行了理论总结。无论是其自然和谐、恬愉虚静的文道观，或是文不厌胜、素朴尚用的文用论，或是愤中形外、以神为主的意境，或是中有本主、游心无穷的情感论，皆无不体现出道家的思想①。

又例如两汉之际和东汉后期，文学思想的变革，也是从道家思想中汲取了养料。两汉之际的扬雄可以作为一代表。前面我们已经提到，他“以为赋者将以风也”，是继续着儒家思想的要求，他的一些具体实践，被称为复古主义的模拟大师，如班固所说：他“实好古而乐道，其意欲求文章成名于后世，以为经莫大于《易》，故作《太玄》；传莫大于《论语》，作《法言》；史篇莫善于《仓颉》，作《训纂》；箴莫善于《虞箴》，作《州

① 参阅许结：《汉代文学思想史》第一章第五节，南京大学出版社1990年版。

箴》；赋莫深于《离骚》，反而广之；辞莫丽于相如，作四赋：皆斟酌其本，相与放依而驰骋云。”① 这是事实，但这只是表面的事实，“相与放依”的事实，实际上他“驰骋”的结果，有了很大的变化，有深刻的思想内容，这方面也是比较容易看得出来的。例如，他虽然仿《易》而作《太玄》，实际上是融合了儒、道学说，以玄的观念取代道家的“道”“气”和儒家的“道”“德”等观念，创立了以“玄”为本体的新的哲学思想体系。东汉学士文人之“好通《老》《易》”②，从扬雄开始。又例如，他的辞赋实践，虽然有模仿，但也有创造，无论是骚体赋（如《反骚》之类）、大赋（《甘泉》《长杨》等赋）还是小赋（《太玄赋》等），都是有自己特色的。其富于哲理的小赋，就深受道家“玄览”“虚静”的思想启迪。《太玄赋》开篇就说：“观大易之损益兮，览老氏之倚伏，省忧喜之共门兮，察吉凶之同域。”《解嘲》中说：“默然独守吾《太玄》。”《解难》中说：“大味必淡，大音必希。”等等，都是比较明显的例子。扬雄的文学实践和思想，对于东汉文学思想的发展是很有影响的，有些是由他开风气之先。

道家崇尚自然、淡泊自守的精神，对东汉文风、文学思想有很大影响。随着儒家经学的僵化、衰落，道家思想精神作为其对立面与之互为矛盾、互为影响，给文学思想带来一些新的力量。例如王充这位伟大的思想家，是以道家思想为其理论基础的，他关于文学的思想也值得重视。他自己说：“《诗》三百，一言以蔽之，曰：思无邪。《论衡》篇以十数，亦一言也，曰：疾虚妄。”③ 他疾虚妄与求真统一，是《论衡》全书的指导思想，也是其文学思想的主旨。他反对一些“著文”的积蔽，如：“著文垂辞，辞出溢其真，称美过其善，进恶没其罪。”④ “好奇怪之语，说虚妄之文……实事不能快意，而华虚惊耳动心也。”⑤ 等等。主张求“实诚”：“有根株于下，有荣叶于上；有实核于内，有皮壳于外。文墨辞说，士之荣叶皮壳也。实诚在胸臆，文墨著竹帛，外内表里，自相副称，意奋而笔纵，

① 班固：《汉书》卷八十七下，《扬雄传赞》，中华书局 1962 年版，第 3583 页。
② 范晔：《后汉书》卷八十三，《向长传》，中华书局 1965 年版，第 2758 页。
③ 《论衡·佚文》，诸子集成本，中华书局 1954 年版。
④ 《论衡·艺增》，诸子集成本，中华书局 1954 年版。
⑤ 《论衡·对作》，诸子集成本，中华书局 1954 年版。

故文见而实露也。人之有文也，犹禽之有毛也。毛有五色，皆生于体。苟有文无实，是则五色之禽，毛妄生也。”[1] 这反映了王充对文学构思和传达的体会，也体现了他以真为善为美的思想。以真为美的审美观，对文学的发展是有很大意义的。

到了东汉末年，社会动荡不安，个人命运坎坷，儒家思想衰落，文学的教化观几无意义，出世思想很容易产生，有些文人逍遥游适，有些人缘情求性，皆心慕玄远，趋向于老庄遗风。道家思想作为儒家思想的对立面，同时也作为一种补充，影响和作用越来越大，对纯文学发展影响和作用也越来越大，使得以后魏晋南北朝文学的发展又进入一个新阶段。

第三节 艺术成就和审美意识

中国古代的艺术成就，内容丰富，多姿多彩，可以借助于层出不穷的考古发掘材料绘声绘色写出若干部专著，在这里无法一一详述。但是，艺术成就既是文化史的主要内容，也是研究和讨论问题的基础，所以必须作些一般的概述。艺术的几个主要部类，就是音乐、舞蹈、绘画、书法以及建筑、工艺美术等等，本章第一部分为了说明各种艺术的独立发展，有些门类已经概述过了，这里再就乐舞作些具体补充，以见秦汉时期艺术成就的一个大概。

一、乐舞的发展与成就

现代的音乐，可以伴之以舞，也可以不伴舞。中国古代的音乐则主要是在歌舞形式中发展的[2]，《礼记·乐记》中反复讲了乐和舞的关系：“比音而乐之，及干戚、羽旄谓之乐（注云：干戚，武舞也；羽旄，文舞也）。夫乐者，乐也。人情之所不能免也。乐必发于声音，形于动静，人之道也。”音乐、舞蹈就是这样密不可分。当然各自的独立性也还是存在的。以下先讲音乐。

中国古代的音乐，大体上分两条线发展：一是民间音乐；一是统治阶

① 《论衡·超奇》，诸子集成本，中华书局1954年版。

② 宋元以后又主要在戏剧与曲艺的形式中发展。

级享受和利用的音乐（包括改造一部分民间音乐），或者被称为“雅乐”（又称“正乐”“古乐”）。“俗乐”（又称“新乐”）被孔子和后来的儒家称为“郑卫之声”，“子曰：‘恶紫之夺朱也。恶郑声之乱雅乐也。’”① “郑卫之音，乱世之音也，比于慢矣。桑间濮上之间，亡国之音也，其政散，其民流，诬上行私而不可止也。”② 这当然是统治阶级的偏见。“俗乐”在当时广为流行是客观事实，艺术欣赏价值比“雅乐”要高，有的统治者也直言不讳，如魏文侯曾经说：“吾端冕而听古乐，则唯恐卧；听郑卫之音，则不知倦。”③ 齐宣王曾经说：“寡人非能好先王之乐也，直好世俗之乐耳。”④

根据文献记载，中国古代先秦时期，经过统治阶级长期的利用和改造，雅乐是颇具规模的，但随着春秋战国的“礼崩乐坏”，雅乐也确实衰落了（这当专门研究）。但是无论哪一朝的统治阶级，在礼仪制度上、在生活享受上，都是需要音乐（乐舞）的。先秦的雅乐衰落了，秦汉以后又重新改造和制作出来，所以史书记载说：“及秦焚典籍，《乐经》用亡。汉兴，乐家有制氏，但能记其铿锵鼓舞，而不能言其义。周存六代之乐，至秦唯余《韶》《武》而已。始皇改周舞曰《五行》，汉高祖改《韶舞》曰《文始》，以示不相袭也。又造《武德舞》，舞人悉执干戚，以象天下乐已行武以除乱也。……周又有《房中》之乐，秦改曰《寿人》，其声楚声也，汉高好之，孝惠改曰《安世》。高祖又作《昭容乐》《礼容乐》。《昭容》生于《武德》，《礼容》生于《文始》《五行》也。汉初又有《嘉至乐》，叔孙通因秦乐人制宗庙迎神之乐也。文帝又自造《四时舞》，以明天下之安和。盖乐先王之乐者，明有法也；乐已所自作者，明有制也。”⑤ 这记载，大体上反映了秦和汉初“制礼作乐”的情况，讲了与以前继承和“不相袭”的关系。虽然先秦的“礼乐丧矣”⑥，汉代又有了统治阶级“自作”的（包括

① 《论语·阳货》，十三经注疏本，中华书局1980年版。

② 《礼记·乐记》，十三经注疏本，中华书局1980年版。

③ 《礼记·乐记》。子夏讲了一通“古乐”与“新乐”的道理，并说“乐与音相近而不同”，指出文侯所好是“音”，这无疑是就艺术美感而言。

④ 《孟子·梁惠王下》：孟子混淆二者区别，说“今之乐犹古之乐也”，并且恭维齐宣王“好乐”是“与民同乐”。

⑤ 《宋书·乐志》。《汉书·礼乐志》有这些内容，详略不一。

⑥ 班固：《汉书》卷二十二，《礼乐志》，中华书局1962年版，第1042页。

利用和改造民间的）乐舞。和以前一样，有主管乐舞的官员和机构，在汉代主要是太乐令、丞及“乐府”。

乐府作为一种机构，可以说是西汉独有的，前已指出，始于汉初，盛于武帝，规模相当大，废于哀帝。《汉书·礼乐志》写道：“至武帝定郊祀之礼……乃立乐府，采诗夜诵。有赵、代、秦、楚之讴。以李延年为协律都尉。多举司马相如等数十人造为诗赋，略论律吕，以合八音之调，作《十九章》之歌。”参以其他记载可知：第一，乐府是一个搜集、整理和制作音乐的机构，所谓制作主要是制音度曲；第二，乐府的主管一般是乐府令，六百石的级别，李延年为协律都尉（“佩二千石印绶”），实际是他一度主管乐府，“是时上方兴天地诸祠，欲造乐，令司马相如等作诗颂。延年辄承意弦歌所造诗，为之新声曲”①，由一个高级别的官员主管，这机构的地位自然一时高出很多；第三，乐府机构庞大，在制造乐曲方面分工精细，这可从哀帝时“罢乐府”的记载②中看出，当时有各种专工属员829人，其中有“主领诸乐人”的“仆射”，有“夜诵员”（选读民歌），有“听工”（测音，“以律知日冬夏至”），有“刚别柎（鼓名）员”“主调篪（笛类）员”“钟工”“磬工”“箫工”“竽工”“琴工”以及“柱工（主筝、瑟之柱）”“绳弦工”（琴瑟之弦）等乐器制作和维修的专业工匠；又有艺术表演的乐工，如各种“鼓员”（“骑吹鼓吹”“邯郸鼓员”“江南鼓员”“淮南鼓员”“巴俞鼓员”……）和“竽、瑟、钟、磬员”等乐器演奏员，“齐讴员”“秦倡员”以及各种名目的“会员”等演唱和表演人员，等等。从以上这些情况看，乐府这一机构无疑地对音乐的发展起到重大作用。

特别值得提出的是，乐府搜集和整理民歌的功绩。先秦以来，民间音乐自有其传统和特色，战国时俗乐压倒了雅乐，到汉代仍然是俗乐流行。汉高祖“好楚声”，就是爱的民间音乐。到武帝时“常御及郊庙皆非雅声”，“今汉郊庙诗歌，未有祖宗之事，八音调均，又不协律于钟律，而内有掖庭材人，外有上林乐府，皆以郑声施于朝廷”③。当时乐府搜集了多少民歌，已难查考，但《汉书·艺文志》有所反映。其《诗赋略》歌诗部分所记一半以上是各地的民歌，如《吴楚汝南歌》十五篇、《燕代讴雁门云

① 班固：《汉书》卷九十三，《李延年传》，中华书局1962年版，第3725页。

② 班固：《汉书》卷二十二，《礼乐志》，中华书局1962年版，第1073页。

③ 班固：《汉书》卷二十二，《礼乐志》，中华书局1962年版，第1071页。

中陇西歌诗》九篇、《邯郸河间歌诗》四篇、《齐郑歌诗》四篇、《淮南歌诗》四篇、《左冯翊秦歌诗》三篇、《京兆秦歌诗》五篇、《河东蒲反歌诗》一篇、《洛阳歌诗》四篇、《河南周歌诗》七篇、《周谣歌诗》七十五篇等等。从地区看，遍及大河上下、大江南北，远至燕代与大漠沿边。搜集民歌之广，也从一个侧面反映了大一统帝国的规模和气魄。

由于民歌之富有生命力，它不但在汉代广泛存在，并为乐府所搜集（当然不可能是全部），而且它使得汉代音乐呈现出多姿多彩的形式。如：主要以北方民歌为基础的《相和歌》（唱和形式并加管弦伴奏），又由《相和歌》发展为《大曲》（有多节歌词，有艳、有趋、有乱，结构形式比较多样）。北方少数民族中流行的“鼓吹乐”（以击乐器鼓和管乐器排箫、横笛、笳、角等合奏的音乐，有时也歌唱）传入中原后，与各地的汉族民间音乐相结合，形成各种特色的鼓吹乐，故当时有邯郸鼓吹、淮南鼓员等等（见上）。朝廷采用后，用于军队、仪仗和宴乐之中，于是有“黄门鼓吹”（用于宴飨）、“骑吹”（用于车驾从行）、“横吹”、“短箫铙歌”（均用于军中，马上演奏）等等。此外还有如古琴曲《广陵散》《胡笳十八拍》以及长篇叙事歌曲《陌上桑》《焦仲卿妻》等的历史遗存告诉我们，当时，既有古琴独奏，也有说唱了。音乐形式多样化，音乐、舞蹈结合，说白、动作兼有，“击鼓歌吹，作俳优”①，向着戏剧的方向发展了。

讲汉代的音乐成就，还不能不看到乐器的发展。先秦时期有“五声八音”之说，乐器按其构成的主要材料分为八大类，金、石、丝、竹、匏、土、革、木，谓之“八音”。每一类又有若干种乐器，如钟、钲之类为金，琴、瑟、镛之类为丝，管、龠、箫之类为竹，磬为石，鼓为革，等等。每一类都有形制不同或大小不同的几种或几十种乐器，如革制的乐器，在《诗经》和《礼记》中就有 20 多种②。到了汉代，当然也会淘汰一些，但主要是改进和发展，特别是由于中外以及与当时某些少数民族的文化交流而增加了一些新乐器。东汉应劭的《风俗通义》专有《声音》一篇，记述了二十三种（类）乐器（实际或有遗失，《太平御览》等书中还引用该书记乐器之文，但不见于今本），其中有的写明古如何，今怎样，如古瑟长

① 班固：《汉书》卷六十八，《霍光传》，中华书局 1962 年版，第 2940 页。

② 如：鼓、鼛、鼖、应、田、鞉、鞀、相、雅、贲鼓、县鼓、鞞鼓、土鼓、应鼓、鲁鼓、薛鼓、楹鼓、蒉桴、拊搏、揩击。

“八尺一寸，四十五弦”，“今瑟长五尺五寸，非正器也”；“今琴长四尺五寸，法四时五行也”；竽“今二十三管”。有几种则为汉代新增乐器，如：

空侯（箜篌，一名坎侯）：“孝武皇帝赛（塞）南越，祷祠太乙、后土，始用乐人侯调依琴作坎坎之乐，言其坎坎应节奏也，侯以姓冠章耳。”①

筝：“今并、凉二州筝形如瑟，不知谁所改作也，或曰秦蒙恬所造。”②

笛：“武帝时丘仲之所作也。……长一尺四寸，七孔，其后又有羌笛。”③

枇杷（他书均引作琵琶）：“谨案此近世乐家所作，不知谁也。以手枇杷，因以为名。长三尺五寸。”④

箜篌、琵琶皆为拨弦乐器，种类也甚多，箜篌有横、竖之分，琵琶有长颈、短颈之别。琵琶有时还成为域外传来拨弦乐器的总称，在中国古代乐器中占有很重要的地位。《风俗通》中未提到的，也可能是域外传来的还有笳与角，都是吹奏乐器。这是从乐器的发展看汉代的音乐成就。

二、审美趣味与美学理论

和文学艺术一样的古老，人们审美意识的发生和发展也是很早的。中国古代的先秦时期，审美意识就已经比较系统化、理论化，形成了美学理论，特别是儒、道两家的审美理论，成为中国古代美学理论发展的两大基础。在这已经形成的美学理论中，一个突出的根本主张就是“道”与“艺”的统一。这是给人们画的一个框框，定的一个调子，影响极大极深。其主要内容和主要精神，就是孔子所说：“兴于《诗》，立于礼，成于乐。”⑤“志于道，据于德，依于仁，游于艺。”⑥“艺”（包括技艺和乐舞之类）必须与“道”统一，道是主要的，艺是从属的，“游于艺”必须有助于

---

① 王利器：《风俗通义校注》卷六，《声音》，中华书局1981年版，第297页。

② 王利器：《风俗通义校注》卷六，《声音》，中华书局1981年版，第299页。

③ 《宋书·乐志》：“笛，案马融《长笛赋》，此器起近世，出于羌中。……又称丘仲工其事，不言仲所造。《风俗通》则曰，丘仲造笛，武帝时人。其后更有羌笛尔。三说不同，未详孰实。”但在汉代才开始有是可以说的。

④ 傅玄：《琵琶赋序》、刘熙：《释名》皆云“本出胡中”。

⑤ 《论语·泰伯》，十三经注疏本，中华书局1980年版。

⑥ 《论语·述而》，十三经注疏本，中华书局1980年版。

“志于道”，艺不能违背道。包括比这更早一些的思想“《诗》言志”①，包括孔子说的“人而不仁如礼何？人而不仁如乐何？”② 等等。这种要求艺与道统一的思想，不但是儒家如此，先秦的道家也是如此，《庄子》中就有“技艺是末道是本”的思想，“通于天地者德也，行于万物者道也，上治人者事也，能有所艺者技也。技兼于事，事兼于义，义兼于德，德兼于道，道兼于天”③。又借庖丁之口说：“臣之所好者道也，进乎技矣。”④ 因此先秦时期就已形成了“尽善尽美”的要求，例如《论语·述而》记载说：“子在齐闻《韶》，三月不知肉味，曰：‘不图为乐之至于斯也。’”他听到《韶》乐，得到极大的审美享受。就因为这种乐符合他的审美观念和审美理想：尽善尽美。“子谓《韶》：尽美矣，又尽善也。谓《武》：美矣，未尽善也。”⑤

以后，不论是讲“艺”与“德”的关系，还是“文”与“道”的关系，都是上述思想的演变和发展。例如汉末魏初的徐幹说：“艺者，以事成德者也。德者，以道率身者也。艺者，德之枝叶也。德者，人之根干也。斯二者，不偏行，不独立。木无枝叶则不能丰其根干，故谓之瘣。人无艺则不能成其德，故谓之野。……艺者，心之使也，仁之声也，义之象也。”⑥ 两者应该统一，但也有根本和枝叶的不同。所有这些与先秦时期的审美意识又没有根本的不同。文艺是劝善惩恶、宣传封建伦理道德的工具，是维护统治、维护纲常名教的手段。

这一论述，弊病是很明显的，有无合理的因素似尚可讨论，且不说它。但这种审美意识在一定意义上说是取消文艺的独立地位，与日益取得独立地位的文学和艺术的发展是有矛盾的。因此，一方面是这个问题反复被提出来讨论⑦；另一方面是人们的审美感受，人们的审美趣味、观念、

① 《论语·尧典》，十三经注疏本，中华书局 1980 年版。

② 《论语·八佾》，十三经注疏本，中华书局 1980 年版。

③ 《庄子·天地》，诸子集成本，中华书局 1954 年版。

④ 《庄子·养生主》，诸子集成本，中华书局 1954 年版。

⑤ 《论语·八佾》，十三经注疏本，中华书局 1980 年版。

⑥ 徐幹：《中论》，《艺纪》，泰东图书局 1929 年版，第 27～28 页。

⑦ 这方面的材料很多，文学是“文以载道”的；音乐则始终与“礼乐”相连，而且“先王作乐从德”；绘画也是如此，《历代名画记》开宗明义：“夫画者成教化助人伦，穷神变测幽微，与六籍同功。”几乎是老生常谈，但说明道和艺的关系有极普遍的意义。

理想、心理等等，也有越来越丰富的内容。

艺术能给人以美感，最基本的就是给人以愉快之感（美学上称之为“自由的愉快”①）。不论统治者如何强调艺术的教化作用，愉快之感是客观存在的。例如汉代武帝以后儒家思想占统治地位，但宣帝和武帝一样，一面“讲论六艺群书”，一面又“博尽奇异之好”。对于他的游乐活动，“议者多以为淫靡不急”，但是上曰：“不有博弈者乎？为之犹贤乎已。辞赋大者与古诗同义，小者辩丽可喜。譬如女工有绮縠，音乐有郑卫。今世俗犹皆以此虞说（娱悦）耳目。辞赋比之，尚有仁义风谕、鸟兽草木多闻之观，贤于倡优博弈远矣。”② 这里虽对艺术活动和艺术欣赏仍有微词，但承认了它们“娱悦耳目”的美感，而且世俗皆是如此，这就是人们最普遍最基本的审美意识。文人、艺术家在这个基础上总结提高，逐渐发展人们的审美意识，这就是美学理论。有了理论又反过来影响人们的审美趣味、观念、理想以及心理等等。

当时，人们审美意识的发展，不妨从以下两个方面来说明：

（一）审美趣味

美，是客观存在的，人们能广泛地感受它，因此，琴棋书画，各种各样的音乐舞蹈都会引起人们的兴趣：“秦、楚、燕、魏之歌也，异转而皆乐”；“美人者必西施之种”③；“佳人不同体，美人不同面，而皆说（悦）于目”④。西汉时期的《淮南子》论述了美的多样性，反映了人们广泛的审美兴趣。那么，秦汉时期人们的审美趣味有无发展变化呢？应该是有的。因为美不仅是客观存在的，也与人们的心理状态有关，与欣赏者的欣赏能力有关，《淮南子》在这方面也有较深刻的阐述：“心有忧者……琴瑟鸣竽弗能乐也。”⑤ “六律具存而莫能听者，无师旷之耳也。”⑥ “夫歌《采菱》，发《阳阿》，鄙人听之，不若此《延路》《阳局》。非歌者拙也，听者异也。”⑦ 由于审美主体的心态、文化水平的不同，美感有差异。在文化艺术

① 参阅刘纲纪：《艺术哲学》第四章第一节，湖北人民出版社 1986 年版。
② 班固：《汉书》卷六十四下，《王褒传》，中华书局 1962 年版，第 2829 页。
③ 《淮南子·修务训》，诸子集成本，中华书局 1954 年版。
④ 《淮南子·说林训》，诸子集成本，中华书局 1954 年版。
⑤ 《淮南子·诠言训》，诸子集成本，中华书局 1954 年版。
⑥ 《淮南子·泰族训》，诸子集成本，中华书局 1954 年版。
⑦ 《淮南子·人间训》，诸子集成本，中华书局 1954 年版。

的发展中，人们的兴趣、要求、崇尚也是发展的，这表现在：

1. 对和谐协调美的进一步追求和讲究

自然中有声音的事物都是有韵律的，都是和谐协调的。最早的诗歌就是音乐、舞蹈、文学三者的结合，要求符合自然的声律，要求和谐协调，为此人们很早就注意了声律的研究，《史记》中有《律书》，而且是紧接在《礼书》和《乐书》之后，排在第三。《汉书》中的《律历志第一》，更是摆在十志之首。“律”可以说是总结自然界的声律，《史记·律书》说：“王者制事立法，物度轨则，壹禀于六律，六律为万事根本焉。”音律又与总结自然界的历法结合起来，《史记》虽分为二书，但有此结合的思想，故《汉书》合而为一成《律历志》，这当然与阴阳五行思想有关。《律书》《律历志》，主要篇幅是讲声律的问题，而且研究得较深，这是音乐的需要，诗歌的需要，反映了人们对声律的和谐协调美的讲究和追求。这些在庙堂音乐中表现出来，也在民间的歌谣中表现出来。如：“颍水清，灌氏宁，颍水浊，灌氏族”①；“东家有树，王阳妇去，东家枣完，去妇复还”②；“小麦青青大麦枯，谁当获者妇与姑，丈人何在西击胡。吏买马，君具车，请为诸君鼓咙胡”③。这只是几首汉代歌谣，《乐府诗集》以及大量散见的民歌多得很，无一不有和谐协调的韵律，有的还特别优美。文人当然更有条件讲这种美。

2. 对新奇美的追求和提倡

人们喜欢新奇，但新奇的东西不一定都是美的。艺术上（包括文学）以新奇为美，这又是一个更高级的发展过程。这方面中国古代很早就有记载，如《尚书·泰誓》中说：“今商王受……作奇技淫巧，以悦妇人。”当即以“奇”为美；《庄子·知北游》篇中也有“是其所美者为神奇”的话（这里的美不完全是美感，但包含美感）。新奇的文章称为奇文，人们是乐意欣赏的，《汉书·王褒传》：“诏使褒等皆之太子宫虞侍太子，朝夕诵读奇文及所自造作。”这虽是上层、文人的事，但人同此心，如王充所言：“世俗之性，好奇怪之语，说（悦）虚妄之文。何则？实事不能快意，而华虚惊耳动心也。”④ 这里不仅讲了世俗之性，而且明显地涉及了美感的问

---

① 《史记·魏其武安侯列传》引“颍川儿歌”。

② 《汉书·王吉传》引“里中人歌”。

③ 《后汉书·五行志》引“天下童谣”。

④ 《论衡·对作》，诸子集成本，中华书局1954年版。

题，所谓“好”“悦”“快意”“惊耳动心”，均为人们的美感。是否以“虚妄”为美那倒不见得，“华虚”则指华而不实的言辞和文章，华就与美感相连了。

对新奇美的追求是客观存在的。由此，也可说明为何外来的艺术能得到迅速传播和吸收。秦汉时期十分明显：由于中外以及与当时的一些少数民族的文化交流在汉代已有很大的发展，种种新奇艺术传入之后立即受到欢迎和被欣赏。早在汉武帝时许多新奇艺术就已大量传入，元封三年（公元前 108 年）“三年春，作角抵戏，三百里内皆观”①，实际上是一次中西合璧的百戏大会演，一些外国艺术家表演了不少新奇节目，如罗马人的幻术（吞刀、吐火、自缚自解之类）。国外新的艺术形式不断引进，中国艺术也在迅速吸收发展。汉代“百戏”中许多是外来节目。东汉“灵帝好胡服、胡帐、胡床、胡坐、胡饭、胡空侯、胡笛、胡舞，京都贵戚皆竞为之”②。

3. 对含蓄美的探讨

美学家们在论“无言之美”时说：“文学之所以美，不仅在有尽之言，而尤在无穷之意。推广地说，美术作品之所以美，不是只美在已表现的一小部分，尤其是美在未表现而含蓄无穷的一大部分，这就是本文所谓的无言之美。”③ 这种欣赏“无言”“无声”“无形”含蓄美的审美趣味，是有中国特色的，是以老、庄哲学思想为基础的，是从老子的“大音希声”、庄子的“至乐无乐”等引申出来的。这种审美趣味在汉代还不十分明显，或者说只有朦胧的追求，如司马迁评论屈原及其作品时说：“其文约，其辞微……其称文小而其指极大，举类迩而见义远。”④ 这既有微言大义的意思，也有言外之意的意思，后者即含蓄。又如东汉的王充，他欣赏和主张：“文贵约而指通，言尚省而趋明。辩士之言要而达，文人之言寡而章。”⑤ 以后，从魏晋开始，人们才对含蓄美作了深入的理论探讨。

---

① 班固：《汉书》卷六，《武帝纪》，中华书局 1962 年版，第 194 页。
② 范晔：《后汉书》志第十三，《五行志》，中华书局 1965 年版，第 3272 页。
③ 《朱光潜美学文集》第二卷，上海文艺出版社 1982 年版，第 460 页。
④ 司马迁：《史记》卷八十四，《屈原贾生列传》，中华书局 1982 年版，第 2482 页。
⑤ 《论衡·自纪》，诸子集成本，中华书局 1954 年版。

4. 重绮丽雕饰

雕饰与自然是对立的，又是相辅相成的，雕饰如果符合自然那就统一了。自然有客观的自然，也有主观体验的自然。艺术本意即技能技巧，技字从手，就是人手的加工，“错采镂金”，如果巧夺天工，不露斧痕，浑然逼真，雕饰与自然就统一了，但这很不容易。有人、有艺术就有雕饰。雕饰之美为人们所接受、欣赏，但是费工、费时、费人力的事，所以古代曾有这样的认识：“为雕文刻镂，技巧华饰，而伤农事，王者必禁之。”① 所以汉代景帝曾下诏说：“雕文刻镂，伤农事者也；锦绣纂组，害女红者也。”② 这里包含着艺术与经济发展的关系，且不讨论。但并未否定对雕饰美的爱好。相反，汉代在儒家思想的制约下，为了厚人伦、美教化，移风易俗，文学艺术上的绮丽、雕饰之风大盛，这从文学、音乐、美术的各个方面都可看出来。

（二）审美范畴

中国古代美学史上有一系列独特的美学范畴，如“道”“气”“象”“意”“味”“妙”“神”“赋”“比”“兴”“情”“趣”“虚实”“形神”“意象”“风骨”“气韵”“妙悟”“意境”等等，有些名同实异，有些名异实同，有的内容交叉重叠，有的不同时期有不同含义。秦汉时期，一些常用的审美范畴，已经开始形成。例如：

1. 情理

情是指人的感情，比较明确。理在中国古代美学上往往以“志”“道”或“义”这些词来表示。一般来说都是如此。但有人说：“中国美学的‘诗言志’这一古老的命题中，开始蕴含艺术是情感的表现这个思想的萌芽”③。这个说法也有一定道理，古老的《诗经》中就不乏缘情之作。不过，从儒家产生之后，就逐渐开始强调理（道、志），把“志”和“情”对立起来，如《礼记·乐记》之“反情以和其志”，《荀子·乐论》之“以道制欲（情欲）”，要以“道”、“志”（也就是理）来限制人们的情欲，把理摆在第一位。这在儒家思想成为统治思想的汉代就是如此。

---

① 《六韬》卷第一，《文韬·尚贤》，见四部丛刊初编子部。

② 《汉书·景帝纪》后二年夏四月诏。

③ 参见李泽厚、刘纲纪《中国美学史绪论》（中国社会科学出版社 1987 年版）中关于“中国美学思想的艺术特征”的说法。

但是，在道家作品中，对“情”的问题还是有自己的见解的，例如《淮南子·泰族训》就认为文艺创作是“发乎词，本乎情”。这个观点在该书中反复地进行过表述，在《齐俗训》中说：“情发于中而应声于外”；在《修务训》中说：乐与悲皆“愤于中则应于外，故在所以感”；《主术训》中说：“古之为金石管弦者，所以宣乐也……此皆有充于内而成像于外”；等等。总之，声、乐、象皆是内情的外化。在《缪称训》中不仅强调“文者，所以接物也，情系于中，而欲发于外者”，进一步还突出了文学思想中的“至情”观：“宁戚击牛角而歌，桓公举以大政；雍门子以哭见孟尝君，涕流沾缨。歌、哭，众人之所能也，一发声，入人心，感人心，情之至者也。”在这一篇中他还说：“故心哀而歌不乐，心乐而哭不哀。”这和《汜论训》中的“中有本主，以定清浊，不受于外，而自为仪表也”等等论述，又是情感主体性的研究。

2. 形神

汉代思想家在先秦哲学的基础上论述了“形”与“神”的关系，这在《淮南子》中表述也很突出，它强调了神和形的主宰作用：“以神为主者，形从而利；以形为制者，神从而言。”① “神贵于形也，故神制则形从，形胜则神穷。”② 提出了“君形”之说，并且用文艺的例子加以说明：“画西施之面，美而不可说（悦）；规孟贲之目，大而不可畏。君形者亡焉。”高诱注云：“生气者，人形之君，规画人形无有生气，故曰君形亡。”生气就是神气，画西施不表现其内在的神气，叫做“君形亡”，就不能使人愉悦，不能得到美感。又说：“使但吹竽，使工厌窍，虽中节而不可听，无其君形者也。”③ 仅有节奏的声音（形），不能表现内在的情感（无其君形者），也不可听，不能使人得到美感。《淮南子》关于形神关系还有许多具体论述，其“君形”说，被认为是揭示了文艺创作重在传神的主张，美学史家认为，《淮南子》的形神观是我国“形神”理论的滥觞。

从以上简略论述中不难看出，在艺术精神、审美意识等方面，道家思想的影响很大。因为以上关于美学的观点，不仅仅反映在道家作品《淮南子》之中，更重要的是，许多具体论述，都是在其“道论”的基础和原则

① 《淮南子·原道训》，诸子集成本，中华书局1954年版。
② 《淮南子·诠言训》，诸子集成本，中华书局1954年版。
③ 《淮南子·说林训》，诸子集成本，中华书局1954年版。

上展开的。例如在《原道训》中说，人之所以能“分黑白，视美丑”，全在于“气为之冲而神为之使”。又如《俶真训》中说：“圣人论其神于灵府，而归于万物之初，视于冥冥，听于无声，冥冥之中，独见晓焉，寂漠之中，独有照焉。”具体论述可以说是：“执道要之柄，而游于无穷之地”①，充满着老庄道家的气息。

① 《淮南子·原道训》，诸子集成本，中华书局1954年版。

第七章　礼仪与风俗

礼仪与风俗是人类社会所特有的现象，是维护社会秩序、人群关系必不可少的。两者之间关系密切，相互作用，相互影响，形成了一种文化传统。

中国这个礼仪之邦，源远流长，秦汉时期又是一个独特的发展阶段。

第一节　礼与俗

一、礼制和礼书

秦以前至少一两千年，夏、商、周三代，就已很重视礼制，各自都有一整套的礼制。

《史记·孔子世家》中记载："孔子之时，周室微而礼乐废。"他曾"追迹三代之礼，序《书传》，上纪唐虞之际，下至秦缪，编次其事。曰：'夏礼吾能言之，杞不足征也。殷礼吾能言之，宋不足征也。足，则吾能征之矣。'观殷夏所损益，曰：'后虽百世可知也，以一文一质。周监二代，郁郁乎文哉！吾从周。'故《书传》《礼记》自孔氏。"孔子曾对他以前的礼制进行过一次研究和整理。他整理的目的还是运用。史书记载说，孔子从小就好礼，"为儿嬉戏，常陈俎豆，设礼容"。他教学生习礼是传授弟子的重要内容之一，乃至于颠沛流离之中亦实践不止，如"孔子去曹适宋，与弟子习礼于大树下"。这个传统影响深远，乃至他死后，"而诸儒亦讲礼乡饮、大射于孔子冢。……故所居堂弟子内，后世因庙藏孔子衣冠琴车书，至于汉二百余年不绝"①。

春秋战国时代，虽然是"礼崩乐坏"，但并不是取消了礼乐制度，只

① 引文均见《史记·孔子世家》。

不过是一些旧的制度被破坏了，一些新的制度又建立起来，继承的东西并不在少数。《周礼》和《仪礼》两书，大体上成书于那个时代。《仪礼》记的是冠、婚、丧、祭、饮、射、燕、聘、觐等具体仪式，其中不少内容保留着远古以来的许多礼俗，一些礼节在当时和后世都一直承袭。《周礼》是用六官（天官、地官、春官、夏官、秋官、冬官）区分为六部分，通过记述三百多种职官的职务，展开了对社会政治制度的设想，其中包括很多具体的古制。

进一步的发展，就是人们对礼的作用和定义等等进行阐述。《礼记》一书就是侧重了这方面的内容。后世流传的《礼记》成书在汉末，但“礼”之有“记”至少是从孔子前后发展起来的，人们不仅要习“礼”，而且要对“礼”进行解释、说明和补充。《汉书·艺文志》中记载：“《记》百三十一篇，七十子后学者所记也。”当然还不是全部。

再者，对于长期以来的礼制，不仅是记录、整理，也不仅仅是一般的解释和说明，更进一步则发展为理论的探讨。这方面，《荀子》中的《礼论》和《乐论》可为代表，这些理论，后来为司马迁的《史记》和班固的《汉书》所接受和运用。

二、礼的作用和意义

关于礼的起源，《荀子·礼论》开宗明义地写道：“礼起于何也？曰：人生而有欲，欲而不得则不能无求，求而无度量分界则不能不争，争则乱，乱则穷。先王恶其乱也，故制礼义以分之，以养人之欲，给人之求，使欲必不穷乎物，物必不屈于欲，两者相持而长，是礼之所起也，故礼者养也。”《史记·礼书》在正式“论礼”的开头（前面简述了三代，特别是周以后礼仪之损益发展），几乎照抄了《荀子》的这一段论述，文字上略有省、改，文义更加明确，并且第一句改为“礼由人起”，更加肯定，礼是人类所独有的东西。礼是由人而起的，具体来说，是由人之“欲”而起的，礼是为了“养人之欲，给人之求”，所以“礼者养也”，“稻粱五味，所以养口也；椒兰芬茝，所以养鼻也；钟鼓管弦，所以养耳也；刻镂文章，所以养目也，疏房床第几席，所以养体也”①。

① 《史记·礼书》，文亦比《荀子》简省。

如何“养人之欲，给人之求”？人的欲求没有一个“度量分界”是不行的，除个人爱好等等不同之外，物质基础是一个最大的问题，在物质条件并不充分的条件下，如何“使欲不穷于物，物不屈于欲，二者相持而长”，不至于尽、竭（屈者竭也）。所以要用“礼”来规范和约束，“是礼之所起也”。

因此，“礼者养也”，最重要的是“制礼义以分之”。如何分法？“君子既得其养，又好其辨也。所谓辨者（《荀子》“辨”作“别”，解释“别”字时是说“曷谓别”），贵贱有等，长少有差，贫富轻重皆有称也”。自此以后的文字，讲所谓“养生”“养财”“养安”“养情”，都是以儒家的思想为指导的，都是维护贵贱、贫富等差的。

关于礼的形成和作用，《荀子·礼论》还有一段概述：“凡礼始乎棁，成乎文，终乎悦校。故至备，情文俱尽；其次，情文代胜；其下，复情以归大一也。天地以合，日月以明，四时以序，星辰以行，江河以流，万物以昌，好恶以节，喜怒以当。以为下则顺，以为上则明。万物变而不乱，贰之则丧也。”司马迁的《礼书》除最后两句引申义的话未引之外，全部照录了。不过作“始乎脱……终乎税”，两个字略有不同，意思是比较清楚的，“言礼之初尚疏略也”，“言礼成就有文饰”，“言礼终卒和悦人情也”①，从粗疏到完备，发展为“情文俱尽”。然后“情文更代相胜”。最后“复情以归一”，这似乎与道家思想相通了。《史记》索隐解释说：“言其次情文俱失，归心浑沌天地之初，复礼之本，是归太一也。”

荀子紧接着进一步论述说：“礼岂不至矣哉！立隆以为极，而天下莫之能损益也。本末相顺，终始相应，至文以有别，至察以有说。天下从之者治，不从者乱；从之者安，不从者危；从之者存，不从者亡。小人不能测也。”司马迁把《荀子》的话改为：“太史公曰：至矣哉！”表明关于礼的作用，完全是他自己的认识。

三、礼与乐

《荀子》中《礼论》《乐论》是分开的，《史记》中《礼书》《乐书》也是分开的，这是理论探讨的一个发展过程，实际上两者关系至为密切。

---

① 《史记》索隐的解释。

《汉书》把两者合起来，成为《礼乐志》，并更为明确地阐述了两者的关系和作用，开宗明义地说："六经之道同归，而《礼乐》之用为急。"这个"用"就是治国安民之用。本来治国安民之道，是有一整套东西的："礼节民心，乐和民声，政以行之，刑以防之。礼乐政刑四达而不悖，则王道备矣。"这四者之中，礼和乐是属于意识形态方面的，"孔子曰：'安上治民，莫善于礼；移风易俗，莫善于乐。'"① 如《荀子·乐论》里所说"礼乐之统，管乎人心"。

礼与乐的关系及其配合作用，《汉书·礼乐志》概述说："乐以治内而为同，礼以修外而为异；同则和亲，异则畏敬；和亲则无怨，畏敬则不争。揖让而天下治者礼乐之谓也。二者并行，合为一体。畏敬之意难见，则著之于享献辞受，登降跪拜；和亲之说难形，则发之于诗歌咏言，钟石管弦。盖嘉其敬意而不及其财贿，美其欢心而不流其声音。故孔子曰：'礼云礼云，玉帛云乎哉？乐云乐云，钟鼓云乎哉？'此礼乐之本也。故曰：知礼乐之情者能作，识礼乐之文者能述；作者之谓圣，述者之谓明。明圣者，述作之谓也。"这一概述简单明了，但包含的内容极为丰富，重要的可以指出几点：

第一，关于"乐和同，礼别异"② 的问题，《礼记·乐记》和《荀子》的《礼论》和《乐论》以及《史记》的《礼书》和《乐书》等记载中都有论述。关于别异，前面已有说明，分别贵贱、尊卑、长幼、亲疏、贫富等等。关于和同，《荀子·乐论》写道："乐在宗庙之中，君臣上下同听之，则莫不和敬；闺门之内，父子兄弟同听之，则莫不和亲；乡里族长之中，长少同听之，则莫不和顺。"③ 关于"二者并行，合为一体"的协同作用，《史记·乐书》写道："乐者为同，礼者为异。同则相亲，异则相敬。乐胜则流，礼胜则离。合情饰貌者，礼乐之事也。"两者还必须配合得恰当，谁过"胜"都还不行。

第二，礼和乐"难见""难形"，因而礼要"著之于享献辞受，登降跪拜"，这就是各种仪式了，礼仪由此而出了；乐则"发之于诗歌咏言，钟石管弦"，这就是文学、音乐等艺术表现形式了，当然还包括舞蹈。

---

① 引文均见《汉书·礼乐志》。颜师古注："孔子曰"乃《孝经》载孔子之言。

② 《荀子·乐论》，诸子集成本，中华书局1954年版。

③ 《礼记·乐记》中亦有此文。

第三，礼乐配合得当，有一个“述作”问题，这就是历代的所谓“制礼作乐”了。

四、俗与礼乐的关系

从字义上我们可以找到俗与礼乐的关系。《说文》的解释是：“俗，习也。”这是从某种连续性的意义讲的，如徐注《说文》云：“俗之言续了，转相习也。”即所谓习惯。什么习惯？哪方面的习惯？没有明说。但此字又通“欲”，《释名·释言语》云：“俗，欲也，俗人之所欲也。”俗是多数人（俗人，世俗之人）长时间“转相习”的欲望和爱好的表现，所谓“习惯成，民礼俗矣”①。上面已经说明“礼由人起”，“人生而有欲”，礼就是为了解决这“人欲”的问题，一个是人欲的表现，一个是解决人欲问题。

正因为如此，所以“礼乐教化”常常与“移风易俗”紧密相连。《礼记·乐记》云：“乐也者，圣人之所乐也，而可以善民心，其感人深，其移风易俗，故先王著其教焉。”为了统一不同的风俗习惯要“制礼作乐”，“凡作乐者，所以节乐。君子以谦退为礼，以损减为乐，乐其如此也。以为州异国殊，情习不同，故博采风俗，协比声律，以补短移化，助流政教”②。为了治理伤风败俗也要“制礼作乐”，如“文帝时，贾谊以为‘汉承秦之败俗，废礼义，捐廉耻，今其甚者杀父兄，盗者取庙器，而大臣特以簿书不报期会为故，至于风俗流溢，恬而不怪，以为是适然耳。夫移风易俗，使天下回心而乡道，类非俗吏之所能为也。夫立君臣，等上下，使纲纪有序，六亲和睦，此非天之所为，人之所设也。人之所设，不为不立，不修则坏。汉兴至今二十余年宜定制度，兴礼乐，然后诸侯轨道，百姓素朴，狱讼衰息。’”③ 也就是《礼记·乐记》所云“移风易俗，天下皆宁”。

礼乐的制定，在某种程度上要考虑原有的习俗，故要“博采风俗”，然后制礼作乐。礼乐制定之后，又能起移风易俗的作用，所以孔子说：“安上治民，莫善于礼，移风易俗，莫善于乐。”而“风俗”一词本身也就可以体现这种关系。唐人张守节为《史记》作正义，对《乐书》中的“移风易俗”解释说：“上行谓之风，下习谓之俗。”风俗即指风气、习俗，风

---

① 《司马法·天子之义》，见《四部丛刊初编》。

② 司马迁：《史记》卷二十四，《乐书》，中华书局1982年版，第1175页。

③ 班固：《汉书》卷二十二，《礼乐志》，中华书局1962年版，第1030页。

气之形成，与“上行”有关，上面的有意宣传提倡、推行等等，故又有“风教”的说法。《史记·五帝本纪》太史公曰：“余尝西至空桐，北过涿鹿，东渐于海，南浮江淮矣。至长老皆各往往称黄帝、尧、舜之处，风教固殊焉。”习俗的改变，风气的转移，礼乐的教化有很大的作用。

第二节　秦汉时期的礼仪

一、礼仪制度的发展变化

（一）关于春秋战国时期的“礼崩乐坏”

司马迁在《史记·礼书》中有一段简要的概述：“周衰，礼废乐坏，大小相逾，管仲之家，兼备三归。循法守正者见侮于世，奢溢僭差者谓之显荣。自子夏，门人之高弟也，犹云‘出见纷华盛丽而说，入闻夫子之道而乐，二者心战，未能自决’，而况中庸以下，渐渍于失教，被服于成俗乎？孔子曰‘必也正名’，于卫所居不合。仲尼没后，受业之徒沈湮而不举，或适齐、楚，或入河海，岂不痛哉!”在当时（春秋及后来的战国）改革的大潮之下，原有的礼制秩序乱套了（礼废乐坏），一切似乎有些“颠倒”，社会风气大变，人的思想大乱，连孔子的高弟门人子夏也静不下心来，“或入河海”。

（二）秦代的礼仪制度

大乱而后大治，这也是必然规律。司马迁继续记述道：“至秦有天下，悉内六国礼仪，采择其善，虽不合圣制，其尊君抑臣，朝廷济济，依古以来。”张守节正义云：“秦采择六国礼仪，尊君抑臣，朝廷济济，依古以来典法行之。”这个概述是比较客观的。事实上，春秋战国时，虽然“礼废乐坏”，但并不是一切古礼仪都废了，六国肯定有所继承，无疑地也会制定一些新的礼仪，到了“秦有天下”，“采择其善”，又形成一套更新的礼仪，也是“朝廷济济”。不过，有些“不合圣制”。这“不合”，主要是指不合儒家的那一套礼制，也包含其一些无论怎么说都不好的东西。其特点是突出了“尊君抑臣”，突出了法家的思想和主张，礼与法完全混一了。“依古以来典法行之”，秦代有自己的一整套礼仪制度，可以说指导思想上改变比较大，形式、方法等具体问题上改变比较小，继承比较多。例如

"建皇帝之号，立百官之职"，等等[1]。关于皇帝的种种礼仪制度，多有创造。例如冠服制度的改革，采用五德终始之说，自谓秦为水德，"衣服旄旌节旗上黑。法冠皆六寸"（《史记·秦始皇本纪》），这些都与指导思想有关。有些具体东西则多有继承，例如，见于记载的秦代乐舞，大多是前代的，如《韶》《武》等古乐均保存下来，《宗庙乐》《昭容乐》《礼容乐》等渊源有自。有的则改个名称，如《大武》之舞，秦始皇改曰《五行》之舞[2]。秦代九卿之一的奉常是总管礼仪的，又设有专门的乐官、乐人。

《乐论》《乐记》《乐书》都讲了音乐的作用，"凡音者，生人心者也"，可以表达人的喜怒哀乐，听其音乐还可知政之得失，所谓"治世之音安以乐，其正和；乱世之音怨以怒，其正乖；亡国之音哀以思，其民困。声音之道，与正通矣"[3]。音乐生于人心，听音乐也在于人的体会，喜怒哀乐的大区分也许是有的，但同是起教化作用，同是维护统治秩序威严，其音乐就不会有重大的区别了。因而以"礼治"为中心也好，以"法治"为中心也好，礼仪的形式以及乐舞是完全可以继承的。

（三）汉代礼仪制度的发展

"汉兴，拨乱反正，日不暇给，犹命叔孙通制礼仪，以正君臣之位。高祖说而叹曰：'吾乃今日知为天子之贵也!'以通为奉常，遂定仪法，未尽备而通终。"这是《汉书·礼乐志》的记述，叔孙通曾制定礼仪，但仪法未尽备。司马迁是西汉时人，对情况了解得更确切一些，他写道："至于高祖，光有四海，叔孙通颇有所增益减损，大抵皆袭秦故。自天子称号下至佐僚及宫室官名，少所变改。"[4] 基本上可以说是"汉承秦制"，特别提到"天子称号"这类秦所创造的东西，大体上都继承和因袭了。但毕竟是"日不暇给"，再加上熟悉礼仪的叔孙通又去世了，故礼仪制度未能尽备。

文帝、景帝之时，都有议论过定礼仪制度的事，"孝文即位，有司议欲定仪礼，孝文好道家之学，以为繁礼饰貌，无益于治，躬化谓何耳，故罢去之"[5]。《汉书·礼乐志》则较具体地记述了贾谊之疏议，并且曾"草

---

① 班固：《汉书》卷十九上，《百官公卿表》，中华书局1962年版，第722页。
② 参阅马非百：《秦集史·音乐志》，中华书局1982年版。
③ 引文见《史记·乐书》。
④ 司马迁：《史记》卷二十三，《礼书》，中华书局1982年版，第1159页。
⑤ 司马迁：《史记》卷二十三，《礼书》，中华书局1982年版，第1160页。

具其仪，天子说焉”，只是因“大臣绛、灌之属害之，故其议遂寝”。看来事情比较复杂，不仅仅是一个“孝文好道家之学”的问题。景帝时又有晁错多次议“更定”“法令”，并曾“更令三十章”，实际是一个礼法问题，因为事涉“侵削诸侯”，引起了“吴、楚七国之乱”①，“天子诛错以解难”，“是后官者养交安禄而已，莫敢复议”②。

到武帝时，各方面的条件成熟了，才有大规模的制定礼仪的举动，司马迁写道：“今上即位，招致儒术之士，令共定仪，十余年不就。或言古者太平，万民和喜，瑞应辨至，乃采风俗，定制作。上闻之，制诏御史曰：‘盖受命而王，各有所由兴，殊路而同归，谓因民而作，追俗为制也。议者咸称太古，百姓何望？汉亦一家之事，典法不传，谓子孙何？化隆者闳博，治浅者褊狭，可不勉欤！’乃以太初之元改正朔，易服色，封太山，定宗庙百官之仪，以为典常，垂之于后云。”③ 从武帝即位开始，就酝酿、讨论、制定礼仪的工作，司马迁也曾亲自参加一些活动，包括制定《太初历》。但司马迁并没有看到最后的结果，以后的发展他更不知道。班固在《汉书·礼乐志》中说：“是时，上方征讨四夷，锐志武功，不暇留意礼文之事。”

礼仪的制定，似乎是个没完没了的事。据《汉书·礼乐志》记载，宣帝时王吉“又上疏”“愿与大臣延及儒生，述旧礼，明王制”，“上不纳其言，吉以病去”；成帝时刘向建议“兴辟雍”，“陈礼乐”，“帝以向言下公卿议”，亦无大的结果；再就是“及王莽为宰衡，欲耀众庶，遂兴辟雍，因以篡位，海内畔之”。

《汉书》本来是记西汉一代之事，班固在写《礼乐志》时，对东汉初年也附记了几笔：“世祖受命中兴，拨乱反正，改定京师于土中。即位三十年，四夷宾服，百姓家给，政教清明，乃营立明堂、辟雍。显宗即位，躬行其礼，宗祀光武皇帝于明堂，养三老五更于辟雍，威仪既盛美矣。然德化未流洽者，礼乐未具，群下无所诵说，而庠序尚未设之故也。……今叔孙通所撰礼仪，与律令同录，臧于理官，法家又复不传。汉典寝而不著，民臣莫有言者。又通没之后，河间献王采礼乐古事，稍稍增辑，至五

① 司马迁：《史记》卷一百一，《晁错列传》，中华书局1982年版，第2747页。

② 司马迁：《史记》卷二十三，《礼书》，中华书局1982年版，第1160页。

③ 司马迁：《史记》卷二十三，《礼书》，中华书局1982年版，第1161页。

百余篇。今学者不能昭见，但推士礼以及天子，说义又颇谬异，故君臣长幼交接之道浸以不章。”班固写《汉书》是明帝时的事，从他的记述看，东汉初年，一方面是“威仪既盛美矣”，另一方面又“礼乐未具”。何时才“具”？晋司马彪《后汉书·礼仪志》没有再叙述这方面的问题，而只着重各种具体礼仪的记载。但梁刘昭作注时引《谢沈书》曰：“太傅胡广博综旧仪，立汉制度，蔡邕以为志，谯周后改定以为《礼仪志》。”胡广“立汉制度”事有待详考。但“胡广在台辅三十余年，历事六帝”①，从安帝到灵帝的六朝元老，他“练达事体，明解朝章，屡有补阙之益”②，或者在礼仪的整理乃至制定方面是有一定贡献的。

从以上一些简略的记述中，可以看出汉代礼仪制度发展的大致轮廓，可以归纳出以下几点：第一，汉代的礼仪制度起初基本上是继承秦代，司马迁说得很清楚，与事实也是相符的。后来，特别是汉武帝以后，有很大的发展。第二，汉代制礼作乐是一个长期的发展过程，西汉初年，刘邦和他的大臣们谁也不懂什么礼仪，叔孙通因秦之旧所起朝仪，高皇帝喜出望外，后来一些知识分子逐渐加以补充，根据就是一些古籍经典（也有编造的）。东汉初几乎又重复了一次，“张纯在朝历世，明习故事，建武初，旧章多阙，每有疑义，辄以访纯，自郊庙、婚冠、丧纪礼仪，多所正定，帝甚重之”③。各个时期都有这么一批“明习故事”的知识分子，或被顾问，或主动上疏，或埋头记录、整理，所以制礼作乐几乎可以说没有停止过。但是整个汉代也有几个重要发展阶段，那就是：西汉初叔孙通的制定礼仪（沿袭秦代），汉武帝、汉成帝、王莽几次较大规模的议定制作，东汉初年是重新恢复汉代礼仪，章帝时又有较大的行动，所谓“孝章帝永言前王，明发兴作，专命礼臣，撰定国宪，洋洋乎盛德之事焉”④。第三，汉代有礼法混一的倾向，礼也就是法，因而“礼仪与律令同录”。第四，“采礼乐古事”与“采风俗”乃至创造等方面的理论工作与实践的需要相辅相成，以至于礼乐制度得以在社会中传承并发展，同时也被记录和保存下来。

---

① 谢承：《后汉书·胡广传》，见周天游：《八家后汉书辑注》，上海古籍出版社 1986 年版。
② 谢承：《后汉书·胡广传》，见周天游：《八家后汉书辑注》，上海古籍出版社 1986 年版。
③ 范晔：《后汉书》卷三十五，《张纯传》，中华书局 1965 年版，第 1194 页。
④ 范晔：《后汉书》卷三十五，《曹褒传论》，中华书局 1965 年版，第 1205 页。

二、礼仪内容概述

汉代是一个制礼作乐的时代，但《汉书·礼乐志》中的记述并不多，其主要内容只有两部分，一部分是制礼作乐的发展情况，另一部分只记了《安世房中歌》十七章和《郊祀歌》十九章的诗辞，“其余巡狩福应之事，不序郊庙，故弗论”。为什么如此？大约是因为班固对西汉一代的制礼作乐不满意，或者说因袭的多，创造的少。“今幸有前圣遗制之威仪，诚可法象而补备之，经纪可因缘而存著也”。所以记述中多有微词，一直到《礼乐志》的最后，他写道：“今大汉继周，久旷大仪，未有立礼成乐，此贾谊、仲舒、王吉、刘向之徒所为发愤而增叹也！”因而一篇《礼乐志》竟没有多少礼仪的记述。

司马彪所撰的《礼仪志》三卷，前二卷按春夏秋冬四季，记述了各个季节的例常礼仪，有些事与季节有密切关系的，除立春、立夏、立秋、立冬之外，还有春季之耕、蚕，夏季之请雨、桃印等等，另一些礼仪则因为在某种季节举行最为合适，如秋季之貙刘、案户，冬季之遣卫士、朝会等等，还有的是大体上分配在各季节的，如上陵、冠、养老等礼均放在春季，拜皇太子、拜王公等放在夏季，也许上陵有不忘祖先之意①，冠则表示着一种新的开始，故均放在春季，拜皇太子等放在夏季，可以说与季节毫无关系，大约是这个季节农忙了，别的礼仪比较少，上层统治者再来解决这些不紧不慢的问题。最后一卷专讲丧礼，包括“大丧”及“诸侯、王、列侯、始封贵人、公主薨”，记载得相当具体。

司马彪所撰这《礼仪志》（即今之《后汉书·礼仪志》），是根据某种原始记录写成的，他在开头讲了几句“威仪”的重要性之后写道：“故记施行威仪以为《礼仪志》。”据前引《谢沈书》所说，有太尉胡广博综旧仪立汉制度，有蔡邕依以为志，然后谯周改定以为《礼仪志》，显然是有某些原始记录为根据的。

汉代施行的礼仪究竟有多少？记载不全（也不可能全），宋人徐天麟编《西汉会要》和《东汉会要》，按照吉、嘉、宾、军、凶所谓“五礼”分五大类进行了收集。其中吉礼的内容最多，虽然主要是敬天、祭祖方面

---

① 此礼不只春季举行，“八月饮酎，上陵，礼亦如之”。

的内容，但分得很细，甚至很杂。下面且以敬天、祭祖为例，述其要点：

（一）关于祭祀天地

敬天是一件大事，如西汉成帝时，丞相匡衡、御史大夫张谭所奏言："帝王之事莫大乎承天之序，承天之序莫重于郊祀，故圣王尽心极虑以建其制。"① 敬天的目的很明显，假借天意以维护统治地位，神化统治，欺骗民众，汉光武帝即位时就玩了这样一次祭告天地的把戏："建武元年，光武即位于鄗，为坛营于鄗之阳，祭告天地，采用元始中郊祭故事。六宗群神皆从，未以祖配。天地共犊，余牲尚约。其文曰：'皇天上帝，后土神祇，眷顾降命，属秀黎元，为民父母，秀不敢当。群下百僚，不谋同辞。咸曰王莽篡弑窃位，秀发愤兴义兵……平定天下，海内蒙恩，上当天心，下为元元所归。谶记曰：'刘秀发兵捕不道，卯金修德为天子。'秀犹固辞，至于再，至于三。群下曰：'皇天大命，不可稽留。'敢不敬承。"②

两汉时期有关祭祀天地的礼仪，主要有"郊祀""封禅"以及"明堂""辟雍""灵台""山川""四时"等等之祭。有些内容是旧礼仪的继承和沿袭，但无论在内容或形式上，随时都有增减、损益，例如《汉书·郊祀志》记载：秦始皇"即帝位三年，东巡狩郡县，祠驺峄山，颂功业"。儒生们纷议古封禅之礼，"始皇闻此议各乖异，难施用，由此黜儒生"。后来按他自己的意愿干，而"其礼颇采泰祝之祀雍上帝所用，而封藏皆秘之，世不得而记也"。又，汉高祖二年，"东击项籍而还入关，问：'故秦时上帝祠何帝也?'对曰：'四帝，有白、青、黄、赤帝之祠。'高祖曰：'吾闻天有五帝，而四，何也?'莫知其说。于是高祖曰：'吾知之矣，乃待我而具五也。'乃立黑帝祠，名曰北畤。有司进祠，上不亲往。悉召故秦祀官，复置太祝、太宰，如其故仪礼。因令县为公社。下诏曰：'吾甚重祠而敬祭。今上帝之祭及山川诸神当祠者，各以其时礼祠之如故。'"又汉武之世，"是时既灭两粤，粤人勇之乃言：'粤人俗鬼，而其祠皆见鬼，数有效。昔东瓯王敬鬼，寿百六十岁。后世怠慢，故衰耗。'乃命粤巫立粤祝祠，安台无坛，亦祠天神帝百鬼，而以鸡卜。上信之，粤祠鸡卜自此始用"。

以上数例，已可见祭祀天地礼仪之损益、发展。山川百神多得很，有

① 班固：《汉书》卷二十五下，《郊祀志》，中华书局 1962 年版，第 1254 页。

② 范晔：《后汉书》志第七，《祭祀上》，中华书局 1965 年版，第 3158 页。

些是皇帝认可和提倡祭祀的，如《后汉书·祭祀志》所载："章帝即位，元和二年正月，诏曰：'山川百神，应祀者未尽。其议增修群祀宜享祀者。'"也有些是民间自发搞起来的，所谓淫祠、淫祀，多得不得了，也有关于"治理整顿"的记载，如西汉成帝即位的第二年："（匡）衡、（张）谭复条奏：'长安厨官县官给祠郡国候神方士使者所祠，凡六百八十三所，其二百八所应礼，及疑无明文，可奉祠如故。其余四百七十五所不应礼，或复重，请皆罢。'奏可。"罢去了一大半，可惜"明年，匡衡坐事免官。众庶多言不当变动祭祀者"。后来"又复长安、雍及郡国祠著明者且半"①。

（二）关于祭祀祖宗

天子奉天承运，要感谢上苍，祭祀天地。同时，按照天意，也必须"祖有功而宗有德"，因而敬天祭祖是互相配合的，如"平帝元始五年，大司马王莽奏言：'王者父事天，故爵称天子。孔子曰："人之行莫大于孝，孝莫大于严父，严父莫大于配天。"王者尊其考，欲以配天，缘考之意，欲尊祖，推而上之，遂及始祖。是以周公郊祀后稷以配天，宗祀文王于明堂以配上帝。《礼记》天子祭天地及山川，岁遍。'"②

关于祭祀祖宗的礼仪也很多、很杂，两汉《会要》中关于宗庙、原庙、郡国庙、庙议、庙祭以及祖宗配侑等均为这方面的内容。记载比较零散，但也有的较为集中，例如《汉书·韦贤传》后就附有一大篇记述，有一个比较具体的概述，其文曰："初，高祖时，令诸侯王都皆立太上皇庙。至惠帝尊高帝庙为太祖庙，景帝尊孝文庙为太宗庙，行所尝幸郡国各立太祖、太宗庙。至宣帝本始二年，复尊孝武庙为世宗庙，行所巡狩亦立焉。凡祖宗庙在郡国六十八，合百六十七所。而京师自高祖下至宣帝，与太上皇、悼皇考各自居陵旁立庙，并为百七十六。又园中各有寝、便殿。日祭于寝，月祭于庙，时祭于便殿。寝，日四上食；庙，岁二十五祠；便殿，岁四祠。又月一游衣冠。而昭灵后、武哀王……戾后各有寝园，与诸帝合，凡三十所。一岁祠，上食二万四千四百五十五，用卫士四万五千一百二十九人，祝宰乐人万二千一百四十七人，养牺牲卒不在数中。"这已经讲到宣帝了，列祖列宗越来越多，宗庙的座次就有一个重新排列的问题，

① 班固：《汉书》卷二十五下，《郊祀志》，中华书局1962年版，第1259页。
② 班固：《汉书》卷二十五下，《郊祀志》，中华书局1962年版，第1264页。

所谓“亲尽宜毁”，就发生了多次庙议，本来不许非议的问题也就不议不可了。所以记载中就说：“初，高后时患臣下妄非议先帝宗庙寝园官，故定著令，敢有擅议者弃市。至元帝改制，除此令。”元、成、哀、平之时就有几次大的议论。《汉书·韦贤传》同时记载了几次大的议论，最后引“司徒掾班彪曰：‘汉承亡秦绝学之后，祖宗之制因时施宜。自元、成后学者蕃滋，贡禹毁宗庙，匡衡改郊兆，何武定三公，后皆数复，故纷纷不定。何者？礼文缺微，古今异制，各为一家，未易可偏定也。考观诸儒之议，刘歆博而笃矣。’”

为了解两汉之宗庙礼仪，另一段议论也值得在此引述，《东汉会要》作者徐天麟在“宗庙”条之后写道：“古者天子七庙，三昭三穆，与太祖之庙而七。其制则外为都宫，太祖在北，三昭三穆以次而南。周以后稷始封，文、武受命而王，是以三庙不毁，与亲庙四而七。非有后稷始封，文武受命之功者，皆当五庙而迭毁，亲亲之杀，示有终也。西都草创，礼制缺略，诸帝之庙各自居陵旁立之，其都宫之制，昭穆之位，不复如古。然犹不失独专一庙之尊也。郡国之立祖宗庙，京师之立原庙，虽背经违古，然犹幸罢废于中世之后也。元帝时，贡禹建迭毁之议，韦元成、匡衡、刘歆等考据明白，本末具在。世祖中兴，固望其一正典礼，以合先王七庙之制。考之于史，建武所立亲庙四，言者首议其非。永平所立世祖庙，又与高庙异处，无复昭穆之序。明帝临终，遗诏藏主于光烈皇帝更衣别室，章帝而下，莫敢或违。徒务为抑损之私，而不知礼义之正。末年遂至高庙五主，世祖庙七主，其渎乱不经，未有如是之甚者。噫！东都儒行，如张纯、朱浮、曹褒、郑玄之俦，皆号称明习典礼，何独不能复古人七庙之制？魏晋循之，遂不能革，而先王宗庙之礼始尽废矣！惜哉！”

（三）关于嘉、宾、军、凶礼

嘉礼一类，内容所涉及的范围比较大，从两汉《会要》所列的项目可见：“朝会”“诸侯朝觐”“上尊号”“上寿”“册立皇太子”“行幸”“诏令章奏”“冠礼”“婚礼”“乡射”“赐酺”“赐姓氏”“禁逾侈”等等。东汉“行幸”之外又列“巡狩”，增加“拜诸侯王公”“养老”“案比”“封事”等项，有些项目是仅就其有关礼仪的内容而言，例如“案比”本是一项户籍制度，每年秋季的“案户比民”，不过其中有“养衰老，授几杖”“铺之糜粥”的礼仪活动，故《东汉会要》记上一笔（《西汉会要》则在“民政”

中有“尊高年”之类的记载)，这也更好说明嘉礼的范围之大，大大小小的事情，动辄有礼有仪。

宾礼只有“封先代后（先贤后附)”和“先代冢墓”两项目，根据是什么？有待详考，《周礼·春官·大宗伯》中有“以宾礼亲邦国”一句，是以宾客之礼亲近邦国的意思。《后汉书·百官志》记有“卫公、宋公”，“本注曰：建武二年，封周后姬常为周承休公；五年，封殷后孔安为殷绍嘉公。十三年，改常为卫公，安为宋公，以为汉宾，在三公上。”这是把商、周的后代作为“汉宾”来看待。汉代封先代后的缘起如何，也是有待详考的问题，据《西汉会要》收集的材料，最早应该是高帝十年封乐毅之后为华成君，然后是武帝元鼎四年封周室之后（《会要》误为“成帝元鼎四年”)，《汉书·武帝纪》云：“（元鼎四年十一月）行幸荥阳还至洛阳，诏曰：‘祭地冀州，瞻望河洛，巡省豫州，观于周室，邈而无祀，询问耆老，乃得孽子嘉，其封嘉为周子南君，以奉周祀。’”① 尔后，从成帝开始，哀、平二朝，先后改封殷后、周后、周公后、孔子后等等，记载中有成帝时梅福上书，言“宜建三统，封孔子之世以为殷后”，其书中又提到在他之前还曾有“匡衡议以为，王者存二王后，所以尊其先王而通三统也”②。看来当时在礼制的讨论中，有一个“通三统”的理论在流行，有经书专门讨论这一问题。《后汉书·百官志》的最后刘昭补注曾引：“《五经通义》：‘二王之后不考功，有诛无绝。’郑玄曰：‘王者存二代而封及五，郊天用天子礼以祭其始祖，行其正朔，此谓通三统也。三恪者敬其先圣，封其后而已，无殊异者也。’”

军礼，《西汉会要》列了“亲征”“劳军”“田猎”“兵祭”几项，除开“兵祭”具体涉及礼仪之外，其他几项也可能是有一定礼仪的，但没有具体记述，不过是慢慢发展起来的。“亲征”中汉五年“围羽垓下”，戎马倥偬，恐怕没有多少礼仪可言，武帝时的御驾亲征那就有隆重的礼仪了。《东汉会要》的军礼，列了“讲武（校猎)”“飨遣卫士”两个项目，收集了《礼仪志》及有关经传的一些材料，那真是有礼、有仪，东汉的礼仪自然比西汉要完备，更加繁琐，自不必言。

---

① 《史记·封禅书》亦记此诏云：“三代邈绝，远矣难存，其以十里地封周后为周子南君，以奉其先祀焉。”乃司马迁之简述。

② 班固：《汉书》卷六十七，《梅福传》，中华书局1962年版，第2926页。

凶礼是另一大类，《西汉会要》中有“山陵”“寝园”“服制”“丧葬”“恤死事”等项目。《东汉会要》的项目大体相同，因为《后汉书·礼仪志》的下卷专讲“丧礼”，其“大丧”干脆就写上一句“语见《礼仪志》下卷，文多不再”。此等凶、丧之礼，当然是对于今日毫无用处，似无详细考证之必要，或者研究古代社会史及古代文化风俗史难免要涉及它。

《东汉会要》作者徐天麟曾发议论说：“两汉丧服之制，虽不合于古礼，然士大夫至孝出于天性者，未尝不服三年之丧。在西都则公孙弘、原涉、河间王良，在东京则桓荣、韦彪、姚期、鲍昂及东平王敞、东海王臻兄弟，皆事亲尽爱，送终竭哀，二史书之，以为罕见，所以贬时俗之不能尽其通丧也。”

第三节 秦汉时期的风俗

一、秦汉时期的风俗观

《荀子·强国》记应侯问孙卿：“入秦何见?”孙卿子曰：“入境，观其风俗，其百姓朴，其声乐不流污，其服不挑，甚畏有司而顺，古之民也。”[①] 讲的是“百姓”或“民”的风俗，“朴”“顺”是讲人们的性格特点，音乐清雅[②]，衣服不奇[③]，这是风俗的几个主要内容，显然是赞扬的态度。可见，战国时人，首先是入境“观俗”，或者“问俗”，然后才是评论俗的好坏，再后才是讲“移风易俗”。这在《礼记》中反映，如《曲礼》云：“入境而问禁，入国而问俗，入门而问讳。”“入境”“入国”，“问禁”“问俗”只是文字上的不同，郑玄注曰：“皆为敬主人也。禁，谓政教；俗，谓常所行与所恶也。国，城中也。”“问俗”是为了尊重主人，尊重一个国家、一个地区的风俗习惯。这本身很容易引申出“入境从俗”[④] 的意思。《淮南子·齐俗训》把这个意思说清楚了：“是故入其国者从其俗，入

① 下文还有“及都邑官府”“入其国，观其士大夫”“观其朝廷”等等，或者也属于广义的风俗范围。

② 杨倞注云：“流，邪淫也；污，浊也，不流污，言清雅也。”

③ 杨倞注云：“挑，偷也，不为奇异之服。《诗序》曰：长民者衣服不贰，从容有常，以齐其民，民德归一也。”

④ “从俗”主要是道家的思想，《庄子·山木》：“入其俗，从其俗。”

其家者避其讳，不犯禁而入，不忤逆而进，虽之夷狄徒倮之国，结轨乎远方之外，而无所困矣。”这似乎是在当时“国际”关系中的一条原则。在秦汉，统一国家建立后，“入国问俗”这个问题就不突出了，“入乡随俗”这个思想还是往下传承了的，当另行考论。

在汉代主要是“一风俗”和“移风易俗”的问题。但这个问题儒、墨、道、法各家，各有不同的主张。

儒家主张教化，靠礼、乐来化民正俗，这在《礼记》中总结得很明确，如《曲礼》说：“教训正俗，非礼不备。”《乐记》又说：“乐也者，圣人之所乐也，而可以善民心。其感人深，其移风易俗，故先王著其教焉。”儒家这方面的言论甚多，不烦详举。

法家则主张用法、用制度来“化俗”，《史记·李斯列传》说：“孝公用商鞅之法，移风易俗。”这在《商君书》中是有具体说明的，如《壹言》写道：“制度时，则国俗可化而民从制；治法明，则官无邪；国务一，则民应用；事本专，则民喜农而乐战。夫圣人之立法化俗，而使民朝夕从事于农也。不可不知也。”“立法化俗”是为了“归心于一”，但同时也重视已有的民情、民俗，所以又写道：“故圣人之为国也，不法古不修今，因世而为之治，度俗而为之法。故法不察民之情而立之，则不成治……”针对民情、民俗而立法，不过看不出有顺民情、从民俗的意思。法家的主张，这里也不加讨论了。

道家的主张就是要“从其俗”。《庄子·山木》云：“且吾闻诸夫子曰：‘入其俗，从其俗。’”成玄英《庄子疏》说“夫子”指老子，那就是《庄子》复述《老子》的话了。“从其俗”是老子和庄子的思想，有的本子“从其俗”作“从其令”，但意思都是一样的，即到一个地方，就要顺从那里的风俗习惯①。秦汉的新道家继承和发展了老庄的思想。《吕氏春秋·音初》中有：“是故闻其声而知其风，察其风而知其志，观其志而知其德。”高诱作注，认为此处之风即俗。这和儒家的“观风”没有什么区别。新道家讲移风易俗，最明显的当是《淮南子·齐俗训》，其篇之序目云：“齐，一也。四宇之风，世之众理，皆混其俗，令为一道也，故曰齐俗。”② 此篇

① 参阅陈鼓应：《庄子今注今译》，中华书局1983年版。

② 《淮南子》各篇序目为汉高诱之注。刘文典认为：此篇书目无“因以题篇”字，乃许慎注本。

关于风俗有许多具体见解（下面还要论及），其主要思想应是以“道”来齐一风俗，所以开宗明义就说：“率性而行谓之道，得其天性谓之德”，并且接着重复一番道家“仁义立而道德迁”的道理。它承认儒家的礼仪，而且礼与俗相连：“所谓礼义者，五帝三王之法籍风俗，一世之迹也。”“礼俗者，非人之性也，所受于外也。”但是主张“制礼义，行至德，而不拘于儒墨”。它的“时世异”“不法其已成之法”“与化推移”的看法，与法家相近相通，但是认为：“握一君之法籍，以非传代之俗，譬由胶柱而调瑟也。”这不非“传代之俗”又与法家思想相违（当然其所说“法籍”主要还是指儒家的礼法）。因此，它一方面主张“入其国者从其俗”，和老庄思想一样；另一方面又主张“故以道论者，总而齐之”，“圣人体道反性，不化以待化”，“各有所宜，而人性齐矣”，“所为者各异，而所道者一也”①。总的思想是：齐俗的办法要“因”和“顺”，是道家思想。

墨家关于风俗似没有很多的论述，但《墨子》的“节葬”“非乐”等等，实际是反对不良的风俗习惯。他和其他各家的看法相同，认为：“上以为政，下以为俗。”② 主要是“上”面的问题，“下”面则是“所谓便其习而义其俗者也”。注认为，义者善也。“义其俗”即“善其俗”，因此如何解决不良风俗问题，主要从上之“为政”做起，“若节丧之为政，而不可不察此者也”。他的移风易俗主张，如其“尚同”的主张一样，靠的是人，人为之政。

汉代继承和发展了先秦各家关于风俗的种种思想。

汉初的政治家们是重视风俗问题的，例如陆贾，他留下的《新语》就是汉朝最早的政论之一，其中有两处明显地提到风俗问题：一处是《道基》，讲到“后圣乃定五经，明六艺”，制礼作乐时，其目的是：“以节奢侈，正风俗，通文雅。”另一处是《无为》，在讲“道莫大于无为，行莫大于谨敬”时，主张“教化”：“上之化下，犹风之靡草也。……孔子曰：‘移风易俗，岂家至之哉，先之于身而已矣。’”又如贾谊，他的《新书》中也有：“教训正俗，非礼不备。”他在文帝时大声疾呼，以为“汉承秦之败俗，废礼义，捐廉耻……至于风俗流溢，恬而不怪，以为是适然耳。夫

---

① 刘文典：《庄子补正》谨按《意林》引，作“得道一也”。

② 《墨子·节葬篇》。以下《墨子》引文同。

移风易俗，使天下回心而乡道……宜定制度，兴礼乐。”①

汉初，主要是新道家思想占支配地位。如上所述，新道家关于风俗的观点，既不同于儒家、法家，也不同于先秦道家，而是兼采了各家的思想。这表现在集新道家思想大成的《淮南子》中②，也表现在司马迁的《史记》之中（这些下面将分别论及）。中心是以“道”为指导，解决“风俗易移”的问题，用“道”来“齐俗”。但是，汉初并没有像周代那样“观风览俗”，并没有采取多少具体的措施。这原因至少有两条：一是立国之初，百废待兴，特别是政治上的稳定要给以极大的关注，所谓“拨乱反正，日不暇给”③；二是虽要制礼作乐，多半因袭而行，“大抵皆袭秦故”，不过“少所改变”，或“颇有所增益减省”④。增减一些什么呢？根据礼俗“因民所好”⑤的思想和原则，汉初出自民间的天子和“布衣将相”，对民间风俗习惯是比较熟悉的，制礼作乐时自然会参考，“高祖乐楚声”影响了汉初的礼乐是显然的，如《汉书·礼乐志》说：“凡乐，乐其所生，礼不忘本，高祖乐楚声，故房中乐楚声也。”这个简略的记述⑥可以说明问题，“乐其所生”讲的是习俗问题。

一直到汉武帝时，社会、政治相对稳定了，政治舆论上也一再呼吁，如《淮南子》之论述“齐俗”，如董仲舒之强调教化，主张“教化行而风俗美”⑦等等，才恢复了周代的“观风览俗”，才采取了一些比较具体的以教化整齐风俗的行动。这方面，《史记·礼书》记载了汉初至武帝时期的一个大概：“至于高祖，光有四海，叔孙通颇有所增益减省，大抵皆袭秦故……孝文即位，有司议欲定仪礼，孝文好道家之学，以为繁礼饰貌，无益于治，躬化谓何耳，故罢去之。孝景时，御史大夫晁错明于世务刑名，数干谏孝景曰：‘……今大国专治异政，不禀京师，恐不可传后。’孝景用其计，而六国叛逆，以错首名，天子诛错以解难……是后官者养交安禄而已，莫敢复议。今上即位，招致儒术之士，令其定仪，十余年不就。或言

① 班固：《汉书》卷二十二，《礼乐志》，中华书局1962年版，第1030页。
② 除《齐俗训》专讲风俗之外，《汜论训》《泰族训》中都有不少关于风俗问题的论述。
③ 班固：《汉书》卷二十二，《礼乐志》，中华书局1962年版，第1030页。
④ 司马迁：《史记》卷二十三，《礼书》，中华书局1982年版，第1159页。
⑤ 《淮南子·泰族训》，诸子集成本，中华书局1954年版。
⑥ 《宋书·乐志》等记载又稍详细一些。
⑦ 《汉书·董仲舒传》所载贤良对策。

古者太平，万民和喜，瑞应辨（遍）至，乃采风俗，定制作。上闻之，制诏御史曰：'盖受命而王，各有所由兴，殊路而同归，谓因民而作，追俗为制也。议者咸称太古，百姓何望！汉亦一家之事，典法不传，谓子孙何？化隆者闳博，治浅者褊狭，可不勉与？'乃以太初之元，改正朔，易服色，封泰山，定宗庙百官之仪，以为典常，垂之于后云。"这段记述，第一，概述了前面所说由于政治上的原因汉初未能大规模制礼作乐，整齐风俗的情况。第二，比较明确地记述了汉武帝时大规模制礼作乐及其主要思想，虽然他表示不同意"议者咸称太古"，但在实际上"采风俗，定制作"这个办法他还是采取了，如《汉书·艺文志》说："自孝武立乐府而采歌谣，于是有赵、代之讴，秦、楚之风，皆感于哀乐，缘事而发，亦可以观风俗，知薄厚云。"虽然这主要是一件音乐方面的具体措施，但至少是从此恢复了古代"观风览俗"的这种办法。如《汉书·武帝纪》元狩六年（公元前117年）诏曰："今遣博士大等六人分循行天下，存问鳏寡废疾，无以自振业者贷与之。谕三老孝弟以为民师，举独行之君子，征诣行在所……详问隐处亡位，及冤失职，奸猾为害，野荒治苛者，举奏。郡国有所以为便者。上丞相、御史以闻。"从循行天下的内容看，此举属于"观风"和"采风"的性质，在此之前，整齐风俗事主要依靠地方长吏，如元朔元年（公元前128年）诏曰："公卿大夫，所使总方略，一统类，广教化，美风俗也。""令二千石举孝廉，所以化元元，移风易俗也。"① 武帝以后各朝均有类似的措施：昭帝始元元年（公元前86年），"遣故廷尉王平等五人，持节行郡国，举贤良，问民所疾苦、冤、失职者"②。宣帝元康四年（公元前62年），"遣太中大夫强等十二人循行天下，存问鳏寡，览观风俗，察吏治得失，举茂材异伦之士"③。元帝初元元年（公元前48年），"遣光禄大夫褒等十二人循行天下，存问耆老、鳏寡、孤独、困乏失职之民，延登贤俊，招显侧陋，因览风俗之化"④。成帝永始三年（公元前14年），"遣太中大夫嘉等循行天下，存问耆老、民所疾苦。其与部刺史举悖朴逊让、有行义者各一人"⑤。哀帝即位，天灾人祸，虽未正常遣使观风

① 班固：《汉书》卷六，《武帝纪》，中华书局1962年版，第167页。
② 班固：《汉书》卷七，《昭帝纪》，中华书局1962年版，第220页。
③ 班固：《汉书》卷八，《宣帝纪》，中华书局1962年版，第258页。
④ 班固：《汉书》卷九，《元帝纪》，中华书局1962年版，第279页。
⑤ 班固：《汉书》卷十，《成帝纪》，中华书局1962年版，第323页。

俗，但也曾“遣光禄大夫循行举籍”；元寿元年（公元前 2 年）又令“将军、列侯、中二千石举贤良方正能直言者各一人”①，亦有关移风易俗之举。平帝元始四年（4 年），“遣太仆王恽等八人，置副，假节，分行天下，览观风俗”②。以上这些循行天下览观风俗，当然包括很大一部分政事，政事与风俗有时是不可分的。再者，所谓“览观”，实际上是整齐风俗，也是督促各地整齐风俗，如《后汉书·雷义传》说：“义遂为守灌谒者，使持节督郡国行风俗，太守、令长坐者凡七十人。”这里，“风俗”、“政事”、地方长吏的关系反映出来了。由此也可见，东汉的情况和西汉是一样的，派人巡行各地，材料似不必再一一列举了。值得提出的也有一点，东汉除了公开的派使巡行，还采取了秘密巡访的形式，如“和帝即位，分遣使者，皆微服单行，各至州县，观采风谣。使者二人当到益部，投（李）郃候舍。时夏夕露坐，郃因仰观，问曰：‘二君发京师时，宁知朝廷遣二使耶?’二人默然，惊相视曰：‘不闻也。’问何以知之。郃指星示云：‘有二使星向益州分野，故知之耳。’”③ 这描写李郃善“风星”的记载，具体反映了秘密遣使巡行的事实，“观采风谣”当即“览观风俗”。

那么究竟如何整齐风俗，如何移风易俗呢？除了上述巡行观览、督行郡国之外，两汉时期还有不少具体措施。如乡设三老，就是普遍地推行教化，其大致内容，如《后汉书·百官志》所说：“三老掌教化。凡有孝子顺孙、贞女义妇、让财救患及学士为民法式者，皆扁表其门，以兴善行。”具体办法就是树立榜样，而所谓“孝悌力田”“贤良方正”之类，也是如此。对三老、孝廉等等，经常进行各种奖励，以及“旌节义”“尊耆老”，都是正面的提倡，而“戒奢侈”“禁厚葬”之类，则是禁止“淫侈之俗”。这些都是关于风俗方面的大问题，每个问题都可以做一篇大文章。举一例为证，徐天麟撰《东汉会要》列了《禁厚葬》一目，其所加按语可见一斑：“竭资用以奉窀穸，西都虽未设禁，然观贡禹言于元帝曰：众庶埋葬，皆虚地上以实地下，过自上生。杨王孙报郑侯书亦曰：厚葬诚无益于死者，而俗人竞以相高，糜财单币，腐之地下。由此观之，则末俗浮侈，自西京已滥觞矣。中兴以后，蔑礼违制，日以甚。故自建武、永平，诏书数

① 班固：《汉书》卷十一，《哀帝纪》，中华书局 1962 年版，第 343 页。
② 班固：《汉书》卷十二，《平帝纪》，中华书局 1962 年版，第 357 页。
③ 范晔：《后汉书》卷八十二上，《李郃传》，中华书局 1965 年版，第 2718 页。

下，明立禁防。而王符著论，深讥当世……独高人达识，不为流俗之所迁染，如杨震、郑弘、王堂、郑玄辈皆遗令薄葬，以矫愚俗。周盘敕其子……赵咨将终，亦告其故吏，使薄敛素冠，藉以黄壤，欲令速朽，不听子孙改之，噫！若数子者，其特立独行，不展转于流俗者与！”这段话，反映了一个重要的风俗问题，特别是反映了西汉以来，朝廷和政论家、思想家们在这个问题上为移风易俗所做的努力，是颇有典型和代表意义的。然而在实际中，“过自上生”“蔑礼违制”是极普遍的现象，今日出土之满城汉墓、马王堆汉墓、江陵汉墓等等足以证明。

这里，特别值得提出的是《淮南子》和《史记》两书中关于风俗问题的见解，可以说它们是继承和总结先秦各家的思想，进行了多角度的论述。前者偏重理论的阐释，后者主要针对现实中的问题发议论，并较多地列举了当时一些具体情况。如：

关于“礼俗”的形成。《史记·礼书》说：“观三代损益，乃知缘人情而制礼，依人性而作仪，其所由来尚矣……人体安驾乘，为之金舆错衡，以繁其饰；目好五色，为之黼黻文章，以表其能；耳乐钟磬，为之调谐八音，以荡其心；口甘五味，为之庶羞酸咸，以致其美；情好珍善，为之琢磨圭璧，以通其意。故大路越席、皮弁布裳、朱弦洞越、大羹玄酒，所以防其淫侈，救其凋敝。是以君臣朝廷尊卑贵贱之序，下及黎庶车舆、衣服、宫室、饮食、嫁娶、丧祭之分，事有宜适，物有节文。”《淮南子·齐俗训》也说：“故礼因人情而为之节文。”“所谓礼义者，五帝三王之法籍风俗，一世之迹也。”不过它还进一步指出：“原人之性，芜灭而不得清明者，物或堁之也。羌、氐、僰、翟，婴儿生皆同声，及其长也，虽重象狄騠，不能通其言，教俗殊也。今三月婴儿，生而徙国，则不能知其故俗。由此观之，衣服礼俗者，非人之性也，所受于外也……人之性无邪，久湛于俗则易。易而忘本，合于若性。”礼俗问题，除了“因人情”之外，还有外“物”的影响。就像蒙上尘埃一样。这段文字里没有说明受哪些外“物”的影响。但从全文来看，“外”的影响主要是两条：

一是“教俗”的不同，传统习惯的不同。这在该篇中列举了不少事例，如：“故胡人弹骨，越人契臂，中国歃血也，所由各异，其于信一也。三苗髽首，羌人括领，中国冠笄，越人劗鬋，其于服一也。帝颛顼之法，妇人不辟男子于路者，拂于四达之衢；今之国都，男女切踦，肩摩于道，其于俗一也。故四夷之礼不同，皆尊其主而爱其亲，敬其兄；猃狁之俗相反，皆慈其子而严其上。”这里承认传统习惯的不同，但各种不同的礼俗，可以找出共同的东西，即“其于信一也”“其于俗一也”。不过在以上这段文字之后又有：“夫鸟飞成行，兽处成群，有孰教之!”似乎与“教俗”不同的看法有些矛盾，其实不然，以下的文字主要是讲不应以儒家之教为教，所谓：“岂必邹、鲁之礼谓礼乎!”仍然是承认各地各族不同的礼俗，“是故入其国者从其俗”这样的话，就顺理成章出来了。

另一重要的外物影响，那就是自然条件不同。它说：“其导万民也，水处者渔，山处者木，谷处者牧，陆处者农。地宜其事，事宜其械，械宜其用，用宜其人。”关于自然环境与习俗的关系，《史记・货殖列传》比较具体：“关中自汧雍以东至河、华，膏壤沃野千里，自虞夏之贡以为上田，而公刘适邠，大王、王季在岐，文王作丰，武王治镐，故其民犹有先王之遗风，好稼穑，殖五谷，地重，重为邪。及秦文、德、缪居雍，隙陇蜀之货物而多贾。献公徙栎邑，栎邑北却戎翟，东通三晋，亦多大贾。孝、昭治咸阳，因以汉都，长安诸陵，四方辐凑并至而会，地小人众，故其民益玩巧而事末也……天水、陇西、北地、上郡与关中同俗，然西有羌中之利，北有戎翟之畜，畜牧为天下饶。”“夫三河在天下之中，若鼎足，王者所更居也，建国各数百千岁，土地小狭，民人众，都国诸侯所聚会，故其俗纤俭习事。”“种、代，石北也，地边胡，数被寇。人民矜懻忮，好气，任侠为奸，不事农商……其民羯羠不均，自全晋之时固已患其僄悍，而武灵王益厉之，其谣俗犹有赵之风也……中山地薄人众，犹有沙丘纣淫地余民，民俗懁急，仰机利而食。丈夫相聚游戏，悲歌慷慨，起则相随椎剽，休则掘冢作巧奸冶，多美物，为倡优。女子则鼓鸣瑟，跕屣，游媚贵富，入后宫，遍诸侯。”“郑卫俗与赵相类，然近梁、鲁，微重而矜节。濮上之邑徙野王，野王好气任侠，卫之风也。”“夫燕亦勃、碣之间一都会也。南通齐、赵，东北边胡。上谷至辽东，地踔远，人民希，数被寇，大与赵、代俗相类，而民雕悍少虑。”“齐带山海，膏壤千里，宜桑麻，人民多文采布帛鱼盐。临菑亦海岱之间一都会也。其俗宽缓阔达，而足智，好议论，地重，难动摇，怯于众斗，勇于持刺，故多劫人者，大国之风也。其中具五民。”“邹、鲁滨洙、泗，犹有周公遗风，俗好儒，备于礼，故其民龊龊。颇有桑麻之业，无林泽之饶。地小人众，俭啬，畏罪远邪。及其衰，好贾趋利，甚于周人。”“夫自鸿沟以东，芒、砀以北，属巨野，此梁、宋也……其俗犹有先王遗风，重厚多君子，好稼穑，虽无山川之饶，能恶衣食，致其蓄藏。”“越、楚则有三俗。夫自淮北沛、陈、汝南、南郡，此西楚也。其俗剽轻，易发怒，地薄，寡于积聚。江陵故郢都，西通巫、巴，东有云梦之饶。陈在楚夏之交，通鱼盐之货，其民多贾。徐、僮、取虑，则清刻，矜己诺。”“彭城以东，东海、吴、广陵，此东楚也。其俗类徐、僮。朐、缯以北，俗则齐。”“衡山、九江、江南、豫章、长沙，是南楚也。其俗大类西楚……与闽中、干越杂俗，故南楚好辞，巧说少信。江南卑湿，丈夫早夭……九疑、苍梧以南至儋耳者，与江南大同俗，而扬越多焉。”“颍川、南阳，夏人之居也。夏人政尚忠朴，犹有先王之遗风。颍川敦愿。秦末世，迁不轨之民于南阳。……俗杂好事。业多贾。其任侠，交通颍川，故至今谓之‘夏人’。”以上所载，北方的多而细，南方的少而粗，也许与司马迁的经历有关。他虽然到过南方，特别是江淮一带，但北方更熟悉一些。司马迁所述南北各地不同的风俗，很大程度上与自然环境和条件有关系，同时也与传统的“教俗”有关系，后者特别与习俗的改变有关。这都说明是外物的影响。

以上是《淮南子》和《史记》中关于风俗、礼俗形成的一些思想。可以说是代表新道家的思想，显然与儒家不同，特别强调的是一个“因”字，强调顺其自然。《淮南子·齐俗训》通篇都是这个思想，如说：“先王之法籍，非所作也，其所因也。”“所以为法者，与化推移者也。”“圣人之所以应时耦变，见形而施宜者也。”“故行齐于俗，可随也；事周于能，易为也。矜伪以惑世，伉行以违众，圣人不以为民俗。”“使各便其性，安其居，处其宜，为其能。”等等。要像庖丁解牛一样，“游乎众虚之间”，也就是顺其自然。司马迁也是最赞赏这个“因之”，他说：“俗之渐民久矣，虽户说以眇论，终不能化。故善者因之，其次利道之，其次教诲之，其次整齐之，最下者与之争。”① 显然“因”和“利道”是最好的，“教诲”“整齐”是其次。但在现实生活中，几乎没有最好的可能，司马迁在这段话之前，在文章一开头，在引了老子的“至治之极”之后又说：“必用此为务，近世涂民耳目，则几无行矣。”现实情况如何呢？“太史公曰：夫神农以

① 司马迁：《史记》卷一百二十九，《货殖列传》，中华书局 1982 年版，第 3253 页。

前，吾不知已。至若《诗》《书》所述虞夏以来，耳目欲极声色之好，口欲穷刍豢之味，身安逸乐，而心夸矜执能之荣使。”如此现实，事实上不可能“因”和“利道”了，而只能“教诲”“整齐”。因此，新道家的理想（也就是先秦道家的理想）是根本不可能实现的，尽管他们也退而求其次，调整了自己的理论观点，但不如儒家直接提倡“教诲”“整齐”现实。这也是儒家为什么能取代新道家的原因之一。

儒家在风俗问题上也讲“因”，讲因人之性，但是与道家因而顺之不同，强调的是因人之性而制礼作乐，以礼乐改变人之性，如班固在《汉书》中就表述得比较明确：“凡民函五常之性，而其刚柔缓急，音声不同，系水土之风气，故谓之风；好恶取舍，动静亡常，随君上之情欲，故谓之俗。孔子曰：‘移风易俗，莫善于乐。’言圣王在上，统理人伦，必移其本，而易其末，此混同天下一之乎中和，然后王教成也。”① “人函天地阴阳之气，有喜怒哀乐之情，天禀其性而不能节也，圣人能为之节而不能绝也，故象天地而制礼乐，所以通神明，立人伦，正情性，节万事者也”②。在《史记》的《礼书》《乐书》中也有“缘人情而制礼，依人性而作仪”之类的话，但仔细对比，司马迁和班固的观点是不一致的，“好恶取舍”“随君上之情欲”这样的话，在司马迁及新道家学者的著作和思想中是难见到的。

二、几种习俗的举例

秦汉时期风俗习惯方面的文化内容相当丰富。这里，举几方面的具体例子来加以说明。

（一）婚俗

有人类就有婚姻，从血缘群婚开始，到以后的各种婚姻形态，都是长期的习俗形成和演变。在中国，“婚姻”一词本身就反映一种习俗，如《说文》之解释“婚”字：“婚，妇家也。礼，娶妇以昏时。妇人阴也，故曰婚。从女，从昏，昏亦声。”“娶妇以昏时”就反映着一种古老的习俗③，

① 班固：《汉书》卷二十八下，《地理志》，中华书局 1962 年版，第 1640 页。

② 班固：《汉书》卷二十二，《礼乐志》，中华书局 1962 年版，第 1027 页。

③ 刘师培《古政原始论》认为，行礼必以昏时，则以上古时代用火之术尚未发明，劫妇必以昏时，所以乘妇家之不备，旦使之不复辨其为谁何耳。后世相沿，浸以成俗，遂以昏礼为嘉礼之一矣。或根据《诗经》《楚辞》的描述，认为是男女会合“人约黄昏”之古俗（参见陈鹏《中国婚姻史稿》卷一“婚姻之语源”，中华书局 1990 年版）。

所谓礼是因俗而成。

婚姻之纳于礼的范围，在中国古代是很早的事，至少周代已经如此，这在《诗经》中有所反映，如："文定厥祥，亲迎于渭"①，"韩侯迎止，于蹶之里"②。"亲迎""迎止（之）"当即所谓"六礼"③中之"亲迎"，《左传》中记载就更多更具体一些。《仪礼·昏礼》和《礼记·昏义》可以说是先秦时期各朝各地流风遗俗的总集。

从汉代开始，《礼经》、礼学逐渐大行，婚俗必受其影响无疑，而且是自上而下的，由中央到地方产生的影响，例如《汉书·韩延寿传》记载，韩延寿为颍川太守，与"郡中长老"商量移风易俗："因与议定嫁娶，丧祭仪品，略依古礼，不得过法。延寿于是令文学、校官诸生，皮弁执俎豆，为吏民行丧嫁娶礼。百姓遵用其教。"又如《后汉书·李忠传》："（建武）六年，迁丹阳太守。……忠以丹阳越俗不好学，嫁娶礼仪，衰于中国，乃为起学校，习礼容。"《后汉书·栾巴传》："四迁桂阳太守。以郡处南垂，不闲典训，为吏人定婚姻丧纪之礼，兴立学校，以奖进之。"以上所引地方长吏在移风易俗中，不少都有设婚姻之礼的内容。这些地方官所设婚姻之礼，多半如韩延寿一样，是"略依古礼"，这"古礼"无非就是《仪礼》及《礼记》的一些记载乃至理想，把习俗与礼制结合起来。这样也就使得婚俗逐渐定型化。当然，所谓"定型"也并非一成不变，而是大的方面定型，例如所谓"六礼"这种大方面的定型，具体情节各地不同，实际上也是不断改变的，如《汉书·平帝纪》记载："（元始三年）诏光禄大夫刘歆等杂定婚礼。四辅、公卿、大夫、博士、郎、吏家属皆以礼娶，亲迎立轺骈马。"从"杂定婚礼"的反面意思看，或者平帝以前并未认真实行"六礼"，或者是平帝时新定了礼仪，师古作注，就说"立轺骈马"是新定之制，其实只不过新定了亲迎之制，并没有脱离"六礼"的大范围。以后各朝各代，也常有"定婚礼"的记载，也当是一些具体的改变，不合时俗只能束之高阁。

（二）丧葬

丧葬在中国古代和婚姻一样，纳入了礼、法的范围，甚至有过之而无

---

① 《诗经·大雅·大明》，十三经注疏本，中华书局 1980 年版。

② 《诗经·大雅·韩奕》，十三经注疏本，中华书局 1980 年版。

③ 六礼指纳采、问名、纳吉、纳徵、请期、亲迎，见《仪礼·士昏礼》"下达纳采"疏。

不及，《仪礼》十六篇，有四篇专讲丧葬之礼，占全书的四分之一；《礼记》四十九篇，有十四篇讲丧服、丧事，篇目将近三分之一。关于丧葬之礼的文字记载，由于有考古发掘，许多都能得到证明，对于丧葬文化的研究是特别有利的。

大量地下发掘的事实证明，厚葬之风在古代特别盛行。先秦是如此，秦汉及其以后都是如此。当然具体仔细考察，不同时期也会有程度的区别，例如西周比商代弱，战国比春秋弱，魏晋南北朝比秦汉和隋唐弱，等等。秦汉和隋唐都是厚葬的高潮时期，遍布在今陕西、河南各地的帝王陵墓就是证明。即便是“自天子不能具钧驷，而将相或乘牛车，齐民无藏盖”① 的汉初，似乎死人比生人的享受还要丰厚，已发掘的长沙马王堆汉墓、湖北江陵汉墓、河北满城汉墓，大量的陪葬物、金缕玉衣、高级丝绸、精美漆器等等，其奢侈程度令人惊叹。以“节俭”著名的汉文帝，记载说他不以金、银、铜、锡为饰，而专用瓦器，但西晋时盗发霸陵，却“多获珍宝”。许多帝王陵墓至今未打开，情况如何？难以想象（有些早已被盗过），但厚葬是完全可以肯定的，厚葬当然是劳民伤财，《晋书·索綝传》记载：“盗发霸、杜二陵，多获珍宝。帝问綝曰：‘汉陵中物何乃多邪？’綝对曰：‘汉天子即位一年而为陵，天下贡赋三分之一供宗庙，一供宾客，一充山陵。汉武帝飨年久长，比崩而茂陵不复容物，其树皆已可拱。赤眉取陵中物不能减半，于今犹有朽帛委积，珠玉未尽。此二陵是俭者耳，亦百世之诫也！’”这种以事实为根据的概述，足见帝王厚葬之一般了。汉以后，除魏晋南北朝主要因客观条件而略“薄”之外，唐代的昭陵、乾陵至今仍屹立在那里，或者有一天会揭开其中之谜。历代关于帝王将相、豪门贵族厚葬的记载甚多，已出土和未出土的墓葬也很多。

一般平民百姓，平日生都不易，死后自然是不得其葬的，遇上灾年荒月的严重时期即“白骨蔽平原”②“尸骸相撑拒”③，更加悲惨。但葬俗对民间还是有影响的，不过是“富贵办棺木，贫穷席里裹”（王梵志诗）罢了。许多丧葬仪式也逐渐在民间流传开来，成为一种习俗，只要稍有条件，就会部分地实行。它与迷信、伦理、教育等等结合起来，直至近代都

① 司马迁：《史记》卷三十，《平准书》，中华书局1982年版，第1417页。
② 沈德潜：《古诗源》卷六，《七哀诗》，中华书局1963年版，第128页。
③ 沈德潜：《古诗源》卷三，《悲愤诗》，中华书局1963年版，第63页。

是如此，因此影响是很大很深的。

厚葬需要大量钱财，家境稍不宽裕就难以发丧。汉代政府对官吏之丧有所谓“法赙”，《汉书·何并传》云：“吾生素餐日久，死虽当得法赙，勿受。(注：如淳曰：公令，吏死官，得法赙。师古曰：赠终者布帛曰赙。)”或者由他人赠送，汉初，平原君朱建母死，因“贫未有以发丧，方假贷服具”，辟阳侯“乃奉百金税”，师古曰：“赠终者之衣被曰税，托以百金为衣被之具。”[①] 或者由“官赋敛送葬”：“天下殷富大郡二千石死官，赋敛送葬者皆千万以上，妻子通共受之，以定产业。”[②] 这是借丧事发财了。《汉书·陈平传》：“邑中有大丧，平家贫侍丧，以先往后罢为助。”这是有钱的出钱，有力的出力。《汉书·原涉传》又记载：“人尝置酒请涉，涉入里门，客有道涉所知母病避疾在里宅者，涉即往候，叩门。家哭，涉因入吊，问以丧事，家无所有。涉曰：‘但洁扫除沐浴，待涉。’还至主人，对宾客叹息曰：‘人亲卧地不收，涉何心乡此！愿撤去酒食。’宾客争问所当得，涉乃侧席而坐，削牍为疏，具记衣被棺木，下至饭含之物，分付诸客。诸客奔走市买，至日昳皆会。涉亲阅视已。谓主人：‘愿受赐矣。’既供饮食，涉独不饱，乃载棺物，从宾客往至丧家，为棺敛劳徕毕葬。”此类互助，当是民间葬俗得以实行的原因之一。

当然，这里也要指出，在厚葬之风盛行时，也不乏有识之士的极力反对。两汉时期突出的有杨王孙、贡禹、刘向、桓宽、王符、赵咨、周盘、王充等人[③]。杨王孙甚至主张“裸葬”以挽流俗。王充在《论衡》中专写《薄葬》一篇，极力反对厚葬，主张薄葬。这些都是优良的唯物主义传统。

在丧礼、丧俗方面秦汉也是一个重要阶段。后代的许多习俗都是这一时期形成和发展起来的。诸如与厚葬相应的大办丧事之类，具体的丧葬仪式甚多，治丧之家以饮食鼓乐娱宾，以能多致宾客为荣等等。“丧祭无度”[④] 之俗，招魂、挽歌、堪舆相地吉凶[⑤]，还有各种各样的服丧礼俗，迷信的居多，有不少习俗也早已消亡。

---

① 班固：《汉书》卷四十三，《朱建传》，中华书局 1962 年版，第 2117 页。

② 班固：《汉书》卷九十二，《原涉传》，中华书局 1962 年版，第 3714 页。

③ 这些人在《汉书》《后汉书》中有传。

④ 《三国志·虞翻传》注引《会稽典录》。

⑤ 《汉书·艺文志》中有《堪舆金匮》十四卷，可证汉代已有此术。六朝时此术大为发展，自不待说。

但是，也有的丧服习俗值得一说。如碑文、墓志铭之兴起，就有一定纪念和教育意义，也保存了不少历史资料。再如墓祭之俗，见于记载，最早最突出的事例是，曹操感桥玄之知己，在桥玄死后，以“斗酒只鸡”并为文于墓前致祭①。但是曹大家《东征赋》有“民亦飨其丘坟”一语（是祭古贤之墓），则曹操之前有此习俗。

（三）节令

令或称“令节”，或曰“时令”“时节”，等等。指的是四时风俗，涉及人们生产、生活的许多方面，影响很大很深。有些是自上而下制定的，多半是在人们生产、生活的实践中形成的，《礼记·月令》季冬之月云：“天子乃与公卿大夫，共饬国典，论时令，以待来岁之宜。”这可以说是年终制订来年的计划，“论时令”，当是总结已有的四时习俗，加以认可和推广。这种时令或者节令起源很早，到秦汉时期已经比较全面了。《史记·太史公自序》说：“夫阴阳四时、八位、十二度、二十四节，各有教令。”“教令”实即习俗，汉时成书的《礼记·月令》具体讲了一年十二月该干些什么，宜干什么，等等，旧注已指出，这是根据《吕氏春秋·十二纪》中的文字删合而成的。《吕氏春秋》做了一次系统化的工作，以后逐渐发展，日益丰富，一年到头，形成了许多时令节日。关于与人们生活至关重要的四时节令，可以从稍后一些的《荆楚岁时记》一书看到比较集中的具体描述：

“正月一日是三元之日也。《春秋》谓之端月，鸡鸣而起，先于庭前爆竹，以辟山臊（魈）恶鬼。长幼悉正衣冠，以次拜贺。进椒柏酒，饮桃汤。进屠苏酒，胶牙饧。下五辛盘。进敷于散，服却鬼丸。各进一鸡子。造桃板著户，谓之仙木。凡饮酒次第，从小起。帖画鸡户上，悬苇索于其上，插桃符其傍，百鬼畏之。”“立春之日，悉剪彩为燕戴之，贴‘宜春’二字。”“正月十五，作豆糜，加油膏其上，以祠门户。先以杨枝插门，随杨枝所指，仍以酒脯饮食及豆粥，插箸而祭之。其夕，迎紫姑，以卜将来蚕桑，并占众事。”“正月夜多鬼鸟渡，家家槌床打户，捩狗耳，灭灯烛以禳之。正月未日，夜，芦苣火照井厕中，则百鬼走。”“社日，四邻并结综会社，牲醪，为屋于树下，先祭神，然后飨其胙，去冬节一百五日，即有

① 参见《后汉书·桥玄传》以及《三国志·魏武帝纪》。

疾风甚雨，谓之寒食。禁火三日，造饧大麦粥。斗鸡，镂鸡子，打球，秋千，施钩之戏。”“三月三日，士民并出江渚池沼间，为流杯曲水之饮。”“五月俗称恶月，多禁忌曝床荐席，及忌盖屋。五月五日，四民并蹋百草，又有斗百草之戏，采艾以为人，悬门户上，以禳毒气。是日竞渡。采杂药。”“七月七日，为牵牛织女聚会之夜。是夕，人家妇女结采缕，穿七孔针，或以金银鍮石为针，陈瓜果于庭中以乞巧，有喜子网于瓜上，则以为符应。七月十五日，僧尼道俗，悉营盆供诸佛。”“八月十四日，民并以朱水点儿头额，名为天灸，以厌疾。又以锦采为眼明囊，递相饷遗。”“九月九日，四民并藉野饮宴。”“十二月八日为腊日，谚语‘腊鼓鸣，春草生’。村人并击细腰鼓，戴胡头，及作金刚力士，以逐疫。其日并以豚酒祭灶神。岁前又为藏弦之戏。岁暮，家家具肴蔌。诣宿岁之位，以迎新年。相聚酣饮。留宿岁饭，至新年十二日，则弃之街衢，以为去故纳新也。”

关于节令活动的内容，从这简要记述看，吃喝玩乐样样都有。有些是各家各户的活动，如正月元日，从早到晚，一家人高高兴兴，拜贺玩耍。放爆竹名曰辟鬼，实为取乐。连鸡笼上面都贴上画，这画可以想象是随心所欲。吃，当然是一主要内容，并且一反常规，饮酒从小的开始。其情其景，可见人们享受天伦之乐。也有一些是邻里乡亲的共同活动，大规模的有竞渡、打腰鼓，小型的有斗百草、采杂药，等等，也算得是丰富多彩的。

（四）信仰

在汉语中，信仰一词似与佛教有关，如唐译《华严经》十四中有“人天等类同信仰”① 之句，这里且不细考。信仰是指没有充分的理智认识足以保证一个命题的真实情况下，就对它予以接受或同意的一种心理状态。信仰作为一种心理因素，广泛存在于人们的生产、生活，衣、食、住、行等风俗习惯之中。例如一年四季生产、生活，“宜”或“不宜”，“吉”或“不吉”，就是信仰的一种表现。在我国比较突出的则是宗教性的信仰，包括天神、地鬼、图腾、精灵，以及婚嫁、衣食住行中的种种迷信。如《墨子·明鬼》所说：“有天鬼，亦有山水鬼神者，亦有人死而为鬼神者。”和许多古人一样，墨子是相信有鬼神存在的（虽然他“明鬼”主要是为了

① 《法苑珠林》九四《绮语》引《习报颂》：“生无信仰心，恒被他笑具。”

“赏贤”“罚暴”，与一般迷信又有所不同）。《中庸》说得更有意思：“鬼神之为德，其盛矣乎！视之而弗见，听之而弗闻，体物而不可遗。使天下之人，齐明盛服，以承祭祀，洋洋乎，如在其上，如在其左右。”这是对作为心理状态的信仰很好的一种描述。祭祀又是信仰的一种表现，人们信仰、祭祀也是有目的的，《礼记·郊特牲》说：“祭有祈焉，有报焉，有由辟焉。”或者有所祈求，或者感恩报德，或者希望避免灾祸，这是人们祭祀的目的，对于信仰也一语破的，信仰到迷惑不解，分辨不清，甚至神态失常，这就是迷信。我国古代信仰，迷信居多，虽非全部，也是绝大部分。

先秦时期祭祀鬼神的信仰就已很多很杂，汉朝建立之后，一开始就注意了这个问题，据《汉书·郊祀志》记载，汉高祖初年治祠社，置祠祀官、女巫，规定各地祠祀，看似整顿，实际也是认可和提倡。随着阴阳五行思想的发展和传播，各种迷信日益发展起来，这主要具体表现在：第一，祠祀多而滥，这在《汉书·郊祀志》和《后汉书·祭祀志》中有较集中的记载（已在“社会思潮的发展”章中征引）。在其他古籍中也有许多反映，例如东汉应劭的《风俗通》一书，今十篇中，《祀典》《怪神》《山泽》等篇也集中有所反映（其他篇也有），不仅“风伯”“雨师”是神，“五岳”“四渎”中有神，还有许多“淫祀”，还有狗、蛇、“精物”变为怪神。另一类记载，就是当时一些进步思想家，他们在批判迷信的活动中，列举了形形色色的迷信（在“社会思潮的发展”中也有论列）。第二，神仙、方术盛行，在汉代，神仙家还主要在上层中流行，方术、巫术则更为普遍，当然是由于统治阶级的爱好和提倡，所谓：“汉自武帝颇好方术，天下怀协道艺之士，莫不负策抵掌，顺风而届焉。后王莽矫用符命，及光武尤信谶言，士之赴趣时宜者，皆骋驰穿凿，争谈之也。”① 这真是“上有好者，下必甚焉”。因此，术数之学应运而兴，其种类繁多：“其流又有风角、遁甲、七政、元气、六日七分、逢占、日者、挺专、须臾、孤虚之术，及望云省气，推处祥妖，时亦有以效于事也。”② 后世之奇门、遁甲、看相、算命、望风水等等，都已经逐渐形成了。“时亦有以效于事也”，主

① 范晔：《后汉书》卷八十二上，《方术列传》，中华书局 1965 年版，第 2705 页。
② 范晔：《后汉书》卷八十二上，《方术列传》，中华书局 1965 年版，第 2703 页。

要是信仰，而不是事实。

旧有的各种迷信日益发展，甚至是逐渐定型、完备。影响很大，主要是消极的影响，或者毫无道理的束缚人们的手脚和思想，但也有少数信仰（迷信）中包含有一些积极因素，也应该注意到。如王充《论衡》中列举的信仰习俗有的多少有合理的东西，特别是关于生产、生活方面的信仰习俗，有一定积极意义。从汉代开始，如《礼记·月令》《四民月令》之类的书，告诉人们什么时候该做什么。民间流行的历书，则加上“吉”或“凶”、“宜”或“忌”之类的迷信。这种历书从汉代就开始有，当时称“历日”，郑玄注《周礼·春官·冯相氏》“以会天位”时说：“若今历日，太岁在某月某甲朔日直某也。”“若今历日”即汉代的历日。

（五）杂俗

秦汉时期，各方面风俗习惯很多，上列几大类远非全貌。再略举数例，以“杂俗”概言之。

1. 行侠义

《史记》有一篇《游侠列传》，司马迁以十分赞赏的态度写了一大段序言，并记述了朱家、郭解等人的事迹，他肯定说：“今游侠，其行虽不轨于正义，然其言必信，其行必果，已诺必诚，不爱其躯，赴士之阨困，既已存亡死生矣，而不矜其能，羞伐其德，盖亦有足多者焉。”“且缓急人之所时有也。”在几百字序言中，还反复肯定游侠之“所长”“足称”，对于法家之“讥”，儒墨之“排摈不载”，以至“匹夫之侠湮没不见”，“余甚恨之”。其实墨也是侠，排斥的是游侠。司马迁讲的游侠，是“匹夫之侠”或“布衣之侠”“乡曲之侠”，即民间的行侠仗义。对于统治阶级来说，“侠以武犯禁”，是非法的，对平民百姓来说，游侠能“赴士之阨困”，解人之缓急，“侠客之义，又曷可少哉”！从司马迁所说的情况看，民间是有行侠仗义之风俗。以后魏晋南北朝隋唐，此风未尝间断，《太平广记》有四卷记载了唐代26个豪侠的故事，这可说是人们需要侠客的一种心理反映。但有一点值得一说，即豪族与游侠的区别问题，在《史记·游侠列传》序的最后，司马迁还有这样几句话：“至如朋党宗强比周，设财役贫，豪暴侵凌孤弱，恣欲自快，游侠亦丑之，予悲世俗不察其意，而猥以朱家、郭解等令与暴豪之徒同类而共笑之也。”他有意区别豪强与游侠。然而，在事实中这两者往往搅混在一起，很难区分。我们从风俗讲，主要也是肯定司马迁所肯定的那些内容，即民间的行侠仗义，患难相助，“其私义廉洁退让”等等。

2. 游山玩水

这主要是有闲阶级中的一种习俗，但随着时代的推移，随着经济的发展，也会影响越来越广。追溯游览风俗起源的人，可以追到尧舜时代，即《书经·益稷》中说的“丹朱傲，惟慢游是好”，再就是周穆王之“肆意远游”①，等等，一直到秦始皇，都是讲帝王之游。士大夫阶级，孔子行迹中有反映，《楚辞》中有反映。汉代司马迁也是周游各地，但主要是社会考察性质。真正兴起游山玩水之风的，当是魏晋南朝的文人墨客和富有之家(两者大多数情况是结合的)。

以上分类列举了一些习俗的事例，实际上生产、生活方面的习俗还有很多，有一些在以上某些大类中提到了，还有一些在别的章节中分别涉及，也有一些大类还根本未涉及，如社交，如语言，许多方面的习俗，本书只好阙如了。

① 《列子·周穆王》《穆天子传》有详细记载。

第八章　衣食住行与工艺

衣食住行反映着人类文化的发展和变化，它们本身也是文化，也包含着许多具体和抽象的文化。

人类从茹毛饮血到燔黍食稗，从衣皮带茭到治其麻丝以为布帛，从巢居穴处到上栋下宇的宫室，都标志着文化的发展和进步，而衣食住行中的诸文化因素更多，《礼记·礼运》中甚至有“夫礼之初，始诸饮食”的说法。再者，本来是“民以食为天”，所谓“洪范八政”以食为先，《尚书大传》说：“八政何以先食，传曰：‘食者万物之始，人事之本也。’”到后来“衣服饮食”（如《礼记·王制》《礼记·内则》中一再这样排列），衣服放在饮食的前面，乃至后来的以衣冠取人，这也是文化现象。下面分别记述。

第一节　饮食结构与习惯

远古时代，人们已完成了从茹毛饮血到燔黍食稗的过程。到文明程度比较高的秦汉时代，饮食的内容和方法，当然是日益进步发展。这发展的表现何在？可以引用当时人的话来加以证明：“古者燔黍食稗，而烨豚以相飨。其后乡人饮酒，老者重豆，少者立食，一酱一肉，旅饮而已。及其后，宾婚相召，则豆羹白饭，綦脍熟肉。今民间酒食，肴旅重叠，燔炙满案，臑鳖脍腥，麑卵鹑鷃橙枸，鲐鳢醢醯，众物杂味。”“古者不粥饪，不市食。及其后，则有屠沽，沽酒市脯鱼盐而已。今熟食遍列，肴施成市，作业堕怠，食必趣时，杨豚韭卵，狗熠马朘，煎鱼切肝，羊淹鸡寒，蜩马骆日，蹇捕庸脯，腼羔豆赐，鷇膹雁羹，自鲍甘瓠，热梁和炙。”① 从以上两段文字看，“古者”“其后”“今”显然是一个大致的发展过程，包括食物品种的增加、制作方法的改进，以及饮食习俗的变化等等。“今”就是

---

① 《盐铁论·散不足》，诸子集成本，中华书局1954年版。

西汉时期，由此可见汉代已经有了比较完整的饮食结构，下面再略加申述：

一、主食

远古时代有那么一个阶段："未有火化，食草木之实，鸟兽之肉，饮其血，茹其毛。"① 原始人似乎和动物一样，茹毛饮血。以后发明了火，发明了种植，发明了畜牧，种植谷物更能保证人们食物的需要，而畜牧反而退居次位了。孟子说："鸡豚狗彘之畜，无失其时，七十者可以食肉矣。"②家畜的供应难以满足一般的需求。主食是什么呢?《礼记·内则》云："羹食，自诸侯以下至于庶人无等。"郑玄注曰："羹食，食之主也。"孔颖达疏曰："食，谓饭也。言羹之与饭是食之主，故诸侯以下无等差也，此谓每日常食……其黍稷稻粱之属，依礼，正食之外，随等别有，稼穑收获皆得为饭，故云羹食无等。"主食的内容和意义已经说明了。

秦汉时期解释"食"字也主要是指农作物，《汉书·食货志》开宗明义就说："洪范八政，一曰食，二曰货。食谓农殖嘉谷可食之物。"秦汉时期的主食，当然是以黍稷之属所做成的饭，《汉书·翟方进传》所载汝南童谣说："饭我豆食羹芋魁。"这是一句埋怨翟方进的话，该地原有鸿隙大陂，成帝时水患，翟方进奏罢该陂，当地"田无灌溉，不生粳稻，又无黍稷，但有豆及芋也。豆食者，豆为饭也；羹芋魁者，以芋根为羹也。"③ 由此可见，豆类亦可为主食的内容，五谷杂粮是就全国范围来说的，以何种植物为主食，当因地制宜，各个地方的主食内容是不同的，这一点许多记载中都有反映，《管子·地员》中讲了五土所生，《素问》中论五方之谷，《汉书·地理志》的记载更为具体：东南扬州，正南荆州，"谷宜稻"；"河南曰豫州"，"其谷宜五种"（师古注曰："黍、稷、菽、麦、稻"）；"正东曰青州"，"谷宜稻麦"；"河南东曰兖州"，"谷宜四种"（师古曰："黍、稷、稻、麦也"）；"正西曰雍州"，"谷宜黍稷"；"东北曰幽州"，"谷宜三种"（师古曰："黍、稷、稻"）；"河内曰冀州"，"谷宜黍稷"；"正北曰并州"，"谷宜五种"。国家征收赋税，"任土作贡"，"任其土地所有以定贡献

① 《礼记·礼运》，十三经注疏本，中华书局1980年版。
② 《孟子·梁惠王》，十三经注疏本，中华书局1980年版。
③ 班固：《汉书》卷八十四，《翟方进传》，中华书局1962年版，第3440页。

之差”（不过当时认识并不准确，例如说扬州“田下下”、荆州“田下中”，对南方的土地怕是估计过低了）。当然，各地之主食，也就以其种植所“宜”为转移了（有些地方又是多种谷物皆宜）。由以上也可以看得出来，大体上北方是以黍、稷、麦为主，南方则以稻、米为主。

这里值得指出的是，秦汉时仍以北方为政治、经济中心，对南方了解注意也不够，因而讲饮食问题时，是以北方的饮食及习惯为主。例如稷，在北方称为谷子，去壳后称小米，在古代是最重要的粮食，被称为“五谷之长”①，这是南方人不好理解的。

主食的品种和制作方法也是如此，许多记载都是反映北方主食的情况，例如《急就篇》中说：“饼饵麦饭甘豆羹。”师古注曰：“麦饭，磨麦合皮而炊之也；甘豆羹，以淘米泔和小豆煮之也；一曰以小豆为羹，不以醯酢，其味纯甘，故曰甘豆羹也。麦饭、豆羹皆野人农夫之食耳。”而记载得比较多的饼饵，也主要是麦饼，“饼，并也，溲麦使合并也”②。当时饼的种类很多，《释名》中记了不少“随形而名”的品种，其中也有“胡饼”，胡饼在当时似为新鲜食品：“灵帝好胡饼，京师皆食胡饼。”③ 即可证明。饼的做法，有蒸、烤、煮三种。记载中的饼、饭、粥，皆以麦为主，其实其他谷物也都可以有这三种吃法。

二、副食

佐饭的食物，古代雅名叫做肴馔，前引《盐铁论》中的“肴旅重叠，燔炙满案”即言菜多之意。俗称为菜，今亦沿用，泛指一切主食之外的食品。蔬菜和肉食两大类，《急就篇》所谓“园菜果蔬助米粮”，蔬菜包括瓜果在内，而“燔炙满案”虽主要指肉类，应该包括鱼肉禽蛋在内，前引《盐铁论》中所列举的许多菜名已可见其一斑了。副食的品种无疑是很多的，甚至有许多山珍海味，《吕氏春秋·本味》中假借伊尹之口，说了许多鱼、肉、菜、果、和（姜、桂、菌、醢之类）之美者，如“肉之美者：猩猩之唇，獾獾之炙（跖）……流沙之西，丹山之南，有凤之丸（古卵字）……鱼之美者：洞庭之鳟，东海之鲕，醴水之鱼，名曰朱鳖，六足，

① 陈立：《白虎通疏证》卷三，《社稷》，中华书局 1994 年版，第 83 页。
② 刘熙：《释名》卷四，《释饮食》，四库全书本，第 7 页。
③ 《太平御览》卷八六〇引《续汉书》。

有珠百碧。藿水之鱼，名曰鳐，其状若鲤而有翼。……菜之美者：昆仑之蘋，寿木之华，指姑之东，中容之国，有赤木、玄木之叶焉。馀瞀之南，南极之崖，有菜，其名曰嘉树，其色若碧。阳华之芸，云梦之芹，具区之菁。浸渊之草，名曰土英。和之美者：阳朴之姜，招摇之桂，越骆之菌，鳣鲔之醢，大夏之盐，宰揭之露，其色如玉，长泽之卵。饭之美者：玄山之禾，不周之粟，阳山之穄，南海之秬。水之美者：三危之露，昆仑之井……果之美者，沙棠之实，常山之北，投渊之上，有百果焉，群帝所食；箕山之东，青岛之所，有甘栌焉；江浦之橘；云梦之柚。汉上石耳。所以致之。……”① 这无疑是战国以来客观事实的归纳和总结（是否更早，有待细考）。

所谓“美者”，有些是全国性的，有些是地方性的，例如湖北武汉，就有洪山菜薹（传说为黎元洪所好）、黄州萝卜、秭归柑橘之类的“美者”，这些都是地方性的。其实这些东西，湖北很多地方也都有。

山珍海味以及各种野味都集中起来，前引《盐铁论》中所说“燔炙满案”，那只是少数统治者所能做到的，但也不排斥有些地方靠山吃山，靠水吃水。山里会有机会吃些野味，水乡人当然常以鱼佐餐了，所谓“饭稻羹鱼”②。广大农业地区，肉食品主要还是早已形成的所谓“六畜”，马、牛、羊、鸡、犬、豕，马、牛乃生产、交通工具，人们不会轻易食它，羊、豕因地而宜，大体上北方食羊肉为多，据《史记·货殖列传》说，咸阳有专营羊胃脯而致富的氏：“胃脯，简微耳，氏连骑。”③ 南方则以猪肉为主，所以《史记·货殖列传》：“陆地牧马二百蹄、牛蹄角千、千足羊，泽中千足彘，水居千石鱼陂……”值得一说的是秦人吃狗肉比较多，云梦秦简中有不少关于屠狗以及征收狗皮的简文，樊哙曾“以屠狗为事”④ 均可证明。至于鸡，既可食肉又可食蛋，而且饲养容易，一般平民也可“杀鸡作黍”，谢承《后汉书》中有两条记载，一是张劭“杀鸡作黍”以迎千里而来的范式，二是茅容“杀鸡为馔”“以供其母，自以菜蔬与客（林宗）同饭”⑤，不过

① 引文及解释可参阅陈奇猷：《吕氏春秋校释》，科学出版社 1984 年版。

② 司马迁：《史记》卷一百二十九，《货殖列传》，中华书局 1982 年版，第 3270 页。

③ 《史记》索隐：“晋灼云：太官常以十月作沸汤燖羊胃，以末椒姜粉之讫，暴使燥，则谓之脯。故易售而致富也。”

④ 司马迁：《史记》卷九十五，《樊哙列传》，中华书局 1982 年版，第 2651 页。

⑤ 周天游：《八家后汉书辑注》卷四，上海古籍出版社 1986 年版，第 137 页。

仍非随便杀鸡。

肉食的种类多，相应的制作方法也很有讲究，所谓“炙”“炮”“煎”“熬”“蒸”“濯”“脍”“脯”“腊”“醢”“鮨”“鲍”等等，都是讲的肉食的制作方法。为了去腥臊，相应的又有许多调味品，除开一般的盐、酱之外，葱、姜、韭、蒜、桂皮、花椒等都广泛使用，也有不少用糖、蜜、醋、豉作调料的，这中间有一些是自然之物，有一些又是经过加工而成的，如豉就是如此，以豆为原料制成，《释名》曰：“豉，嗜也，五味调和须之而成，乃可甘嗜。”① 既是调味品，本身又是菜。还有各种各样的酱也如此。

关于肉食，从饮食文化的发展来说有它的意义。在当时实际生活中，一般人吃肉也还是不多的。自古以来有所谓“肉食者”的说法，还有“五十者可以食肉矣”的说法，都说明吃肉并不普遍。秦汉时期也许慢慢会多一些，但一般平民百姓，仍只会在逢年过节时，或有其他重要原因时，才会“负粟而往，挈肉而归”② 的，所谓“田家作苦，岁时伏腊，烹羊炰羔，斗酒自劳”③，这才是一般田家肉食的真实写照。如上所述，杀一只鸡，也是有重要原因的，或待贵客，或奉高堂。

一般人仍然是蔬食为主，芹菜、萝卜、白菜、黄瓜、葫芦、芋头、藕等等，秦汉时期都有了，也应该是什么地方产什么就吃什么，有些东西比较普遍，如葱和韭之类，记载中提到的很多。龚遂为渤海太守，“劝民务农桑，令口种一树榆，百本薤，五十本葱，一畦韭，家二田彘，五鸡……秋冬课收敛，益畜果实菱芡”④。这可说明葱、韭和猪、鸡一样，各地都可种植、畜养（猪因为饲料要求高，北方仍以牛、羊为主）。而“芡”“南楚江湘之间谓之鸡头”⑤，水生植物，必须有水的地方才有，藕也是如此。有些东西又是水旱均宜的，例如芹菜，水芹、旱芹都有，前面所引“菜之美者”“云梦之芹”，也许水芹更好吃一些，故芹菜又名楚葵。总之，蔬菜的地方性很大是可以肯定的。

---

① 《博物志》中有“外国有豉法”的记载，也许与中国传统的豉法不同，有待细考。

② 这是《盐铁论·散不足》中“无故烹杀，相聚野外”的一句话，是说汉代当时屠宰的多了，但一般人去以粟换肉应该是有点特殊原因的。

③ 班固：《汉书》卷六十六，《杨恽传》，中华书局 1962 年版，第 2896 页。

④ 班固：《汉书》卷八十九，《龚遂传》，中华书局 1962 年版，第 3640 页。

⑤ 钱绎：《方言笺疏》卷三，上海古籍出版社 1984 年版，第 194 页。

三、饮料

《孟子·告子上》记："公都子曰：冬日则饮汤，夏日则饮水，然则饮食亦在外也?"他的意思是冬天喝热的，夏天喝凉的，不仅仅是人的本性的内在的要求。这已经是进化了，已经有外在的东西。因而饮料就不单纯的是水，除开冷、热之外，饮酒是一大变化。我国饮酒的历史悠久得很，《吕氏春秋·权勋》记载："司马子反渴而求饮，竖阳谷操黍酒而进之。"

秦汉时期饮酒之风是比较盛行的，首先，王公贵族、文武百官嗜酒的记载颇多（出土文物中可以证明饮酒风盛的材料也不少），曹参"日夜饮醇酒"，整天醉酒而"不事事"①，是最典型的事例之一，其他"能饮酒一石"，甚至"食酒至数石不乱"之类②的记载常见，就不必多说了。值得说一说的是民间情况，由于农业生产的发展，粮食产量的增加，民间酿酒、酤酒（酒主要是粮食酿造的）在秦汉时期也日渐多起来，除开逢年过节"斗酒自劳"之外，平时婚丧嫁娶，送礼待客，多半也是"非酒不行"的，甚至田作之后，有条件也会享受一下。这些，我们可从当时的有关法令中看出一些消息。云梦秦简中有一条《田律》说："百姓居田舍者毋敢盬（酤）酉（酒），田啬夫、部佐谨禁御之，有不从令者有罪。"汉代也有此酒禁，除非有诏横赐，《汉书·文帝纪》记载，帝即位赐民酺五日，注引文颖曰："《汉律》：三人以上无故群饮酒，罚金四两。今诏横赐，得令会聚饮食五日也。"禁酒定之于律令，主要是针对"百姓"的，自无疑问。特别是灾荒之年，朝廷往往下令禁酤酒③。

在酒文化发展史上，秦汉时期也是一个重要时期，表现之一就是酒类的品种日益繁多，有以各种粮食酿做的酒，如稻酒、黍酒、秫酒、米酒等等，也有以果品为原料的酒，如葡萄酒、甘蔗酒④，还有用香料或草药酿的酒，如椒柏酒、桂酒、菊花酒、兰英酒、百末旨酒⑤。

---

① 司马迁：《史记》卷五十四，《曹相国世家》，中华书局 1982 年版，第 2029 页。

② 参见《汉书·韩延年传》《汉书·于定国传》《后汉书·卢植传》《后汉书·郑玄传》。

③ 东汉和帝永元十六年（104 年）、顺帝汉安二年（143 年）均曾有禁酤酒之令。

④ 葡萄酒见张衡《七辩》，甘蔗酒见《西京杂记》。

⑤ 椒柏酒见《四民月令》，桂酒、百末旨酒见《汉书·礼乐志》，菊花酒见《西京杂记》，兰英酒见枚乘《七发》。

酒文化发展的另一个表现，就是酿造技术的提高。郑玄注《周礼·酒正》时说："作酒既有米曲之数，又有功沽之巧。"多少年酿酒经验的积累，在秦汉时期酿造工艺已是很讲究了，今可举一例说明，曹操曾有《奏上九酝酒法》，其文曰："臣故县令南阳郭芝，有酒酝春酒法，用面三十斤，流水五石，腊月二日清曲，正月解冻，用好稻米，漉去曲滓，便酿法饮。曰譬诸虫，虽久多完。三日一酿，满九斛米止。臣得法酿之，常善。其上清滓亦可饮。若以九酿苦难饮，增为十饮，差甘易饮，不病。"①

在饮料之中，除酒之外，还有各种各样的浆，有专门的卖浆者②。浆究竟是什么?《周礼》中所谓"四饮""六饮"都有浆，汉人解释不一，郑玄曾注为"今之浆"，那又像是米汁做成的，醋也是如此制成，酒浆往往相连，是一种酸甜饮料，绝不会是白水。应该说浆是饮料的泛称。

另一值得指出的是，汉时已有了以茶为饮料的事实，最明确的记载，是王褒《僮约》中所说"烹茶尽具"和"武阳买茶"。前一句作为日常活计之一，每天都有的事；后一句去别的地方买茶，那就说明已经有卖茶的生意了，三国以后，关于饮茶的记载就逐渐多起来了。

四、饮食习俗

秦汉时期，一般人是一日两餐，晁错曾说："人情一日不再食则饥。"③汉人赵岐注《孟子·滕文公》："饔飧，熟食也。朝曰饔，夕曰飧。"出土资料也可证明：云梦秦简中的《传食律》和《仓律》表明，无论是一般官吏、卒人，还是仆役、罪徒，都是早晚各一餐；而居延汉简中也有"朝三升，暮三升"的记载。但一日三餐的习惯也开始了，如《汉书·淮南厉王传》记载：淮南厉王废后，"有司奏请诸处蜀严道邛邮，遣其子、子母从居，县为筑盖家室，皆日三食，给薪菜盐饮食器席蓐"。特别写明"日三食"，或者仍以一日再食为常规。而郑玄注《论语·乡党》"不时不食"时说："非朝夕日中时"，则"日三食"可能较为普遍了。

在饮食方面，阶级的差别是很大的。一般平民百姓，蔬食菜羹，填饱肚子了事，朝食也许吃得饱一点、好一点，食或称飧就简单了，也许就是

① 引文据严可均辑《全三国文》。

② 《史记·魏公子传》："薛公藏于卖浆家。"

③ 班固：《汉书》卷二十四上，《晁错传》，中华书局1962年版，第1131页。

朝食所剩的饭菜，故《说文·新附》解释“飧”为“食之余也”。《东观汉记》记载：“闵仲叔，太原人也，与周党相友。党每过仲叔共吟，饭菽饮水，无菜茹。”此类文人学士食干饭、漉饭、麦饭的记载还有不少，很多知识分子与一般百姓的生活是很相近的。一般人的饮食器具也很简单，一个普通木制的或陶制的杯盘之中，多半用手抓就吃，《礼记·曲礼上》说：“共饭不泽手”，孔颖达疏曰：“古之礼，饭不用箸，但用手，既与人共饭，手宜洁净，不得临时始捼莎手乃食，恐为人秽也。”即使吃肉，也是放在砧板（俎）上，用刀割、手抓来吃。

统治者的饮食就很讲究了，进食有一套礼节，食物摆在木制的（也有石制的）案上，有方的，有圆的，有的案很大，如《汉旧仪》说：“斋则食丈二尺旋案，陈三十六肉，九谷饭。”考古出土物中有更大的，北京大葆台汉墓中有一鎏金漆案，面绘卧鹿草叶纹，长约二米，宽约一米，下有四个铜马腿，十分精致。案上的陈列也有讲究，如《礼记·曲礼》就写道：“凡进食之礼，左肴右胾，食居人之左，羹居人之右，脍炙处外，醯酱处内，葱渫处末，酒浆处右。以脯脩置者，左朐右末……”从汉代画像石、壁画以及帛画等的宴饮图看，大体也是这样陈列法。食肉者的餐具十分精致，这无论是文献记载或出土实物都可以说明。

进食方法等也很有讲究，《礼记·曲礼》中就有许多具体记述。值得一提的，是统治者提倡在饮食方面尊敬老人，统治者常有“存问长老”“赐布帛酒肉”的诏令，而民间讲孝道也是如此。如《后汉书·孔奋传》记载：“奋事母孝谨，虽为俭约，奉养极求珍膳。躬率妻子，同甘菜茹。”前引茅容杀鸡供母，以菜蔬与客同饭的例子也是如此。此外，饮食中的禁忌也有不少，总之，关于饮食方面的习俗还是很多的。

第二节　冠服与妆饰

《汉书·食货志》开宗明义写道：“洪范八政，一曰食，二曰货……货谓布帛可衣，及金刀龟贝，所以分财布利通有无者也，二者生民之本。”吃和穿是人民两样根本，但在该篇中穿的问题还并没有地位。到《后汉书》中，始有《舆服志》，反而没有《食货志》了，这是一值得注意的文化现象。它可以说明，在吃的问题上没有什么文章可做了，穿戴的问题应该大做文章，本来服饰在汉代并不是新鲜事，但由于时代的发展变化，有文章可做了。《后汉书·舆服志》写道："上古穴居而野处，衣毛而冒皮，未有制度。后世圣人易之以丝麻，观翚翟之文，荣华之色，乃染帛以效之，始作五采，成以为服。见鸟兽有冠角顿胡之制，遂作冠冕缨蕤，以为首饰。"这作冠服的圣人，是很遥远的古人了，在汉代也不太清楚，但至少夏商周以来是有一套"尊尊贵贵"的冠服制度的，孔子曾说："其或继周者，行夏之正，乘殷之辂，服周之冕，乐则韶舞。"但是，春秋战国以后，有些乱套，"降及战国，奢僭益炽，削灭礼籍……竞修奇丽之服，饰以舆马，文罽玉缨，象镳金鞍，以相夸上"。"秦以战国即天子位，灭去礼学，郊祀之服皆以袀玄。汉承秦故。至世祖践祚……始修三雍，正兆七郊。显宗遂就大业，初服旒冕，衣裳文章，赤舄絇屦，以祠天地……于时致治平矣"①。就是说，战国时打破了原来的一套礼服制度，秦又另起炉灶，西汉没有重大的措施，到东汉明帝时重新建立起一套舆服制度。《太平御览》卷六九〇引挚虞《决疑要注》曰："秦除衮冕之制，唯为玄衣绛裳，一具而已。汉兴亦如之。中兴后明帝永平中，使诸儒案古文依图书，始复造衮冕之服，至于今用之。"其"复造"的原因，当是强调"礼"的意义，强化等级分化的制度。但是任何时候都是有等级区别的，如秦国商鞅变法时，"明尊卑爵秩等级……臣妾衣服以家次"②，只是具体内容有所不同罢了。

下面，具体叙述一下秦汉时的服饰问题。

一、"常衣韦绔"

《太平御览》引《后汉书》曰："祭遵为人廉约，家无私财，常衣韦绔，寝布被，夫人裳不加缘。"③ 贾山《至言》中的"布衣韦带"，皆指一般人之衣服。当然这个"常"，一般也还是有吃有穿的人，既非富豪，也非缺衣少食的贫民。现实生活中，"冬无复襦，夏无单衣"（《古诗源》三《孤儿行》）的人不少，除开裸体之外，或"绳索作衣"，或"结草以为裳"④。王章

① 引文均见《后汉书·舆服志》。
② 司马迁：《史记》卷六十八，《商君列传》，中华书局 1982 年版，第 2230 页。
③ 今《后汉书·祭遵传》为"身衣，布被"。"身衣"费解，当以"常衣"为是。
④ 《三国志·管宁传》注引《魏略》。

疾病无被，曾卧牛衣中①。遮体保暖的方法因陋就简，是真正贫民生活的写照。

秦汉时期的常衣究竟是怎样？也许《急就篇》这个当时的识字课本的概述比较确切，那就是："袍襦表里曲领裙，襜褕袷复褶袴裈，禅衣蔽膝布母缚。"这里包括了长的短的（颜注：长衣曰袍，下至足跗，短衣曰襦，自膝以上，一曰短而施要者），单的夹的（颜注：衣似深衣而褒大，亦以其无里，故呼为禅衣，衣裳施里曰袷，褚之以绵曰复），里面穿的外面穿的（颜注：衣外曰表，内曰里），各种形制的都有。自古以来，有所谓上衣下裳，裳就是裙子，颜注曰："即裳也，一名帔，一名䙎。"也许古代在没有发明裤子之前，长袍一遮了事，短衣则男女均穿裙子。颜注值得玩味："袴谓胫衣也，大者谓之倒顿，小者谓之校衬，袴之两股曰䘗，合裆谓之裈，最亲身者也。"裤子是有个发明过程的，汉代肯定有了。

关于这一时期的鞋，《急就篇》中有"履舄鞜裒绒缎纠，靸鞮卬角褐袜巾，裳韦不借牧为人，完坚耐事逾比伦，屐屩絜粗羸窭贫，旃裘鞣释蛮夷民"的记载。这里说得比较全面，南方的、北方的、汉人的、"蛮夷"的都有，鞋子有丝的、木的、皮的，也有缎子做的，讲究一个经久耐用，而平民百姓多半是穿麻制的或草鞋，因而有一个雅号叫"不借"，师古注曰："不借者，小履也，以麻为之。其贱易得，人各自有，不须假借，因为名也。言著韦裳及不借者，卑贱之服，便易于事，宜以牧牛羊也。"关于袜子，师古注曰："褐，织毛为衣也，或曰粗衣也。袜，足衣也，一曰：褐，谓编枲为袜也。"袜子称为"足衣"，应该是衣服一类。

关于汉代的服装，除了文献记载外，出土文物，包括画像石、陶俑以及衣服实物（如马王堆汉墓中的衣物）等等，可以提供一些实际的东西，对理解文献记载很有好处。

衣服的原料是布帛，主要分丝织品和麻织品两类，《礼记·礼运》所谓："治其麻丝，以为布帛。"一般说来丝织品称帛，比较贵重，统治者享用的，平民百姓，大约"五十者可以衣帛矣"。丝织品的种类也很多，因制法精粗等不同，有缟、素、绡、绢等多种。麻织品称布，为多数平民百姓所用，故"布衣之士"成为庶人、平民的代称。统治阶级中有些崇节俭

① 班固：《汉书》卷七十六，《王章传》，中华书局1962年版，第3238页。

的人，也“常衣布襦”[①]。麻织布也可以用苎葛等织成（当时是没有棉的）。麻织品也有粗细之分，粗布就叫褐。

二、冠服制度

如上所述，冠服已成为礼的一种象征，等级区分的标志，冠犹为明显。本来冠这东西实用性并不大，《淮南子》中曾说：“冠之于人也寒不能暖，风弗能鄣，暴不能敌，然而戴冠屐履者，其所自托者然。”一针见血，“自托者然”，无非是表明自己的一种身份。这一点在汉代看来特别讲究，《后汉书·舆服志》中讲冠服的部分，冠占了很大一部分，记述了冕冠、长冠……以至樊哙冠、术氏冠、武冠等十九种，而衣什么倒是附带记述的，只有“后夫人服”一项是单列的，因为女子一般不冠（但有头饰[②]），只有在服式、服色等上面来区分等级，表明身份。

正是在区别贵贱尊卑这个意义上，冠是衣服中重要的一个部分，冠被称为“首服”或“元服”，《汉书·昭帝纪》元凤四年四月“帝加元服”，颜师古注曰：“元，首也。冠者，首之所著，故曰元服。”一般人的帽子，也叫“头衣”，《说文》：“小儿弯夷头衣也。”

平民百姓不戴冠，用布包头或束头发，称为“帻”或者“巾”，应劭《汉官仪》曰：“帻，古卑贱执事不冠者之所服也。”《释名》曰：“巾，谨也。二十成人，士冠，庶人巾，当自谨修四教也。”巾、帻的名称很多，如扬雄《方言》所说：“覆结谓之帻巾，或谓之承露，或谓之覆鬏，皆赵魏之间通语也。”又曰：“络头，帞头也。……南楚江湖之间曰陌头。”颜色、束扎的方法也有诸多不同，黄巾军之“著黄巾以相识别”即颜色之不同。秦汉时期在巾帻方面似乎也有“表贵贱”的标志了。《后汉书·舆服志》写道：“古者有冠无帻……秦雄诸侯，乃加其武将首饰为绛袙，以表贵贱，其后稍作颜题。汉兴，续其颜，却摞之，施巾连题，却覆之，今丧帻是其制也。……至孝文乃高颜题，续之为耳，崇其巾为屋，合后施收，上下群臣贵贱皆服之。文者长耳，武者短耳，称其冠也。……皂衣群吏春服青帻，立夏乃止，助微顺气，尊其方也。武吏常赤帻，成其威也。未冠

① 《东观汉记》中记第五伦等。

② 个别时候也有戴冠的，如《汉武内传》曰：“上元夫人戴九星灵芝之冠，西王母戴太真晨婴之冠。”大约只有皇后、太后行大礼时方戴冠。

童子帻无屋者，示未成人也。入学小童帻也句卷屋者，示尚幼少，未远冒也。……”这些记述，并非实际生活中的全部，各地习俗当还有许多的具体情况。

巾帻尚且如此，戴冠则更加讲究。一切重大的活动，乃至日常生活中，都必须衣冠整齐，如《史记·汲郑列传》：“丞相（公孙）弘燕见，上或时不冠。至如（汲）黯见，上不冠不见也。上尝坐武帐中，黯前奏事，上不冠，望见黯，避帐中，使人可其奏。”又如西汉时石奋“子孙胜冠者在侧，虽燕居必冠”①。东汉马援未为官时，“敬事寡嫂，不冠不入庐”②。

秦汉时冠服制度，从《后汉书·舆服志》的记载中可以了解一般情况，关于冠的样式、规格等等，都有一些具体规定。值得指出的是，与冕冠相配套的，还有“衣裳玉佩备章采”，因而《舆服志》中还有佩、刀、印、绶等一大串表示身份等级的佩带物，所谓“古者君臣佩玉，尊卑有度，上有韨，贵贱有殊”。佩玉、佩刀、佩印都有具体规定，作为官印上的带子称为绶，有黄赤绶、赤绶、绿绶、紫绶、青绶、黑绶、黄绶多种，规定得很严格，“公、侯、将军紫绶”，“九卿、中二千石、二千石青绶”，“千石、六百石黑绶”，“四百石、三百石、二百石黄绶”，“百石青绀纶（绶）”，带子的长短、织法等均有规定。

三、梳妆种种

除开冠服的种种区别之外，还有各种梳妆打扮，男女都有，但以女子为主。妆饰又集中在头上，故称首饰，后来，手臂、手指上所戴均称首饰。《后汉书·舆服志》说：“后世圣人……见鸟兽有冠角胡之制，遂作冠冕缨蕤，以为首饰。”这首饰包括冠，冠之外，首先就是梳头。

古代男女都留长发，所以梳头是一件大事，扬雄《长杨赋》云：“头蓬不暇梳，饥不及餐。”梳头与吃饭并提了。男女未成年，束发为两结，形状如角，称“总角”，女孩或梳成两条辫子。成年以后，则挽发结之于顶，称为“髻”或者“总”，妇女的发式则多种多样，许多汉墓中的壁画、帛画、画像石以及秦汉陶俑可以提供不少样式的图形。据研究，中老年妇

① 司马迁：《史记》卷一百三，《万石张叔列传》，中华书局 1982 年版，第 2764 页。

② 范晔：《后汉书》卷二十四，《马援列传》，中华书局 1985 年版，第 828 页。

女多梳成银锭式，或称马鞍翘式，发髻后倾。年轻妇女或侍婢，脑后多垂发辫，分股按段扎束。有的贴颈背处，结成双髻，呈“中”字形。也有尾部作双环形的，还有平髻形、圆锤形等等。头上除发式外，还有各种饰物，如笄（簪）、钗、镊之类，固定发髻之用，开始专为竹制的（字从竹），汉时金、银、玳瑁的都有。接下来还有珥，或名耳珠（《风俗通》），或名瑱（《说文》），《释名》曰：“瑱，镇也，悬当耳旁，不欲使人妄听，自镇重也。此本出于蛮夷，蛮夷妇女轻淫好走，以此琅珰垂之也，今中国仿之也。”由此亦可见各民族之间文化习俗的互相影响。

头上各种妆饰，大多是用在头发上的，老年妇女头发稀薄，就无法笄簪了，因而有假发出现。当时称为“假纷”，汉人注《周礼·追师》“汉编”说：“编，编列发为之，其遗象，若今假纷矣。”或称“假髻”，《东观汉记》云：章帝建初三年东平王苍书曰：“今以光烈皇后假髻、帛巾各一，衣一箧遗王。”长沙马王堆汉墓中有假发的实物。

关于面部的化妆，《盐铁论》中说，当时“傅白黛青者众”。白是白粉，傅在脸上的，也有红粉。《释名》曰：“粉，分也，研米使分散也……赪粉赪赤也，染粉使赤以著颊也。”白粉施傅的范围较大，脸上、颈上甚至手上皆着粉，而赤粉仅施于脸的两旁。黛是青黑色的颜料，画眉用的，《说文》作黱，“画眉也”。《释名》曰：“黛，代也，灭去眉毛，以此画代其处也。”《太平御览》卷七一九引《后汉书》曰：“明德马后，眉不施黛，独左眉角小缺补之如粟。”

另外，还有脂泽，泽是头油样的，脂像是口红，《释名》曰：“泽，人发恒枯瘁，以此濡泽之。唇脂以丹作之，象唇赤也。”蔡邕《女诫》曰：“傅脂则思其心之和，泽发则思其心之润。”脂粉相连主要是妇女使用，后世成为女性的代称。《淮南子·修务训》：“不待脂粉芳泽而性可说者，西施、阳文也。”男子也有傅脂粉的，魏晋以后犹盛。

第三节 宫室与民居

秦汉时期早已脱离了“穴居野处”的时代，居住条件也不断改进，不同阶层的人居住的条件相差甚大，广大群众的居住仍不过避风雨而已，少数富人（从一般地主、贵族到皇帝）则是高楼大厦、飞阁连云，不过后者又更能反映时代的文明。

一、宫殿建筑

《史记·秦始皇本纪》记载："秦每破诸侯，写放其宫室，作之咸阳北阪上，南临渭，自雍门以东至泾、渭，殿屋复道周阁相属。"这说明秦统一之后大修宫殿，而且是集战国以来宫殿建筑的大成。据《秦始皇本纪》记载："关中计宫三百，关外四百余。"最大的宫殿是阿房宫。《秦始皇本纪》写道："乃营作朝宫渭南上林苑中。先作前殿阿房，东西五百步，南北五十丈，上可以坐万人，下可以建五丈旗。周驰为阁道，自殿下直抵南山，表南山之颠以为阙。为复道，自阿房渡渭，属之咸阳，以象天极阁道绝汉抵营室也。阿房宫未成；成，欲更择令名名之。作宫阿房，故天下谓之阿房宫。"这里仅描述了前殿的规模，以后还继续修造，故二世时有"营阿房宫""未就""复作阿房宫"的记载。后来项羽火烧阿房宫，大火三月不息，其规模之大可见一斑。而今考古工作不断的调查、探掘，也可证明其时宫殿规模确实不小，文献记载是有根据的。

西汉的宫殿建筑并不亚于秦，而且西汉的时间长，其数量、规模及奢华程度等等也有过之而无不及。如班固《西都赋》所云："肇自高而终平，世增饰以崇丽，历十二之延祚，故穷泰而极侈。"其关于宫室之描写，简直像人间天堂（"仿太紫之圆方"），高耸入天，巍峨如山，金碧辉煌，殊形异制，奇丽无比。记载中，西汉时期的宫殿名数以百计，实际上有些大的宫室又是几十个宫殿台阁组成。例如《三辅黄图》记载说："未央宫周回二十八里，前殿东西五十丈，深五十丈，高三十五丈。营未央宫，因龙首山以制前殿。至孝武以木兰为棼橑，文杏为梁柱，金铺玉户，华榱璧珰，雕楹玉碣，重轩镂槛，青琐丹墀，左碱右平。……未央宫有宣室、麒麟、金华、承明……殿，又有殿阁三十有二。有寿成、万岁、广明、椒房、清凉……通光、曲台、白虎等殿。……又有玉堂增盘阁、宣室阁。"看来从萧何营未央宫开始①，历代有所增修改建，汉武帝时兴建规模最大。此宫当不亚于秦阿房宫。其他如长乐宫、建章宫、甘泉宫等均有记载。

东汉迁都洛阳，从明帝开始又大修宫殿。其华丽奢侈有班固的《东都

① 《西京杂记》："汉高帝七年，萧相国营未央宫。"

赋》和张衡的《东京赋》作了描述，班固说：“皇城之内，宫室光明，阙庭神丽，奢不可逾，俭不能侈。”张衡更是具体描写了崇德、德阳等宫殿的一些情况。而蔡质《汉仪》关于德阳殿的记载可见其一斑：“德阳殿周旋容万人。陛高二丈，皆文石作坛。激洛水于殿下。画屋朱梁，玉阶金柱，刻镂作宫掖之好（奇禽万巧），厕以（丹）青翡翠，（竞柱构以水精），一柱三带，韬以赤缇。天子正旦节，会朝百官于此。自到偃师，去宫四十三里，望朱雀五阙，德阳，其上郁律与天连。”

关于两汉时期宫殿的文献记载很多，又有大量的考古材料可以佐证，包括遗址的发掘，出土明器、铜器、画像砖石等等。根据这些，当时建筑上有如下特点：首先，秦和西汉时仍然沿袭战国以来盛行的高台建筑。大体上是先挖地下槽，然后夯筑土台，夯土台高出地面数米甚至十来米，夯土台高低不等（故有些大宫殿依傍小山）。墙为土筑，壁柱用圆形暗柱，柱下有础，再结合以木结构，大的宫室往往是许多单体建筑聚合在一个阶梯的夯土台上。到了东汉，洛阳基本上是平地，无山可依，夯土为台很不容易，因而木结构建筑技术大大发展。

其次，在木结构建筑中，斗拱得到发展。在立柱和横梁交接处加的方形承重结构叫“拱”，垫在拱与拱之间斗形木块叫“斗”。这是我国建筑物特有的一种结构，它包含了关于合力、分力等经验的力学知识。这种技术战国时已出现，但汉代有很大的发展，形式多种多样，直拱、人字拱、单层拱、多层拱等等，四川乐山汉代崖墓斗拱就有六七种式样的曲拱①。

再次，由于秦汉时期宫殿楼阁既大且多，宫阁之间修复道相连，也是创举。秦始皇二十六年，“自雍门以东至泾渭，殿屋复道周阁相属”②。汉代也不示弱，“孝惠帝为东朝长乐宫，及间往，数跸烦人，乃作复道，方筑武库南”③，其精巧者称为“飞阁”，这种架空建筑的阁道，俗称为天桥。班固《西都赋》中云：“辇路经营，修除飞阁，自未央而连桂宫。”是当时有不少这样的阁道，甚至可以乘辇而引。《三辅黄图》曰：“帝于未央宫，营造日广，以城中为小，乃于宫跨城池作飞阁，通建章宫，构辇道以上下。辇道为阁道，可以乘辇而行。”

---

① 参阅杜石然等编著：《中国科学技术史稿》，科学出版社1985年版，第208页。
② 司马迁：《史记》卷六，《秦始皇本纪》，中华书局1982年版，第240页。
③ 司马迁：《史记》卷九十九，《叔孙通列传》，中华书局1982年版，第2725页。

两层以上建筑称为楼，由于木结构建筑技术的发展，在梁柱上再加梁柱，叠架技术得到应用，多层建筑有很大的发展。许多明器模型、画像砖的图案等可以证明，有门楼、望楼之类，山东高唐县出土的明器中就有一东汉绿釉陶多层楼阁，特别明显。

此外，在建筑中还使用了不少大型的金属构件，也是与建筑技术发展有关的。

在建筑上的审美思想也有多方面的表现，无论整体的布局设计，或是内部的装修，都十分考究，雕龙画凤，镶金砌玉，无奇不有。单举一事为例，秦汉时的瓦当就有许多的图像画和图案画，鸟兽虫鱼，日月星辰，仪态万方，云纹、雷纹、回纹、葵纹，一件件匠心独具①，很有观赏价值。建筑可以说是科学与艺术的凝练，它非常实际，要求许多方面的科学知识与技术，同时它不仅仅满足人们避风雨的生存要求，还能满足人们审美享受的需要，因而宫殿建筑在文化史上的意义是重大的。

二、民居概况

民有富民与贫民之分，两者居住的条件是不能相提并论的。

富民包括官僚贵族、地主富商，其府第之奢华者，可与帝王的宫室相比。例如东汉外戚梁冀："冀乃大起第舍，而寿（冀妻）亦对街为宅，殚极土木，互相夸竞。堂寝皆有阴阳奥室，连房洞户。柱壁雕镂，加以铜漆；窗牖皆有绮疏青琐，图以云气仙灵。台阁周通，更相临望；飞梁石蹬，陵跨水道。金玉珠玑，异方珍怪，充积藏室。"② 只不过范围比帝王之宫室略小罢了。当然这是比较突出的例子，甚至可能是越制兴建（因为梁冀越制行为颇多），但一般王公贵人的府第，包括附带之苑囿，都是相当奢华的。记载颇多，仅举《西京杂记》中之两条记载为例："梁孝王好营宫室苑囿之乐，作曜华之宫，筑兔园，园中有百灵山……又有雁池……其诸宫观相连，延亘数十里，奇果异树，瑰禽怪兽毕备。""茂陵富人袁广汉，藏镪巨万，家僮八九百人。于北邙山下筑园，东西四里，南北五里，激流水注其内。构石为山，高十余丈，连延数里。养白鹦鹉、紫鸳鸯、牦

① 参阅陈直：《秦汉瓦当概述》，载《摹庐丛著七种》，齐鲁书社 1981 年版。

② 范晔：《后汉书》卷三十四，《梁冀传》，中华书局 1965 年版，第 1182 页。

牛、青兕，奇兽怪禽，委积其间。积沙为洲屿，激水为波潮，其中致江鸥海鹤，孕雏产鷇，延漫林池。奇树异草，靡不具植。屋皆徘徊连属，重阁修廊，行之，移晷不能遍也。”这后者当然不是王公贵人，而是一般富豪，其屋宇园林也相对为小，只有“延亘数十里”的十分之一，“连延数里”，但走遍他的府第也很要点时间，“移晷不能遍也”。至于一般地主、富豪的宅第，有不少画像砖、石可以见其概貌，一般都有庭院，由堂、屋、廊、阁等建筑组成。例如成都画像砖中能见到其布局是：一进大门为前院，北、东、西三面有回廊，再入中门则为后院，东西两侧仍为回廊，北面则为堂、房等建筑，还有高楼建筑，或为瞭望之用。其他各地，如山东、河南等均有描绘庭院的画像砖、石出土，基本构成大同小异，有一些门阙、旁台、楼阁还比较突出。

大多数贫民的住房如《盐铁论·散不足》中所说：“古者采椽茅茨，陶桴复穴，足御寒暑，蔽风雨而已。及其后世，采椽不斫，茅茨不剪，无斫削之事，磨砻之功。……庶人斧成木构而已。”秦汉时期的“庶人”，大约也只是“斧成木构”，粗略地加了一点工，上面则覆以茅草，故贫民之屋，或称“白屋”，或曰“结草为庐”。《汉书·吾丘寿王传》有“由穷巷，起白屋”之说，颜师古注曰：“白屋，以白茅覆屋也。”《东观汉记》记载：“李恂坐事免，无田宅财产，居山泽，结草为庐。”“迁下邳相，邻国贫民来归之，茅屋草庐千户。”“（钟离意迁堂邑令）市无屋，意出俸钱，率人作屋。人赍茅竹，或持材木，争起趋作，浃日而成。”

贫民居住又因地而异，有的地方仍可以穴居，《后汉书·逸民传》中就有“凿穴为居”“因穴为室”的记载。“或因山为庐，凿坏为室”①，当主要是地区条件的不同，不过也是贫民之居罢了。南方产竹，当然以竹子为建房的主要材料，也有以石为室的，如《后汉书·西南夷传》载，西南夷“皆以山居止，累石为室，高者十余丈，为邛笼”。北方少数民族，匈奴、鲜卑皆以“穹庐为舍”②，颜师古注“匈奴父子同穹庐卧”曰：“穹庐，旃帐也。其形穹隆，故曰穹庐。”当然“穹庐”也好、“累石”也好，多少也还有贫富差别的。

---

① 《三国志·魏书·管宁传》注引《傅子》。

② 班固：《汉书》卷九十四上，《匈奴传》，中华书局1962年版，第3760页。

秦汉时期大多数地面上的木构民居，基本形式是一堂二室，云梦秦简中有两条材料提到这种形式，其中之一某士伍的房屋：“一宇二内，各有户，内室皆瓦盖，木大具。”① 这个宇当即堂屋，它与内室相区别。汉代的情况大体如此，《汉书·晁错传》中写道：“自高后以来，陇西三困于匈奴，……然后营邑立城，制里割宅，通田作之道，正阡陌之界。先为筑室，家有一堂二内，门户之闭，置器物焉。”新修房屋，一般是这种一堂二内之制。当然，具体结构又会有些不同，或者是只开一个大门一明两暗，或者是三间屋子“各有户”（户者单扇门也）。大小也不会一样，或者堂大室小，或者内大堂小（如秦简中《穴盗》一条中所记之房屋）。又，“内室皆瓦盖”特别标明，那么“宇”就不是瓦盖了。再者这“一堂二内”的周围，有的还会有小小的院墙，几步或丈把远的距离，如秦简《封诊式·穴盗》所记：“内北有垣，垣高七尺，垣北即巷殹（也），垣北去小堂北唇丈，垣东去内五步。”

贫民之居最差者，或与牛栏马棚相类，有称为“瓜牛庐”② 者，按文义，居牛之庐，或守瓜者之庐。避风雨之民居，大体就是如此了。

三、家具与室内装饰

关于秦汉时期室内的陈设与用具等等，王充在《论衡·别通》中有过一个概括的描述：“富人之宅，以一丈之地为内，内中所有柙匮所赢，缣布丝帛也；贫人之宅，亦以一丈为内，内中空虚，继四壁而立，故曰贫。”以下所述的内容，大部分是“富人”宅内的东西。

（一）床及床上用品

《释名》：“人所坐卧曰床，床，装也，所以自装载也。窄长而卑者曰榻，言其体榻然，近地也。小者曰独坐，主人无二，独所坐也。”秦汉时尚无桌、椅，床和榻都是坐、卧用的，坐床上的话时见于记载，榻也是如此，故有卧榻、坐榻的说法。也许床大一些，正规一些，一般是木做的，也有关于玉床、石床、象牙床的记载。榻显然小一些，轻便灵活，不用时可以挂起来。《后汉书》中有陈蕃设榻待客，“去则县（悬）之”的记载③。

---

① 睡虎地秦墓竹简整理小组：《睡虎地秦墓竹简》，文物出版社 1990 年版，第 149 页。

② 《三国志·魏书·管宁传》注引《魏略》：“焦先及杨沛，并作瓜牛庐止其中。”

③ 范晔：《后汉书》卷六十六，《陈蕃传》，中华书局 1965 年版，第 2159 页。

《初学记》卷二十五引服虔《通俗文》曰："床三尺五曰榻板，独坐曰秤，八尺曰床。"东汉时还有"胡床"的记载，比榻更为小巧方便，可以折叠。

床是木制的，一般不直接坐在木板上，要铺上席子，"夏但坐板床，不设席"[1]，都特记一笔。床上铺席，是古代席地而坐发展来的，席一般是草编制而成，师古注《急就篇》"蒲蔺席"云："谓蒲之柔弱者也。蔺，草名也，亦莞之类也。蒲蒻可以为荐，蔺草可以为席。"也有以竹编织的，《说文》中叫"筵"。后来，席越来越讲究，不仅以草竹编席，更有了"绿茵"之席，《盐铁论·散不足》作了当时的古今对比："古者皮毛、草蓐，无茵席之加……今富者绣茵、翟柔、蒲子、露林。中者獏皮代旃，榻坐平莞。"

床上用品，主要是枕、被、褥之类。

《说文》："枕，卧为所荐首也。"自古有之，《诗·陈风·泽陂》云："无为，辗转伏枕。"后世有许多实物出土，例如有的博物馆中就展有各种各样的瓷枕。秦汉时的枕头是何样子，有待详考，但似乎有一种空心枕头可以藏书。《越绝书·外传·枕中》说："以丹书帛，置之枕中，以为邦宝。"汉代关于枕中藏珍秘书籍的记载不少，如淮南王刘安（书名即为《枕中鸿宝》）、蔡邕等。《汉官典职》中尚书郎所用之"通中枕"亦是。既然是荐首，肯定竹木玉石皆可为枕，也是因地而产[2]。

被，是睡觉覆盖在身上的东西。《说文》："被，寝衣，长一身有半。"谢承《后汉书》："京兆朱宠字仲威，为太尉。家贫，食脱粟饭，卧布被，朝廷（知之），赐锦被果肉，皆不敢当，卧兼布被。"[3] 被的料质差别很大，锦被、绫被等好的甚多，一般人则用布被，贫民当然是布被也很难有的，前有王章卧牛衣中之例。

褥乃坐卧之垫具。《释名》："褥，辱也。人所坐亵辱也。"铺在床榻之上，与席的作用相同，大约是冬季使用的。一般用皮，《后汉书·王龚传》附《王畅传》："郡中豪族多以奢靡相尚。畅常布衣皮褥，车马羸败，以矫其敝。"羊皮、狗皮较多，因而与布衣并提了。也有用布帛做的，称为茵席；也有加以缘饰的，《西京杂记》载赵飞燕有鸳鸯褥。还有毡，也是卧具。

---

① 李昉：《太平御览》卷七〇六，《服用部八》，中华书局1960年版，第3144页。
② 李昉：《太平御览》卷七〇七："《后汉书》曰：'魏高昌有白盐，其形似玉。'"
③ 引文据周天游：《八家后汉书辑注》，上海古籍出版社1986年版。

此外，施于床上的还有帐，《释名》曰："帐，张也，张施于床上也，小帐曰斗，形为覆斗也。"或名幬，《说文》："幬，单帐也。"这种床上之帐，与今相同，主要防蚊用的，《太平御览》卷六九引谢承《后汉书》曰："黄昌，夏多蚊，贫无幬，佣债为作幬。""羊续为庐江太守，卧一幅布幬，幬穿败，糊纸补之。"近人也有此种以纸补破蚊帐的做法，讲究的加以床蟾。

（二）室内其他主要陈设及装饰

室内，特别是较大的室内，往往有帷帐、屏风之类以为障蔽之用。《释名》曰："帷，围也，以自障围也。"《说文》曰："在旁曰帷"，"帷在上曰幕；覆食案亦曰幕"。《释名》又曰："屏风，谓以屏障风也。"《风俗通》说："屏，卿大夫以帷，士以帘，稍有第以自障蔽也，示臣临见自整屏气处也。"又说："户帷为帘。"《释名》解释："帘，廉也，自障蔽为廉耻也。"这些东西名称不同，作用都主要是"彰蔽"，但用材和做法不同，多数是布帛做的，称帷、幕、帐等等。帘当是竹子做的，也有木制的，称幄，《说文》曰："幄，木帐也。"屏风，则有云母屏风，《太平御览》卷七〇一引文有："王莽常翳云母屏风。"郑弘为太尉时上"听置云母屏风，分隔其间"。云母是一种矿石，应该是由木质框架做成的，汉墓出土物中有屏风的模型可以为证。

室内另一重要陈设当为几案。秦汉时尚无桌椅，坐在床榻之上需要依靠，或放置一些物品，于是有凭几的应用，据记载是窄而长或者椭圆形的凭依物。南京晋墓中就曾有陶的榻、几出土。一般当以竹、木为之，天子则用玉几。由依凭也发展为放置物品，《释名》曰："几，庪也，所以庪物也。"案则主要是放置物品，实际上也可以说是桌子，不过低矮一些罢了，故可以"举案齐眉"。主要用途，一为进食时用，所谓"食案"；一为放置文书，所谓"书案"，此类记载不少。

为了盛放衣服、食物、书籍以及其他物品，室内还会有不少箱、笥、匣，如前引王充所言："柙匮所羸"，室内满放各种竹、木制的箱子、柜子。也有"高昌人取以为枕，贡之中国"。"《魏略》曰：'大秦国出五色枕。'""银镂漆匣""玉匣"以及加以许多雕饰的柜子，而且是"国有都邑，家有匣匮"①，不可或缺的东西。

① 李昉：《太平御览》卷七百一十三，《服用部十五》，中华书局1960年版，第3172页。

此外，还有照明用的灯、烛。烛的使用很早，灯大约始于战国，秦汉时期灯具形式多，制作精巧，据记载，汉高祖初入咸阳宫，见到不少“金玉珍宝”，“其尤惊异者，有青玉五枝灯，高七尺五寸，作蟠螭，以口衔灯，灯燃，鳞甲皆动，焕炳若列星而盈室焉”①。而今出土文物中，汉代的灯具众多，铜、铁、陶制的均有，各种形象的都有，如人俑灯、羊尊灯、牛灯、朱雀灯、凤鸟灯、雁足灯、花树连枝灯等，仿器皿的如豆形灯、盘灯、奁形灯、耳环灯、三足炉形灯等。例如河北满城汉墓出土的长信宫灯已广为人知，宫女跽坐持灯，造型生动，灯盘有双重直壁，可以转动，作为灯罩的屏板可以开合，灯光照度与射光方向均可调节，极为美观实用。

以上这些室内陈设，多为必需的、常用的，也尚未完全说到，如女子化妆用的镜奁等物，也是常用的。讲究一点的，还有香炉、唾壶等物，如《太平御览》卷七〇三载：“马融遗令曰：‘家中不得不下铜唾壶。’”

至于室内装潢，从房顶到地面，从墙壁到门户都有，有些特别奢华。屋顶上安置着施以文彩的天花板叫做“承尘”（以布为之）。地上一般铺的是席子，也有各种各样的地衣，铺上毡，类似今日之地毯。《汉书·王吉传》有“广厦之下，细旃之上”的说法，《西京杂记》则说：“温室规地以宾氍毹。”墙壁之上则有壁衣，《汉书·贾谊传》说：“白縠之表，薄纨之里，缇以偏诸，美者黼绣，是古天子之服，今富人大贾嘉会召客者以被墙。……今庶人屋壁得为帝服……富民墙屋被文绣……”班固之《西都赋》云：“屋不呈材，墙不露形，裛以藻绣，络以纶连。”也有的是“穷极技巧，殿馆壁带（壁中之横木），皆饰以金银”②。门户上设有雕画的“铺首”，有飞禽走兽、人物及各种图案，朱漆门户并饰以金银。

第四节　交通和运输

行，指的是人的步趋，但行也有道路之意，《尔雅》云：“行，走也。”甲骨文就像是四通八达之道路，《殷虚书契考释》说：“行，象四达之衢，人之所行也。”道路、交通直接关系着物质文明，在《管子·度地》中就

---

① 葛洪：《西京杂记》卷三，《咸阳宫异物》，中华书局 1985 年版，第 18 页。

② 《后汉书·光武十王列传》：琅琊孝王好修宫室。

有“山川涸落，天气下，地气上，万物交通”的话。物质的交流，人们的各种交往，靠的都是道路交通，因而交通通畅与否、发达程度，是社会文明程度的重要标志之一。秦汉都是大一统的国家，交通运输达到了相当高的水平，今略述其大概如下：

一、陆上交通

以长安（咸阳）、洛阳为中心，有一个四通八达的交通网。这个交通网的形成，首先与政治和军事的发展有密切关系。

秦始皇统一天下之后，于前 219 年开始东行郡县，至渤海以东，然后又南下，过彭城，渡淮水，至衡山、南郡，浮江，最后“自南郡由武关归”①，巡游了大半个中国。以后又多次出巡，遍及旧关东六国的地方，随着他的巡行，大修驰道。即所谓：“为驰道于天下，东穷燕、齐，南极吴、楚，江湖之上，濒海之观毕至。道广五十步，三丈而树，厚筑其外，隐以金椎，树以青松。”② 不论当时的动机如何？如何劳民财，其客观结果是进行了大规模的交通建设，这种驰道建设，汉代没有停止过。汉武帝也是出巡较多的，每次出巡，如《史记·平准书》所说：“天下郡国，皆豫治道桥，缮故宫，及当驰道县，县治官储，设供具，而望以待幸。”驰道、宫馆修治得好的地方官可得到嘉奖：“（王䜣）守右扶风，上数出幸安定、北地，过扶风，宫馆驰道修治，供张办，武帝嘉之，驻车，拜䜣为真。”③ 原有的驰道要不断修治，皇帝新去的地方要新筑，终西汉之世似未停止过。宣帝时黄霸曾“坐发民治驰道不先以闻”贬秩④。成帝为太子时有“不敢绝驰道”⑤ 的记载。直至平帝始元元年有“罢明光宫及三辅驰道”⑥ 之举。

除了天子巡幸之外，因为其他事和政治的原因修建道路的记载也甚多。秦始皇北逐匈奴，南戍五岭，都是修筑了道路的，如北边的所谓直道：“三十五年，除道，道九原抵云阳，堑山堙谷，直通之。”⑦《史记·蒙

① 司马迁：《史记》卷六，《秦始皇本纪》，中华书局 1982 年版，第 248 页。
② 班固：《汉书》卷五十一，《贾山传》，中华书局 1962 年版，第 2328 页。
③ 班固：《汉书》卷六十六，《王䜣传》，中华书局 1962 年版，第 2888 页。
④ 班固：《汉书》卷八十九，《循吏传》，中华书局 1962 年版，第 3631 页。
⑤ 班固：《汉书》卷十，《成帝纪》，中华书局 1962 年版，第 301 页。
⑥ 班固：《汉书》卷十二，《平帝纪》，中华书局 1962 年版，第 351 页。
⑦ 司马迁：《史记》卷六，《秦始皇本纪》，中华书局 1982 年版，第 256 页。

恬列传》说是由蒙恬负责修筑，"堑山堙谷千八百里"。南戍五岭时，据《淮南子·人间训》记载，五十万人分为五军，分别驻守今湖南、江西、广东等地，当然是逢山开路了（记载中特别记了一下水路灵渠，详下）。这是大规模的，小的还有，例如对西南就有"常頞略通五尺道"①。

两汉之世，地方官修治道路的记载不少，既有新筑，也有不断的维修。例如，西南地区，秦时已有五尺道，汉武帝时又有"唐蒙、司马相如，开路西南夷，凿山通道千余里，以广巴蜀，巴蜀之民罢焉"②。岭南也是如此，秦以后屡有开凿，《后汉书·卫飒传》说："先是含、浈阳、曲江三县，越之故地，武帝平之，内属桂阳。……去郡远者，或且千里。吏事往来，辄发民乘船，名曰'传役'。每一吏出，徭及数家，百姓苦之。飒乃凿山通道五百余里，列亭传，置邮驿，于是役省劳息。"这是东汉初年的事。章帝时又有记载说："旧交趾七郡贡献转运，皆从东冶，泛海而至，风波艰阻，沉溺相系。（郑）弘奏开零陵、桂阳峤道，于是夷通，至今遂为常路。"③ 事例还有不少。

前指出，道路的修治多有军事和政治的原因，除以上所述，还有许多，如西汉武帝时为行幸雍祠五畤，修建回中道，自回中（今陕西陇县西北）开始，伐山开道，以通萧关（今宁夏固原）。东汉初为对匈奴、乌桓作战修飞狐道，"自代至平城三百余里"④ 等等。而以上新路的开凿很不容易，较大的往往数岁不通，如武帝时之"通西南夷道，载转相饷，数岁，道不通，士罢饿馁，离暑湿，死者甚众"⑤。结果也是"巴蜀之民罢焉"。旧路的修治，官吏往来，也是劳民伤财的事，所谓"百姓颇废耕桑，治道牵马"⑥。百姓治道之苦，曹魏齐王芳有一道诏书说得比较具体，可引来参考："（正始七年八月诏）吾乃当以十九日亲祠，而昨出已见治道。得雨当复更治，徒弃功夫。每念百姓，力少役多，夙夜存心，道路但当期于通利。闻乃挝捶老小，务崇修饰，疲困流离，以至哀叹。吾岂安乘此而行，致馨德于宗庙邪？自今已后，明申敕之。"⑦ 道路很容易坏，要不停地修

① 司马迁：《史记》卷一百一十六，《西南夷列传》，中华书局1982年版，第2993页。
② 司马迁：《史记》卷三十，《平准书》，中华书局1982年版，第1421页。
③ 范晔：《后汉书》卷三十三，《郑弘传》，中华书局1965年版，第1156页。
④ 范晔：《后汉书》卷二十，《王霸传》，中华书局1965年版，第737页。
⑤ 班固：《汉书》卷九十五，《西南夷列传》，中华书局1962年版，第3840页。
⑥ 班固：《汉书》卷七十二，《王吉传》，中华书局1962年版，第3058页。
⑦ 陈寿：《三国志》卷四，《齐王芳》，中华书局1959年版，第121页。

补，尤其车驾通过，再加上“务崇修饰”，那就费工费力更大。东汉章帝也曾几次下诏“不得辄修道桥”①。

但是，道路的修建又是极有意义的：一是解决了当时的一些问题，如卫飒之凿山道等，在当时就在一定程度上解决了“役省劳息”的问题；其二，像零陵、桂阳峤道夷通，“至今遂为常路”一样，大多数道路都成为后世的交通要道；其三，当时在修通道路的同时，又沿途“列亭传，置邮驿”，“十里一亭，五里一邮”②，使得道路两旁“渐成聚邑”，更是带来了社会经济的发展。

在陆路方面值得特别一提的是，秦汉时期形成了一条国际通道，这就是著名的所谓丝绸之路。从西汉开始，自首都长安出发，经河西走廊，出玉门关和阳关，分为两道：“从鄯善傍南山北波河西行至莎车，为南道；南道西逾葱岭则出大月氏、安息。自车师前王庭随北山波河西行至疏勒，为北道。北道西逾葱岭则出大宛、康居、奄蔡、焉耆。”③ 张骞是重要的开拓者之一。东汉又有班超出使西域，这条丝绸之路又进一步延伸，他在西域经营了三十年，并曾派甘英西行一直到地中海东岸。众所周知，这条丝绸之路在中西经济文化交流史上有极为重要的地位。

交通也是古代信息传递的唯一途径。上面提到的亭传、邮驿，即所谓邮传制度，秦汉时已相当发达④。传递信息速度相当快。《汉旧仪》说：“奉玺书使者驰传，驿三骑行，日夜行千里为程。”并且有急慢之分，当时有比较具体的制度，如《汉书·高帝纪》五年注引如淳曰：“《律》：四马高足为置传。四马中足为驰传。四马下足为乘传。一马、二马为轺传⑤，急者乘一乘传。”另一种传递信息的制度，更速于邮传，即所谓烽燧制度，多半用于军事上，《汉书·贾谊传》注引文颖曰：“边方备胡寇，作高土橹，橹上作桔皋，桔皋头著兜零，以薪草置其中，常低之，有寇即火然举之以相告，曰烽。又多积薪，寇至即然之，以望其烟，曰燧。”此烽燧遗址、遗迹在我国西北地区有很多。烽火不仅陆路交通上有，水路上也有使用，庾阐

① 范晔：《后汉书》卷三，《章帝纪》，中华书局1965年版，第143页。

② 孙星衍等辑：《汉书六种·汉官仪》，中华书局1990年版，第153页。

③ 班固：《汉书》卷九十六上，《西域传》，中华书局1962年版，第3872页。

④ 参阅拙作《秦代的邮传制度》，《学术研究》1979年第3期。

⑤ 《汉书·梅福传》注云：“轺传，小车之传也。”

《扬都赋》注云："烽火，以炬置孤山头，皆缘江相望，或百里，或五十、三十里。寇至则举以相告，一夕可行万里。孙权时，合暮举火于西陵、鼓三，竟达吴郡、南沙。"① 虽说的是三国时事，这是烽燧制的进一步发展了。其速度是"一夕可行万里"，比"日行千里"的邮传当然是快多了。

二、水上交通

我国有"三江五湖"，大小支流再加上人工渠，很早就形成了四通八达的水运网。如《史记·河渠书》所说："荥阳下引河东南为鸿沟，以通宋、郑、陈、蔡、曹、卫，与济、汝、淮、泗会于楚。西方则通渠汉水、云梦之野。东方则通鸿沟、江淮之间。于吴，则通渠三江五湖。于齐则通淄、济之间。于蜀，蜀守冰凿离碓，辟沫水之害，穿二江成都之中。此渠皆可行舟。"这说的是秦统一以前的情况，尚未包括珠江水系，秦时南戍五岭，令监禄凿灵渠，沟通了长江和珠江两大水系，所以全面完成全国水路交通网的是秦汉时期，包括汉代的许多开通漕渠之事。

值得注意的是，此时水路交通已经是河海相连，湖海通波。如班固《西都赋》所说："东郊则有通沟大漕，溃渭洞河，泛舟山东，控引淮湖，与海通波。"前引所谓"交趾七郡，贡献皆从东冶（今福州）而至"，也是明证。东汉王符在《潜夫论·浮侈》中写道："其后京师贵戚，必欲江南櫄梓豫章楩柟。边远下土，亦竞相仿效。"名木伐之高山，引于穷谷，入海乘淮，逆河溯洛，皆云河海联运之效。

水路交通之开通和陆路一样，首先，主要是因为政治和军事上的需要，灵渠的开凿产生是为了运输军粮，不是为了运粮食，就是为了运军队，张良劝刘邦建都关中时说："诸侯安定，河、渭漕天下，西给京师，诸侯有变，顺流而下，足以委输。"② 从运输能力来讲，水运比陆运要大得多，如《汉书·淮南王传》中说："伍被言吴王上取江陵木为船，一船之载，当中国数十辆车，国富民足。"这"国富民足"，与水路交通相连自有道理。因为不仅"此渠皆可行舟，有余则用溉浸，百姓飨其利，至于所过，往往引其水益用溉田"③。再者，水路既然是路，老百姓当然也是可以

① 《三国志·孙权传》赤乌十三年注。
② 班固：《汉书》卷四十，《张良传》，中华书局1962年版，第2033页。
③ 司马迁：《史记》卷二十九，《河渠书》，中华书局1982年版，第1407页。

利用的，如《史记·陈丞相世家》记载："平身间行杖剑亡。渡河，船人见其美丈夫独行，疑其亡将，要中当有金玉宝器，目之，欲杀平。平恐，乃解衣裸而佐刺船。船人知其无有，乃止。"既有此一般搞水运的"船人"，也当有不少"船长千丈"[①] 搞运输的大商贾。

在水路交通方面，秦汉时期已开始较大规模的远海航行，特别是南海方面的发展。秦始皇时，徐福入海求仙药，"遣振男女三千人，资之五谷种种百工而行"[②]。据说是到了日本，他带的是一个不小的船队。秦汉时南方得开发，南方的远海航行因而得到发展，《汉书·地理志》记载说："粤地，处近海，多犀、象、毒冒、珠玑、银、铜、果、布之凑。中国往商贾者多取富焉。番禺，其一都会也。""自日南障塞、徐闻、合浦船行可五月，有都元国；又船行可四月，有邑卢没国；又船行可二十余日，有谌离国；步行可十余日，有夫甘都卢国。自夫甘都卢国船行可二月余，有黄支国，民俗略与珠崖相类。其州广大，户口多，多异物。自武帝以来皆献见。有译长，属黄门，与应募者俱入海市明珠、璧流离、奇石、异物，赍黄金、杂缯而往。所至国皆禀食为耦，蛮夷贾船，转送致之。……又苦逢风波溺死，不者数年来还……自黄支船行，可八月，到皮宗；船行，可二月，到日南象林界云。黄支之南，有已程不国。汉之译使自此还矣。"就是说使者、商人已到了菲律宾、沙捞越、新加坡、马来西亚等地，到了东汉，联系印度洋、红海的航线已经开辟，形成了一条海上丝绸之路。

远海航行当然不会是件易事，在没有什么科学技术的条件下，只有靠经验，这经验的取得甚至是要付出生命代价的。秦汉时期已经有了总结这种经验的图书，《汉书·艺文志·数术略》中记有《海中星占验》《海中五星经杂事》《海中二十八宿国分》《海中日月彗虹杂占》等六种图书，虽有迷信色彩，把实际经验说成是"占验"，但主要是极有实用价值的经验总结。沈钦韩《汉书疏证》说："海中混茫，比平地难验，著海中者，言其术精，算法亦有《海岛算经》。"这些在一定程度上可以反映当时的航海水平。

---

① 司马迁：《史记》卷一百二十九，《货殖列传》，中华书局1982年版，第3274页。

② 《史记·淮南王安列传》载伍被谏王之言。

三、交通运输工具

水陆交通工具不同，水上的比较简单，主要是船，或者来不及造船则以竹和木编成筏或桴，《东观汉记》云："吴汉平成都，乘筏（今本作桴）从江下。"其原理和船是一样的。陆上交通工具则有两大类，骑马和乘车。乘骑，除马之外，还有驴、骡、骆驼等牲畜。以马为主，故当时马政颇为重要①。马既供人乘骑，或直接驮运物资，又用着驾车之用。车的种类甚多，从动力来说，主要有马车、牛车两类，也有人挽的，宫廷中还用羊拉小车。

车的制造能从多方面反映当时的科学技术水平，因为"一器而工聚焉者，车为多"②。《吕氏春秋》说："今之为车者，数有然后成。"注云："轮、舆、辕、轴各自有材，故曰数有然后成。"《淮南子》又说："古之为车也，漆者不画，凿者不斫，工无二伎。"分工很细，当然技术水平也就很高了。车的制作精良，种类很多，大的划分，主要是坐车和兵车两大类。《后汉书·舆服志》一大部分是专讲车，讲天子及王公贵族乘坐之车，着重讲等级区分的标志。今有不少考古出土文物，更是提供了实物资料，例如画像石中的图形，秦始皇陵出土的铜车马等，对于了解和研究当时的车形、制造等等都有很大意义③。

秦汉时期的造船技术和规模已经相当可观。例如楼船的修造，据记载是一种"上施楼"④ 的大船，《史记·平准书》说："治楼船，高十余丈，旗帜加其上，甚壮。"《汉宫殿疏》⑤ 则说："作豫章大舡，可载万人，舡上起宫室。"这当然是最大的，一般的船有多大，可从载人、载重的情况见其大概。如《史记·张仪列传》云："舫船载卒，一舫载五十人与三月之食。"又《华阳国志》曰："司马错率巴蜀众十万，大舶船万艘，米六百万斛，浮江伐楚。"则一船装十人及六百斛米，六百斛相当于今 30 吨，比较大了。这样大的船数量都不少，比这小的船数量当更多。《释名·释船》

---

① 参阅拙作《秦汉军事制度史》"军马"章。

② 《周礼·考工记》，十三经注疏本，中华书局 1980 年版。

③ 参阅拙作《秦汉军事制度史》有关车兵、车船章节。

④ 《汉书·武帝纪》元封二年注引应劭曰。

⑤ 《太平御览》卷七七〇《叙舟》引。

按船的大小、用途作了解释，涉及大小的如："上下重床曰舰，四方施板以御矢石，其内如牢槛也。五百斛以上环有小屋斥候，以视敌进退也。三百斛曰……江南所名，短而广安不倾危者也。二百斛以下曰艇，其形径挺一人，一人所行者也（或作二人所乘行者也）。"

船的种类因其用途不同而有许多，名字也很多。除船之外，还有如上所述之竹木筏，应用也比较广。特殊的水上交通工具有"以木罂缻渡军"。《史记·淮阴侯列传》《集解》引"服虔曰：以木柙缚罂缻以渡。韦昭曰：以木为器如罂缻，以渡军。无船，且尚密也。"这是很特殊的情况。但《后汉书·邓训传》中的记载，长史任尚将兵，曾"缝革为船，置于箪上以渡河"。后世黄河上游用的皮筏子，大约是这种应用发展下来的，不过当时是联结了多个皮革缝制的船，这才方便运送军队。关于船也有出土文物资料可以参证。

第五节 工艺技术

人们衣、食、住、行等物质生活水平的改善，依赖于生产的发展。而科学技术水平的提高又对生产的发展起着决定性的作用。本书前已记述了秦汉时期自然科学的成就，这里则对直接影响生产及人们物质生活的工艺技术作些介绍。不少内容，在前面有关的章节中已经涉及，有的不再重复，有一些则再从工艺技术的角度强调一下新的发展和制造。

一、冶炼技术的提高

铜与铁在中国古代很早就得到了广泛的利用。《国语·齐语》说："美金以铸剑戟，试诸狗马。恶金以铸锄夷斤斸，试诸壤土。"一般解释美金为铜，以铜为兵器是考古发掘材料充分证明了的，但不局限于兵器。

铜的冶炼与铸造，早就有很高的水平。到了汉代，未见有新的发展，但铜产品的使用范围仍然是很广泛的。首先是大量的铸币（见第一章经济部分）。其次，兵器乐器和日用器物仍然不少，这些中间，铜镜尤为突出。出土的汉代铜镜数量很多，工艺水平也较高，在富人的衣食住行中，或多或少都使用一些铜器，如穿戴用具带钩之类，饮食的杯盘之类，居住用的盂、洗、铜镜乃至灯、熏炉等等。此外还有特殊用途的虎符、玺印之类[①]。

至于所谓“恶金”的铁，在秦汉时期明显的得到更为普遍的利用，其主要表现是完成了生产工具和兵器的铁器化。根据《汉书·地理志》记载，全国各地设铁官四十多处，《汉书·贡禹传》说：“诸铁官皆置吏卒徒，攻山取铜铁，一岁功十万人以上。”这些记载在一定程度上反映了当时的规模，已发掘的冶铁遗址可以说明，有以冶铁为主的，有以铸造为主的，也有冶铸兼备的。冶炼、铸造等技术的提高，是铁器能得到广泛使用的关键，从一些出土铁锭和铁块看，经检验认为，已经是合格的优质铁。能生产优质铁，表明当时工艺技术提高的成就是，炼炉的巨型化、鼓风设施强化等技术的进步。例如郑州古荥镇汉代冶铁遗址，发现有椭圆形炼炉二座。炉底面积 8.4 平方米，容积估计为 40—50 立方米[②]。椭圆形便于从距中心较近的两侧鼓风。鼓风动力，则由人力发展到畜力，如“马排”“牛排”，进而利用水力——“水排”。东汉南阳太守杜诗使用水排鼓铸，“用力少，见功多，百姓便之”[③]。冶炼技术的发展，还表现在耐火材料、熔剂的改进等其他方面，过于专业化，就不多说了。

炼铁的进一步发展就是炼钢，百炼成钢，故有“百炼钢”的名称。根据考古材料分析，到西汉中、晚期出现了利用生铁“炒”成熟铁或不同含碳量的炒钢新技术，即将生铁加热成半液体、半固体状态，再进行搅拌，利用空气或铁矿粉中的氧，进行脱碳，以获得熟铁或钢的新技术。这种技术欧洲在 18 世纪中叶才开始出现。冶炼技术的提高和进步，有利于农业、手工业等生产的进一步发展，有利于人们生活的改善和提高。

二、农业技术和水利工程

在科学技术中，直接关系到人们吃穿问题的就是农业技术。秦汉农业技术发展，主要表现在两个方面：

首先是生产工具的改进和推广。不仅汉武帝时用赵过推广了“用耦犁，二牛三人”[④] 的犁耕方法，而且西汉晚期已有了一牛一人的犁耕方法，

---

① 铜器的许多内容可参阅陈直《两汉经济史料论丛》（陕西人民出版社 1980 年版）中“关于两汉的手工业”有关部分。

② 《郑州古荥镇汉代冶铁遗址发掘简报》，《文物》1978 年第 2 期。

③ 范晔：《后汉书》卷三十一，《杜诗传》，中华书局 1965 年版，第 1094 页。

④ 班固：《汉书》卷二十四上，《食货志》，中华书局 1962 年版，第 1139 页。

这是双辕犁的使用和犁铧形式改进的结果。汉代农具种类已较完备，并有不少新型的农具出现，例如耧车，“其法三犁共一牛，一人将之，下种挽耧，皆取备焉，日种一顷”（崔寔：《政论》），三犁是指三个耧，一次能播种三行，且下种均匀，显然能提高播种效率和质量。

其次是西汉时出现了两种先进的耕作方法，即武帝时的“代田法”和稍后一些的“区田法”。“代田法”适应北方旱作地区，在同一块土地上垄甽隔年代换，可以恢复地力。“区田法”是在小面积土地上集中使用人力物力，精耕细作，以求单位面积的高产量，其具体方法在《氾胜之书》中有记载。

蔬菜、果物是属于农业范围的，过去是“还庐树桑，菜茹有畦，瓜瓠果蓏，殖于疆易”①，小规模生产。秦汉时期则有了明显的大规模园圃经营，例如《史记·货殖列传》所说：“安邑千树枣，燕秦千树栗，蜀汉江陵千树橘……千亩姜韭，此其人皆与千户侯等。”蔬菜瓜果的种类是很多的，也有不少从西域引进中原的新品种，如黄瓜、大蒜、石榴、葡萄、胡桃等等。作为农业的一个分支，园圃的栽培、管理等生产技术，也有很大的发展。特别值得提出的是，当时新技术的发明，一个是“温室栽培”，《汉书·召信臣传》：“种冬生葱韭菜茹，覆以屋庑，昼夜爇蕴火，待温气乃生。”这比欧洲类似的设施也早一千多年。另一个是套作法，这在《氾胜之书》中有瓜田种薤或小豆的记载。

与农业有密切关系的水利工程，在规模、技术和类型上都有重大的发展。

西汉武帝时，“用事者争言水利”②，多次开凿规模较大的水渠，如郑国渠、六铺渠、白渠等的修建，对关中地区农业生产的发展起了很大的作用。而在复杂的地形中开凿渠道，又表明选线及测量技术等的水平，选定路线的水工徐伯，无疑是一位卓越的水利工程技术专家。而龙首渠的修筑，更是发明了“井下相通行水”的“井渠”③，是种创举。整个汉代，无论边境或内地，都有开渠修堰的记载。而黄河的治理，也是当时水利工程中的主要内容，西汉和东汉都是卓有成效的，这些也都在第一章中叙述过了。

① 班固：《汉书》卷二十四上，《食货志》，中华书局1962年版，第1120页。
② 班固：《汉书》卷二十九，《沟洫志》，中华书局1962年版，第1684页。
③ 班固：《汉书》卷二十九，《沟洫志》，中华书局1962年版，第1681页。

三、制盐技术的新发展

汉人把食盐称为“食肴之将”①，或者说“食之急者”②。制盐业的历史是悠久的，但在汉代有所发展，生产规模扩大了，国家在许多地方设有盐铁官，私人经营的，往往“一家聚众或至千余人”③。盐的种类因地而异，如《史记·货殖列传》所说：“夫天下物所鲜所多，人民谣俗，山东食海盐，山西食盐卤，岭南、沙北固往往出盐，大体如此矣。”《正义》解释：“谓西方咸地也。坚且咸，即出石盐及池盐。”即有海盐、池盐、岩盐等数种。这里特别要提出是井盐，《论衡·别通》：“西洲盐井，原泉深也”，何时开始？《太平御览》八六五引《蜀王本纪》曰：“宣帝地节中，始穿盐井数十所。”井盐技术的发展，也许是从西汉后期开始的。四川东汉墓出土的画像砖中，就有煮盐图。《四川汉代画像选集》④ 所载七十三和七十四图即是，其文字考述说：“图像左侧，是一个盐井，上面有起重的器具和高架。架上有四个人，正在以辘轳汲卤……右下角便是一个长方形的灶，上面有锅……灶后方有一个人，正在照料，另一个人坐灶前拨火。其左尚有二人，似乎正在照料这个引卤的管子。关于七十四图的图像，画法大体上与前图相同，……煮盐的灶，则较上一图为明晰。灶上排列着五个锅，火门口排列着四个管，乃是利用地下的天然煤气，两者都历历如见。”这里不仅有井盐生产的生动描绘，而且有天然气井的描绘，这就是史书中所记的“火井”，《华阳国志·蜀志》《博物志》及左思的《蜀都赋》中都有火井煮盐的记载。开凿天然气井和利用天然气煮盐，这无疑是技术的新成就，大有利于提高生产，如《华阳国志》所云：“取井水煮之，一斛（卤）水得五㪷盐，家火煮之，得无几也。”

四、纺织技术的进步

秦汉时期丝绸的消费量大大增加了，“古者庶人耋老而后衣丝，其余则麻枲而已，故命曰布衣”⑤。到了汉代，如《汉书·贾谊传》说：“今民

① 班固：《汉书》卷二十四下，《食货志》，中华书局 1962 年版，第 1183 页。
② 范晔：《后汉书》卷四十三，《朱晖传》，中华书局 1965 年版，第 1460 页。
③ 《盐铁论·复古》，诸子集成本，中华书局 1954 年版。
④ 闻宥：《四川汉代画像选集》，群联出版社 1955 年版。
⑤ 《盐铁论·散不足》，诸子集成本，中华书局 1954 年版。

卖僮者，为之绣衣丝履偏诸缘，内之闲中，是古天子后服，所以庙而不宴者也，而庶人得以衣婢妾。白縠之表，薄纨之里，緁以偏诸，美者黼绣，是古天子之服，今富人大贾嘉会召客者以被墙。”当时赏赐、贸易中纺织品的数量都非常大。大量的需求刺激着生产的发展，在发展中技术的进步又是关键，秦汉时期的纺织品不仅数量多，而且质量也很高。一些出土的纺织品最能说明问题。例如马王堆出土的素纱织物，可说是“薄如蝉翼”，一件长 160 厘米，两袖通长 190 厘米的褝衣，其领口、袖头还用绢缘，而总重量只有 48 克，纱的细韧可想而知。缫、绣蚕丝的工艺十分先进。马王堆出土的纺织品中还有绢、锦等丝织品，还有毛锦织物、麻织物等等。锦的织成，需要有提花装置，根据科技史的研究，汉代王逸的《机妇赋》就有提花机的记载，是当时最先进的技术，后来 8 世纪和 12 世纪两次传入欧洲①。出土物中彩色丝麻织品也颇多，颜色达二三十种，绛紫、墨绿、蓝黑、朱红等色染得非常深透均匀，反映染色技术的先进。

附带还要说一下，与丝织品的原料有关的蚕桑事业，秦汉时期不仅仅是房前屋后栽桑，已经有了“齐鲁千亩桑麻”② 的大规模生产。而养蚕技术也有很大提高，《淮南子·泰族训》中有“原蚕一岁再登”的说法，则西汉初已有二化蚕的出现。《四民月令》中又有养蚕方法的具体记载。

五、造纸术的发明

造纸是中国古代四大发明之一。这是秦汉时期最重要的科技成果，对人类文化的发展具有深远的意义。纸的运用，纸的文化价值，首先当然是作为书写的材料。在我国古代曾先后使用甲骨、金石、竹简、木牍、缣帛等材料记事，保存了文字资料。到了汉代，简牍、缣帛仍然是重要书写材料，如现在出土的大量汉简以及帛书等就是证明。竹简木牍是比较重的，所以古代形容读书多用“学富五车”，形容书多用“汗牛充栋”等词，可见竹简木牍的书使用是极不方便的。缣帛要轻一些，但成本太贵，也是不能普及的。人们当然要寻求方便而又廉价的材料，纸的发明是在社会和文化的需求下产生的。但它的生产，也包含着人们的智慧和技术。

---

① 参阅杜石然等：《中国科学技术史稿》，科学出版社 1982 年版，第 218 页。

② 司马迁：《史记》卷一百二十九，《货殖列传》，中华书局 1982 年版，第 3272 页。

秦汉时期蚕丝业发达，以次茧作丝绵技术也就很普及，韩信发迹之前曾遇到“诸漂母”，《史记》集解引：“韦昭曰：以水击絮为漂，故曰漂母。”是一群（诸）以制丝绵为生的妇女。这一手工业包括捣碎蚕茧、漂洗等工艺。晾干后自然形成薄薄的丝绵片，也和帛一样能够书写。也许这是发明造纸术技术上的直接启示，“纸”的偏旁有“纟”，当即此原因。丝麻皆为纺织材料，同样也成为制纸材料，所以考古发现的最早纸张，是含麻纤维的。

纸发明的时间可以断言在汉代，陆陆续续在陕西西安灞桥、扶风、甘肃、新疆等地都发现有西汉时期的植物纤维纸（包括麻筋、线头、破布块等等）。内蒙古额济纳河旁发现的东汉初年的纸张，已有六七行残字，是已发现的最早的字纸实物。也许考古发掘还会提供更多更有力的证明。

过去说蔡伦发明纸，引起过讨论，似乎不该归功于蔡伦一人。但也不可否认，他总结前人经验，大胆的试验革新。

蔡伦字敬仲，桂阳（今湖南耒阳）人，东汉和帝时的太监，曾负责监制御用器物。关于造纸问题，《后汉书·蔡伦传》写道：“自古书契多编以竹简，其用缣帛者谓之为纸。缣贵而简重，并不便于人。伦乃造意，用树肤、麻头及敝布、鱼网以为纸。元兴元年（105 年）奏上之，帝善其能，自是莫不从用焉，故天下咸称‘蔡侯纸’。”这记载既明确又含混。明确的是，在此之前，至少宫廷之中没有能书写的像样的纸张，“帝善其能”，至少是他有突破性的改进，例如采用了树皮，这是新的原料，与丝麻的加工当有很大的不同。不明确的是，蔡伦之“造意”究竟指什么而言？当然这无法且不必要再深入讨论了。不过，“蔡侯纸”之名是当时的实际。在工艺方面，当然要有许多能工巧匠，但也会有一些特别突出的人物，例如东汉末年就还有一个左伯，唐代张怀瓘在《书断》中写道：“伯字子邕，东莱人，……用纸代简，至和帝时，蔡伦工为之，而子邕尤得其妙。”也许左伯又有新的改进。

附带说一点，作为保存和传播文字的纸笔墨砚，后三者的历史都比纸张要早，简牍、缣帛均用笔墨书写。但是自古就有秦代蒙恬制笔的说法，《中华古今注》说“蒙恬始作秦笔”。应是在秦代，经蒙恬的改进，制作出了更好的毛笔。现在已有秦汉的毛笔出土，其制法显然与战国时代的不同，不再将笔杆劈开夹毛用丝线缠紧，而是将笔杆一端镂空成毛腔，笔毛放在腔内，这就与至今使用的毛笔基本相同了。甘肃武威磨咀子一座东汉墓中出土的笔也是如此做法，且笔头的芯及锋用黑紫色的硬毛，外覆以较软的黄褐色毛，笔杆上还刻有“白马作”“史虎作”等文字，这有文献的记载可以印证，《汉官仪》记“赤管大笔”的文字是“北工作”。“白马”“史虎”当是制笔工匠之名。

汉代的砚出土数量很多，说明使用很普遍，石、陶制的汉砚为多，也有漆砚和铜砚。形制多样，制作精巧的也不少。安徽肥东、江苏徐州东汉墓中出土的兽形鎏金铜盒砚，还镶嵌各种宝石，极为美观。

六、其他

在人们物质生活和文化生活中，许多东西都是要求工艺技术的，这里再略举一些事例。

（一）铜器制造

在铜器制造中除了日用器皿、兵器、镜子之外，还有度量衡、玺印、虎符之类。秦代统一度量衡，这在工艺技术上就有较高的要求。《汉金文录》卷三《光和斛文》云：“大司农以戊寅诏书，秋分之日，同度量，均衡石，桷斗桶，正权概。特更为诸州作铜斗斛、称、尺，依黄钟律历，九章算术，以均长短轻重大小，用齐七政，令海内都同。光和二年（179 年）闰月廿三日，大司农曹祋、右丞游于宫、右仓曹掾朱音、史韩鸿造。”秦汉时期的度量衡器出土不少，其标准性是十分精确的①。

我国铜器制造历史悠久，殷周的铜器即已有很高的水平，秦汉时期的铜器，表面上看（如朴素无花纹）不如以前，但式样的革新方面还是有进展的。例如“铜镫创作出雁足式、鹿卢式，熏炉创作出透空雕花式；龟蛇带钩的精密细致，鎏金铜奁的伟大气魄，虎符两合，等于现今的机器制造。这是比以前进步的地方。镜子方面尤其是推陈出新，千变万化，质地由铜的到铁的，花纹由四神到神兽，铭辞由三言到七言，及乐府式的长短句，叹为观止”②。总之，秦汉时期铜器制造的工艺技术是有发展的。

（二）制陶

制车造船、修筑宫殿房屋等技术，在前面已经记述了，与之有关的还

---

① 参阅陈直：《两汉经济史料论丛》，陕西人民出版社 1980 年版，第 151 页。

② 参阅陈直：《两汉经济史料论丛》，陕西人民出版社 1980 年版，第 157 页。

有木工、陶工等等。木器不易保存，至今出土保存的木器不多，无法做什么说明。陶器出土是比较多的，当时官府制造陶器，主要是砖瓦，所以出土的秦砖汉瓦特多。但陶俑之类的明器，官府也可能组织生产的，秦始皇陵的兵马俑即是。一般的陶质明器，以及生活用器，当由私人作坊经营。从大量出土的陶器看，技术也是在发展的。例如，大约在西汉中期出现的釉陶，就是新创造。这种陶的加工，当然会有所继承，但重要的是，它是瓷的先声。釉是一种矽酸盐，施釉在素地上，经过火烧，就化为有釉的光亮面。在釉药里加上某种氧化金属，然后火烧，就会成色釉。

（三）琢玉

雕石、琢玉等也都是传统工艺。汉代的琢玉、雕花也许不如商周，但现在出土的金缕玉衣之类，却能反映汉代工艺的发展水平。例如河北满城刘胜墓的金镂玉衣，长 1.88 米。用玉片 2498 片，玉片大小、形状按人体各部分不同形状而设计，长方形与方形居多，也有三角形、梯形、多边形，玉片角上有孔，用金丝编缀起来，用金丝 1100 克。整个玉衣外表与人体相似，分头、手、足和上、下身五个部分。设计和制作表现了人们的智慧和才能。

总起来说，要指出两点：第一，工艺技术的发展，与人们的生产、生活是有密切关系的，都是实践经验的积累。但经验被总结上升到了理论高度，反过来又指导技艺的发展；有的长期只停留在实践中的经验传授。这是古代技艺发展的特点之一，也是其发展的局限性，往往因而失传中断。第二，工艺是在生产、生活的实践中产生和发展的，往往多种工艺技术同时进行，在统一协调的发展中，各有专攻，又有利于相互促进。

第九章　文化的地域性与中外交流

我国幅员辽阔，东西相距5000多千米，占经度60多度，东海之滨日出时，帕米尔高原还是深夜；南北相隔5500多千米，跨纬度50度左右，北国进入千里冰封季节时，南方海岛上仍是盛夏景象。自然地理环境，地貌、气候、河流、水文以及生物资源状况等，各地区有很大的差异，相应的在文化上也表现出明显的地域性的不同，自古以来就是如此，至今仍有东西南北中的不同，秦汉时期自不例外，但各地也是相互影响的。

第一节　文化的地域性与相互影响

文化区域性的差异是客观存在的，所谓“古者百里而异习，千里而殊俗”①，是讲的这个问题，而秦统一之前，“田畴异亩，车涂异轨，律令异法，衣冠异制，言语异声，文字异形”② 等情况，也是讲的七国区域性的差异。秦始皇的统一，以及后世在政治和经济上解决了一些问题，但并没有也不可能解决文化地域性的差异：统一了律令，但无法统一各地的方言；规定了衣冠的等级制度，但改变不了各地服饰的习惯和传统。即便是后来两汉长达四百年的统一，各地差异性仍大大存在，因而汉代的文献记载中都有这方面的反映，例如《史记·货殖列传》《汉书·地理志》以及《风俗通义》等书籍，都记载了文化各方面的差异情况，《说文解字》《方言》《释名》等书籍也记有方言以及各地习俗的情况。以下我们就从几个明显的方面来叙述一下这种地域性差异。

一、方言及其有关记载

《颜氏家训·音辞》写道：“夫九州之人，言语不同，生民已来，固常

① 《晏子春秋·内篇·问上》：“景公问明王之教民何若。”
② 许慎：《说文解字》卷十五，中华书局1963年版，第315页。

然矣。自《春秋》标齐言之传，《离骚》目《楚辞》之经，此盖其较明之初也。后有扬雄著《方言》，其言大备。然皆考名物之同异，不显声读之是非也。逮郑玄注六经，高诱解《吕览》《淮南》，许慎造《说文》，刘熙制《释名》，始有譬况假借以证音字耳。”这说明“生民已来”九州“言语”不同的情况，到汉代有了专门的详细的记载，那就是《方言》《说文》《释名》这几部书，以《方言》一书最早，也最专门“语释别国方言”。

根据扬雄的《方言》，近代以来中外学者对汉代的汉语方言有不少研究，或分为七个、八个区，或分为十三、十四个系、类，有的则分为十类十六区①，都是值得重视的研究成果。从《方言》等书中已看出地域“方言”存在的客观事实。

《方言》记述时，指明某词是某地语、某地某地之间语或某地某地之间通语，那就是指某地的方言，而另一些词则指明是通语、凡语、凡通语、通名、四方之通语等等，当是指当时各方言间存在的一些共同的词汇，而不能断定当时已经产生了一种语音、词汇、语法同质的汉民族共同语。例如：“娥㜲，好也。秦曰娥；宋魏之间谓之㜲，秦晋之间凡好而轻者谓之娥；自关而东、河济之间谓之媌（今关西人亦呼好为媌，莫交反），或谓之姣；赵、魏、燕、代之间曰姝（昌朱反，又音株，亦四方通语），或曰妦；自关而西、秦晋之故都曰妍。好，其通语也。”好，是各方言间的共同词汇，但并不等于各地发音也相同，也不能代替各地言“好”之习惯。

《方言》一书记述了我国不同地区的方言材料，但并不是很完整的材料，其所言地区有不同的地理层次。有战国名，如韩、魏；有民族地区名，如朝鲜、东瓯；有州名，如幽、冀；有郡名，如代、汝南；有县名，如曲阜、巨野；还有以山水为标志的地名，如淮汝之间、海岱之间等等。它显然是根据某种原始记载而成篇的，该书全名为《𬨎轩使者绝代语释别国方言》，晋人郭璞作《序》云：“盖闻《方言》之作出乎𬨎轩之使，所以巡游万国，采览异言，车轨之所交，人迹之所蹈，靡不毕载，以为奏籍。周秦之季，其业隳废，莫有存者。暨乎扬生，沉淡其志，历载构缀，乃就斯文。是以三五之篇著，而独鉴之功显。”在此之前，应劭《风俗通义序》中已有一段记述：“周、秦常以岁八月遣𬨎轩之使，求异代方言，还奏籍

① 参阅张步天：《中国历史文化地理·上古方言地理》，并其引述各家之分类。

之，藏于密室。及嬴氏之亡，遗脱漏弃，无见之者。蜀人严君平有千余言，林闾翁孺才有梗概之法。扬雄好之，天下孝廉、卫卒交会，周章质问，以次注续，二十七年，尔乃治正，凡九千字。其所发明，犹未若《尔雅》之闳丽也，张竦以为悬诸日月不刊之书。"

其实，以上这两段话除了少数评语之外，完全是根据扬雄自己写的《答刘歆书》①，其要点有二：

其一，他的《方言》是有原来的记载为基础的。如他所说："尝闻先代輶轩之使奏籍之书，皆藏于周、秦之室。及其破也，遗弃无见之者。独蜀人有严君平、临邛林闾翁孺者，深好训诂，犹见輶轩之使所奏言。翁孺与雄外家牵连之亲，又君平过误有以私遇，少而与雄也。君平财有千言耳，翁孺梗概之法略有。"后来他又有"得观书于石室"的经历，都是他写作的基础。

其二，他进行过"调查研究"。他又写道："天下上计、孝廉及内郡卫卒会者，雄常把三寸弱翰，赍油素四尺，以问其异语，归即以铅摘次之于椠，二十七岁于今矣。而语言或交错相反，方覆论思，详悉集之，燕其疑。"这种对各地来的各种人进行方言调查研究的方法，无疑是一个好的方法。近代研究语言学的学者也使用这种行之有效的方法。

《方言》的材料虽然涉及十来个区域，但记载和解释都以秦晋为最多，这也是值得注意的一个事实。这可以说明作者对以长安为中心的秦晋方言比较熟悉，也可以说明秦晋方言在当时全国占重要的地位。秦晋在春秋战国时是两个地区，语言是不通的②。随着秦汉的统一，秦晋的方言糅合为一也，这一糅合、发展，再以后加上洛阳一带方言的糅合，那就是北方汉语的基础了。

以后的《说文》和《释名》也有方言的材料，但比《方言》少得多，有不少是重出的。但也有自己的特点，例如"楚"这个区域的材料比较多，在《说文》中提到23处，说明南方楚的方言有较大的差异。

还值得注意的是，《方言》等书中，还有少数民族语言的反映，如《方言》中提到东齐青徐之夷、羌狄、瓯、东胡；《说文》中提到朝鲜、南

---

① 见严可均辑：《全汉文》卷五二。

② 《左传》文公十三年："秦伯师于河西，魏人在东。寿余曰：'请东人之能与夫二三有司言者，君与之先。'使士会。"士会就是通魏国话的东人。

越、匈奴等等。这可说是秦汉统一多民族国家逐渐形成的一种信号。

二、“百里而异习，千里而殊俗”

应劭《风俗通义序》云：“传曰：百里不同风，千里不同俗，户异政，人殊服。”何“传”所曰尚无考证，前引《晏子春秋》之言，称“古者”，《汉书·王吉传》记其上疏之文，有曰“是以百里不同风”云云，似乎是汉代流行之语。汉人对文化的地域性有比较明确的认识，尤其是民俗文化的地区性差异最为突出，内涵十分丰富，大凡人们的衣、食、住、行，婚丧礼俗，岁时节令，社会生活的许多方面，都有明显的地区差异性。这在许多记载中都有反映。

例如《淮南子·齐俗训》，既论述了历代不同的礼仪习俗，也列举了一些地方性的不同风俗，并且是承认的态度：“故胡人弹骨，越人契臂，中国歃血也，所由各异，其于信一也。”这是讲各地（也是各族）在信仰方面的不同；“三苗髽首，羌人括领，中国冠笄，越人劗鬋，其于服一也”。这是言服饰之异；“胡人便于马，越人便于舟”，这反映了各地交通工具的差异。

当然，比较集中地记述各地风俗之不同，还是《史记·货殖列传》和《汉书·地理志》，《史记》原文前章已引，《汉书·地理志》虽由《史记》而来，但内容有所不同，兹列《汉书》一些文字以见一斑：“天水、陇西，山多林木，民以板为室屋。及安定、北地、上郡、西河，皆迫近戎狄，修习战备，高上气力，以射猎为先。……故此数郡，民俗质木，不耻寇盗。”“自武威以西……习俗颇殊，地广民稀；水草宜畜牧，（故）凉州之畜为天下饶。……是以其俗风雨时节，谷籴常贱，少盗贼，有和气之应，贤于内郡。”“巴、蜀、广汉本南夷……土地肥美，有江水沃野，山林竹木疏食果实之饶。……民食稻鱼，亡凶年忧，俗不愁苦，而轻易淫佚，柔弱褊阸。”“陈国，今淮阳之地……妇人尊贵，好祭祀，用史巫，故其俗巫鬼。”“赵、中山地薄人众，犹有沙丘纣淫乱余民，丈夫相聚游戏，悲歌慷慨，起则椎剽掘冢，作奸巧，多弄物，为倡优。女子弹弦跕躧，游媚富贵，遍诸侯之后宫。”“邯郸……其土广俗杂，大率精急，高气势，轻为奸。”“钟、代、石、北，迫近胡寇，民俗懻忮，好气为奸，不事农商。”“定襄、云中、五原，本戎狄地……其民鄙朴，少礼文，好射猎。雁门亦同俗，于天文别属燕。”“蓟……宾客相过，以妇侍宿，嫁取之夕，男女无别，反以为荣。后稍颇止，然终未改。其俗愚悍少虑，轻薄无威，亦有所长，敢于急人（如淳曰：赴人之急，果于赴难也），燕丹遗风也。”“乐浪朝鲜民犯禁八条：相杀以当时偿杀；相伤以谷偿；相盗者男没入为其家奴，女子为婢，欲自赎者，人五十万。虽免为民，俗犹羞之，嫁取无所雠，是以其民终不相盗，无门户之闭，妇人贞信不淫辟。其田民饮食以笾豆，都邑颇放效吏及内郡贾人，往往以杯器食。郡初取吏于辽东，吏见民无闭臧，及贾人往者，夜则为盗，俗稍益薄。今于犯禁浸多，至六十余条。可贵哉，仁贤之化也！然东夷天性柔顺，异于三方之外。”鲁地“地狭民众，颇有桑麻之业，亡林泽之饶。俗俭啬爱财，趋商贾，好訾毁，多巧伪，丧祭之礼文备实寡，然其好学犹愈于它俗”。宋地“其民犹有先王遗风，重厚多君子，好稼穑，恶衣食，以至畜藏”。“沛楚之失，急疾颛己，地薄民贫，而山阳好为奸盗。”“卫地有桑间濮上之阻，男女亦亟聚会，声色生焉。故俗称郑卫之音。……其失颇奢靡，嫁取送死过度，而野王好气任侠，有濮上风。”“楚有江汉川泽山林之饶；江南地广，或火耕水耨。民食鱼稻，以渔猎山伐为业，果蓏蠃蛤，食物常足。故呰窳媮生，而亡积聚，饮食还给，不忧冻饿，亦亡千金之家。信巫鬼，重淫祀。而汉中淫失枝柱，与巴蜀同俗。汝南之别，皆急疾有气势。”“儋耳，珠厓郡。民皆服布如单被，穿中央为贯头。男子耕农，种禾稻纻麻，女子桑蚕织绩。亡马与虎，民有五畜（师古曰：牛、羊、豕、鸡、犬），山多麈麖，兵则矛、盾、刀，木弓弩，竹矢，或骨为镞。”

从以上这些材料可以看出：第一，《汉书》的记载是参考了《史记·货殖列传》的，有些内容基本一致，但《汉书》没有简单抄录，不仅文字有详略的不同，而且在地区的划分上也有区别，记各地不同习俗内容更加丰富。尤其是汉武帝以后的情况，《史记》无法记，《汉书》中记述了，并且特别详细，如关于儋耳、珠厓之记载；第二，记各地民俗，涉及衣食住行、婚丧嫁娶各方面，而对各地民风——或者说社会风气记载得不少，对不同地区人的不同性格也多有涉及，这是文化心理上更深层次的问题；第三，记载中还涉及了各地民俗不同的原因，以及各地民俗间的相互影响，相同、类似等等。

还值得一叙的是，关于当时少数民族（包括朝鲜、日本等一些邻国）

的习俗（包括族源、英雄传说等等），《后汉书》有更多方面的详细的记述，这是因为："自中兴之后，四夷来宾，虽时有乖畔，而使驿不绝，故国俗风土，可得略记。东夷率皆土著，憙饮酒歌舞，或冠弁衣锦，器用俎豆。所谓中国失礼，求之四夷者也。"① 附带说一下，这最后一句话颇有意义，既能反映各地民俗的交流，又可说明为什么至今在少数民族中能看到一些古老的礼俗，《后汉书》有《东夷列传》《南匈奴列传》《乌桓鲜卑列传》等少数民族（包括邻国）专传，有些是《汉书》有的，但不论有无，《后汉书》记民俗则更详细具体。且举一例明之，如夫余国（松花江流域）"于东夷之域，最为平敞，土宜五谷。……其人粗大强勇而谨厚，不为寇钞。以弓矢刀矛为兵。以六畜名官，有马加、牛加、狗加，其邑落皆主属诸加。食饮用俎豆，会同拜爵洗爵，揖让升降。以腊月祭天，大会连日，饮食歌舞，名曰'迎鼓'。是时断刑狱，解囚徒。有军事亦祭天，杀牛，以蹄占其吉凶。行人无昼夜，好歌吟，音声不绝。其俗用刑严急，被诛者皆没其家人为奴婢。盗一责十二。男女淫皆杀之，尤治恶妒妇，既杀，复尸于山上。兄死妻嫂。死则有椁无棺。杀人殉葬，多者以百数。其王葬用玉匣，汉朝常豫以玉匣付玄菟郡，王死则迎取以葬焉"。这里有婚、丧、祭祀等俗，有食饮，还有"好歌吟"的风气，没有提到语言，但在记"挹娄"时说"人形似夫余，而言语各异"，有方言是可以肯定的。

三、文艺方面的地区特点

在秦汉时期，"桑间、濮上、郑、卫、宋、赵之声"②，各地不同的音乐是客观存在的，汉武帝时"立乐府，采诗夜诵，有赵、代、秦、楚之讴"③，具体内容，主要是采集各地的民间诗、歌。

各地的歌诗显然是有自己特点的。《汉书·艺文志》的《诗赋略》中所记各地歌诗有：《吴楚汝南歌》十五篇，《燕代讴雁门云中陇西歌诗》九篇，《邯郸河间歌诗》四篇，《齐郑歌诗》四篇，《左冯翊秦歌诗》三篇，《京兆尹秦歌诗》五篇，《河东蒲反歌诗》一篇，《雒阳歌诗》四篇，《河南周歌声曲折》七篇，《周谣歌诗》七十五篇，《周谣歌诗声曲折》七十五

---

① 范晔：《后汉书》卷三十三，《东夷列传》，中华书局1965年版，第2810页。

② 王利器：《风俗通义校注》卷六，《声音》，中华书局1981年版，第267页。

③ 班固：《汉书》卷二十二，《礼乐志》，中华书局1962年版，第1045页。

篇，《南郡歌诗》五篇等等，所有这些，在班固时已全部亡佚了，也许这些是武帝时采集民风的遗篇，经过一番“协律”“造为”，原始的东西就逐渐遗失了。歌诗不仅是诗文，而且是连同歌咏的，所谓“声曲折”更为明显，王先谦《汉书补注》云：“声曲折，即歌声之谱。唐曰乐句，今曰板眼。”

可以说明各地音乐不同的比较集中的材料，还有《汉书·礼乐志》最后所记哀帝时孔光、何武等人的上奏之中，他们奏罢郊祭乐“不应经法或郑卫之声”的人员，在列举所有鼓乐人员时提到“邯郸鼓员二人……江南鼓员二人，淮南鼓员四人，巴俞鼓员三十六人……临淮鼓员三十五人，兹邡鼓员三人……诸族乐人……沛吹鼓员十二人……东海鼓员十六人……秦倡员二十九人，秦倡象人员三人……楚四会[①]员十七人，巴四会员十二人，铫四会员十二人，蔡讴员三人，齐讴员六人”等等，显然是有各地特色的音乐，其中包括少数民族的音乐，所谓“诸族乐人”。在司马相如《上林赋》中提到“文成颠歌”，当即滇族歌舞，“狄鞮之倡”即为西域音乐。

各地的歌诗，有不同的曲谱，各地各族的乐人，有不同的曲调和风格，是各有特点的，例如所谓“郑卫之音”，即春秋时郑国、卫国一带的民间歌谣，在秦统一以前，它就作为民间的“俗乐”与周王室的所谓“雅乐”相对立。其突出的特点是所谓“郑声淫”，这个看法似乎是孔子最先提出来的，《论语·卫灵公》记载：“颜渊问为邦。子曰：‘行夏之时，乘殷之辂，服周之冕，乐则《韶》《舞》。放郑声，远佞人。郑声淫，佞人殆。’”这与他“克己复礼”的政治主张是一致的。《礼记·乐记》中就进一步明确地说：“郑卫之音，乱世之音也。”另外该篇还记载子夏对文侯“溺音”之问曰：“郑音好滥淫志，宋音燕女溺志，卫音趋数烦志，齐音敖辟乔志，此四者，皆淫于色而害于德，是以祭祀弗用也。”是郑、宋、卫、齐一大片皆为“淫声”。不必讳言，这“淫”就是女色，可以说“郑卫之音”是善于表现男女爱情的民间音乐，如《白虎通·礼乐》所云：“郑国土地民人，山居谷浴，男女错杂，为郑声以相诱悦怿。”这在《史记·货殖列传》及《汉书·地理志》中有更具体记述：“土狭而险，山居谷汲，

---

① 四会，或云曲名，或云：“但有钟鼓而无歌诗”，参阅《汉书补注》。

男女亟聚会，故其俗淫。《郑诗》曰：‘出其东门，有女如云。’又曰：‘溱与洧方灌灌兮，士与女方秉菅兮。’‘恂盱且乐，惟士与女，伊其相谑。’此其风也。吴札闻郑之歌曰：‘美哉！其细已甚，民弗堪也。是其先亡乎？’”“郑音好滥淫志”，郑玄注云：“滥窃奸声也。”孔颖达疏云：“滥，窃也。谓男女相偷窃言”，此所谓“窃窃私语”。因而其音乐曲调表现为清雅缠绵，旋律细致婉转（“其细已甚”）。这种音乐好听，人们喜欢。魏文侯曾说：“吾端冕而听古乐，则唯恐卧，听郑卫之音则不知倦。”[①] 所以尽管孔子及其门徒一再反对，“郑卫之音”仍流传不断，一直到汉代也是如此。西汉末年，哀帝时仍在重复孔子“放郑声”的主张，看来是越放越多了，上引《汉书·礼乐志》的记载可见。

再举“楚声”一例，楚地的音乐当也是有其特点的，楚汉相争时，“四面楚歌”使斗志瓦解，足见其有特点。刘邦也是楚人，并且自己能歌善舞，奏乐器，汉十二年“过沛”，“悉召故人父老子弟纵酒，发沛中儿得百二十人，教之歌。酒酣，高祖击筑，自为歌诗曰：‘大风起兮云飞扬，威加海内兮归故乡，安得猛士兮守四方！’令儿皆和习之，高祖乃起舞，慷慨伤怀，泣数行下”[②]，借助乐舞，抒发了内心的感情，真所谓“凡音者，生人心者也。情动于中，故形于声”[③]。楚声，在汉代音乐中占很重要的地位，当然与刘邦有关，《汉书·礼乐志》说：“凡乐，乐其所生，礼不忘本，高祖乐楚声，故房中乐楚声也。”高祖之所乐，原封不动地保留了很长时间，他死后，“惠帝时以沛宫为原庙，皆令歌儿习吹以相和，常以百二十人为员。文景之间，礼官肄业而已”。汉武帝以后有些变化了，但由于楚声在汉代的地位，后世新的音乐形式“相和歌”与它多少有些关系。

以上举例说明，秦汉时期文艺方面的地区特点是十分明显的，与音乐有密切关系的舞蹈，自不必说。

四、文化地域差异的原因及相互影响

文化的地域性除以上所说几方面的表现之外，还有其他方面的表现，

① 《礼记·乐记》，十三经注疏本，中华书局 1980 年版。
② 司马迁：《史记》卷八，《高祖本纪》，中华书局 1982 年版，第 389 页。
③ 《礼记·乐记》，十三经注疏本，中华书局 1980 年版。

例如秦汉时期人才、学校等地理分布情况也有很大差异，根据《史记》《汉书》等有关列传的历史人物进行籍贯考证，发现百分之七十左右的人才集中在今河南、陕西、山东、河北几个省区内，南方极少，东汉才略有增加①，此种文化景观，又是文化地域性的另一种反映，人才分布密集的地区，一般也是社会生态环境相对优越的地区，反过来它又促进地区文化的发展。

（一）文化地域差异形成的原因

说到这种原因，就与长期以来未能很好地解决的一个理论问题有关系，那就是地理环境的作用问题。从以上所引《史记》《汉书》的材料中已经看到，许多区域性的民俗、民情的特点，都与地理环境有关。《汉书·地理志》更有几句概括性的语言表达："凡民函五常之性！而其刚柔缓急，音声不同，系水土之风气，故谓之风；好恶取舍，动静亡常，随君上之情欲，故谓之俗。"这里的"五常之性"是按照"五行"的理论讲人的情性，和《乐记》中的"五常"是一个意思。《乐记》中讲先王本情性而制礼义时说："合生气之和，道五常之行。"疏云："言圣人裁制人情，使合生气之和，道达人情以五常之行，谓依金木水火土之性也。"性情、音声等的不同，"系水土之风气"，那就是因地理环境不同的关系。

地理环境对文化区域性的影响，古人根据客观事实作过许多具体的记述。

例如关于音声不同，《史记》《汉书》中虽只有某地与某地"相同"或者"相异"之类的笼统记述，但《方言》等书中则有较具体的反映，声音的文字表达只有靠描述。《颜氏家训·音辞》的描述比较清晰："南方水土和柔，其音清举而切诣，失在浮浅，其辞多鄙俗。北方山川深厚，其音沉浊而铫钝，得其质直，其辞多古语。"《淮南子·地形训》中也有"清水音小，浊水音大"的说法，也是讲声音受地理环境的影响。

《淮南子·墬形训》中甚至有关地理因素与人的性格、形体关系的记载，例如："是故坚土人刚，弱土人肥（脆）②；垆土人大，沙土人细；息土人美，秏土人丑。""东方川谷之所注，日月之所出，其人兑形小头，隆

① 参阅丁文江：《历史人物与地理的关系》，《科学》1922年第8卷。

② 据考证"肥"当作"脆"，脆弱之脆。《家语·执辔》："坚土之人刚，弱土之人柔。"柔亦脆也。

鼻大口，鸢肩企行，窍通于目，筋气属焉，苍色主肝，长大早知而不寿……南方阳气之所积，暑湿居之，其人修形兑上，大口决眦，窍通于耳，血脉属焉，赤色主心，早壮而夭……西方高土，川谷出焉，日月入焉，其人面末偻[①]，修颈卬行，窍通于鼻，皮革属焉，白色主肺，勇敢不仁……北方幽晦不明，天之所闭也，寒水之所积也，蛰虫之所伏也，其人翕形，短颈，大肩下尻，窍通于阴，骨干属焉，黑色主肾，其人蠢愚，禽兽而寿……中央四达，风气之所通，雨露之所会也，其人大面短颐，美须恶肥，窍通于口，肤肉属焉，黄色主胃，慧圣而好治”。这叙述中间难免有偏见，唯中央之人形体、性格最好，所以它又说“中土多圣人”，同样，也难免有错误的联系和分析。但是它指出东、南、西、北、中各地人的形体、性格等方面的差异，都是客观存在的，时至今日，北方人和南方人仍多少有这方面的差异。

至于各地习俗风气等差异与地理环境的关系密切，那就更为明显了，无论衣食住行、婚丧嫁娶、信仰禁忌、岁时节令等等，许多都是地理和自然方面的因素影响和决定的。《淮南子·原道训》有一段概括衣食住行之所因：“木处榛巢，水居窟穴，禽兽有艽，人民有室。陆处宜牛马，舟行宜多水。匈奴出秽裘，于越生葛絺，各生所急，以备燥湿，各因所处，以御寒暑，并得其宜，物便其所。……九疑之南，陆事寡而水事众，于是民人被发文身，以像鳞虫，短绻不绔，以便涉游，短袂攘卷，以便刺舟，因之也。雁门之北，狄不谷食，贱长贵壮，俗尚气力，人不弛弓，马不解勒，便之也。”“短绻不绔”云云，讲的是衣着，举例而言，当然还会有胡服骑射以及文化了的“深衣”“长袍”之类。“不谷食”讲的是饮食习俗，当然北方人食粟麦，南方人食鱼稻的不同，是客观存在的。“处巢居穴”讲居住问题，无论建筑形式、材料哪方面，山居水处，南方北方各有特点。“陆处宜牛马，舟行宜多水”，自然是讲行的问题。

总之，地方的自然条件如何，出产什么（如“出秽裘”“生葛絺”之类），就决定有什么样的衣食住行。上文中涉及不少其他习俗，如“被发文身”“尚气力”之类，本是与地理环境有关系的，如注文所云：“文身，刻画其体，内默其中，为蛟龙之状，以入水，蛟龙不害也。”这是一种仿

① “面”疑为衍字。末，脊也。

生的道理，是经常需下水而形成的一种习俗。但《说苑·奉使》云："剪发文身，烂然成章以象龙子者，将避水神也。"这又是加入它种文化因素的记述了。

有关地理、气候等自然因素决定和影响习俗的记载还有许多，这里不再一一列举。

除了自然、地理的因素之外，习俗的形成和发展还有"随君上之情欲"的一面，即人的、社会的、政治的因素也是重要的，也可举《汉书·地理志》的记载为例说明：河东"其民有先王遗教，君子深思，小人俭陋"，这是长期教化的结果。"河内本殷之旧都"，到后来，"康叔之风既歇，而纣之化犹存，故俗刚强，多豪杰侵夺，薄恩礼，好生分"，这是传统习俗的顽强表现。"颍川、南阳，本夏禹之国。夏人上忠，其敝鄙朴。……秦既灭韩，徙天下不轨之民于南阳，故其俗夸奢，上气力，好商贾渔猎，藏匿难制御也"，这是移民影响一地的风俗。后来，"南阳好商贾，召父富以本业；颍川好争讼分异，黄（霸）韩（延寿）化以笃厚。'君子之德风也，小人之德草也'，信矣"，说明教化可以"移风易俗"。"初太公治齐，修道术，尊贤智，赏有功，故至今其土多好经术，矜功名，舒缓阔达而足智。其失夸奢朋党，言与行缪，虚诈不情，急之则离散，缓之则放纵。始桓公兄襄公淫乱，姑姊妹不嫁，于是令国中民家长女不得嫁，名曰'巫儿'，为家主祠，嫁者不利其家，民至今以为俗。痛乎，道民之道，可不慎哉！"看来，人的社会的政治的因素比之自然的地理的因素更为重要。自然方面的因素无法——或者很难改变，"教化"的"移风易俗"则大有可为。

（二）各地文化的相互影响

不仅文化的地区差异性是客观存在的，各地文化之相互影响也是不言而喻的，尤其在秦汉这样的统一国家范围之内，许多因素，自然的、社会的、经济的、政治的等等因素，都会促进各地文化的相互影响和交流，这在史书中也有不少反映。

《史记·货殖列传》写道："汉兴，海内为一，开关梁，弛山泽之禁，是以富商大贾周流天下，交易之物莫不通，得其所欲，而徙豪杰诸侯强族于京师。"人的迁徙（包括商贾的"周流"），对文化习俗的交流有很大意义，例如关中，秦始皇时就曾"徙天下豪富于咸阳十二万户"。同时，"秦每破诸侯，写放其宫室，作之咸阳北阪上”，“所得诸侯美人、钟鼓以充入之”①，可说是各地文化的直接引入咸阳。

《汉书·地理志》又记此“故秦地”道：“汉兴，立都长安，徙齐诸田，楚昭、屈、景及诸功臣家于长陵。后世世徙吏二千石、高訾富人及豪杰并兼之家于诸陵。盖亦以强干弱支，非独为奉山园也。是故五方杂厝，风俗不纯。其世家则好礼文，富人则商贾为利，豪杰则游侠通奸。濒南山，近夏阳，多阻险轻薄，易为盗贼，常为天下剧。又郡国辐凑，浮食者多，民去本就末，列侯贵人车服僭上，众庶放效，羞不相及，嫁娶尤崇侈靡，送死过度。”一个地方移民一多，风俗就杂，并且在各种因素影响之下，还会形成一些新的习俗。一个移民多的地方，各地人自然说的是各地方言，这样扬雄才得以在长安向天下各地来的人“问其异语”，“详悉集之”。因为方言的特征是比较明显的，所谓“易服而与之谈……，数言可辨”。但是互相影响的结果，会“隔垣而听其语……终日难分”，“南染吴、越，北杂夷虏”② 是避免不了的。

秦汉统一帝国，“开四夷之境，款殊俗之附”，政治的统一可以使：“賨幏火毳驯禽封兽之赋，骈积于内府，夷歌巴舞殊音异节之技，列倡于外门。”③ 这四夷殊方异俗之间，就有一个随人口迁移而交流和相互影响的问题。

南方之少数民族甚多，但习俗之间的大同小异者也多，这是与各族人口的迁移和混居有密切关系的，据《后汉书·南蛮西南夷列传》记载，当时南方许多少数民族经常“举种内附”，如：“（明帝）永平十二年，哀牢王柳貌遣子率种人内属，其称邑王者七十七人，户五万一千八百九十，口五十五万三千七百一十一。……显宗以其地置哀牢、博南二县，割益州郡西部都尉所领六县，合为永昌郡。始通博南山，度兰仓水，行者苦之。歌曰：‘汉德广，开不宾。度博南，越兰津。度兰仓，为它人。’”这就必然形成夷、汉杂居，所以有的地方为适应这种情况，不得不采取一些特别措施，例如汉武帝所置郡县，就是“被发左衽，言语多好譬类”的都夷，

① 司马迁：《史记》卷六，《秦始皇本纪》，中华书局1982年版，第240页。
② 见《颜氏家训·音辞》。
③ 《后汉书·南蛮西南夷列传》论曰。“骈”，《后汉书》误作“轸”，据李贤注改。

“元鼎六年，以为沈黎郡。至天汉四年，并蜀为西部，置两都尉，一居旄牛，主徼外夷，一居青衣，主汉人”，实行夷、汉分治。后来到了东汉明帝时，“益州刺史梁国朱辅，好立功名”，“宣示汉德”，以至于“白狼、槃木、唐菆等百余国，户百三十余万，口六百万以上，举种奉贡，称为臣仆”。朱辅上疏曰：“……远夷之语，辞意难正……有犍为郡掾田恭与之习狎，颇晓其言，臣辄令讯其风俗，译其辞语。今遣从事史李陵与恭护送诣阙，并上其乐诗。昔在圣帝，舞四夷之乐，今之所上，庶备其一。”这记载既讲了“殊方异俗”，又涉及不同民族不同地区的文化交流。实际上，“内附”以及汉人之南迁形成的混居，是自然的交流，汉人之南迁数量也是不少，有自然的原因（因地区邻近等等），也有政治的原因，许多汉人官吏在蛮夷地区，一为官就多少年，有的甚至老死于该地，例如：“西部都尉广汉郑纯为政清洁，化行夷貊，君长感慕，皆献土珍，颂德美。……纯自为都尉、太守，十年率官。”一些为地方官者还带有一批长吏等人员，此种迁移数量不在少数，如益州从事杨竦，一次就“奏长吏奸滑侵犯蛮夷者九十人”，当然是汉人长吏，长吏还有家属，还有随从人员、仆人等等。

总之，“国土变改，民人迁徙”①，夷、汉混居，这些是各族各地风俗交流相互影响的最重要最直接的原因，其中也包含上层“整齐风俗”之各种努力，“圣人作而均齐之，咸归于正，圣人废则还其本俗。”绝对的“均齐”是不可能的，各地区的“本俗”始终会在不同程度上保留，或沿着本地区的条件等发展演变，而相互的影响也是客观存在的，就是在这些原则之下，地域文化才向前发展。

第二节　中西文化交流

秦汉时期的某些所谓“外域”，有许多都是今日中国之版图。同时，也有一些当时中国范围内的地方，甚至设置过郡、县的地方，今日又是我们邻国的领土。“中西文化交流”，是历史的实际情况决定的。本节将在这样认识的基础上叙述。

---

① 班固：《汉书》卷二十八下，《地理志》，中华书局1962年版，第1640页。

一、西域和西域的开通

秦汉时期与西域的关系最为突出。

本来在先秦时期就有关于西方的许多传说，那些传说中以周穆王的西巡最为突出，周穆王向西巡狩，到了西王母住地，《竹书纪年》周穆王条云："十七年王西征至昆仑，丘见西王母。"受到西王母隆重接待，"乐而忘归"。西王母代表西方荒远之处，《尔雅·释地》云："觚竹、北户、西王母、日下，谓之四荒"，这"四荒"仅次于"四极"。传说之外，考古学的材料，也可以证明商、周以来的中西文化交流①。但是，《汉书》和《后汉书》的《西域传》，都只从"孝武时始通"讲起。

（一）关于西域诸国

两汉时期，今甘肃敦煌境内的玉门关和阳关，是当时的一个重要分界线，两关以西，包括今新疆全境乃至更远的地方，被称作西域。

今新疆境内的西域，以天山为界，分为南北二部，南部为塔里木盆地，北部为准噶尔盆地。西汉时，"本三十六国，其后稍分至五十余"②，这些国家大多分布在塔里木盆地南北边缘，皆在水草丰美的绿洲之上。盆地南缘，有且末、拘弥、于阗、莎车等国（南道诸国）；盆地北缘，有尉犁、焉耆、龟兹、姑墨、疏勒等国（北道诸国）。盆地东端有楼兰国，其遗址在今罗布泊西北。这些国家大多数以城郭为中心，兼营农牧，有的还自铸兵器，只有少数国家逐水草而居，粮食靠邻国供给。这些国家语言不一，互不统属，由于自然条件等原因的限制，每个国家的人口都不多，一般只有几千人到两三万人，人口最多的龟兹才八万人，最少的仅有几百人，如依耐国"户一百二十五，口六百七十"，该国在盆地西南，它"少谷，寄田疏勒、莎车"③，当为一游牧小国。

天山以北的准噶尔盆地，是游牧区。盆地以南的天山缺口，由车师（姑师）控制着。西部的伊犁河流域，先后有塞种人、月氏人、乌孙人居住和占领，乌孙是一个大国，有"户十二万，口六十三万，胜兵十八万八千八百人"，是一个游牧国家，"不田作种树，随畜逐水草，与匈奴同俗。

① 参阅沈福伟：《中西文化交流史》第一章，上海人民出版社1985年版。
② 班固：《汉书》卷九十六上，《西域传》，中华书局1962年版，第3871页。
③ 班固：《汉书》卷九十六上，《西域传》，中华书局1962年版，第3883页。

国多马，富人至四五千匹。民刚恶，贪狠无信，多寇盗，最为强国”①。

“自玉门、阳关出西域有两道。从鄯善傍南山北，波河西行至莎车，为南道；南道西逾葱岭则出大月氏、安息。自车师前王庭随北山，波河西行至疏勒，为北道；北道西逾葱岭则出大宛、康居、奄蔡、焉耆。”②。这就是与新疆相邻的中亚诸国了。

例如大宛，在葱岭西北，是与汉关系较早较多的一个国家。它有“户六万，口三十万”，“土地、风气、物类、民众与大月氏、安息同”，田产稻麦，其特产则为葡萄和良马。“宛左右以蒲陶为酒，富人藏酒至万余石，久者至数十岁不败。俗嗜酒，马嗜苜蓿。”③。“宛别邑七十余城，多善马。马汗血，言其先天马子也”④。此类特产，成为汉武帝派人通西域的动机之一。

大宛西南有大月氏国。大月氏人本来居敦煌祁连间，为匈奴所迫，“乃远去，过大宛，西击大夏而臣之，都妫水北为王庭”⑤ 张骞通西域，最早就是和大月氏人打交道，从他们那里得知一些更远的国家，例如安息等国。

安息是当时一个重要的国家。“其属小大数百城，地方数千里，最大国也”⑥。它的疆域，北至里海，南抵波斯湾，东接大夏、印度，西到幼发拉底河。从安息西行可通罗马帝国的安提阿克和利凡特等工商城市，通过条支也可由海道前往埃及，可以沟通欧、亚、非三洲。它从西汉开始，就与汉建立了较为密切的关系。《汉书·西域传》写道：“武帝始遣使至安息，王令将将二万骑迎于东界。东界去王都数千里，行比至，过数十城，人民相属。因发使随汉使者来观汉地，以大鸟卵及犁靬眩人献于汉，天子大说。”从此后双方使节、商贾络绎不绝，成了中西经济文化交流中的重要一环。

（二）通西域之梗概

西汉初年，北方的匈奴势力强大，并且控制了西域地区，成为进攻的

① 班固：《汉书》卷九十六下，《西域传》，中华书局1962年版，第3901页。
② 班固：《汉书》卷九十六上，《西域传》，中华书局1962年版，第3872页。
③ 司马迁：《史记》卷一百二十三，《大宛列传》，中华书局1982年版，第3173页。
④ 班固：《汉书》卷九十六上，《西域传》，中华书局1962年版，第3894页。
⑤ 班固：《汉书》卷九十六上，《西域传》，中华书局1962年版，第3891页。
⑥ 班固：《汉书》卷九十六上，《西域传》，中华书局1962年版，第3889页。

重要基地，可算是匈奴之右臂。而西域诸国受匈奴的欺压，也极为不满。其中，大月氏受匈奴之害，被赶得一再西逃，很想与人“共击之”。汉武帝从匈奴降者口中得知此信息，欲与大月氏联络，“乃募能使者”①。汉中人张骞以郎的身份应募，建元二年（公元前139年）率众一百多人，出陇西向西域进发。但在途中为匈奴扣留，长达十年之久，“然骞持汉节不失”②，后来终于逃脱，继续西行，“数十日至大宛。大宛闻汉之饶财，欲通不得，见骞，喜”③。在大宛的帮助下，经康居终于找到了大月氏，但大月氏“既臣大夏而居，地肥饶，少寇，志安乐。又自以远汉，殊无报胡之心”④。张骞不得要领，居岁余而还。在归途中，又曾被匈奴扣留一年多，元朔三年（公元前126年）才回到长安，元朔六年（公元前123年）受封为博望侯。此次出使西域，前后十余年，历尽艰险，史有记载，他的意志、精神为后人所敬仰，他的功绩也载入史册，司马迁称之为“凿空”，班固说是“张骞始开西域之迹”，怎么说也不为过分的。

张骞回朝之后，将其经历和见闻，向武帝作了详细报告，“骞身所至者大宛、大月氏、大夏、康居，而传闻其旁大国五六，具为天子言之”⑤。《史记·大宛列传》记载了一些报告的内容，是真实的记录。这报告引起了汉武帝很大的兴趣，以后他又多次问过张骞有关西域等的情况，司马迁记了一笔：“是后天子数问骞大夏之属。”张骞报告对汉武帝的影响是：“天子既闻大宛及大夏、安息之属皆大国，多奇物……其北有大月氏、康居之属，兵强，可以赂遗设利朝也。且诚得而以义属之，则广地万里，重九译，致殊俗，威德遍于四海。天子欣然。”⑥ 经济方面，希望得到珍奇宝物，但不惜财力、物力、人力，这是统治者的劣根性；政治方面，希望扩大声威，在当时也是想联合一些力量对付匈奴，所谓“断匈奴右臂也”，这中间也反映了汉武帝好大喜功的一面。不过，总算是开阔了眼界，为中国走向世界迈了一大步，也是有一定历史意义的。

汉武帝根据张骞的报告，为了寻求一条新的道路，即通过身毒（印

① 司马迁：《史记》卷一百二十三，《大宛列传》，中华书局1982年版，第3157页。
② 司马迁：《史记》卷一百二十三，《大宛列传》，中华书局1982年版，第3157页。
③ 司马迁：《史记》卷一百二十三，《大宛列传》，中华书局1982年版，第3158页。
④ 司马迁：《史记》卷一百二十三，《大宛列传》，中华书局1982年版，第3158页。
⑤ 司马迁：《史记》卷一百二十三，《大宛列传》，中华书局1982年版，第3160页。
⑥ 司马迁：《史记》卷一百二十三，《大宛列传》，中华书局1982年版，第3166页。

度）而至大夏等国，“乃复事西南夷”，新的道路寻求虽未成功，却收到了进一步开发西南的效果，所谓“汉以求大夏道始通滇国”①。

在取得对匈奴决定性胜利之后，为了进一步加强和西域的联系，元狩四年（前119年）汉武帝再次派遣张骞出使西域，“拜骞为中郎将，将三百人，马各二匹，牛羊以万数，赍金币帛直数千巨万，多持节副使，道可使，使遗之他旁国。”②（就这样不惜人力、物力、财力！）张骞到乌孙之后，“分遣副使使大宛、康居、大月氏、大夏、安息、身毒、于阗、扜罙及诸旁国”。张骞回朝时，乌孙也“遣使数十人，马数十匹报谢”。“其后岁余”，派往其他各国的副使，“皆颇与其人俱来，于是西北国始通于汉矣。然张骞凿空，其后使往者皆称博望侯，以为质于外国，外国由此信之”③。张骞是当时世界上最有威信的外交家！

张骞通西域之后，这条交通路繁忙起来，汉王朝派到西域去的使臣，每年多的十几批，少的五六批；每批大的几百人，小的百余人。“西北外国使”也“更来更去”。交往频繁了，道路畅通了，其对中外经济文化交流的作用是不言而喻的。但是事情的另一方面是外交人员的素质大大降低了，在一定程度上影响了外交关系。《史记·大宛列传》记述道：“自博望侯开外国道以尊贵，其后从吏卒皆争上书言外国奇怪利害，求使。天子为其绝远，非人所乐往，听其言，予节，募吏民毋问所从来，为具备人众遣之，以广其道。来还不能毋侵盗币物（贪污公款！）……其吏卒亦辄复盛推外国所有，言大者予节，言小者为副，故妄言无行之徒皆争效之。其使皆贫人子，私县官赍物，欲贱市以私其利外国。外国亦厌汉使人人有言轻重……”够了，这一段写得淋漓尽致，开始还是曾跟着张骞出去过的人，后来是“从吏卒”的“吏卒”了，并且招募时又“毋问所从来”，“妄言无行之徒”，“皆贫人子”，贪污、倒卖、大胆妄为、言而无信，在外面吃了苦头（禁其食物以苦汉使），回来又打假报告。所有这些，不能不影响正常的外交关系。所谓“乌孙、仑头易苦汉使矣，为外国笑”之类在所难免。并且不能不在政治、军事上造成影响，以后和西域一些国家发生战争，“于是酒泉列亭鄣至玉门关矣”。这些当然也还有西域各国反复无常的

① 司马迁：《史记》卷一百二十三，《大宛列传》，中华书局1982年版，第3166页。
② 司马迁：《史记》卷一百二十三，《大宛列传》，中华书局1982年版，第3168页。
③ 司马迁：《史记》卷一百二十三，《大宛列传》，中华书局1982年版，第3169页。

问题，但许多不称职的使者确实起了不好的作用。

东汉时的通西域，《后汉书·西域传》开头有一段简明扼要的概述，今征引如下："王莽篡位，贬易侯王，由是西域怨叛，与中国遂绝，并复役属匈奴。……诸国不堪命，建武中，皆遣使求内属，愿请都护。光武以天下初定，未遑外事，竟不许之。……永平中，北虏乃胁诸国共寇河西郡县，城门昼闭。十六年，明帝乃命将帅，北征匈奴，取伊吾卢地，置宜禾都尉以屯田，遂通西域，于阗诸国皆遣子入侍。西域自绝六十五载，乃复通焉。明年，始置都护、戊己校尉。及明帝崩，焉耆、龟兹攻没都护陈睦，悉覆其众，匈奴、车师围戊己校尉。建初元年春，酒泉太守段彭大破车师于交河城。章帝不欲疲敝中国以事夷狄，乃迎还戊己校尉，不复遣都护。二年，复罢屯田伊吾，匈奴因遣兵守伊吾地。时军司马班超留于阗，绥集诸国。和帝永元元年，大将军窦宪大破匈奴。二年，宪因遣副校尉阎槃将二千余骑掩击伊吾，破之。三年，班超遂定西域，因以超为都护，居龟兹。复置戊己校尉，领兵五百人，居车师前部高昌壁，又置戊部候，居车师后部候城，相去五百里。六年，班超复击破焉耆，于是五十余国悉纳质内属。其条支、安息诸国至于海濒四万里外，皆重译贡献。九年，班超遣掾甘英穷临西海而还。……于是远国蒙奇、兜勒皆来归服，遣使贡献。"以后安帝、顺帝时又有班超之子班勇"为西域长史"，有所作为，再以后，西域诸国"浸以疏慢矣"，乃至于"乌孙、葱岭已西遂绝"。从其所概述的情况看：

第一，东汉王朝与西域的关系是所谓"三绝三通"。一方面"西域绝远，恤之烦费"，对于汉王朝来说是一个难以处理的问题，另一方面"西域内附日久，区区东望扣关者数矣，此其不乐匈奴慕汉之效也"，有一种向心力，与张骞开通之功以及长期交往分不开。

第二，班超、班勇及甘英通西域之功，在东汉朝最为突出。《后汉书·西域传》论曰："汉世张骞怀致远之略，班超奋封侯之志，终能立功西遐，羁服外域。"班超与张骞相提并论，也是当之无愧的，班超曾明言：丈夫"当效傅介子、张骞立功异域，以取封侯"[①]，有远大志向，也是时代造就人才，东汉也需要一个通西域的人才（这从前述"三通三绝"的情况

① 以下关于班超事引文均见《后汉书·班超传》。

可以看出来)。班超之通西域，虽不同于张骞那样“凿空”的艰难险阻，但通西域的工作仍然是艰苦的。如上所述，东汉王朝常常是无力顾外，因而班超就往往处于“孤立无援”，并且他远任在外，还有“小人猥承君后”，例如有贪生怕死的李邑上书“盛毁超拥爱妻，抱爱子，安乐外国，无内顾心”。超“恐见疑于当时”，“遂去其妻”，真是忠心耿耿了。他的功劳何在？如和帝下诏封其为“定远侯”时所说：“不动中国，不烦戎士，得远夷之和，同异俗之心，而致天诛，蠲宿耻，以报将士之雠。”他成功地利用外交关系，“晓譬诸国，因其兵众”，花东汉朝廷很少的兵力，取得了“西域五十余国悉皆纳质内属”的成绩。不仅是有外交和军事的才能，也有很好的政治品质和原则，如他妹妹班昭上书所言：“超以一身转侧绝域，晓譬诸国，因其兵众，每有攻战，辄为先登，身被金夷，不避死亡。”以致积劳成疾，在他七十岁回洛阳时，“素有匈胁疾，既至，病遂加”。他为东汉王朝的西域事业，献出了毕生精力。遣妻子、身先士卒等等都是高贵的品质。班超被征召还内地交代后任时，他告诫任尚说：“塞外吏士，本非孝子顺孙，皆以罪过徙补边屯。而蛮夷怀鸟兽之心，难养易败。今君性严急，水清无大鱼，察政不得下和。宜荡佚简易，宽小过，总大纲而已。”这话既是结合了任尚的个性而言，又体现了他“总大纲”的原则，例如他帮助疏勒人恢复王位之后，不杀龟兹所立之王，“欲示以威信，释而遣之”。其外交、政治是有“大原则”的。他的后任“尚私谓所亲曰：‘我以班君当有奇策，今所言平平耳。’”结果“尚至数年，而西域反乱，以罪被征，如超所戒”。年高七十的老人，政治头脑如此清晰，当然是一个了不起的历史人物。

班勇如何评价？《后汉书·班梁列传》赞曰：“勇乃负荷。”注云：“左传‘其父析薪，其子弗克负荷。’言勇能继超之功业。”班勇为西域长史，所作为也是继承父亲那一套外交和军事的办法，认识也是很清楚的，如在讨论立副校尉一事时，他说：“置校尉者，宣威布德，以系诸国内向之心，以疑匈奴觊觎之情，而无财费耗国之虑也。”不花朝廷多少人、财、物，而解决西域归附的问题。班勇的另一贡献，和张骞一样，记录了当时西域的一些实际情况，范晔撰《后汉书·西域传》时写道：“班固记诸国风土人俗，皆已详备《前书》。今撰建武以后其事异于先者，以为《西域传》，皆安帝末班勇所记云。”

甘英，可以说是我国历史上最早出使最远的外交官，永元九年（公元97年），“班超遣掾甘英穷临西海而还”①，范晔在《后汉书·西域传》中写道：“其后甘英乃抵条支而历安息，临西海以望大秦，拒玉门、阳关者四万余里，靡不周尽焉。若其境俗性智之优薄，产载物类之区品，川河领障之基源，气节凉暑之通隔，梯山栈谷绳行沙度之道，身热首痛风灾鬼难之域，莫不备写情形，审求根实。”外交官的出使记录，是珍贵的历史资料，可惜这些原始记录没有保留下来，史书中散见的一些有关情况，或者为其遗文吧。

东汉末年，凉州大乱，西域与中原暂时断绝联系。以后的恢复和发展，非本章内容了。

二、两汉和西域的经济文化交流

有关两汉和西域经济文化交流情况的记载，比较零散，但中外学者有不少研究，从考古发掘、文物研究乃至一词一字的考证，都可证明交流发展的情况。今仅以《史记·大宛列传》和《汉书·西域传》的记载为纲来说明这种交流的具体情况。

关于交流的概述，《史记·大宛列传》写道：“是时上方数巡狩海上，乃悉从外国客，大都多人则过之，散财帛以赏赐，厚具以饶给之，以览示汉富厚焉。于是大觳抵，出奇戏诸怪物，多聚观者，行赏赐，酒池肉林，令外国客遍观各仓库府藏之积，见汉之广大，倾骇之，及加其眩者之工，而觳抵奇戏岁增变，甚盛益兴。”班固的概述在《西域传》的最后，他写道：“孝武之世……遭值文、景玄默，养民五世，天下殷富，财力有余，士马强盛。故能睹犀布、玳瑁则建珠崖七郡，感枸酱、竹杖则开牂柯、越巂，闻天马、蒲陶则通大宛、安息。自是之后，明珠、文甲、通犀、翠羽之珍盈于后宫，蒲梢、龙文、鱼目、汗血之马充于黄门，巨象、狮子、猛犬、大雀之群食于外囿。殊方异物，四面而至。……设酒池肉林以飨四夷之客，作《巴俞》都卢、海中《砀极》、漫衍鱼龙、角抵之戏以观视之。及赂遗赠送，万里相奉，师旅之费，不可胜计。”这两段概述，涉及经济文化交流的原因、途径、内容等方方面面。

① 范晔：《后汉书》卷八十八，《西域传》，中华书局1965年版，第2910页。

（一）使者、商人的往来及通婚和亲

交通是交流的通道，张骞“凿空”之前并非绝无往来，但“自博望侯开外国道”之后，道路更通畅，来往更多，所谓“武帝感张骞之言，甘心欲通大宛诸国，使者相望于道，一岁中多至十余辈”。而“西北外国使更来更去”，动不动就几十人、几百人。而这些使者，实际上是一个个商队，如前所述，张骞以后的许多使者“私县官赍物，欲贱市以私其利外国”，做生意，干损公肥私的勾当。而外国之派使来，是羡慕汉王朝之富有，“其欲贾市为好”，如“宾实利赏赐贾市，其使数年而壹至云”。许多外国使者本身就是商人（中国使者虽有“无行之徒”“贫人之子”，但明确是“商人”的尚未得见），所谓“奉献者皆行贾贱人”，所以成帝时杜钦就反对“遣使者承至尊之命，送蛮夷之贾”。

《汉书·西域传》有汉王朝与西域乌孙和亲的记载：“汉元封中，遣江都王建女细君为公主，以妻焉（《史记》作‘汉遣宗室女江都翁主，往妻乌孙’）。赐乘舆服御物，为备官属宦官侍御数百人，赠送甚盛。乌孙昆莫以为右夫人。”① “公主至其国，自治宫室居，岁时一再与昆莫会，置酒饮食，以币帛赐王左右贵人。昆莫年老，语言不通，公主悲愁，自为作歌曰：‘吾家嫁我兮天一方，远托异国兮乌孙王。穹庐为室兮旃为墙，以肉为食兮酪为浆。居常土思兮心内伤，愿为黄鹄兮归故乡。’天子闻而怜之，间岁遣使者持帷帐锦绣给遗焉。昆莫年老，欲使其孙岑陬尚公主。公主不听，上书言状，天子报曰：‘从其国俗，欲与乌孙共灭胡。’岑陬遂妻公主。……岑陬尚江都公主，生一女少夫。公主死，汉复以楚王戊之孙解忧为公主，妻岑陬。……岑陬且死，以国与季父大禄子翁归靡……翁归靡……复尚楚主解忧，生三男二女：长男曰元贵靡；次曰万年，为莎车王；次曰大乐，为左大将；长女弟史为龟兹王绛宾妻；小女素光为若呼翎侯妻。昭帝时，公主上书，言‘匈奴发骑田车师，车师与匈奴为一，共侵乌孙，唯天子幸救之！’汉养士马，议欲击匈奴。会昭帝崩，宣帝初即位，公主及昆弥皆遣使上书”，请汉天子出兵相救。结果败匈奴，“汉遣（常）惠持金币赐乌孙贵人有功者。元康二年，乌孙昆弥因惠上书：‘愿以汉外孙元贵靡为嗣，得令复尚汉公主，结婚重亲，畔绝匈奴，愿聘马骡各千

① 司马迁：《史记》卷一百二十三，《大宛列传》，中华书局1982年版，第3172页。

匹。’……遣使者至乌孙，先迎取聘。昆弥及太子、左右大将、都尉皆遣使，凡三百余人，入汉迎取少主。上乃以乌孙主解忧弟子相夫为公主，置官属侍御百余人，舍上林中，学乌孙言。天子自临平乐观，会匈奴使者、外国君长大角抵，设乐而遣之。使长罗侯光禄大夫惠为副，凡持节者四人，送少主至敦煌。……初，楚主侍者冯嫽，能史书、习事，尝持汉节为公主使，行赏赐于城郭诸国，敬信之，号曰冯夫人。为乌孙右大将妻……宣帝征冯夫人，自问状。遣谒者竺次、期门甘延寿为副，送冯夫人。冯夫人锦车持节……冯夫人上书，愿使乌孙镇抚星靡。汉遣之，卒百人送焉”。从以上记述的内容看，她们在经济、文化交流中的作用显然是很大的，故事也是很动人的，而且在政治上的作用也不小，最后提到的冯嫽，原本只是“楚主侍者”，聪明多才，简直可以称得上是一位杰出的女外交家。

（二）物资、文化的交流及习俗影响

每一次使者都带有大量的物资，如张骞第二次出使，“将三百人，马各二匹，牛羊以万数，赍金币帛直数千百万”，出使的目的，很大一部分内容是“求奇物”，求天马之类，因而外国使者带来的也多半是马匹和各种珍奇之物。

和亲的物资交流也是大宗的。大量的聘财（“乌孙以马千匹聘”），大量赏赐的陪嫁物品，实际上，除开上述与乌孙的和亲之外，还有对鄯善国，“赐以宫女为夫人，备车骑辎重，丞相率百官送至横门外，祖而遣之”。还有龟兹王取乌孙公主之女为妻，“公主上书愿令女比宗室入朝，而龟兹王绛宾亦爱其夫人，上书言得尚汉外孙为昆弟，愿与公主女俱入朝。元康元年，遂来朝贺。王及夫人皆赐印绶。夫人号称公主，赐以车骑旗鼓，歌吹数十人，绮绣杂缯琦珍凡数千万。留且一年，厚赠送之。后数来朝贺，乐汉衣服制度，归其国，治宫室，作徼道周卫，出入传呼，撞钟鼓，如汉家仪”。除了大量的物资交流，文化交流的情况也比较具体。

汉朝输出的主要是丝织品，所谓“绮绣杂缯”，既有制成的“舆服”，也有缯帛原料，后者更多。丝织品通过商人远销罗马帝国，这是国外记载中都有的。丝绸之路因而得名。当然还会有中国传统的漆器、铁器、陶器等等随丝绸之路而输出，这是中亚、西亚、印度乃至埃及等地考古发现可以证明的。

输入的物品，看来马匹是大宗，因而《史记》和《汉书》关于求西域马匹的记载颇为突出，如《史记》云：“初，天子发书《易》，云‘神马当从西北来'。得乌孙马好，名曰'天马'。及得大宛汗血马，益壮，更名乌孙马曰'西极'，名大宛马曰'天马'云。……而天子好宛马，使者相望于道。"《汉书》曰："张骞始为武帝言之，上遣使者持千金及金马，以请宛善马。……宛王蝉封与汉约，岁献天马二匹。"事实上是，西域各国经常"使使献马"，或以"马数十匹报谢"，或"以马千匹聘"，汉武帝请宛善马，"宛王以汉绝远，大兵不能至，爱其宝马不肯与。"武帝派李广利伐宛，结果"宛人斩其王毋寡首，献马三千匹，汉军乃还"。大量马匹的输入，对汉代社会经济和军事力量的壮大起了很大作用，这也是很清楚，不必多说的。

马匹之外，输入物还有瓜果、香药、毛皮之类。上提到葡萄、苜蓿，《史记·大宛列传》写道："马嗜苜蓿。汉使取其实来，于是天子始种苜蓿、蒲陶肥饶地。及天马多，外国使来众，则离宫别观旁尽种蒲陶、苜蓿极望。"唐人颜师古注《汉书·西域传》此文云："今此道诸州旧安定、北地之境往往有苜蓿者，皆汉时所种也。"交流结果及其深远影响由此可见一斑。再就是毛皮和毛织物品，所谓"罽宾氍毹""月支毾㲪""和阗毯子"[①] 之类，毛织物的种类很多。

文化交流的内容也不少。首先是冶铁、穿井等技术的西传。技术的传播也是通过懂技术的人进行的，懂技术的人当然是下层人民，这些人到西域去一般都会是随作战的部队而去。而史书记载透露的消息也恰恰是如此。如："自宛以西至安息国……其地无丝漆，不知铸铁器。及汉使亡卒降，教铸作它兵器（师古曰：汉使至其国及有亡卒降其国者，皆教之也）。得汉黄白金，辄以为器，不用为币。"这些当然会包括冶炼铸造等一系列技术。又如："汉遣破羌将军辛武贤将兵万五千人至敦煌，遣使者案行表，穿卑侯井以西（注引孟康曰：大井六通渠也，下泉流涌出，在白龙堆东土山下），欲通渠转谷，积居庐仓以讨之。"甚至是有计划地在西域地区"益通沟渠种五谷"[②]。又如李广利伐宛时，"宛王城无井，皆汲城外流水，于是乃遣水工徙其城下水空以空其城"。后来"闻宛城中新得秦人，知穿井，而其内食尚多"[③]。显然，穿井之术是汉士卒中的"水工"带到西域去的，

① 参阅沈福伟：《中西文化交流史》第二章第三节，上海人民出版社1985年版。

② 《汉书·西域传》载桑弘羊等人上奏建言。

③ 司马迁：《史记》卷一百二十三，《大宛列传》，中华书局1982年版，第3177页。

他们所开通的沟渠当时和后世都受其利，而那些井渠存在的本身，也就是技术传播的实例了，当地人自可仿效而穿井、开渠。考古发现有不少汉代渠道遗址。

其次，文化交流的另一重要方面，就是中国“礼仪”的传到西域（上述和亲事例中已可见到），和西域艺术的传入及其影响内地，这包括音乐、舞蹈、杂技等等，外来乐器中的琵琶、箜篌、箄、笳、笛、角都在汉代加入了中国的乐队，促使中国传统的歌舞乐调开始发生一次很大的变化。杂技也由传统的角抵戏，发展成节目繁多的“百戏”，走索、倒立、扛鼎、缘竿、弄丸、弄剑、鱼龙变化、戏狮搏熊等，已经令人眼花缭乱了。魔术也由中亚传到了长安，安息献来了“黎靬善眩人”。《史记·索隐》：“韦昭云：‘变化惑人也。’”“按：《魏略》云：‘犁靬多奇幻，口中吹火，自缚自解。’小颜亦以为植瓜等也。”这所谓吞刀、吐火、植瓜、种树、屠人、截马等幻术，即今魔术，也列入了“百戏”之中。这方面的具体情况，在此有限的篇幅中是无法一一罗列的。一般的有关专史，如音乐史、舞蹈史以及中外文化交流史都有所论列，可以参考。值得注意的还有，许多考古资料，更能具体形象地说明外来文化对汉代艺术风格的影响，如大量制作工巧的汉代铜镜以葡萄、翼兽作为图像，许多汉代的画像石中有不少西域的题材，狮、象、骆驼在石刻画像中多见，有的画像石中有神仙羽人和裸体人像，据考证，和希腊罗马雕刻中的表现手法在艺术构思上存在着一致的地方。

由于经济文化交流的发展，到了东汉末年，盛行西域风尚，首都洛阳在灵帝的倡导之下，所谓胡服、胡帐、胡床、胡坐、胡饭、胡舞、胡笛、胡箜篌，许多带胡字的东西，无一不是上层社会所追求的，成为其奢靡生活的一部分。城市生活的变化，慢慢习以成俗，自然而然也就各种文化融合在一起了。这中间也有自然的选择，不合国情的在风行一时之后，也会遭淘汰，或者被改造。

三、与东亚、南亚诸国的关系

在我国东方、南方和东南方的好多国家，汉代已经和汉王朝有了各种关系和往来。大体上有两类情况：一种是朝鲜、越南这样的国家，当时汉王朝曾经设郡，往来自然是十分密切，文化交流也特别深；另一种是其他国家，但与各国来往的多少不同，影响的大小也不一样。

唇齿相依的朝鲜半岛，战国时期就有燕、齐等地的人民成批迁徙去，西汉初年燕人卫满被立为朝鲜王，汉武帝时在卫氏朝鲜统治区设置真番、临屯、乐浪、玄菟四郡。朝鲜深受汉王朝先进经济和文化的影响，朝鲜出土了不少汉代的文物就是很好的证明。

越南，在秦统一时就已进军到其北部，后来又有汉人赵佗对该地实行统治，汉武帝灭赵氏政权后，在越南北部设置交趾、九真、日南三郡。也主要是汉文化对越南的影响，如东汉初，锡光任交趾太守，任延任九真太守，“于是教其耕稼，制为冠履，初设媒娉，始知姻娶，建立学校，导之礼义”①。当然交流也是有的，该地也常有“贡献内属”，“贡献”的多半是土特产，也有一些珍奇之物，如“白雉、白菟”“生犀、白雉”之类。

另一受中国文化影响深的东邻国家日本，从汉代开始有比较密切的往来，《后汉书·东夷列传》记载：“倭在韩东南大海中，依山岛为居，凡百余国。自武帝……使驿通于汉者三十许国，国皆称王，世世传统。”“建武中元二年，倭奴国奉贡朝贺，使人自称大夫，倭国之极南界也。光武赐以印绶。安帝永初元年，倭国王帅升等献生口百六十人，愿请见。”这“奉贡”、赏赐就是传统的交流方式。

从《汉书·地理志》记载海上交通的情况看，汉时已经与缅甸、印尼、马来西亚等地发生了联系。“自日南障塞、徐闻、合浦船行可五月，有都元国（在马来半岛）……又船行可二十余日，有谌离国（在缅甸沿岸）；步行可十余日，有夫甘都卢国（缅甸蒲甘城附近）。自夫甘都卢国船行可二月余，有黄支国（在印度建志补罗），民俗略与珠厓相类。其州广大，户口多，多异物，自武帝以来皆献见。有译长，属黄门，与应募者俱入海市明珠、璧流离、奇石异物，赍黄金杂缯而往。所至国皆禀食为耦，蛮夷贾船，转送致之。亦利交易，剽杀人。又苦逢风波溺死，不者数年来还。大珠至围二寸以下。平帝元始中，王莽辅政，欲耀威德，厚遗黄支王，令遣使献生犀牛。自黄支船行可八月，到皮宗（在马来半岛）；船行可八月，到日南、象林界云。黄支之南，有已程不国（今斯里兰卡），汉之译使自此还矣”。东汉时这些关系自然进一步发展，来往交流更多，如“永元六年，郡徼外敦忍乙王莫延慕义，遣使译献犀牛、大象。九年，徼

① 范晔：《后汉书》卷八十六，《南蛮西南夷列传》，中华书局1965年版，第2836页。

外蛮及掸国王雍由调遣重译奉国珍宝，和帝赐金印紫绶，小君长皆加印绶、钱帛。永初元年，徼外僬侥种夷陆类等三千余口举种内附，献象牙、水牛、封牛。永宁元年，掸国王雍由调复遣使者诣阙朝贺，献乐及幻人，能变化吐火，自支解，易牛马头。又善跳丸，数乃至千。自言我海西人。海西即大秦也，掸国西南通大秦。明年元会，安帝作乐于庭，封雍由调为汉大都尉，赐印绶、金银，綵缯各有差也”①。海上也有一条丝绸之路，也是从汉代开始的。

秦汉的中西文化交流中，印度有着特殊重要的意义，那就是印度的佛教传入了中国内地。佛教传入在中国文化史上有极重要的意义，其传入时间即开始于秦汉时期。虽然具体材料有待进一步发掘，但明显的史事也是有的。《后汉书·楚王英传》记载说：他“学为浮屠斋戒祭祀”，皇帝也公开支持他，“以助伊蒲塞桑门之盛馔”。东汉末年，“又闻宫中立黄老，浮屠之祠”②。丹阳人笮融在徐州“大起浮屠祠，……令界内及旁郡人有好佛者听受道，……由此远近前后至者五千余人户，……每浴佛，……民人来观及就食且万人”③。印度也是中国的邻国，自然发生的联系很早，张骞通西域时，已发现这种联系。《史记·大宛列传》记张骞对武帝的报告说：“臣在大夏时，见邛竹杖、蜀布。问曰：‘安得此？’大夏国人曰：‘吾贾人往市之身毒（即印度）。身毒在大夏东南可数千里。其俗土著，大与大夏同，而卑湿暑热云。其人民乘象以战。其国临大水焉。’以骞度之，大夏去汉万二千里，居汉西南。今身毒国又居大夏东南数千里，有蜀物，此其去蜀不远矣。今使大夏，从羌中，险，羌人恶之；少北，则为匈奴所得；从蜀宜径，又无寇。”这是官方正式开始对印度的认识，显然民间的经济文化交流早已存在了。汉武帝因此而想寻找一条直通印度的道路，当时未成功，但收到了进一步开发西南的结果。后来张骞的副使到过身毒和罽宾（克什米尔），仍然是从西域去的。大约东汉时，中印缅道的“宜径”已经找到并且发展了。不过。佛教的传入，僧侣的往来，始终还是走西域这条道，这当与佛教最先在西域地区传播有关。

---

① 范晔：《后汉书》卷八十六，《南蛮西南夷列传》，中华书局1965年版，第2836页。

② 范晔：《后汉书》卷三十下，《襄楷传》，中华书局1965年版，第1082页。

③ 陈寿：《三国志》卷四十九，《刘繇传》，中华书局1959年版，第1185页。

第十章　文献与考古

文献既是人类文化积淀的记载，也是人类文化发展的表现。秦汉时期文献整理的卓著成就，不仅为秦汉文化增添了辉煌的一页，而且为我国的文献学的发展奠定了基础。现代考古发掘，更为灿烂的秦汉文化提供了大量珍贵资料。

第一节　文献

“文献”一词最早是见于《论语》，其《八佾》记载孔子的话说：“夏礼吾能言之，杞不足征也；殷礼吾能言之，宋不足征也；文献不足故也。足，则吾能征之矣。”汉、宋学者作注，都把“文”解为典籍，“献”解为贤人，贤人的言论。而言论除了口耳相传之外，主要也还是言论的记录，如马端临《文献通考·总序》中所说：“凡叙事，则本之经史，而参之以历代会要，以及百家传记之书，信而有征者从之，乖异传疑者不录，所谓文也。凡论事，则先取当时臣僚之奏疏，次及近代诸儒之评论，可以订典故之得失，证史传之是非者，则采而录之，所谓献也。”奏疏、评论为当时的言论，“采而录之”则已经记录成文字了。古代贤人的言论、传说，在有了记载工具之后，也就被记录下来了，或刻之于甲骨，或铸之于钟鼎，再以后竹简、木牍、缣帛、纸张，记录古代传说就越来越方便了。文献的范围不断扩大，文献的内容越来越多，这是人类文化发展的表现，也是文化进一步发展的重要条件之一。

一、文献的整理及其成就

有文献资料就有一定的整理，搜集、保存、编辑都是整理。我国古代最早对前代文献典籍进行整理的，是孔子的整理六经。孔子整理文献的贡献是很大的，六经是后代也是我们今天了解中国古代社会和文化的基本资料。但他也删掉得太多了一些，当时周室所藏虞、夏、商、周历代典籍，总数达三千二百四十篇，他所编《尚书》只一百篇；他搜集到三千多篇诗，《诗经》只有三百篇；当时有“百国《春秋》”，他只笔削了一部鲁国《春秋》。文献的整理在秦汉时期发展到了一个新的阶段，积累了一整套整理文献资料的方法，可以说正式形成了文献学。

（一）秦汉时期文献整理的概况

秦始皇焚书坑儒，使文献典籍受了一次大的损失，但秦代也有自己的文献整理，秦代有自己的历史记载，官府中收藏有大量的户籍、律令、图籍（秦亡时归萧何所据有），《汉书·艺文志》中记有《奏事》二十篇，注云：“秦时大臣奏事，及刻石名山文也。”这些都是文献。也有文献的整理工作，《奏事》编为二十篇，当然是一种整理，户籍、律令、图籍的收藏，自有一套分类编排、收藏的具体整理工作，特别值得提及的是“刻石名山文”，据《史记·秦始皇本纪》记载，刻石纪功德者凡七，即：峄山刻石、泰山刻石、琅琊刻石、芝罘刻石、东观刻石、碣石门刻石、会稽刻石。二世元年（公元前209年）东行郡县，北到碣石，南至会稽，而尽刻始皇所立刻石，石旁著大臣从者名，以彰先帝成功盛德。这种文献，属中国金石学的范围，有其特殊的意义。秦代的文献是不少的，只是大多亡佚湮没了。1975年出土的云梦秦简，其中有《南郡守腾文书》《为吏之道》及律文三种等，就是失而复得的极为珍贵的文献。此外，秦虽禁百家之言，焚书不少，但也是集中保留了古代文献的（应该说是被项羽火烧咸阳烧掉了），并且设有博士官（包括儒家学说的博士），专门负责收藏整理文献典籍，并以之备皇帝顾问应对。凡此种种，秦代之文献整理可见一斑。

汉代的文献整理，成绩卓著。一是它改秦之弊；二是它时间长，上下结合，日积月累，不仅是系统整理了大量的文献，而且在实践的过程中建立起了文献学的一些基本学科，在图书分类、古籍整理、经学注疏等实践活动中，创立了目录版本校勘学、文字音韵训诂学、考据辨伪学、文献注释学、历史编纂学等等。

汉代在这方面的政策和概况，《汉书·艺文志》的记叙可作一说明：“汉兴，改秦之败，大收篇籍，广开献书之路。迄孝武世，书缺简脱，礼坏乐崩。圣上喟然而称曰：‘朕甚闵焉！’于是建藏书之策，置写书之官，下及诸子传说，皆充秘府。至成帝时，以书颇散亡，使谒者陈农求遗书于天下。诏光禄大夫刘向校经传诸子诗赋，步兵校尉任宏校兵书，太史令尹咸校数术，侍医李柱国校方技。每一书已，向辄条其篇目，撮其指意，录而奏之。会向卒，哀帝复使向子侍中奉车都尉歆卒父业。歆于是总群书而奏其《七略》。”这是西汉的情况，东汉大体上也是沿着此种政策和做法发展的。

《后汉书·儒林列传》记载说：“及光武中兴，爱好经术，未及下车，而先访儒雅，采求阙文，补缀漏逸。先是四方学士多怀协图书，遁逃林薮，自是莫不抱负坟策，云会京师……”，“建初中，大会诸儒于白虎观，考详同异，连月乃罢。肃宗亲临称制，如石渠故事，顾命史臣，著为《通义》。……熹平四年，灵帝乃诏诸儒正定《五经》，刊于石碑，为古文、篆、隶三体书法以相参检，树之学门，使天下咸取则焉。”“初，光武迁还洛阳，其经牒秘书载之二千余两，自此以后，参倍于前。及董卓移都之际，吏民扰乱，自辟雍、东观、兰台、石室、宣明、鸿都诸藏典策文章，竞共剖散，其缣帛图书，大则连为帷盖，小乃制为縢囊。及王允所收而西者，裁七十余乘，道路艰远，复弃其半矣。后长安之乱，一时焚荡，莫不泯尽焉。”以上记述，重在图书的集散，兼及“考详同异”。白虎观会议实际是一次统一经训的重大活动，均可见当时文献整理的部分情况。而熹平石经又是一创举。

（二）刘向、刘歆在整理文献方面的成就

上面已提到了成帝时向、歆父子总理校书之事。刘向（公元前 77—公元前 6 年），本名更生，字子政，沛（江苏沛县）人。楚元王刘交的四世孙。其子歆，字子骏，后改名秀，字颖叔。同时受诏校书秘阁。每书校毕，写成《叙录》一篇，写在本书上面。后来将群书《叙录》钞集在一起，成为一部总的叙录汇编，以便别行于世，所以又称为《别录》。后来刘歆在《别录》的基础上删繁就简，编为《七略》，这就是《汉书·艺文志》的基础。向、歆父子开创了中国古代的目录学，不仅仅是一个简单的目录，而且有目录之解题，介绍作者生平行事、思想内容、写作价值，以及学术的源流、校雠的经过等等。大多数叙录都亡佚了，今有《管子》《晏子春秋》《孙卿书》《战国策》等书叙录保存，可考见其体式。每篇举列全书篇目于前，然后继之以大段介绍文字。

刘向父子等人校书，不仅是编一部目录及作解题，而且做了很多细致工作：首先是广泛收集异本，以便校对，例如《管子叙录》中说，收集了“凡中、外书五百六十四篇，以校”，有政府保存的，也有私人收藏的。其次，在各种异本的基础上，彼此互参，除去重复。如《管子》“除复重四百八十四篇，定著八十六篇”，《孙卿书》“除复重二百九十篇，定著三十二篇”，《晏子春秋》“除复重二十二篇，六百三十八章。定著八篇，二百一十五章”，等等。第三，有几种异本，就可仔细勘对，校出脱简，订正伪文。如《汉书·艺文志》记载：“刘向以中古文校欧阳、大小夏侯三家经文，《酒诰》脱简一，《召诰》脱简二。率简二十五字者，脱亦二十五字；简二十二字者，脱亦二十二字。文字异者七百有余，脱字数十。”其《晏子叙录》中也说：“中书以天为芳，又为备，先为牛，章为长，如此类者多。”第四，其所校书又作了摒弃异号，确定书名，整齐篇章，定著目次等工作。例如，《战国策》一书原有许多不同名称，《战国策叙录》说：“中书本号，或曰《国策》，或曰《国事》，或曰《短长》，或曰《事语》，或曰《长书》，或曰《修书》。臣向以为战国时游士辅所用之国，为之谋，宜为《战国策》。”他重新定了书名。

以上刘氏父子等人整理古籍的方法，涉及一系列的学科，除目录学，还包括版本学、校勘学乃至辨伪学、考据学的内容。其成就不仅对当时学术发展有很大的推动作用，对后世的古籍整理也有深远的影响。这方面章炳麟的《检论·订孔》中有一段精彩的描述：“书布天下，功由仲尼；其后独有刘歆而已。微孔子，则学皆在官，民不知古，乃无定臬。然自秦皇以后，书不复布。汉兴，虽除挟书之禁，建元以还，百家尽黜，民间唯有五经、《论语》，犹非师授不能得。自余竟无传者。东平王求《史记》于汉廷，桓谭假《庄子》于班嗣，明其得书之难也。向、歆理校雠之事，书既杀青，复可移写，而书贾亦赁鬻焉。故后汉之初，王充游洛阳书肆，已见有卖书者。其后邠卿章句之儒，而见《周官》；康成草莱之氓，而窥《史记》，是则书之传者，广矣。”书传之广，当然还有许多条件，但向、歆之功不可磨灭。

（三）郑玄在整理文献方面的成就

刘向、刘歆等人进行了大规模的系统的文献整理，但民间仍有一些未经整理的古代文献流传，在经学的今古文之争中，“经有数家，家有数说”，书籍中存在的问题很多，不少经学家们，都自发地做整理文献的工作。到了东汉末年，便有郑玄集其大成，他在整理文献方面的成就，可作为突出代表。

郑玄（127—200 年），字康成，北海高密（今属山东）人，兼通今古文经学，遍注群经。并且熟悉纬书，擅长历算，一生著述宏富。其学被后世称为“郑学”。

郑玄遍注群经，不仅是《易》《书》《诗》《礼》（三礼皆注），也包括《论语》《孝经》，还包括一些重要的纬书，如《易纬注》《尚书纬注》《礼纬注》等等。其所注《毛诗》、三礼为行本《十三经注疏》所采用。在注释的基础上，也有自己的论著（注释本身也有议、有论），如《天文七政论》《鲁礼禘祫义》《六艺论》《毛诗谱》《驳许慎五经异义》《答临孝存周礼难》等等。注释学家绝不是没有自己思想理论的，只是这方面为人忽略罢了。

郑玄在整理文献方面，既继承了刘向父子的方法，又有所发展。其校书、注书的工作可以归纳为以下几点：（1）备致多本，择善而从。这主要是一个勘对文字异同的工作，也是一个最基础的工作。校书时有今文、古文的不同，有故书、今书的区别。采用某本之后，同时又注明“古文某作某”，或“今文某作某”。（2）注明错简，指出误字。但不擅自移换，遇到明显的误字，注中但云：“某当为某，声之误也。”（3）考辨遗编，审证真伪。例如他从时令、官制等方面，证明《礼记·月令》是秦代的作品，为以后提供了辨伪的方法。（4）叙次编目，重新拟定。这是上承刘向遗法，至便学者。（5）旁征博引，言必有据。同时还能够以今证古。注中常有“古者”何谓、“今”××之类的对比说明。（6）依旁求义，运用自如，他创造了一套术语来分别其不同，如“读若”“读如”“读曰”“读为”“当为”“当读为”“当读如”等等。

总之，郑玄在校书和注书的过程中，发展了刘向父子开创的校勘学，并且兼取各家之长，把训诂、考据与释义理很好地结合起来，成了注经的典范。注释实际上是一种翻译工作，这给后人带来很大的方便，其介绍和传播文化的作用是很突出的。

（四）文献整理的重要成果

刘向父子编《别录》和《七略》开目录学之先河，但其书唐宋以后失传。班固在其基础上所编《汉书·艺文志》保存了主要内容，成为我国现有最早的一部文献目录，讲中国目录学和目录学史，必须从这里开始，这无疑是重要成果之一。

郑玄的遍注群经，以及还有其他人的经注、经解，有许多保留下来，成为一种专门的学问，后之所谓“汉学”，可说是一丰硕成果。

文献整理成果还体现在其他许多方面，例如修通史、纂方志、绘地图、制图表、编字典等等。秦汉时期值得特别提出的，那就是司马迁的《史记》和许慎的《说文解字》。

《史记》是一部当时通史，它是在作者从事文献征集、考辨、目录等文献工作基础上写成的著作，并且综合引载了各种文献资料，因而也是文献整理的成果。这部书通贯古今，包罗万象，说是当时的一部百科全书也是可以的。它不仅记录了社会和自然变化的各种现象，也反映了思想文化方面的许多重要内容。司马迁写作此书时，是广泛搜集和采取了文献资料的，如他自己所说：“史记石室金匮之书”，“网罗天下放失旧闻”，“厥协‘六经’异传，整齐百家杂语”①。据统计，《史记》中司马迁所见书有102种，其中六经及训解书23种，诸子百家及方技书46种，历史地理及汉室档案20种，文学书7种。他亲自游历各地，又广泛搜集资料，包括金石、文物、图像、建筑等实物资料，以及各种分散在民间的文字和口头资料。司马迁在广泛搜集大量材料的基础上，又进行了系统的考辨文献的工作。例如对于传说，他是“择其言尤雅者”，“总之不离古文者近是”，荒诞不经者不录，少量“纪异”只是备异闻，另外，信以传信，疑以传疑，对于不同记载而又不能考其真假者则两存之，等等。总之，司马迁在发凡起例编书的过程中，在整理文献的过程中，涉及文献学的许多方面：目录分类学，他在《太史公自序》中叙录《史记》一三〇篇五体篇目之提要和篇名；考据学，如上所述之考辨方法和原则；金石学，他自觉地引金石刻辞为历史文献，如《秦始皇本纪》载泰山等地的刻石，《孔子世家》引鼎铭之类；最后，他首创了古文今译这一古文献整理的方法，是有深远影响的，时至今日，仍是古籍整理的一项重要内容。

许慎的《说文解字》是另一开创性的著作，与文献整理密切相关，后世称为“许学”。秦汉时期有关文字的书不少，如李斯的《仓颉篇》，赵高

① 司马迁：《史记》卷一百三十，《太史公自序》，中华书局1982年版，第3319～3320页。

的《爰历篇》，胡毋敬的《博学篇》，司马相如的《凡将篇》，史游的《急就篇》，李长的《元尚篇》，扬雄的《训纂篇》等等，被认为是中国字书的前导。其实这些书在当时是教儿童的通俗读物，并兼有认字的功能，故称之为“小学”；但显然都不是有系统有条理的字书。

《说文解字》十四篇（连《叙篇》言，共十五篇），据形系联，以五百四十部统括了九千三百五十三文，成为我国第一部有系统、有条理的字书，是我国字典的开山之祖。它所根据的材料，除上述《仓颉篇》等书的遗产外，还搜集了经典中的文字和钟鼎彝器中的刻辞，同时对同时代的通人学者普加采访，因而材料极为丰富。该书的突出特点是系统性：首先是分部的系统性，五百四十部的次序，始“一”终“亥”，根据意义的可相连接和形体的彼此近似，把部首按次序联系起来。其《序》中所谓“同条牵属，共理相贯；杂而不越，据形系联”，便是五百四十部前后相从的原则。其次是部内列文的系统性。每部之内收录字群，也有自己的条理。像木部、水部所载诸字，先列木名、水名一类的字于前，列其状态作用一类的字于后。其他大部皆如此。与部首相反成形，以及重叠为文的字，都列在部末。再次，每个字的说解也有一定的次序和条理。大抵先说字义，如云“某，某也”。再说字形，如云“从某”“象某之形”。然后说字音，如云“从某某声”“读若某”“读同某”等。最后，每部之末均有总结性的数字，统计“文几重几”。而在《后叙》又总结全书说：“此十四篇，五百四十部，九千三百五十三文，重一千一百六十三，解说凡十三万三千四百四十一字。”全书就这样系统而周密。《说文解字》“据形系联”的原则，长时间为后世编写字书所遵守。这部字典在当时和后世都发挥了重要的作用，成为经生学者们说字解经的重要依据。因而它既是当时文献整理的一个重要成果，又是以后文献整理的一个重要工具。《颜氏家训·书证》说：“大抵服其为书，隐括有条例，剖析穷根源。郑玄注书，往往引以为证。若不信其说，则冥冥不知一点一画有何意焉。”实际上当时引用的不只郑玄，应劭作《风俗通》也引用过，可见该书行世不久，便为学者们所尊重。清人段玉裁在《说文解字注》中说：“无《说文解字》，则仓、籀造字之精意，周、孔传经之大，藐蕴不传于终古矣。”今天整理古文献也是不可或缺的。

二、汉代的经书和经传

所谓“经书”，在汉代是指五经或六经（又称六艺），即所谓《诗》《书》《易》《礼》《乐》《春秋》几部经典著作，对于这些经书的训诂、解说，形成了所谓“经学”。但这是有一个发展过程的。

《庄子·天运》记载说：“孔子谓老聃曰：‘丘治《诗》《书》《礼》《乐》《易》《春秋》六经，自以为久矣。’”似乎后来儒家的这“六经”之名早已有之。《庄子·天下》又说：“《诗》以道志，《书》以道事，《礼》以道行，《乐》以道和，《易》以道阴阳，《春秋》以道名分。其数散于天下而设于中国者，百家之学时或称而道之。”“六经”之名并非儒家所专有，而是百家之学的学术源泉。庄子称之为“夫‘六经’先王之陈迹也”。《庄子》“寓言十九”，这“六经”之说似非寓言，而是实言。

其次，以“经”名书，在战国时也不限于以上所谓“六经”，《墨子》有《经》上、下篇，还有《说论》上、下篇。《庄子·天下》直称《墨经》，《荀子·解蔽》还有《道经》等等。

当然，六经也好，《墨经》也好，《道经》也好，都可以作为典范的经书，都可以是经典。乃至《黄帝内经》，也是如此，作为某一时期医书的典范也是可以的，至于把“经”字神秘化，甚至宗教化，那是以后的事。以后《佛经》《道经》即是如此。

在汉代，以上所说的“六经”逐渐为儒家所专擅，逐渐提高了地位。这在前面“经学”章已经说明。一旦形成了经学，就有众多的经书传本，以及关于解说经书的传记，因而这一类书籍在汉代特别多。从《汉书·艺文志》中，可见其大概。《汉书·艺文志》的第一大部分《六艺略》，就是讲这方面的情况：

“凡《易》十三家，二百九十四篇。……及秦燔书，而《易》为筮卜之事，传者不绝。汉兴，田何传之。讫于宣、元，有施、孟、梁丘、京氏列于学官。而民间有费、高二家之说。”

“凡《书》九家，四百一十二篇。……秦燔书禁学，济南伏生独壁藏之。汉兴亡失，求得二十九篇，以教齐鲁之间。讫孝宣世，有欧阳、大小夏侯氏，立于学官。《古文尚书》者，出孔子壁中。武帝末，鲁共（恭）王坏孔子宅，欲以广其宫，而得《古文尚书》及《礼记》《论语》《孝经》

凡数十篇，皆古字也……孔安国者，孔子后也，悉得其书，以考二十九篇，得多十六篇。”

“凡《诗》六家，四百一十六卷。……遭秦而全者，以其讽诵，不独在竹帛故也。汉兴，鲁申公为《诗》训故，而齐辕固、燕韩生，皆为之传。……三家皆列于学官。又有毛公之学，自谓子夏所传，而河间献王好之，未得立。”

“凡《礼》十三家，五百五十五篇（入《司马法》一家，百五十五篇）。……及周之衰，诸侯将逾法度，恶其害己，皆灭去其籍，自孔子时而不具，至秦大坏。汉兴，鲁高堂生传《士礼》十七篇。讫孝宣世，后仓最明。戴德、戴圣、庆普皆其弟子，三家立于学官。《礼古经》者，出于鲁淹中及孔氏，与七十篇文相似，多三十九篇。及《明堂阴阳》《王史氏记》所见，多天子诸侯卿大夫之制，虽不能备，犹愈仓等推《士礼》而致于天子之说。”

“凡《乐》六家，百六十五篇。……周衰俱坏，乐尤微眇，以音律为节，又为郑卫所乱，故无遗法。汉兴，制氏以雅乐声律，世在乐官，颇能纪其铿锵鼓舞，而不能言其义。六国之君，魏文侯最为好古，孝文时，得其乐人窦公，献其书，乃《周官大宗伯》之《大司乐章》也。武帝时，河间献王好儒，与毛生等共采《周官》及诸子弟言乐事者，以作《乐记》，献八佾之舞，与制氏不相远。其内史丞王定传之，以授常山王禹。禹，成帝时为谒者，数言其义，献二十四卷记。刘向校书得《乐记》二十三篇，与禹不同，其道浸以益微。”

“凡《春秋》二十三家，九百四十八篇。……及末世口说流行，故有《公羊》《穀梁》《邹》《夹》之传。四家之中，《公羊》《穀梁》立于学官，邹氏无师，夹氏未有书。”

“凡《论语》十二家，二百二十九篇。……汉兴，有齐、鲁之说。传《齐论》者，昌邑中尉王吉、少府宋畸、御史大夫贡禹、尚书令五鹿充宗、胶东庸生，唯王阳名家。传《鲁论语》者，常山都尉龚奋、长信少府夏侯胜、丞相韦贤、鲁扶卿、前将军萧望之、安昌侯张禹，皆名家。张氏最后而行于世。”

“凡《孝经》十一家，五十九篇。……汉兴，长孙氏、博士江翁、少府后仓、谏大夫翼奉、安昌侯张禹传之，各自名家。经文皆同，唯孔氏壁中古文为异。”

“凡小学十家，四十五篇（入扬雄、杜林二家，二篇）。……汉兴，闾里书师合《仓颉》《爰历》《博学》三篇，断六十字以为一章，凡五十五章，并为《仓颉篇》。武帝时，司马相如作《凡将篇》，无复字。元帝时，黄门令史游作《急就篇》。成帝时，将作大匠李长作《元尚篇》，皆仓颉中正字也。《凡将》则颇有出矣。至元始中，征天下通小学者以百数，各令记字于庭中。扬雄取其有用者，以作《训纂篇》，顺续《仓颉》，又易《仓颉》中重复之字，凡八十九章。臣复续扬雄，作十三章，凡一百二章，无复字，六艺群书所载略备矣。《仓颉》多古字，俗师失其读。宣帝时征齐人能正读者，张敞从受之，传至外孙之子杜林，为作训故，并列焉。”

班固根据《七略》作《汉书·艺文志》，收录了西汉时期流行的各种版本的“经”书，以及大量的解说经文的传记，虽然大多亡失或残存，但是表明了当时经书、经传之多，既有许多不同版本的经文，又有大量的经传。这些可以说是“经学”形成的重要标志之一。从以上征引的文字以及《艺文志》的情况看，有两个突出的特点：

第一，扩大了经书的范围，“序六艺为九种”，名义上是讲六艺（六经），实际上讲了九种，《论语》《孝经》、“小学”等已被视为经典，后来有九经、十三经已由此开始。范围的扩大，还表现在将非经传之书，也收入此“六艺略”之中，特别是一些汉代的作品也被视为“经典”，如“易”类之收《古杂》八十篇，《杂灾异》三十五篇，《神输》五篇，图一；“礼”类之收《军礼司马法》百五十五篇；“春秋”类不仅包括《国语》《国策》，而且把《楚汉春秋》九篇和《太史公》百三十篇、《汉著记》百九十卷等也列入这一类。《太史公》即《史记》，被列为“经典”，应该说当之无愧。

第二，“凡六艺一百三家，三千一百二十三篇”。本来只有“六经”，竟发展出“百家”之多，其中经书的不同版本虽然不少，更多的书籍是解说和发挥经书、经义的经传。如司马迁所说：“夫儒者以六艺为法，六艺经传以千万数。”① 这些“经传”，“说五字之文，至于二三万言”。“师古曰：言其烦妄也。桓谭《新论》云：秦近君能说《尧典》，篇目两字之说，至十余万言，但说‘曰若稽古’三万言。”已经是烦琐、“乖离”，“而务碎

① 司马迁：《史记》卷一百三十，《太史公自序》，中华书局1982年版，第3290页。

义逃难，便辞巧说，破坏形体”。

以上只是西汉的情况。东汉没有《艺文志》，魏晋时虽有著录，但没有流传下来，《隋书·经籍志》可见一些情况，清人补撰者颇多，毕竟只是一些书目，说明不了多少问题。照理说，东汉的著述数量必较西汉更多，因为东汉的经学大师，一个个都是著述宏富的，例如：“袁京习《孟氏易》，作《难记》三十万言。周防受《古文尚书》，撰《尚书杂记》四十万言。朱普《欧阳尚书》章句四十万言，桓荣以普章句浮辞繁长，减为二十三万言，荣子郁复删省，定成十二万言。牟氏《尚书章句》有四十五万余言，张奂亦以其浮辞繁多，减为九万言。然奂自著《尚书记难》亦三十余万言。伏恭治《齐诗》，以父黯章句繁多，乃省简浮词，定为二十万言。张霸就樊儵受《严氏公羊春秋》，以删《严氏春秋》犹多繁辞，乃减定为二十万言。”①

以上不过是几个减省五经章句例子，一删再删，犹有数万言或一二十万言。其他仅《后汉书·儒林传》中记载著几万字、几十篇的不少，更不消说，到东汉那些“精研六经”或“五经无双”的通儒，其著述当更多。“精研六经”的何休，不仅留下了《春秋公羊解诂》，“又以《春秋》驳汉事六百余条”，还作有《公羊墨守》《左氏膏肓》《穀梁废疾》，也注训过《孝经》《论语》以及“风角七分”之类的纬书②。“五经无双”的许慎，不仅留下了《说文解字》，也撰写过《五经异义》③。“通儒”贾逵，早年“尤明《左氏传》《国语》，为之《解诂》五十一篇”，后又奉诏“撰《欧阳》《大小夏侯尚书故》同异”，“撰《齐》《鲁》《韩诗》与《毛氏》异同，并作《周官解故》”。一生“所著经传义诂及论难百余万言”④。“才高博洽，为世通儒”的马融，在“教养诸生，常有千数”的同时，“尝欲训《左氏春秋》，及见贾逵、郑众注，乃曰：‘贾君精而不博，郑君博而不精，既精既博，吾何加焉！’但著《三传异同说》。注《孝经》《论语》《诗》《易》《三礼》《尚书》《列女传》《老子》《淮南子》《离骚》”⑤，其数量想必也是

---

① 此段文字采用马宗霍《中国经学史》，事均见《后汉书》有关人物传，袁京习《孟氏易》，马误为《京氏易》，特更正。

② 范晔：《后汉书》卷七十九下，《何休传》，中华书局 1965 年版，第 2583 页。

③ 范晔：《后汉书》卷七十九下，《许慎传》，中华书局 1965 年版，第 2588 页。

④ 范晔：《后汉书》卷三十六，《贾逵传》，中华书局 1965 年版，第 1240 页。

⑤ 范晔：《后汉书》卷六十上，《马融传》，中华书局 1965 年版，第 1972 页。

可观的。最后，“括囊大典，网罗众家”的郑玄，“门人相与撰玄答诸弟子问五经，依《论语》作《郑志》八篇。凡玄所注《周易》《尚书》《毛诗》《仪礼》《礼记》《论语》《孝经》《尚书大传》《中候》《乾象历》，又著《天文七政论》《鲁礼禘祫义》《六艺论》《毛诗谱》《驳许慎五经异义》《答临孝存周礼难》，凡百余万言”①。

以上这些事例，很可以说明东汉时儒者说经之书的大致情况：数量是多的，但并没有全部保留下来，甚至大部分被淘汰了。没有保留下来的原因，主要有两方面：一方面是战乱的影响。西汉末年“王莽更始之际，天下散乱，礼乐分崩，典文残落”。东汉末年“董卓移都”以及“后长安之乱，一时焚荡，莫不泯尽焉”。另一方面就是有计划地减省章句。例如光武末年就有减省五经章句之义，所谓“中元元年诏书，五经章句烦多，议欲减省”②。并且，光武帝曾召见钟兴，“问以经义”，“诏令定《春秋》章句，去其复重，以授皇太子”③。经义的解释太多太滥，一是要去其重复，删裁繁诬，加以减省，这有奉诏进行的，也有自发而行的。二是要“诸儒共正经义”，章帝建初四年（79 年）的白虎观会议，“讲‘五经’同异”，且“如孝宣甘露、石渠故事，作《白虎奏议》”④。也有许多人自发地研究“五经”异同，或驳正他人的章句。这一切，就形成了一种自然的淘汰，后来居上，是一个大致的发展趋势。例如郑玄笺《诗》以毛本为之，又兼采今文三家，所以郑《诗》笺行而三家《诗》废。由于郑玄注《尚书》用古文而兼采今文，所以郑《书》注行而欧阳、大小夏侯《尚书》废。由于郑玄注《礼》博采诸家，所以郑《礼》注行而大、小戴《礼》废。郑注《论语》出来后，齐、鲁《论语》也就随之不行了。

最后要指出，汉人解说经义的传注量是很多的，经学是发达的，虽然大部分被淘汰了，亡佚了，留下来的东西（其中应该包含有被淘汰的书籍的一些内容），成为后世乃至今日学习经书的重要依据，同时也还有文化思想上多方面的意义。

---

① 范晔：《后汉书》卷三十五，《郑玄传》，中华书局 1965 年版，第 1212 页。

② 《后汉书·章帝纪》建初四年诏所引。

③ 范晔：《后汉书》卷七十九下，《儒林列传》，中华书局 1965 年版，第 2579 页。

④ 《后汉书·章帝纪》建初四年十一月。

三、汉代的纬书

汉代尊儒崇经，逐渐发展到神化孔子和经学的程度，与之相应，有一批方士化了的儒生，大量炮制“谶纬”，因而在汉代文献中录了大量的经传之外，还有大量的纬书。

(一) 纬书之名及其大量造作

纬书又称“谶纬书”。纬是对经而言的，如《释名·释典艺》所云：“纬，围也。反复围绕以成经也。”纬之为书，就是比附于经书。纬书之名当是经学盛行以后出现的。但它的前身叫“谶书”，《说文》：“谶，验也。有征验之书，河洛所出曰谶。”后十二字段玉裁据《文选》注所补。但《文选·思玄赋》注引《仓颉篇》则明言：“谶书，河洛书也。”我们知道，谶语和谶记的起源是很早的，谶是一种预言，秦穆公和晋国赵简子都曾从“上帝”那里得到过关于后来事的预言，“秦谶”的说法是见于记载的。秦始皇时就有“亡秦者胡也”“始皇帝死而地分”之类的预言。从西汉后期开始，社会开始动荡不安，到西汉末日趋严重，谶言因而得到了大发展的机会，王莽利用它篡了汉位，并颁发符命四十二篇于天下。其他一些人也利用它争天下或为自己谋取权力。公孙述曾利用《录运法》《括地象》《援神契》中的一些说法，为自己做皇帝制造舆论，如“废先帝，立公孙”之类。刘秀则利用《西狩获麟谶》来加以驳斥。刘秀靠《赤伏符》受命，做了东汉开国皇帝之后，“颁图谶于天下”，自然是越演越盛，乃至于谶纬号为内学，谶纬书被尊为秘经。

那么纬书之名究竟起于何时？又大体是何时开始大量制作呢？清代学者阎若璩的说法比较恰当，他说：“尝思纬书萌于成帝，成于哀、平，逮东京尤炽。……案或问纬起哀平，子以为始成帝何也？余曰：张衡言‘成哀之后，乃始闻之。’初亦不省所谓。读班书《李寻传》成帝元延中，寻说王根曰：‘五经六纬，尊术显士。’则知成帝朝已有纬名，衡言不妄。衡又言‘王莽篡位，汉世大祸，八十篇何为不戒，则知图谶成于哀平之际也。’见尤洞然。”① 阎若璩的论断根据是两《汉书》的记载。《汉书·李寻传》不仅记有李寻“五经六纬”之言，而且顺便记载了他所好的谶书：

① 阎若璩：《尚书古文疏证》卷七第九九条，十三经注疏本，中华书局1980年版。

"初，成帝时，齐人甘忠可诈造《天官历包元太平经》十二卷，以言'汉家逢天地之大终，当更受命于天，天帝使真人赤精子，下教我此道'。忠可以教重平夏贺良、容丘丁广世、东郡郭昌等。"这种"诈造"之书，当时受到刘向、刘歆父子反对，认为"不合五经"，是"假鬼神罔上惑从"之书，并以"不敬论"罪治忠可、贺良等人。《王莽传》又明言"甘忠可、夏贺良谶书藏兰台"。

《后汉书·张衡传》载其所上疏云："立言于前，有征于后，故智者贵焉，谓之谶书。谶书始出，盖知之者寡。自汉取秦，用兵力战，功成业遂，可谓大事，当此之时，莫或称谶。若夏侯胜、眭孟之徒，以道术立名，其所述著，无谶一言。刘向父子领校秘书，阅定九流，亦无谶录。成、哀之后，乃始闻之。《尚书》尧使鲧理洪水，九载绩用不成，鲧则殛死，禹乃嗣兴。而《春秋谶》云'共工理水'。凡谶皆云黄帝伐蚩尤，而《诗谶》独以为'蚩尤败，然后尧受命'，《春秋元命包》中有公输班与墨翟，事见战国，非春秋时也。又言'别有益州'。益州之置，在于汉世。其名三辅诸陵，世数可知。至于图中讫于成帝。一卷之书，互异数事，圣人之言，势无若是，殆必虚伪之徒，以要世取资。往者侍中贾逵摘谶互异三十余事，诸言谶者皆不能说。至于王莽篡位，汉世大祸，八十篇何为不戒？则知图谶成于哀平之际也。"张衡是"以图纬虚妄，非圣人之法"，主张对这类书"禁绝"的。他证其虚妄是有力的，但他毕竟是东汉后期的人了，对于谶纬书大量造作的时间，也只能是根据其内容进行分析和推测。两汉之际的桓谭就说得十分肯定了："今诸巧慧少才伎数之人，增益图书，矫称谶记。"[①] 此"图书即谶纬符命之类也"。桓谭所谓"今"，我们可看作是西汉末东汉初的一段时间，再具体就不可能了。总之，谶纬书兴起之后，特别是东汉历代皇帝的爱好和提倡，影响就越来越大了，以至于许多人都是"博通五经，兼明图谶"。不论反对的或赞成的，都不能不读它或研究它了，像东汉初年那样"不读谶"是不可能了，因此反对它的张衡首先就进行了研究。

（二）纬书的篇目和主要内容

汉代的纬书究竟有多少？是无法说清楚了。一是魏晋以后，历代禁毁，

---

① 范晔：《后汉书》卷二十八上，《桓谭传》，中华书局 1965 年版，第 960 页。

汉朝还名存的时候，曹操就“科禁内学”①，魏晋南北朝和隋朝都有大规模的禁、焚，故《隋书·经籍志》就仅载十三部九十二卷了。以后各朝，又多次收私家谶纬焚毁，仅在皇家图书馆收藏。但多次改朝换代，各种战乱，天灾人祸，很难保存千百分之一二。但是由于它曾有广泛的影响，因而在经传和文集的疏义如《五经正义》《文选注》以及一些类书和其他图书中也会保留一些下来。后来从明朝开始，有人注意谶纬的选辑工作。陶宗仪编的《说郛》一百二十卷本收了三十四种，一百卷本收了十四种，数量虽不多，但开始了此项工作。真正辑谶纬佚书的第一部是孙瑴的《古微书》，其所辑纬书，据《四库提要》说：“所采凡《尚书》十一种，《春秋》十六种，《易》八种，《礼》三种，《乐》三种，《诗》三种，《论语》四种，《孝经》九种，《河图》十种，《洛书》五种。”明代还有杨乔岳的《纬书》十卷，共辑十类七十一种。清代谶纬的辑佚更多，主要的有：(1) 殷元正和陆明睿的《集纬》(又名《纬书》，钞本) 十二卷一百三十三种；(2) 赵在翰的《七纬》三十八卷三十七种，其第三十八卷为《七纬叙录及叙目》，叙录据《后汉书·樊英传》注所举之七经纬为准，七经之谶一概摈除，叙目对每一纬名皆解说其命名旨意，颇有特色；(3) 黄奭的《汉学堂丛书》(有补刊本)，其中《通纬》所辑不下百余种，均注明出处；(4) 马国翰的《玉函山房辑佚书》，辑谶纬四十七种，亦译注出处，后王仁俊又辑《玉函山房辑佚书续编》所辑四十种，有重复，欠精审；(5) 乔松年《纬捃》十四卷，辑谶纬一百三十一种，佚文均注出处。

现在能看到的纬书情况，辑佚书中已经反映出来了。谶纬之书，本身就有极浓的神秘色彩，它们的篇名，首先就是难于理解，甚至是不可解的，如：《乾凿度》《考灵曜》《氾历枢》《稽命征》《稽耀嘉》《钩命决》《文耀钩》《汉含孳》《潜潭巴》等等。虽然前人有些解说，就是解说也不是很容易理解的②。一目了然的很少，神秘性的相当多。

“谶纬的内容，非常复杂：有释经的，有讲天文的，有讲历法的，有讲神灵的，有讲地理的，有讲史事的，有讲文字的，有讲典章制度的。”③涉及自然、社会、人事的许多方面，“可是方面虽广，性质却简单，作者

---

① 《三国志·魏书·常林传》注引《魏略》。

② 参阅钟肇鹏：《谶纬略论·谶纬篇目及纬书解题》，辽宁教育出版社1992年版。

③ 参阅顾颉刚：《秦汉的方士与儒生·谶纬的内容》，上海古籍出版社1978年版。

死心眼儿捉住了阴阳五行的系统来说法，所以说的话虽多，方式只有这一个。我们只要记得了汉初的五色天帝，转了几转的王莽的五德说中的人帝，又记得了阴阳五行的方位和生克，就好像拿了一串钥匙在手里，许多的门户都可以打开了"①。这在今天的说法是："谶纬是以阴阳五行说为骨架，附会经义与儒学相结合构成一个复杂而庞大的神学体系。""内容虽无所不包，而其主导思想则是以阴阳五行为骨架的天人感应神学目的论。"②一言以蔽之，唯心主义的东西。

谶纬在历史上的地位及其作用值得研究。从文献资料的角度看，纬书更有其重要价值，因为它的内容涉及政治、历史、哲学、宗教乃至于自然科学。政治上谶纬曾经指导过汉代的政治，曾经威慑过统治者，曾经作为制礼作乐的依据，乃至参与到人事的任免，今天看来十分荒唐的事，在当时都是合情合理的。同时，农民起义也可利用它，秦末、西汉末、东汉末都利用过。哲学方面，《易纬》中的哲学思想最为丰富，如《乾凿度》中的唯心主义体系及其对封建伦理的论证等等。后来的佛教、道教都吸取和利用过谶纬的内容，如刘宋时僧含对颜峻说："如令谶纬不虚者，京师寻有祸乱，真人应符，属在殿下。檀越善以缄之。俄而元凶构逆，世祖龙飞，果如其言。"③ 道教和它的关系更密切，谶纬本来就吸收了古代的神仙方术，道教自然又吸取谶纬的内容，《太平经》中直接谈到过图谶，所谓"洞通天地之图谶文"④，许多道教徒都读"内书"，陶弘景就精通图谶⑤。在古代，科学与神学往往杂糅在一起，在谶纬中就包含着大量的天文、历法、物候气象以及物理、生理、药物学等各方面的知识。如纬书中既有古代的盖天说，也有浑天说，也认识到地球运动："地恒动不止，譬人在大舟上，闭牖而坐，舟行而人不觉。"⑥ 又如以阴阳和合、凝聚解释雷、电、雨、雪等等。此外，谶纬中关于上古的神话传说记载不少，并且在历史上影响很大。研究和清理上古史，注意其影响是一个不可忽略的方面。总而言之，纬书在文献学上的价值是绝不可忽视的。

---

① 参阅顾颉刚：《秦汉的方士与儒生·谶纬的内容》，上海古籍出版社 1978 年版。
② 参阅钟肇鹏：《谶纬略论·谶纬篇目及纬书解题》，辽宁教育出版社 1992 年版。
③ 释慧皎：《高僧传》卷七，《僧含传》，中华书局 1992 年版，第 276 页。
④ 《太平经合校》卷六九，《天谶支干相配法》，中华书局 1979 年版，第 261 页。
⑤ 参阅《梁书·陶弘景传》。
⑥ 《白孔六帖》卷三一，《河图》。

四、诸子、诗赋及其他

在传统分类法中，诸子、诗赋及其他文献约涉及四分法的子部和集部两类，包括了《汉书·艺文志》中的大部分类别，即包括《诸子略》《诗赋略》《兵书略》《术数略》《方技略》的内容。在《隋书·经籍志》中子部已包括了《汉书·艺文志》中《诸子》《兵书》《术数》《方技》等内容，其经部增列了“谶纬”一类，与《术数》《方技》等系列，一是该类图书众多，而且与经有密切关系，故列于经部，二是汉人把谶纬与术数、方术等分别看待，如张衡就曾说：“且律历、卦候、九宫、风角，数有征效，世莫肯学，而竞称不占之书。”① 李贤注云：“谓竞称谶书也。”

（一）诸子

《汉书·艺文志》的《诸子略》分十类，列了“百八十九家，四千三百二十四篇”。文献的数量在各大类中首居第一，其价值和意义，无论在当时或现在都是很大的。在当时，如班固所言：“若能修六艺之术，而观此九家之言（按：前面说“诸子十家，可观者九家而已”），舍短取长，则可以通万方之略矣。”众多的诸子之书，虽在当时已亡佚了不少，但主要的一些都保存下来了，有的保存至今，成为今日研究古代思想、文化、历史的重要文献。如儒家的《晏子》《孟子》《孙卿子》，道家的《管子》（当时已残）、《老子》、《庄子》、《列子》，法家的《商君》（残）、《慎子》（残）、《韩子》，名家的《邓析》《尹文子》《公孙龙子》，墨家的《墨子》（残），等等。值得注意的是重要的阴阳家的书，班固时已全部亡佚。这一家的影响在当时是很大的，大约因为其思想为其他各家所吸收和融合，故不再单独存在。

在诸子书中，汉代本身的不少，有一些也是很重要的。例如：列入儒家的《陆贾》（残）、《贾谊》、《董仲舒》（残）、桓宽《盐铁论》，以及已残的刘向和扬雄所序；列入杂家的《吕氏春秋》《淮南内篇》等等，这些书至今有很重要的价值。可惜有很多在班固著录时就亡佚了，从篇名看如果存在至今，很有参考价值。例如《高祖传》《孝文传》之类，也许能帮助我们更全面地了解当时的政治统治；刘向《说老子》以及道家类亡佚的一

① 范晔：《后汉书》卷五十九，《张衡传》，中华书局1965年版，第1912页。

些著作，对于思想史的研究，无疑会有很重要的意义，如今所出《黄帝四经》之类一样；法家的《晁错》三十一篇，杂家的《淮南外》三十三篇，以及农家的《董安国》十六篇、《氾胜之》十八篇等等，都应该是很重要的文献。

东汉的子书也很多，亡佚也多。《隋书·经籍志》著录中：儒家有《扬子太玄经》、《新序》、《说苑》、《扬子法言》（时已亡）（以上补西汉）、《桓子新论》、《潜夫论》、《申鉴》以及《曹大家女诫》等；道家有严遵的《老子指归》、毋丘望之的《老子指趣》；法家有崔寔的《政论》；杂家有王充的《论衡》、应劭的《风俗通义》、仲长统的《昌言》；农家有崔寔的《四民月令》等等。这些大多是至今存在的历史文献，在历史研究、文化思想史研究中，经常被运用。

《隋书·经籍志》的子部扩大了范围，包括了《汉书·艺文志》的《兵书》《术数》《方技》等略的内容。兵书，《汉书·艺文志》著录“兵书五十三家，七百九十篇，图四十三卷”，大多亡佚了，仅在《吴孙子兵法》《吴起》《尉缭》三家下注明了“残”存。本来兵书是很多的，但汉代几经整理、散失，所存无几了，这一点班固已经说明：“汉兴，张良、韩信序次兵法，凡百八十二家，删取要用，定著三十五家。诸吕用事而盗取之。武帝时，军政杨仆捃摭遗逸，纪奏兵录，犹未能备。至于孝成，命任宏论次兵书为四种。”东汉时兵书大约没有大的发展，《隋书·经籍志》所录兵书不少，大多是魏晋南北朝时期的著作，有不少是打着“太公”“黄石公”招牌的，不知是复出还是伪造，似乎汉代的不多，仅《杂匈奴占》一卷，注明“汉武帝王朔注”。或者两汉时期也有些兵书的著作，但亡佚了。有待详考。

《汉书·艺文志·术数略》中的“天文”“历谱”“五行”“蓍龟”“杂占”“形法”的“百九十家，二千五百二十八卷”，仅《山海经》十三篇存，其余全部亡佚了。这是必然的，这方面的情况不断发展，当然会不断有新的东西代替它们，特别是关于自然科学方面的天文、历法之类，随着人们认识的提高、科学的进展，旧的东西毫无作用，亡佚亦不足惜。只是《许商算术》《杜忠算术》之类的书如果保留，或对我国数学史研究有一定参考价值。《隋书·经籍志》所录汉代有关这方面的著作值得重视，有《周髀》《灵宪》《九章算术》（成书于东汉）等书。此外，在“五行”中还有张衡撰《黄帝飞鸟历》、翼奉撰《风角要候》、郑玄注《九宫经》及《九宫行棋经》，以及京房等人有关《周易》的一些著作。

《汉书·艺文志·方技略》，“房中，八家，百八十六篇”，“神仙十家，二百五卷”，全部亡佚，不足为惜。其“医经七家，二百一十六卷”，仅残存《黄帝内经》十八篇，“经方十一家，二百七十四卷”也全部亡佚了，是很可惜的。《隋书·经籍志》中反映汉代“医方”的只有《神农本草》和《张仲景方》十五卷、《华佗方》一卷、《华佗枕中灸刺经》一卷等少数几部书，且后二者都亡佚了。但张仲景、华佗都是有医学著作的，如王叔和整理张仲景之《伤寒论》《金匮要略》，在志中也有反映，如《医方论》七卷注云：“梁有张仲景《辨伤寒》十卷……《张仲景评病要方》一卷……”后来有不少人辑录他们的著作，如“华佗《观形察色并三部脉经》一卷”“张仲景《疗妇人方》二卷”之类。实际上，汉代医学方面的著作还是有的，如郭玉“著《针经》《诊脉法》传于世”①，此曾“传于世”的书都不见于著录了，其他亡佚者当不少。

（二）诗赋

诗赋是古文献一大类，其研究价值也是很大的，不仅在政治上，在当时有感讽的作用，同时也“可以观风俗，知厚薄”，可以“别贤不肖而观盛衰”，故班固“序诗赋五种”，《汉书·艺文志》录诗赋，明显分为五种，与其他略不同，每种之后没有叙论，不知原来如此，还是后来传抄脱漏了。“区种有别”应该是有“义例”的，“屈原赋之属”列为第一，次为“陆贾赋之属”，次为“荀卿赋之属”，“杂赋”第四，“歌诗”第五。看来是既有政治标准，也有艺术标准，其标准，班固是有所叙述的：“大儒孙卿及楚臣屈原，离谗忧国，皆作赋以风，咸有恻隐古诗之义。其后宋玉、唐勒，汉兴枚乘、司马相如，下及扬子云，竞为侈丽闳衍之词，没其风谕之义，是以扬子悔之，曰：‘诗人之赋丽以则，辞人之赋丽以淫，如孔氏之门人用赋也，则贾谊登堂，相如入室矣，如其不用何！’”在政治上、思想上，他特崇屈原、孙卿，同时又注重当代政治和艺术皆佳的列为第一类，“贾谊登堂，相如入室”，贾谊、枚乘、司马相如等人之作皆属一类，列“陆贾赋之属”以重视当代。荀卿赋也许艺术水平略逊一筹，列为第三

① 范晔：《后汉书》卷八十二下，《方术列传》，中华书局1965年版，第2735页。

类之首，其他当代较差的也入此类（扬雄赋入第二类可见重其艺术标准）。再等而次之的是“杂赋”，全为无名氏的作品，“歌诗”不及赋的艺术水平（至少在当时看是如此），《诗经》又已独立了，即便《高祖歌诗》《宗庙歌诗》也只好与各地民间歌诗和杂歌诗一道，屈居末类了。《诗赋略》共“百六家，千三百一十八篇”，除屈原、宋玉及扬雄赋存之外，也只有贾谊、枚乘、司马相如、司马迁、刘向等少数的残存，绝大多数亡佚。其分类问题，近代校雠家虽已注意到，但没有讨论出一个道理来，《刘申叔遗书》中说是“有写怀之赋，有骋辞之赋，有阐理之赋”等说法，看来不如我们以上的分析恰当。

《隋书·经籍志》中的集部有“楚辞”一类，并且叙述道：“《楚辞》者，屈原之所作也。……弟子宋玉，痛惜其师，伤而和之。其后贾谊、东方朔、刘向、扬雄，嘉其文彩，拟之而作。盖以原楚人也，谓之《楚辞》。然其气质高丽，雅致清远，后之文人，咸不能逮。……后汉校书郎王逸，集屈原已下，迄于刘向逸文，自为一篇，并叙而注之。今行于世。”

集部的第二类是“别集”，《志》云：“别集之名，盖汉东京之所创也，自灵均已降，属文之士众矣。然其志尚不同，风流殊别，后之君子，欲观其体势而见其心灵，故别聚焉，名之为集。辞人景慕，并自记载，以成书部。年代迁徙，亦颇遗散。其高唱绝俗者，略皆具存。”“别集”类著录了西汉十五部三十五卷，《汉武帝集》《汉淮南王集》排列之后，司马迁、东方朔、司马相如、董仲舒、李陵、王褒、刘向、谷永、师丹、息夫躬、扬雄、刘歆、班婕妤，大体按时间顺序著录，注中说明梁时还有贾谊、晁错、枚乘、吾丘寿王、孔臧、魏相、张敞、陈汤、韦玄成、杜邺、李寻等人的集子亡佚了。著录东汉二十六部一百四十七卷，注中说明许多集子梁时所存卷数都要多些，另外梁时尚存的三十部均亡佚了。其数量是可观的。不过，应该明确指出，以上大多数的别集，或者说文集，已不限于“诗赋”的范围了，更多的是文，或者说“散文”“骈文”。但也包括“诗赋”。《经籍志》的“总集”中似乎又主要是“诗赋”，但所录汉代的不多，因为“总集者，以建安之后，辞赋转繁，众家之集，日以滋广”。有些总集中可能抄一些汉代的诗、赋、文。只有少数集子，主要讲汉代诗赋，如“《神雀赋》一卷，后汉傅毅撰”，如《子虚赋》《上林赋》及《二京赋》之注本，等等。

众所周知，汉代发明了纸，给文献的保存带来了极大的方便，如果不是“年代迁徙，亦颇遗散”，那就非“汗牛充栋”可以形容的了。

第二节　考古

“考古”一词中国语汇早就出现，北宋时吕大临的《考古图》即是证明。但那时的考古，仅限于对传世器物的搜集和整理，与近代考古学不是一回事。现代的考古学基本上是实地研究与实地发掘地上材料与地下材料的学科。这门学科在我国近几十年有显著的发展。著名考古学家夏鼐说：“二十世纪后半叶将被作为中国考古学黄金时代而写入史册。”关于秦汉时期的考古情况也是如此，堪称历史奇迹的发现和研究有：秦始皇兵马俑坑的发掘，咸阳秦宫殿遗址的发掘，湖北云梦睡虎地秦简的出土。汉代的更多，有长安和洛阳城的发掘，有长沙马王堆汉墓、河北满城汉墓、甘肃武威雷台铜制车马仪仗队的发掘，以及马王堆帛书和山东临沂汉简、甘肃居延汉简等的出土，都是轰动世界的考古新发现。有关的研究成果不少，并且正在进一步发展和深入。此外，对东北和北方少数民族、丝绸之路、巴蜀文化、楚文化、滇文化的考古与研究，也有较大的深入。这些考古发掘的资料和研究成果，极大地丰富了秦汉时期的文化。现将有关考古成果择要介绍如下①：

一、遗址的发掘和研究

（一）秦代的主要遗址

1. 秦都咸阳的勘查与发掘。秦咸阳故城的勘查工作，早在 1959 年就开始了，20 世纪 70 年代以后又有较大的进展。至今已探出大型建筑基址十多处，其中两座宫殿遗址做了不同程度的发掘。根据宫殿遗址发掘的情况看，秦宫殿建筑群都是建在夯土台基上的。其建筑特点是，把各种不同用途的宫室集中到一个空间范围内，结构相当紧凑，布局高下错落，主次分明，在使用和外观上都收到较好的效果。每座建筑各自独立，互相间又

① 这部分内容主要根据《新中国的考古学和研究》一书节录而成。许多文字是原样照抄的，特此说明。

以甬道、复道等连接成一组合体。从每座建筑的间次、门道设计，到每一个建筑群组的整体设计，都采用对称式布局。室内设置取暖炭炉，室内、外有竖井式储物窖穴和比较完备的排水系统。通风、采光、通道都有比较合理的安排，门窗饰有青铜铺首，使用铰链、合页等金属构件。总之，咸阳宫殿遗址的发掘，对建筑史的研究，提供了可贵的资料。其三号宫殿基址走廊的坎墙上，绘有彩色壁画，可看出有车马仪仗、植物纹饰和几何纹图案等，是目前已知我国最早的壁画资料。

2. 秦始皇陵的勘查与发掘。秦始皇陵的勘查工作，是20世纪60年代初开始的。1974年以后，对陵区进行了比较全面的复查，并发掘了陵园旁边的兵马俑坑及一部分殉葬墓、从葬坑、刑徒墓，发现了筑陵时打制石材的场地。陵园布局的大致情况已勘查清楚了，平面呈南北长、东西窄的长方形，有内、外两重夯土围墙。内围墙长约1300多米，宽578米，周长3800多米。外围墙长2173米，宽974米，周长6294米。坟丘坐落在内围墙中部偏南处，底部近方形，每道长度350米左右，现存有高度43米（一说76米）。

突出的发现是兵马俑坑。在陵园外围墙以东1千米处，有兵马俑坑四个。已发掘了3号俑坑的全部和1号俑坑、2号俑坑的一小部分。另一个是未建成即废弃的空坑。这几个兵马俑坑，规模都很大。1号俑坑平面呈长方形，面积约13000平方米。2、3号俑坑在1号俑坑的北侧，分别靠近1号俑坑的东西两端。2号俑坑的平面略如一曲尺形，面积约6000平方米。3号俑坑的平面呈凹形，面积520平方米。兵马俑坑发掘部分，已出土武士俑千余件，木质战车十八辆，陶马一百多匹，还有青铜兵器、车马器九千余件。如果按照出土的兵马俑排列形式复原，这三个坑的武士俑可能有七千个、驷马战车一百多辆、战马一百多匹。兵马俑群形象地展现出秦代军队的兵种组成、编列和武器装备的情况。现在设有“秦始皇兵马俑博物馆”，一方面接待着经常的参观工作，另一方面继续着各种考古工作，同时还是一个秦陵秦俑的研究中心。

（二）汉代的城邑与边塞遗址

西汉长安城的发掘。西汉首都长安城的遗址，在今西安西北约3千米，北距渭水南岸约2千米。20世纪50年代开始勘查发掘工作。1956—1957年，勘查城墙、城门，发掘宣平门、霸城门、西安门、直城门，并确定其他城门的位置。1956—1960 年，勘查发掘城南郊礼制建筑遗址群。1961—1962 年，勘查城内街道和长乐宫、未央宫、桂宫和城西建章宫的范围。1975 年以后，勘查发掘武库和未央宫周边的建筑遗址。工作仍在进行。西汉长安城的主要情况也比较清楚了，全城平面略呈方形，东墙平直，其他三墙都有曲折。四面城墙总长为 25700 米，约合汉代 62 里强，与《汉旧仪》所记长安城周围 63 里的记载基本相符。城墙剥面下宽上窄，倾斜度里外各约 11 度左右。基部宽度为 12—16 米左右。城墙外侧有宽约 8 米、深约 3 米的壕沟围绕。长安城每面有三个城门，共十二个城门，城门不用砖，而是两壁直立的阙口，在门道两侧沿道排列几对石础，可见石础之上应为木柱，再在其上建门楼。城内街道、宫殿和武库、作坊的情况均已大致勘探清楚，有的进行了发掘。考古学家对汉长安城的概括性认识是：宫殿和官僚甲第，密布于城内中部和南部，约占全城的三分之二；西北部主要是手工作坊；一般居民住在城内东北隅，以宣平门为主要通道。

（三）汉代城邑聚落遗址的发现

考古发现的汉代城邑聚落遗址遍及全国各地。据已发表资料的不完全统计，在陕西、河南、山西、河北、北京、天津、辽宁、山东、江苏、安徽、江西、福建、湖北、湖南、广西、广东等地都曾发现汉代城址，总数约九十处，实际当然不止此数，统计遗漏的也有。但发掘还不多，从已发掘的遗址及其出土文物看，有不少研究汉代城市的宝贵资料。

值得一提的还有近年来开始的对秦汉长城遗迹的调查。过去对长城的研究，只停留在古籍资料上，而实地勘查发现，实际位置与古籍记载不尽相符，对修筑方法、城墙建制等都有较具体的了解，如因地制宜，就地取材，平地夯土筑造，山上石块垒砌，利用陡峭崖壁，等等，实地勘查发掘，无疑是长城研究史上的一个重大发展。还有，长城沿线屯戍性的边城遗址很多，已发现的城址不下一百座，一般小于内地县城，每边长二三百米或四五百米。还有更小的鄣城，已发现数百处。平面方形，每边长几十米至一二百米，当为边城派出的鄣尉所在。

二、陵墓和出土实物

在工农业基本建设施工动土的过程中，在考古学工作者的调查发掘工作中，墓葬是最容易遇到的。秦代的时间短，墓葬不是太多，但也有非常突出的例子，如睡虎地秦墓之出现秦简，就足以珍贵了；始皇陵尚未揭开，其谜甚大，等等。两汉四百余年，又盛行厚葬之风，因此无论墓葬数量或是墓中随葬器物，都常常是使人吃惊的。新中国成立以来，全国各地考古发现的墓，估计已达万座之多，著名的汉墓也层出不穷。今分述如下：

（一）西汉诸陵的勘查和陪葬墓的发掘

西汉有 11 个帝陵，20 世纪 60 年代初开始，以后陆续勘查，结果确认了渭河北岸咸阳原上的 9 个陵墓，它们自西至东的顺序是：武帝茂陵、昭帝平陵、成帝延陵、平帝康陵、元帝渭陵、哀帝义陵、惠帝安陵、高祖长陵、景帝阳陵。另外两个（文帝霸陵、宣帝杜陵）在西安东南郊，尚未勘查。基本上搞清了诸陵的坟丘，陵园的围墙、通道和门阙；还有它们的后妃墓和陪葬墓。对了解西汉的陵寝制度提供了资料。汉陵的陪葬墓都在帝陵的东边和东北边，现存 175 座。陪葬最多的长陵有 63 座，延陵最少仅 1 座。20 世纪 70 年代发掘了长陵附近的杨家湾四号和五号墓。值得提出的是汉兵马俑，在四号墓南 70 米处有 11 个陪葬坑，6 个坑放骑兵俑 500 多个，4 个坑放步兵俑 1800 多个，另有战车坑 1 个，居中，已被扰乱，车马形制难复原。对于研究汉代军阵、军制是有意义的。

（二）各地的重要墓葬发掘

洛阳地区的汉墓很多，20 世纪 50 年代曾有计划地进行过系列发掘，前后累计在 900 座以上，积累了大量的资料，在考古上、文物上都有极大的参考价值。例如，1953 年在汉河县烧沟有计划发掘的两汉墓葬 225 座，出土随葬陶器 4700 余件，其他各类器物 2000 多件，钱币 11200 多枚。资料完整，时代明确，最富有代表性。根据墓葬形制、随葬器物组合与器型的演变，这 225 座划分为六期，结合铜镜和钱币的断代研究，以及个别器物上的纪年铭文，进而确定六期的大致年代范围：西汉的三期，约从武帝到王莽；东汉的三期，从光武帝到献帝，通过这批材料的发掘和研究，建立起洛阳汉墓年代的标型序列，并为中原各地汉墓编年提供了可资借鉴的标尺。其他一些系列发掘又提供不少新材料和新认识，因而考古学者得以作出洛阳汉墓编年，这对两汉时期墓制、葬俗演变的研究是很有参考价值的。

河西走廊汉墓的发掘，对汉代开发河西的研究提供了重要资料，地扼走廊东端的武威，乃汉姑臧县故地，也是当时武威郡治所在，故这里发现的汉墓也最多。酒泉发现的汉墓也不少，张掖、敦煌只有少量发现。其中最重要的有武威磨咀子墓地，磨咀子墓地位于武威城南 15 千米，祁连山下的杂木河西岸，在东西长约 700 米、南北宽约 600 米的范围内，墓葬分布极其稠密。自 1957 年以来，已先后发掘汉墓 72 座，时间是西汉末到东汉中期，个别属东汉晚期。磨咀子汉墓发掘的重大收获之一，是六号墓中出土了一批保存最完好的汉代木简，多数木简墨迹如新，原书的篇题、尾题、叶数和它们原来的次第，首尾俱全（内容详后）。另外，武威旱滩坡墓地，也有重大发现，出土了大批医药简牍和书写了的纸质细薄的麻纸，已被命名为“旱滩坡纸”。

河北满城的汉墓，以规模巨大，随葬品丰富，埋葬年代明确等著名。特别是金缕玉衣的重要发现，还有铜器中的艺术珍品，如窦绾墓出土的“长信宫”灯，刘胜墓的错金博山炉、错金银鸟篆文壶等大量有研究价值的文物。

长沙汉墓中的女尸和江陵汉墓中的男尸，是世界上尸体保存记录中十分罕见的，而长沙马王堆帛书的出土，湖北江陵和山东临沂出土的简牍，都有特殊的历史、文化价值。

在各地汉墓中，还值得一提的是两广汉墓的发掘与研究。两广汉墓分布很广，汉代设郡县的地方都有发现，郡县治所附近尤为密集。粗略统计，两广已发掘的汉墓约 2000 座。其中广州、贵县两地约占半数，各地区的主要县、市都有发现。其中广州汉墓资料已经整理研究，如《广州汉墓》的出版。它的研究成果，为岭南地区汉代考古年代学建立了可靠的标型序列，开阔了对汉代岭南地区社会历史的认识。广西贵县等地汉墓的发掘，也丰富了对汉代两广地区的开发、各民族融合诸问题研究的资料。其中木船模型、陶船模型、彩画楼船以及海外所产珠玉饰品等物出土，又是南方水上交通和海外贸易发展的标志。

此外，在汉代墓葬中还有一些有特点的墓葬。例如“黄肠题凑”墓，在北京、河北石家庄、定县、湖南长沙、江苏高邮等地，都发现保存有“黄肠题凑”的西汉诸侯王室墓。《汉书·霍光传》：“光薨……（赐）梓宫、便房、黄肠题凑各一具。”注引“苏林：以柏木黄心致累棺外，故曰黄肠；木头皆内向，故曰题凑”。墓葬的发掘，比较具体地揭示出汉代陵墓中“黄肠题凑”的结构以及“题凑”之制的演变情况。

又例如画像石墓，粗略统计，经发掘的汉墓画像石墓有 90 来座；收集、保存的画像石数千块，其中徐州地区保存 300 多件，南阳汉画馆保存 1000 件以上，迄今所知，汉画像石墓主要分布于三个地区：山东和苏北，河南南阳和湖北襄樊，陕北和晋西北。其中又以山东、苏北一带的数量最多，占全部发现的二分之一以上。此外，北京、天津、浙江、四川等省的部分地区也有一些发现。这些墓葬，都是在石材构筑的墓室或砖、石混作墓室的砖石构件上镌刻画像。画像石的题材广泛，内容丰富，在艺术史及文化史上有极大的参考价值。此外，四川境内还有大量的东汉崖墓石刻和画像石棺，云南昭通地区也有画像石棺。

汉代也有壁画，20 世纪 50 年代以来，在河北、山东、辽宁、内蒙古等省区，陆续发现了一些东汉时期的壁画墓。在河南洛阳和山西平陆，则更发现有西汉时期的壁画墓。其价值和画像石是一样的。例如，1960—1961 年发掘的河南密县打虎亭二号墓中的大幅壁画，有宴饮、舞乐百戏、出行、庖厨、侍奴、角抵等图像，其中绘于中室北壁上部的宴饮乐舞图，画面宽 7.26 米、高 0.95 米，其规模之大，甚为可观。

（三）丰富多彩的随葬品

墓葬发掘提供的资料，更重要的还在于它丰富多彩的随葬品。《盐铁论·散不足》说：“厚资多藏，器用如生人”，生人所用的器具、物品无不入墓中。食物，以马王堆一号墓为例，发现的食物包括：稻米、小麦、大麦、黍粟、大豆、赤豆等粮食，甜瓜、枣、梨、梅、杨梅、葵（冬苋菜）、芥菜、藕、笋等瓜、果和蔬菜；猪、牛、羊、狗、鹿、兔等肉类；鸡、鸭、鹤、斑鸠、雁、喜鹊、麻雀、鸳鸯、竹鸡、雉等禽类；鲤鱼、鲫鱼、鳜鱼、银鱼等鱼类，它们多被制成饭、饼，烹调成各种羹肴，加上糖、蜜、酱、盐等调味品和各种酒类，其名称见于墓中的“遣策”，品类名目之繁多，举不胜举。有些墓葬中食物的数量很大，如满城汉墓中 30 多个高 70 厘米的大陶缸，有的缸上写着朱红色文字“黍上尊酒十五石”“甘醪十五石”“稻酒十一石”等等，总计约有 5000 千克。虽为特例，实是惊人。

衣物和衣料应是主要的随葬品，不仅身上穿的，还有大量的衣料陪葬。马王堆中衣物，就有绵袍、夹袍、单衣、单裙、鞋、袜和手套等类，多系丝绸制成；并有大量成幅的丝绸放置在大型的竹笥中，其种类包括绢、纱、罗、绮、锦和刺绣，质地精致，颜色鲜艳，花纹美丽。江陵汉墓中更有大量成幅、成匹的丝绸，被称为丝绸宝库。可以认为，各地汉墓都有不少衣物和衣料随葬，只是年久朽坏，没遗留下来罢了。

各种铜器、漆器和陶器，是汉墓中最常见的随葬品，生活用具，灯、熏炉、熨斗、奁、镜等无所不有，还有各种各样的珠佩等装饰品，其质料包括金银、玉石、玛瑙、琥珀、水晶等等。武将的墓中，多半有刀、剑之类的物品随葬。铜钱作为随葬品也较流行，有的还很多，如武威雷台汉墓，随葬铜钱竟达 28000 余枚之多。有些东西无法搬入地下，则有陶仓、陶灶之类的随葬品，此种陶质明器越来越多，诸如井、磨、猪圈、楼阁、碓房、田地等模型，以及猪、狗、羊、鸡、鸭等家畜和家禽的偶像，也是应有尽有，东汉以后，种类和数量越来越多。这或者反映当时地主阶级观念的改变，与其将一些有限的珍贵器物带到地下，不如将庄园中的全部动产和不动产都制作成象征性的陶质明器，纳入墓中。

为了显示墓主人的权力和地位，一些大墓中还有车马的埋置。西汉中期的贵族墓，就用真车真马随葬，如满城的中山靖王墓、曲阜的鲁王墓和北京大葆台的燕王墓中都有。后来（西汉晚期以后），一般都用木制或陶制的车辆模型和人、马的偶像。重要将领死后，则用军阵送葬，故如杨家湾汉墓就有庞大的陶俑群。

此外，墓葬中还比较普遍的有镇墓兽、镇墓屏之类与巫术有关的随葬品。

总之，墓中随葬品的种类极多，不胜枚举。往往视墓主人的身份和财富的不同，而有厚薄、多寡之分。在真实物品中，有许多是稀世珍品，有极高的文化、艺术价值。

三、竹简和帛书

我国简牍发现的历史开始得很早，汉代就多次发现先秦简牍古籍，突出的是武帝末年，鲁恭王坏孔子宅，从孔宅壁中“得《古文尚书》及《礼记》《论语》《孝经》凡数十篇”①。两晋南北朝也有几次发现，最突出的是晋武帝时《汲冢书》的出土。“太康二年，汲郡人不准盗发魏襄王墓，或言

① 班固：《汉书》卷三十，《艺文志》，中华书局 1962 年版，第 1706 页。

安釐王冢，得竹书数十车。”[①] 其中重要的流传至今的有《穆天子传》和《竹书纪年》（后来的辑本）。北周曾发现过居延汉简，这是居延汉简出土的最早记录。再就是北宋徽宗时期曾在天都（今甘肃固原西北）和陕西地区发现东汉简牍。19 世纪末开始有计划地大规模地发掘简牍，只是主持者几乎都是外国人，主要的有瑞典人斯文赫定、英籍匈牙利人斯坦因、俄国人柯斯罗夫和日本人西本原寺、桔瑞超、大谷光瑞等，他们名为“探险”，实为掠夺，掠夺去大批珍贵文物和简牍，以后分别存入英、法、日等国的国家图书馆和博物馆中。其中斯坦因所获最多，并且其所获简牍大部分出于敦煌地区，故被统称为敦煌汉简。这里，记叙的是我们自己发现和研究简牍的情况。

（一）居延汉简的发现和研究

居延汉简是 1930 年西北科学考察团在今内蒙古额济纳旗额济纳河（弱水）流域的汉代居延烽燧遗址中发现的，共出土 11000 余枚汉代简牍。当时曾开始整理工作，后因抗日战争爆发中断。后由劳幹先生一人整理，1943 年在四川出版了石印本的《居延汉简考释》释文之部，1945 年又出版了其考证之部；1949 年上海商务印书馆用活字版印刷出版了《居延汉简考释》释文之部两册本，流行才广泛一些。1957 年劳幹在台湾出版《居延汉简》图版之部。中国科学院考古研究所 1959 年出版了《居延汉简甲编》，其中包括留在大陆的 2555 枚简牍的照片、释文和索引。1980 年又出版《居延汉简甲乙编》。早出的居延汉简资料就比较完整了。

1973—1974 年，甘肃省博物馆在额济纳河以南，原来出土汉简遗址一带，又进行调查、发掘，获得汉简 19400 余枚。被称为“居延新简”，现已有部分释文出版。

居延汉简的数量多，内容也十分丰富，是研究汉代政治、经济、军事、边防、屯田、水利、历法、地理、交通、法律制度、屯戍制度、阶级关系、风俗习惯、少数民族及社会生活的宝贵资料。但还没有得到充分的利用。

（二）各地简牍概况

首先说一下秦简，过去从未闻有秦简的出土。1975 年在湖北云梦睡虎

① 房玄龄：《晋书》卷五十一，《束皙传》，中华书局 1974 年版，第 1432 页。

地的秦墓中，出土1155枚秦简（还有残片80枚未计在内），被称为“睡虎地秦墓竹简”或简称“云梦秦简”。所幸的是得到了及时的整理和研究，与汉简的研究相比要强得多。同时出土的，还有睡虎地另一秦墓中的两件木牍，是两件兵士的家书，共527字，也很有价值。

其次主要说汉简，除了居延汉简之外，再有著名的就是敦煌汉简。因为它也发现得比较早，而且数量较多。20世纪初，斯坦因两次挖掘，窃走汉代简牍789枚。1944年，西北科学考察团也曾在汉代烽燧遗址中获得简牍38枚。因而人们早就知道所谓“流沙坠简”。1979年对敦煌西北95千米的马圈湾遗址试掘，得1217枚简牍（绝大多数为木简）。1981年又在该县西北75千米的酥油土烽燧遗址中出土76枚简牍。敦煌汉简至今东零西散，尚无人系统收集整理。

居延、敦煌，还有酒泉、武威等地，都是当时的边陲。大量简牍得以保存，一是其地理气候条件好，容易保存；二是许多地方都早已荒废，因而首先为“探险”家所发现。但我始终怀疑，边境的情况总有一些特殊，是否能全面准确地反映汉代历史、文化、生活，是应该注意分析的，应该注意其边境及军事性质的特点。汉代纸张并未大量使用，在当时也许还属新的紧俏物品，普遍用简牍也是当然的。所幸是新中国成立后，在内地各处也发现了汉简，其价值和意义就弥足珍贵了。现在已发现的有如下一些：

湖南长沙。20世纪50年代和70年代先后几次发现木牍和竹简，最多的是1973年马王堆三号墓，发掘出竹简593支，木牍17支。大部分为“遣策”，是陪葬品的目录。200支简牍是医书。

湖北的云梦、江陵、光化等地都有简牍出土。其中江陵凤凰山好几个汉墓中出土了竹、木简，五座汉墓共有竹简492支，木简83支，内容除了“遣策”之外，还有与收租、贷谷、民间契约相关的文书。而张家山三座汉墓的1000余支简，更有重大价值，其主要内容为法律条文，将来公布之后，肯定会有重大发现，此外，还有《奏献书》《盖庐》《脉书》《引书》《算数书》《日书》历谱等内容。

安徽阜阳双古堆一号汉墓出土的汉简，有较大的文献学价值。它主要是抄录的一些古代典籍：有较完整的《仓颉篇》简文541字；有《诗经》，与现存齐、鲁、韩、毛四家诗内容不同；《易经》也有异文。还有其他重要资料，如：一份上起西周，下迄于汉的君王在位《年表》；医药方面的《杂方》；《相狗经》；《作务员程》（讲器物制作、建筑工程、农产品加工等方面的规格、标准及每人每日的工作量）。这批汉简的内容是十分丰富的。

山东临沂银雀山一号西汉墓，出土竹简 4942 支。内容大部分是兵家书，有久已佚失的《孙膑兵法》，还有《孙子》《尉缭子》《六韬》《墨子》《管子》《晏子春秋》等等，其价值和意义是很大的。该地二号西汉墓也掘得竹简 62 支，是元光元年的历谱。

河北定县四十号汉墓中出土内容主要是古籍的大批汉简，虽残缺不全，也有参考价值。有《论语》抄简；有《儒家者言》（书名乃整理者所定）二十七章，上述商汤、周文王的仁德，下记乐正子春的言行，其中以孔子及其弟子的言行最多；有《哀公问五义》《太公》《文子》《保傅传》《六安王朝五凤二年正月起居记》及《日书·占卜》等古籍。

此外，江苏海州、盐城、仪征，河南陕县，乃至青海大通均有汉简出土。其中青海大通县上孙家寨出土的汉简约 400 支，有很大一部分关于军事方面的内容，包括军事法律、兵书乃至军队编制、阵法和使用标志等等，有其特殊意义和价值。

（三）长沙马王堆汉墓帛书

帛书不如简牍好保藏，因而新出土的帛书更有特殊意义。

在马王堆三号墓东边箱第 57 号漆盒内存放着一大批帛书，经初步整理研究，是一批包括《黄帝书》《老子》等在内的古籍，有些书已失传了一二千年，是一件惊人的盛事。出土帛书分为两种：一种写在通篇 48 厘米的宽幅帛上，折叠成长方形，出土时折叠边缘已有断损，另一种通高 24 厘米，卷在长条形木片上，出土时粘连破损严重。

这批帛书，大多列篇题。经拼复编纂，大致可以确定为 26 件，约为：《周易》、《丧服图》、《春秋事语》、《战国纵横家书》、《老子》甲本并附佚书三种，《九重图》、《黄帝书》和《老子》乙本、《刑德》甲乙种、《刑德》丙种、《五星占》、《天文气象杂占》、《篆书阴阳五行》、《隶书阴阳五行》、《木人占》、《符》、《神图》、《筑城图》、《园寝图》、《相马经》、《五十二病方》附佚书四种、《胎产图》、《养生图》、《杂疗方》、《导引图》附佚书二种、《长沙国南部图》、《驻军图》等 26 件。

帛书，部分用朱丝栏墨书，也有一部分未划行格。字体有篆、隶两种。有的书写十分工整，有的较潦草，似非一人一时书写。篆书写本的抄写时间，约在汉高祖十一年（前 196 年）左右。隶书写本的抄写时间，约在汉文帝初年左右。

帛书的内容涉及战国至西汉初期政治、军事、思想、文化以及科学技术等各方面，有着重要的学术价值。从史料的角度看，有的古籍，不仅对今天来说是佚书，汉代的司马迁、刘向、班固等人也可能没见到。它丰富了古代史的内容，又可以作为校勘某些传世古籍的依据。在文字学、训诂学、音韵学等方面，帛书也提供了丰富的研究资料。

帛书的研究正在开展，将会对许多问题作出新的贡献。例如，《老子》中“法令滋彰，盗贼多有”一句，帛书作“法货滋彰”，这一字之不同，意义就大不一样了。这可以说是典型的“一斑”。限于篇幅，这里就不再一一说下去了。

四、其他

以上几个部分就遗址、陵墓及其出土的有关文献资料等几个主要方面作了些介绍，在众多的遗址和墓葬中，出土的各种实物资料，还有利于研究汉代许多方面的情况，因而考古学上又有许多关于汉代农业、手工业以及科学技术等方面的专门考古研究。例如：从农具、农作物和谷物、粪肥等遗物、遗迹的出土，从水利工程遗址的发现，以及田池模型与农业生产图像资料的发现等等，可以进行汉代的农业考古研究；从冶铁、铜矿遗址的发现，以及大量的铁制和铜制农具、兵器等实物的出土，可以进行铁器和铜器的考古研究；众多的纺织品、漆器和陶器出土，都可以从事专门的研究；造纸、造船等遗物、遗址、模型的发现，也给有关研究提供了资料。此外，还有一些科学技术的方面，如天文历法、数学和度量衡、医药学乃至地理学等，都有一定的汉代的遗迹和遗物可供研究。

后　　记

这是十多年前的《秦汉文化志》，此次东方出版中心准备出一套“断代文化史系列”丛书，欲以此书为《秦汉文化史》，我同意了。没有重新写，也没有做什么补充修改，只请青年学者许刚作了一次认真的引文校对。之所以同意照原样重新出版，是因为十多年前撰写之时精力相当充沛，全力进行写作，如曾有书评所说，主要在体例方面作了新的尝试，在内容上多少有些新见解。当然，有些问题是应该做更深入探讨的，例如“社会思潮”“综合性的学术”以及“文化与艺术”“礼仪与风俗”等等。有的问题，例如“汉代学术”问题，本人正在撰写另一部著作，“社会思潮”也常常有点新的认识和收获。有生之年，我将继续向前探索，而且和所有志愿者、特别是年轻学者共同努力。

熊铁基

2007 年元月

总后记

本人文集的编辑出版，花了他人不少时间和精力，虽不得已，但是应该铭感在心。

酝酿出版文集前后也有两三个年头了，范军、吴琦、赵国华、刘固盛等几位教授反复谋划、合计促成了此事。文集的编选、整理阶段，刘固盛教授做了大量具体的组织工作。另外还邀请了叶秋菊、肖海燕、王闯几位老师参加，博士生则有聂新、杨志昆、张盼盼、张亚伟、杜文君、魏淑贤、张艳鸽等，他们都花了许多时间和精力，仅仅规范注释，按出版的要求，就是一个很费时间的细致工作。

这里我要说明一下，实际上有些注释的格式难以完全按照出版规范统一起来。例如过去写文章，如果引用《史记·五帝本纪》《汉书·礼乐志》的内容，注释只需注明书名就可以了，但现在的规范一般要求标明出版社、出版时间和引文的页码等。是为了读者，为了编辑，还是为了“统一”、“好看”？类似的要求似乎存在某些不合理之处。如果读书、写书的人，连基本的史料例如二十四史之类都不知道，那还谈什么学问？何况有些史料没有标点本，或者有而不准确，注明出来又有何用？所以本文集在注释规范方面虽然尽了很大的力，但仍然会有那么一些并不规范之处，也是不得已，特此说明。

参考已出的一些文集，本文集也选用了一些照片，是新来的硕士生杨帆帮忙完成的，想反映一下人生经历和师友关系。师友很多，学生更是不少，也只能选用有代表性的几张合影，由于选用的数量有限，遗漏恐怕还是有的。

华中师范大学出版社从过去到现在的领导和许多成员都是我的朋友，文集的出版，有他们的关注和支持。负责本文集具体实施的冯会平同志前后也交往多年了，她工作热情积极，此次也费力不少。还有梅杰、张怀东、张建英、曾艳、庞丹、卢格蕙、陈良军编辑的辛劳，都是应该衷心感谢的。

本文集的出版得到华中师范大学中国史一流学科建设的经费支持和历史文化学院的关心，在此一并致谢。